本书为国家社会科学基金一般项目"大数据时代金融数据安全法律保护研究"(项目编号：21BFX122)成果

现代金融法治论纲

供给侧与需求侧的双向考察

刘 辉 ◎ 著

中国社会科学出版社

图书在版编目(CIP)数据

现代金融法治论纲：供给侧与需求侧的双向考察 / 刘辉著 . —北京：中国社会科学出版社，2024.3
ISBN 978-7-5227-3236-7

Ⅰ.①现… Ⅱ.①刘… Ⅲ.①金融法—研究—中国 Ⅳ.①D922.280.4

中国国家版本馆 CIP 数据核字(2024)第 049742 号

出 版 人	赵剑英
责任编辑	梁剑琴
责任校对	闫 萃
责任印制	郝美娜

出　　版	中国社会科学出版社
社　　址	北京鼓楼西大街甲 158 号
邮　　编	100720
网　　址	http://www.csspw.cn
发 行 部	010-84083685
门 市 部	010-84029450
经　　销	新华书店及其他书店
印　　刷	北京君升印刷有限公司
装　　订	廊坊市广阳区广增装订厂
版　　次	2024 年 3 月第 1 版
印　　次	2024 年 3 月第 1 次印刷
开　　本	710×1000　1/16
印　　张	19
插　　页	2
字　　数	322 千字
定　　价	108.00 元

凡购买中国社会科学出版社图书，如有质量问题请与本社营销中心联系调换
电话：010-84083683
版权所有　侵权必究

自　序

　　金融供给侧结构性改革是以习近平同志为核心的党中央在新时期针对金融市场发展、金融监管改革与金融风险治理提出的重大战略决策。与传统的金融改革存在巨大差异的是，金融供给侧结构性改革实现了两大层面的颠覆和转变：其一，将改革的着眼点从传统金融深化理论下的金融需求端主动转移到金融结构端，即金融的供给侧，开始正视金融禀赋结构理论下金融结构之于金融发展与金融风险治理的科学意义；其二，将改革的方法论从传统金融深化理论下的储蓄动员和金融要素直接干预范式，主动切换至以金融法律为基本保障的对金融结构的法律调制范式，即以法律的形式干预国家金融结构，并以此推动金融改革和金融发展的深化。金融供给侧结构性改革对国家金融法治提出了极高的要求，客观上，它倒逼国家的金融法治模式从法律形式主义向法律实质主义转变，要求国家的金融法律始终保持一种敬畏金融发展规律，并秉承结构理性主义的精神实质，科学调整金融结构、干预金融市场。

　　本书是作者攻读博士学位以来的部分金融法学研究成果。全书以金融供给侧结构性改革的法律治理为中心，系统反思现代金融法治的基本精神。第一章主要介绍金融供给侧结构性改革法律治理理念。在反思传统金融法"三足定理"的基础上，针对金融供给侧结构性改革的基本原理及中国金融市场改革的实践所需，从金融法基本理论的视角提炼结构金融法理论，并以此为基础审视中国金融供给侧结构性改革的理念创新问题。第二章主要针对近年来我国互联网金融和自贸区离岸金融发展存在的问题，提出相应的法律治理方案。第三章从金融稳定的视角探讨金融供给侧改革的法律治理，选取中央银行宏观审慎职能与金融稳定立法、中央银行信贷政策法制化，以及我国股指期货与股票现货跨市场交易的宏观审慎监管问题进行解析。第四章则以住房反向抵押贷款为例,探索在我国传统金融支持体系之外,商业金融与社会保障金融的契合模式及其法律规制问题。第五章回归金融需求侧法律治理的重点问题。近年来,受公共疫情等重大突发事件的影响,金融治理面临需求侧管理与改革的重大挑战,本书以重大突发事件中的金融应急管理为中心,选取金融应急管理权的实体权力治理与程序法治构建问题,阐释现代金融治理中金融法如何针对金融需求侧改革发挥其应有的作用和功能。

  本书的出版得到本人主持的国家社会科学基金一般项目"大数据时代金融数据安全法律保护研究"(项目编号:21BFX122)的支持,感谢我指导的研究生广东华商律师事务所唐胜男律师对本书付梓做出的贡献!

刘 辉

2023 年 10 月 10 日

目　录

第一章　金融供给侧结构性改革法律治理理念的创新 ……… (1)
 第一节　金融供给侧结构性改革法律治理理念创新的
    时代背景 ………………………………………… (2)
  一　新时期中国金融发展与系统性金融风险治理的
    金融学基础的演变 ………………………………… (2)
  二　转轨经济体制下金融市场对金融资源配置的决定性
    作用地位 …………………………………………… (7)
  三　金融供给侧结构性改革：金融市场法律治理理念
    创新的政治基础 ………………………………… (11)
 第二节　中国现行金融市场法律治理理念的主要价值取向与
    现实困境 ………………………………………… (13)
  一　基于后危机时代金融治乱循环的中国理论：金融法
    "三足定理" ……………………………………… (14)
  二　金融法"三足定理"作为中国金融市场法律治理
    理念的主要价值 ………………………………… (16)
  三　金融法"三足定理"指导金融供给侧结构性改革
    存在的现实困境 ………………………………… (21)
 第三节　结构金融法理论视域下金融供给侧结构性改革
    法律治理理念的创新 …………………………… (24)
  一　中国金融市场法律治理的理论基础：结构金融法
    理论 ……………………………………………… (24)
  二　中国金融市场法律治理的理念创新：最优金融结构
    理念 ……………………………………………… (35)

三　最优金融结构理念的法律机制创新 …………………… (39)
　　　四　结论 ………………………………………………………… (48)
　第四节　金融供给侧结构性改革法律治理理念的实践观照：
　　　　　地方金融监管权的法治化重构 ……………………………… (49)
　　　一　地方金融监管权：一个尴尬的剩余金融监管权 ……… (50)
　　　二　结构金融法理论：地方金融监管权重构的法理基础 … (55)
　　　三　从理念到制度创新：地方金融监管权的法治化重构 … (57)
　　　四　结语 ………………………………………………………… (62)

第二章　新兴金融业态的法律规制 …………………………………… (63)
　第一节　互联网金融政府规制的两难困境及其破解进路 ……… (63)
　　　一　引言 ………………………………………………………… (63)
　　　二　我国互联网金融政府规制的两难困境 ………………… (65)
　　　三　互联网金融政府规制两难的法哲学分析 ……………… (69)
　　　四　我国互联网金融政府规制的法治化进路 ……………… (76)
　　　五　结论 ………………………………………………………… (85)
　第二节　我国自贸区离岸金融的法律监管 ……………………… (86)
　　　一　自贸区离岸金融及其法律监管的基本问题 …………… (87)
　　　二　我国离岸金融的立法实践及自贸区离岸金融法律
　　　　　制度存在的主要问题 ……………………………………… (93)
　　　三　发达国家离岸金融监管的法律制度及其启示 ………… (99)
　　　四　我国自贸区离岸金融法律监管的完善路径 …………… (104)
　　　五　结语 ………………………………………………………… (110)

第三章　金融稳定视域下金融供给侧结构性改革的法律治理 …… (111)
　第一节　中央银行宏观调控与金融稳定职能的法治保障
　　　　　——以马来西亚和泰国央行法为样本 ………………… (111)
　　　一　两国央行法体系概述 …………………………………… (112)
　　　二　独立性：央行宏观调控的基本前提 …………………… (113)
　　　三　金融稳定职能：后危机时代央行货币政策目标
　　　　　体系的新成员 ……………………………………………… (117)
　　　四　丰富的履职手段：实现宏观调控与金融稳定的
　　　　　重要保障 …………………………………………………… (121)
　　　五　两大职能的法治图景：《中国人民银行法》修订的
　　　　　马泰镜鉴 …………………………………………………… (124)

  六　结语 …………………………………………………… (126)
第二节　我国信贷政策管理法制化之迷思与路径 ………… (127)
  一　问题的提出 …………………………………………… (127)
  二　信贷政策及其管理法制化的理论基础 ……………… (130)
  三　信贷政策管理法制化的他山之石 …………………… (133)
  四　我国信贷政策管理法制化路径：信贷政策管理权及
    其法律框架设计 ……………………………………… (135)
第三节　股指期货与股票现货跨市场交易宏观审慎监管论 … (142)
  一　引言 …………………………………………………… (142)
  二　法律基础、理论框架与问题梳理 …………………… (144)
  三　跨市场交易宏观审慎监管的他山之石 ……………… (151)
  四　中国跨市场交易宏观审慎监管法制的完善 ………… (157)
  五　结语 …………………………………………………… (164)

第四章　金融供给侧补充性金融创新的法律规制
    ——以住房反向抵押贷款为例 …………………… (165)
第一节　住房反向抵押贷款的基本范畴 …………………… (171)
  一　住房反向抵押贷款的概念 …………………………… (171)
  二　住房反向抵押贷款的制度价值 ……………………… (173)
  三　住房反向抵押贷款的法律特征 ……………………… (177)
  四　住房反向抵押贷款与相关制度辨析 ………………… (179)
第二节　我国住房反向抵押贷款发展现状及存在的问题 … (187)
  一　我国住房反向抵押贷款发展现状 …………………… (187)
  二　我国住房反向抵押贷款发展面临的问题 …………… (189)
  三　我国住房反向抵押贷款实施效果与制度预期存在
    落差的成因 …………………………………………… (195)
第三节　住房反向抵押贷款法律规制的理论基础 ………… (197)
  一　金融法"三足定理"在住房反向抵押贷款中的表现 … (197)
  二　作为金融法理念的"三足"在住房反向抵押贷款中的
    动态平衡 ……………………………………………… (198)
第四节　美国住房反向抵押贷款法律规制实践及
    对我国的启示 ………………………………………… (200)
  一　美国住房反向抵押贷款市场发展历程 ……………… (200)

二　美国住房反向抵押贷款法律规制实践 …………………（203）
　　三　评价与启示 ……………………………………………（208）
第五节　完善我国住房反向抵押贷款法律制度的建议 …………（210）
　　一　采取政府担保下银保合作的实施模式 ………………（210）
　　二　明确住宅建设用地使用权出让金承担规则 …………（215）
　　三　明确住房反向抵押贷款基础物权制度的法教义学
　　　　解释进路 …………………………………………………（218）
　　四　完善住房反向抵押贷款立法 …………………………（221）

第五章　金融需求侧改革的法律治理
　　　　——以金融应急管理为中心 ………………………………（230）
第一节　重大突发事件中金融应急管理权的法治化 ……………（230）
　　一　问题的提出 ……………………………………………（230）
　　二　重大突发事件中金融应急管理的权力谱系 …………（231）
　　三　重大突发事件中金融应急管理权法治化的基本原则 ……（234）
　　四　重大突发事件中金融应急管理权主体的法治化 ……（240）
　　五　重大突发事件中金融应急管理行为的法治化 ………（244）
　　六　结语 ……………………………………………………（253）
第二节　金融应急管理程序法治论 ………………………………（253）
　　一　问题的提出 ……………………………………………（253）
　　二　金融应急管理程序法治建构的必要性 ………………（255）
　　三　金融应急管理程序法治构建的基本原则 ……………（257）
　　四　金融应急管理程序法治构建的主要内容 ……………（259）
　　五　结语 ……………………………………………………（266）

主要参考文献 ……………………………………………………（267）

第一章

金融供给侧结构性改革
法律治理理念的创新

2019年2月22日，习近平总书记在中央政治局第十三次集体学习讲话中提出，防范化解金融风险特别是防止发生系统性金融风险是金融工作的根本性任务。2019年10月28日，党的十九届四中全会通过了《中共中央关于坚持和完善中国特色社会主义制度　推进国家治理体系和治理能力现代化若干重大问题的决定》（以下简称《十九届四中全会决定》），进一步明确要健全具有高度适应性、竞争力、普惠性的现代金融体系，有效防范化解金融风险。

金融市场风险治理是一个动态而非静态的过程，它承担着两项重要的任务：其一是对既有金融风险的处置，也就是对存量风险的动态消化；其二是对或然性金融风险的预防，这就鲜明体现了新时期金融风险治理的时代背景——防范系统性金融风险。换言之，新时期中国金融风险的治理工程不仅是一项简单的既有风险处置艺术，更是对金融法发展理念的一项全新挑战，即如何用发展的办法来解决现实中和发展中的金融风险问题。无疑，中国金融市场治理理念的创新已经迫在眉睫。

《十九届四中全会决定》之所以把"健全具有高度适应性、竞争力、普惠性的现代金融体系"放在"有效防范化解金融风险"之前，实际上是将现代金融体系的建设或者说当下的金融供给侧结构性改革作为有效防范化解金融风险的基础和前提。新时期中国金融市场法律治理要有效防范系统性金融风险，就必须抓住金融结构调整优化和金融监管法律制度创新的重要机遇。在金融法层面，确立适应系统性金融风险防范和金融供给侧结构性改革的理念基础，是防范系统性金融风险背景下中国金融市场法律治理的逻辑起点。

第一节　金融供给侧结构性改革法律治理理念创新的时代背景

"人们自己创造自己的历史，但是他们并不是随心所欲地创造，并不是在他们自己选定的条件下创造，而是在直接碰到的、既定地从过去继承下来的条件下创造。"① 新时期中国金融供给侧结构性改革法律治理理念创新具有鲜明的时代背景，突出表现在新时期中国金融市场法律治理的金融学基础的演变、新时期党中央对国家经济治理中政府与市场关系的重新定位、新时期国家金融供给侧结构性改革战略的提出三个方面。当然，从另一个视角来说，这也是新时期防范系统性金融风险必须面对的现实基础。

一　新时期中国金融发展与系统性金融风险治理的金融学基础的演变

以系统性金融风险的防范为底线，着眼于金融发展的目标，在中国金融治理实践中长期存在这样一种矛盾的现象：一方面，我国学者深邃洞察到国内金融抑制（Financial Repression）的现实，多年来力创汗牛充栋的研究成果，以期实现引导金融要素和资源的全面、高效和公平配给，深化金融市场和金融服务，促进金融公平和金融普惠，并服务于系统性金融风险防范。另一方面，中央政府也相应出台了海量的金融发展战略和举措，并辅之以"一委一行两会"等金融宏观调控和金融监管部门，以及地方政府力推的各种金融优惠政策和措施，但现实结果却是我国金融服务的广度和深度依然不容乐观，并且在 2008 年国际金融危机过后连续发生了 2015 年的股灾、2019 年的"千股跌停"和 150 余起债券违约，2020 年 11 月 13 日，包商银行在被中国人民银行、银保监会联合接管一年多以后，正式对外发布公告称拟对已发行的 65 亿元"2015 包行二级债"本金实施全额减记，并对任何尚未支付的累积应付利息共计约 5.86 亿元不再支付。由此开创了我国二级资本债全额减记的先河，在经济增速放缓和新冠疫情的双重影响下，我国金融市场"黑天鹅"与"灰犀牛"事件防不胜防。

---

① 参见《马克思恩格斯选集》（第 1 卷），人民出版社 1995 年版，第 585 页。

理想与现实的反差实际上对我国金融治理、金融学及金融法学研究均提出了一个非常尖锐的问题，即传统地强调通过利率调节进而引导储蓄动员实现金融深化的金融学路径是否陷入了一种研究视角和方法论上的困境，金融学和金融法学研究是否有必要从基础理论的层面解决实体经济要素禀赋与金融结构之间的双向互动与最优契合关系。换言之，长期作为我国金融法学研究之金融学基础的、割裂实体经济本身禀赋结构之变迁对金融结构影响和互动的、"只见树木不见森林"的、就金融体系论金融体系的金融深化理论必须进行相应的改变，从而科学指导金融法治和金融治理实践。

传统金融法学研究的金融学基础是金融深化理论。早在20世纪70年代，金融深化理论的倡导者 Mckinnon R.I.（1973）和 Shaw E.S.（1973）即认为经济的发展与金融部门紧密相关，发展中国家普遍存在金融抑制的现状，要根除金融抑制对经济发展的束缚，必须把国家发展的政策核心定位在金融自由化和金融深化上。[①] Stulz R.（2001）从公司金融的角度进行的研究也证实，在健全完善的资本市场及市场主体的风险呈现出中性特质的前提下，投资机会是否有价值是由利率决定的，所有有价值的投资机会均会被发掘。对公司的投资项目来说，由谁（到底是由银行还是由资本市场的投资者——笔者注）来提供投资无关紧要。[②] 世界银行经济学家 Thorsten Beck、Asli Demirgüc-Kunt、Ross Levine 和 Vojislav Maksimovic（2001）的研究证实，是金融深度而非金融结构最终影响经济发展水平，金融结构对于理解和解释经济增长、产业表现及公司扩张并没有帮助。[③] 准确地讲，无论是银行主导型还是市场主导型金融结构，国民经济并没有发展得更快，金融依赖型的产业也并未以更快的速率扩张，新企业设立并未变得更容易，公司获得外部融资之机会未见增加，并且也未见更快发展。因此，促进经济增长的根本动力是金融深化，与金融结

[①] See McKinnon R.I., *Money and Capital in Economic Development*, Washington D.C.: Brookings Institution Press, 1973; Shaw E.S., *Financial Deepening in Economic Development*, New York: Oxford University Press, 1973.

[②] See Stulz R., Does Financial Structure Matter for Economic Growth: A Corporate Finance Perspective; Asli Demirgüc-Kunt, Ross Levine, *Financial Structure and Economic Growth: A Cross-country Comparison of Banks, Markets, and Development*, Boston: MIT Press, 2001.

[③] See Thorsten Beck, Asli Demirgüc-Kunt, Ross Levine and Vojislav Maksimovic, *Financial Structure and Economic Development: Firm, Industry, and Country Evidence*, https://ssrn.com/abstract=632494, 2020-05-05.

构无关。

然而，金融结构真的与经济发展无关吗？换言之，以银行或者证券这两大金融体系组成要素为主导的金融结构不会影响经济发展中金融资源的配置效率吗？其不对系统性金融风险治理产生结构性影响吗？Raymond W. Goldsmith 在其 1969 年出版的专著 *Financial Structure and Development* 中采用金融相关率（FIR）为主要分析工具的研究结果表明，伴随经济水平的增长，在所有金融机构资产总额中，银行资产相较于其他金融机构资产的占比呈现下滑趋势。这间接证明金融结构实际上对经济发展起到很重要的作用。[1] 银行导向型金融结构的倡导者 Allen 和 Gale（2000）认为，市场总存在信息不对称，而银行能够以固定成本获取信息，然后以较低的边际成本分摊给其客户，从而帮助客户以较低的成本获取信息。同时，市场主导型金融结构在监督管理者和促进资源配置及技术创新方面存在缺陷，而银行可与客户签订隐性契约，从而解决在不熟悉的证券交易中可能存在的不确定性问题。[2] 市场导向型金融结构的倡导者 Raghuram G. Rajan 和 Luigi Zingales（2003）则提出，尽管银行导向型结构可以提供更为保险的融资形式，但其是以减少获取金融机会为成本的。与银行导向型金融结构相比，当市场及公司更加规模化、公司运营更加正规、法律实施和透明度更优时，市场导向型金融结构更有优势。[3]

Asli Demirgüç-Kunt 和 Ross Levine（2001）在之前提出金融结构无关论后的进一步研究让他们成为市场导向型金融结构的支持者，他们收集了 150 余个国家的截面数据，把金融结构界定为三类：高度不发达金融体系结构、银行主导型金融体系结构和市场主导型金融体系结构，对全球金融结构体系的差异及其与经济发展的关系进行实证研究。结果显示，在更为富有的国家中，不论是银行还是非银行金融机构及股票市场的规模都更为庞大，更加活跃并更加高效。而在收入相对较高的国家，其股票市场比银行更为活跃、更为高效，这从另一方面证明市场导向型金融结构更有利于

---

[1] 参见［美］雷蒙德·W. 戈德史密斯《金融结构与金融发展》，周朔译，上海人民出版社 1994 年版。

[2] See Allen F., Gale D., *Comparing Financial Systems*, Boston: MIT Press, 2000, p. 18.

[3] See Raghuram G., Rajan and Luigi Zingales, *Banks and Markets: The Changing Character of European Finance*, https://papers.ssrn.com/sol3/papers.cfm? abstract id=389100, 2020-06-09.

这些国家的经济发展。① 总之，关于银行抑或市场导向哪种更优的理论争议从未停止，莫衷一是。

国际经验表明，经济发展水平与金融结构之间并不存在简单的对应关系，② 特定的金融结构也并不必然代表更高抑或更低的金融风险。英美等发达国家受益于市场导向型金融结构，而德日则恰恰相反，以银行导向型金融结构为主。拨开单一金融结构优劣争议的迷雾，林毅夫教授（2013）提出的金融禀赋结构理论则认为，高效的金融结构必然反映实体经济之需求。③ 实体经济的要素禀赋结构决定了产业结构，而产业结构又需要具有与其特定发展阶段相对应的金融结构，只有这种一一对应的互相契合的金融结构才是真正的最优金融结构。从另一个视角来看，也只有在最优金融结构状态之下，金融系统的系统性风险才能降至最低。

最优金融结构时刻处于动态变化之中，其基本演变逻辑是：特定经济体因物质与人力资本的积累形成特定的要素禀赋结构，特定的要素禀赋结构决定特定的最优产业结构，并最终在客观上要求具有与之对应的最优金融结构（其发展演绎图谱见图1—1）。每个经济体在特定的发展阶段都存在一种特殊形态的最优金融结构。当现实中的金融结构与最优金融结构的特征相适应时，金融体系的基本功能才能实现最大化，进而推动经济持续健康增长。反过来，当现实金融结构与最优金融结构相背离，金融体系的功能便无法实现最大化，在阻碍金融业的发展并影响实体经济的发展的同时，也对系统性金融风险的治理提出严峻的挑战。

发展金融学上金融禀赋结构理论的提出和对最优金融结构的发现实际上对金融法学研究及金融市场治理提出了一个新的问题，即从法律的立场出发，在主观上金融法到底应当保持何种品质与精神、秉承何种治理理念，才能真正确保金融法律制度的制定与实施能够始终如一地尊重、遵守和维持最优金融结构这一金融学客观规律呢？笔者认为，金融法基本精神的塑造并由此催生金融市场治理理念的转变是保证金融禀赋结构理论得以在金融法学领域予以实现的意识形态基础。从二者的理论逻辑而论，金融

---

① See Asli Demirgüç-Kunt and Ross Levine, *Bank-Based and Market-Based Financial Systems: Cross-Country Comparisons*, https://papers.ssrn.com/sol3/papers.cfm? Abstract id=569255, 2020-04-09.

② 参见项俊波《结构经济学——从结构视角看中国经济》，中国人民大学出版社2009年版，第272页。

③ 参见林毅夫《新结构经济学》（典藏版），北京大学出版社2019年版，第323—325页。

物质与人力资本积累 → 要素禀赋结构变化 → 最优产业结构变化 → 最优金融结构变化

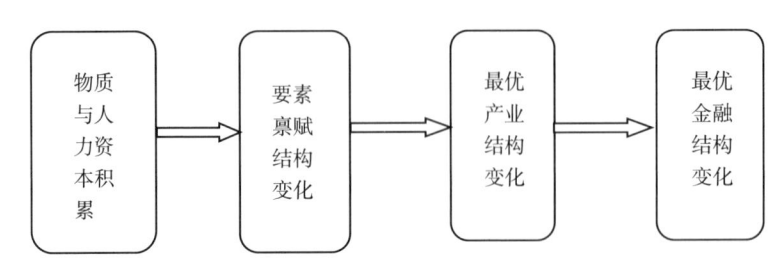

图 1-1　最优金融结构发展演绎图谱

禀赋结构理论是金融法基本精神确立的金融学基础，金融法基本精神是金融禀赋结构理论正式入驻金融法学体系的意识形态基础，是金融法贯彻金融禀赋结构理论的逻辑起点和精神元点。

国家运用公权力对金融市场进行宏观调控与监管规制是金融（经济）法得以产生的客观现实基础。金融与生俱来的脆弱性和风险性为国家宏观金融调控和微观金融市场规制权提供了正当性和理论依据。然而，仅有权力行使的正当性是无法确保权力运行的科学性、规范性及效率性的。金融法是国家干预金融市场的基本法律依据，尤其是对于国家权力是否需要介入，何时介入，以何种主体、何种方式、何种力度介入等基本问题，金融法必须提供明确的理念和规范指引及原则要求。为此，分布在多元金融业态的金融法必须具有宏观的基本精神予以指导和协调，方能确保国家金融宏观调控和金融监管的预期效果。不能回避的是，我国传统金融法在金融深化理论的精神导向下对金融市场的干预无形中存在结构性盲区，忽视了金融结构对金融发展乃至经济发展的影响，这已然造成金融市场发展的结构性桎梏，并阻滞了中国金融体系功能的最大化和金融深化的进一步发展。更为严重的是，这样的金融治理实践已经逐渐积累了更高的系统性金融风险。

在金融禀赋结构理论下，国家对金融市场干预必须秉承以金融结构为中介目标的科学精神。在传统金融法的制定与实施过程中，无论是金融宏观调控还是金融监管，对国家公权力运用的最终效果即政府干预金融市场的绩效实际上并未能真正纳入法治的轨道，这恰恰成为政府扭曲最优金融结构和过度干预金融市场的重要法治盲区。金融禀赋结构理论的提出为我国金融法的研究提供了新的金融学理论基础。基于该理论，传统金融学视野中的国家干预并不能直接实现金融深化的最终目标，而基于各自经济体在特定发展阶段的要素禀赋而决定的最优金融结构，才是金融市场发展的决定性中间变量。因此，金融法必须突出金融结构的核心地位。

最优金融结构本质上属于一种客观经济规律，"政府组织干预经济的活动必须尊重市场经济规律"①。也就是说，在客观经济规律面前，政府"更多的应该是敬畏和适应，在更多学习和了解的基础上才谈得上更好地顺应规律和引导现实"②。为此，金融法应当自觉将金融结构作为国家干预金融市场的中介目标，并随着最优金融结构的发展变化主动调整金融法律制度，以促进金融市场的深化发展。与《中国人民银行法》框架下中国人民银行为更好地实现货币政策的最终目标而设立货币政策的中介目标类似，建议将金融结构设立为我国金融法中国家干预金融市场的中介目标。这一方面缘于金融结构具有影响金融市场和实体经济发展的直接原因，具有作为金融市场干预中介目标的科学性基础；另一方面，金融结构本身即具有可测性、可控性和相关性三大基本特征，③具有作为金融市场干预中介目标的现实可操作性。当然，从另一个角度讲，新时期中国金融市场法律治理的金融学基础从金融深化理论走向金融禀赋结构理论，并由此带来金融法基本精神的型塑，已经成为防范系统性金融风险背景下中国金融市场法律治理的理念创新的客观基础。

二 转轨经济体制下金融市场对金融资源配置的决定性作用地位

经济基础决定上层建筑，经济体制是法律制度建立的经济基础，任何时代的法律都无法全然超脱其所处时代的经济体制而独立存在。转轨经济体制是防范系统性金融风险背景下中国金融市场法律治理理念创新的经济背景。以历时性的视角观之，我国从改革开放以来经历了由计划经济体制向市场经济体制发展演变的过程。

在改革开放之初，市场因素作为一种体制要素，在经济体制中的成分、地位和作用只是逐渐融入。总体而言，在政市二元关系的博弈较量

---

① 参见陈婉玲《独立监管组织法律研究——以金融业分业监管为视角》，上海人民出版社2011年版，第13页。

② 参见陈云贤、顾文静《中观经济学——对经济学理论体系的创新与发展》，北京大学出版社2015年版，第58页。

③ 一般货币理论认为，货币政策中介目标的选择必须考虑可测性、可控性和相关性三个标准。参见丁文丽、刘学红《中国货币政策中介目标选择的理论研究与实证分析》，《经济科学》2002年第6期。

中，政府的力量强势而市场的力量式微，市场完全不具有与政府机制相媲美的地位，市场发挥作用的空间几乎只能游离于计划体制之外。

1992 年，党的十四大正式确立了建立社会主义市场经济体制的目标。所谓的社会主义市场经济体制遵循两层作用机制：一是国家对经济的宏观调控机制，市场只能在该机制之下发挥作用；二是市场对资源配置的基础性作用机制。换言之，从此往后，"市场的基础性作用被正式确立"①，国家的宏观调控不直接干预基础资源配置，而由市场进行基础性配置。需要注意的是，在这一阶段尽管社会主义市场经济体制已经确立起来，但总体而言，政府干预经济及控制资源的力量不是没有了、减弱了，是"更强了"。②

2013 年，《中共中央关于全面深化改革若干重大问题的决定》正式将市场的"基础性作用"提升为"决定性作用"，我国经济体制中政市关系的角逐博弈才最终确立"限定政府，余外市场"的模式。改革开放以来不同历史时期市场机制的地位如表 1-1 所示。

表 1-1　　　　　　改革开放以来我国市场机制地位

时间阶段	体制类型	市场机制的地位
1978—1992 年	计划经济体制（改革）	在政府计划体制之外发挥作用
1992—2013 年	社会主义市场经济	在政府宏观调控下对资源配置起基础性作用
2013 年至今	社会主义市场经济	在资源配置中起决定性作用

从上述关于我国改革开放以来经济体制演变的回顾中不难发现，我国社会主义市场经济体制的最终确立和市场决定性作用的终极型塑绝非一蹴而就。金融市场对金融资源配置的决定性作用地位的确立，客观上带来了金融法基本品格和基本精神的升华。从金融法视域下国家干预金融市场的基本品性分析，基于金融禀赋结构理论，首先，国家对金融市场干预必须始终恪守谦抑性精神。传统经济理论认为，在市场经济国家，市场在经济资源配置中起到基础性作用，③ 在市场机制不可避免地存在失灵的情况

---

① 张艳萍：《改革开放以来社会主义市场经济体制改革历程与启示——基于对社会主义经济核算论战的思考》，《理论月刊》2019 年第 2 期。
② 参见金碚《市场经济中程阶段的市场经济再学习》，《江淮论坛》2014 年第 1 期。
③ 参见刘润葵《结构经济学》，四川科学技术出版社 1994 年版，第 260 页。

下，政府必须站出来承担帮助矫正市场失灵的角色。① 换言之，即使是早期的自由主义者也都一致认为政府具有设定市场经济"游戏规则"的天然职责，② 但"政府永远是第二替代"③，这是国家干预金融市场的基本理论依据。党的十八届三中全会报告明确强调，要使市场在资源配置中起决定性作用，并更好地发挥政府的作用。这种理论界定充分显示了市场由以往在资源配置中的"基础性"作用正式上升为"决定性"作用，④ 同时也意味着政府对市场干预权限和能动性的进一步收缩，因为"只有管好政府这只手，市场这只手才能发挥好作用"⑤。根据处理政市关系的"剩余原则"，"除依据法定原则应由政府配置资源的领域外，其他的或剩余的领域都应交给市场"。在"限定政府，余外市场"模式下，市场的资源配置机会和应用范围、时机是没有法定边界的，与之截然相反的是，政府的权力边界和应用场合被严格限制。⑥⑦ 从根本上讲，这是由于在任何市场经济环境下，"尚未发现任何力量比市场的作用更广泛、更有效率、更可持续"⑧。

在金融法视域下，新时期政市关系理论与金融禀赋结构理论天然弥合，并为金融市场法律治理理念的转变提供了经济基础。金融禀赋结构理论认为，最优金融结构并非政府人为创造，而是由经济体本身的产业结构所决定。产业结构归根结底又是由各经济体在特定阶段中包括劳动力、资本及自然资源等在内的基本自然禀赋要素所决定的。经济基础决定上层建筑，基于金融禀赋结构理论，金融法的基本精神之一是必须尊重禀赋要素对最优金融结构的决定性作用，这不仅是金融禀赋结构理论的应然蕴含，是市场"决定性"作用原理的必然要求，也是作为经济法子部门的金融法的经济性的重要表现。尊重禀赋要素对最优金融结构的决定性作用客观

---

① See Sinn H. W., "The Selection Principle and Market Failure in Systems Competition", *Journal of Public Economics*, Vol. 66, No. 2, 1997, pp. 247–248.
② 参见吴敬琏《构建市场经济的基础结构》，中国经济出版社 1997 年版，第 256 页。
③ 陈经纬《金融法治与金融规制——转型时期逻辑与经济金融分析》，社会科学文献出版社 2016 年版，第 4 页。
④ 参见丁任重、李标《供给侧结构性改革的马克思主义政治经济学分析》，《中国经济问题》2017 年第 1 期。
⑤ 杨伟民：《如何使市场在资源配置中起决定性作用》，《宏观经济管理》2014 年第 1 期。
⑥ 参见刘辉《我国上市公司股份回购法律规制研究》，法律出版社 2020 年版，第 97 页。
⑦ 张守文：《政府与市场关系的法律调整》，《中国法学》2014 年第 5 期。
⑧ 冒佩华、王朝科：《"使市场在资源配置中起决定性作用和更好发挥政府作用"的内在逻辑》，《毛泽东邓小平理论研究》2014 年第 2 期。

上要求国家对金融市场的直接干预必须始终恪守谦抑性、附属性、后发性及干预力度的相应性。

此外，最优金融结构总是处于阶段性的发展变化之中，金融禀赋结构理论客观上要求国家对金融市场的干预必须牢固树立市场导向观和法律发展观。Goldsmith（1969）将金融结构分为金融工具结构和金融机构结构，不同的金融工具和不同金融机构的结合最终组建了不同的金融结构。[1] 评价一个经济体的金融结构是否真正有效及其效用的高低，并不是看该经济体的金融结构是否与发达经济体的金融结构相一致，而是看其金融结构是否与本国的现阶段的要素禀赋结构所决定的实体经济相一致。[2] 换言之，在金融禀赋结构理论下，任何一种基于金融工具和不同金融机构的钩稽关系所共同组成的金融结构都不具有针对任何经济体的普遍最优性。世界上并不存在通用于任何经济体和任何经济发展阶段的最优金融结构，只有沿着实体经济需求的路径并能够更好地发挥金融体系功能的符合"国家禀赋"特征的金融体系结构才是真正稳定和高效率的。[3] 经济基础决定上层建筑，最优金融结构的发展变化客观上要求国家干预金融市场的权力运用行为和国家金融法律制度必须做出相应的改变。一方面，国家对金融市场的干预不能偏离最优金融结构，而应当维护最优金融结构的运行轨迹；另一方面，金融法律制度必须对国家的金融市场干预行为进行规范，特别要对偏离最优金融结构的公权力干预行为进行处罚和制裁。

综上，转轨经济体制下金融市场对金融资源配置的决定性作用地位的确立，是防范系统性金融风险背景下金融供给侧结构性改革法律治理理念创新的经济基础。新时期政市关系的转变不仅为金融市场法律治理理念塑造了意识基础，也为金融市场法律治理理念提供了方法论基础，并将最优金融结构与实际金融结构的对比关系作为金融市场法律治理成效的试金石和参照系。

---

[1] See Goldsmith, Raymond William, *Financial Structure and Development*, New Haven: Yale University Press, 1969, pp. 155–213.

[2] 参见彭欢、邱冬阳《新结构经济学框架下金融结构与经济增长关系研究》，经济科学出版社 2014 年版，第 20 页。

[3] 参见陈雨露、马勇《金融体系结构、金融效率与金融稳定》，《金融监管研究》2013 年第 5 期。

三 金融供给侧结构性改革：金融市场法律治理理念创新的政治基础

在人类经济金融发展史上，金融与经济总是一对互为表里、密不可分、共生共荣的基本范畴。经济兴，金融兴；经济强，金融强。经济是肌体，金融是血脉。[1] 2019 年 12 月 12 日召开的中央经济工作会议明确指出，中国经济目前已进入增长速度换挡期、结构调整阵痛期、前期刺激政策消化期"三期叠加"的新阶段。在经济领域进行供给侧结构性改革成为解决新常态下我国经济发展主要矛盾的对症药方。与之相应，2019 年 2 月 22 日，习近平总书记在中央政治局第十三次集体学习讲话中首次提出了金融供给侧结构性改革的概念，要求深化金融供给侧结构性改革，增强金融服务实体经济能力，坚决打好防范化解包括金融风险在内的重大风险攻坚战。随后，该提议被正式列入《2019 年中央经济工作会议公报》。2019 年 10 月 28 日，《十九届四中全会决定》进一步明确要健全具有高度适应性、竞争力、普惠性的现代金融体系，有效防范化解金融风险。

金融供给侧结构性改革标志着中国金融改革从需求端金融要素的直接干预范式向供给侧金融结构的法律调制范式的转换。在汉语中，所谓结构是指各个组成部分的搭配和排列。无论是自然科学还是社会科学，在同一种物质（事物）内部，不同结构的随机排列组合都将对物质（事物）的性质和功能产生重大影响。从某种意义上讲，金融活动本身就是在对现有资源进行重新整合的基础上实现价值和利润增值的过程。然而，在金融史上，学者围绕金融结构、金融发展及其与经济发展的互动关系展开了长期而深入的争论和研讨。

如前所述，金融深化理论否认金融结构与金融发展之间存在直接的因果关系，其据以建立的早期 M-S 初始经济模型本质上就是一种基于货币需求函数来探讨金融深化问题的金融发展模型，强调实际存款利率的均衡水平对储蓄动员和金融深化的重要性，倡导通过以放松利率管制为核心的利率自由化改革来实现金融深化。[2] 其主张的基本政策逻辑是"放松利率管制→动员金融资本→配置金融资源→实现金融深化"。发展经济学家帕

---

[1] 参见习近平《深化金融供给侧结构性改革 增强金融服务实体经济能力》，《人民日报》2019 年 2 月 24 日第 1 版。

[2] 张杰：《中国金融制度的结构与变迁》，中国人民大学出版社 2011 年版，第 128 页。

特里克（Patrick）提出了金融发展与经济增长的双向因果关系理论，认为金融发展与经济增长存在两种典型的互动模式：一是"需求尾随型"（Demand-following）模式，即对大多数经济体而言，在经济发展的早期，金融工具、金融机构与金融市场都是基于实体经济的需求应运而生的；二是"供给引导型"（Supply-leading）模式，即当经济发展和金融工具、金融机构与金融市场发展达到一定水平之后，金融的发展将反作用于经济的增长，呈现出一种"供给引导型"的金融发展路径，① 实际金融结构将对实体经济的发展产生积极的能动作用。

以林毅夫教授为代表的新结构经济学家在帕特里克金融发展与经济增长双向因果关系理论的基础上，提出了金融禀赋结构理论。以金融禀赋结构理论为基础的金融供给侧结构性改革是对传统金融改革的一种颠覆性革命。金融禀赋结构理论的本质是从特定经济体的要素禀赋出发来探讨经济与金融发展的问题。它为金融供给侧结构性改革提出了一种全新的"结构化"的改革范式。具言之，传统金融改革聚焦于维护整个金融体系的稳健，监管措施主要集中于资产端，强调资产端的风险控制，② 而金融供给侧结构性改革则实现了两大层面的转变：其一，将改革的着眼点从传统金融深化理论下的金融需求端主动转移到金融结构端，即金融的供给侧；其二，将改革的方法论从传统金融深化理论下的储蓄动员和金融要素直接干预范式，主动切换至以金融法律为基本保障的对金融结构的法律调制范式。中国金融体系的结构性失衡导致其无法适应当前实体经济结构调整的金融服务需求，是金融供给侧结构性改革的主要背景。③ 为此，金融供给侧结构性改革必须把重心放在"调结构"上，这无疑是《十九届四中全会决定》将现代金融体系的构建作为金融供给侧结构性改革核心内容的重要原因。

金融供给侧结构性改革本身的范式转换也为促进我国金融法学研究和金融市场治理理念转型提供了政治基础。一方面，现代金融法学必须高度重视对金融学基础理论的研究，加强对基本金融规律的探索。长期以来，

---

① See Patrick, H. T., "Financial Development and Economic Growth in Underdeveloped Countries", *Economic Development and Cultural Change*, Vol. 14, 1996, pp. 174-189.
② 参见杨东《监管科技：金融科技的监管挑战与维度建构》，《中国社会科学》2018年第5期。
③ 刘立新、李鹏涛：《金融供给侧结构性改革与系统性金融风险的防范》，《改革》2019年第6期。

我国金融法学一直无法弥合金融法基础理论与金融学基础理论"两张皮"的现象，金融法学始终滞后于金融学基础理论的发展，金融学的最新理论无法有机融入金融法学的理论范畴，导致金融学最新研究成果与金融法律调制实践之间存在巨大的理论隔阂。以金融禀赋结构理论为基础，金融法学在解释和指导金融供给侧结构性改革的过程中主动确立金融法"结构化"研究范式，最终将打通金融禀赋结构理论与金融供给侧结构性改革法治实践之间的理论鸿沟。

另一方面，现代金融法学研究必须以对金融结构的法律调制为己任，科学凝练金融法学的方法论根基。我国金融法基础理论研究目前仍主要停留在价值论层面，其代表性学术成果是金融法"三足定理"，即金融法治必须以金融公平、金融安全和金融效率为价值准绳，并尽可能达到三者的适度平衡。然而，在金融法方法论层面，究竟如何实现金融法"三足定理"，这方面的研究向来薄弱。随着社科法学的兴起和对金融法作为领域法学的基本认识的逐步深化，学者对金融法调制机理的认识逐渐成熟，基于金融供给侧结构性改革所提出的问题导向，金融法开始关注以对金融结构的法律调制为中心的金融法方法论研究，这为金融法方法论范式的确立提供了绝佳的实践契机，甚至在某种意义上可以为发展金融法学学科和学派的形成提供历史契机。

第二节 中国现行金融市场法律治理理念的主要价值取向与现实困境

长期以来，对我国金融市场治理理念乃至金融法基本理念的研究一直处于空白状态。在 2008 年国际金融危机之后，我国学者出于对世界各国历次危机治乱循环的系统考察，总结提炼出金融法"三足定理"，为金融市场的法律治理提供了理念指引。然而，随着我国金融市场的快速发展，特别是我国金融结构的逐步转型及金融供给侧结构性改革重大战略的提出，金融法"三足定理"在金融结构的法律治理方面的固有缺陷开始日益彰显。为此，回应我国当下的金融市场治理和金融供给侧结构性改革之需，有必要从本体论的角度系统解构和审视金融法"三足定理"，从而为我国金融市场法律治理理念的建立和创新指明方向。

一 基于后危机时代金融治乱循环的中国理论：金融法"三足定理"

对国际金融危机治乱史进行回顾不难发现，各国金融监管当局在金融危机和金融发展的治理与平衡之间，始终处于金融安全与金融效率的价值抉择之中，时而强调金融安全，时而又突出金融效率，在这两种金融法律价值的博弈和选择中始终很难找准其中的平衡点。比如，金融安全无疑是金融监管与金融法治的初始目标。英国在1720年颁布防止过度证券投机的《泡沫法》，是世界金融史上由政府实施金融监管的开端，该法无疑贯穿了金融安全的价值目标。20世纪30年代，美国先后出台的多部银行、证券法律也无不显露出治理金融危机的决心，将金融安全置于首要的地位。然而，每次金融危机过后为了重振金融市场和复苏经济，金融监管和金融法治又不得不突出金融效率。比如在金融危机后，金融自由化理论又全面替代凯恩斯主义，主张放松对金融机构和金融业务的管制，提高金融效率，消除"金融抑制"，实现"金融深化"。

邢会强教授认为，要走出危机治乱的无限循环，金融法必须遵守"三足定理"。所谓金融法"三足定理"，是指在金融安全和金融效率的基础上再加上一个"消费者保护"，形成一个三角形。金融安全、金融效率和消费者保护成为这个三角形的三个"足"，金融法的立法、金融监管目标的设定、金融体制改革的指导原则，都应该在这"三足"之间求得平衡。在承认和强调金融消费者保护，并将其作为与金融安全和金融效率同等重要的一极的基础上，金融法"三足定理"的实现应当坚持从四个方面推进：一是消除信息不对称，构筑金融机构与消费者之间的平等协商机制；二是增强消费者在金融机构面前讨价还价的能力；三是加强制度建设和制度改进，增强博弈规则的公正性；四是全面构筑第三方惩罚机制。[①]

冯果教授等对金融法"三足定理"的提出与证成进行了质疑与反思，[②] 认为首先，金融法"三足定理"的论证基础需要进一步拓展。金融

---

① 参见邢会强《金融危机治乱循环与金融法的改进路径——金融法中"三足定理"的提出》，《法学评论》2010年第5期。
② 参见冯果、袁康《社会变迁视野下的金融法理论与实践》，北京大学出版社2013年版，第23—24页。

法不仅包括金融监管法，而且包括金融组织法与金融交易法，"三足定理"的提出和初始论证始于金融危机治乱循环，却也止于金融危机治乱循环，单纯从金融危机治乱循环这一金融监管的范畴来论证显然并未涉及金融法制的全局。缺乏全面的理论论证与检验容易让定理出现以偏概全的问题。

其次，"三足定理"对完善金融法制的衡量指标和实现途径的理解失之单一。将金融安全与金融效率作为金融法的两足毋庸置疑，但将金融消费者保护作为第三足不无争议。理由是金融消费者保护与金融安全和金融效率并非同一价值层面的归纳，具言之，要实现金融安全和金融效率的平衡，本身就必须加强金融消费者权益保护，金融消费者权益保护是实现金融安全和金融效率的题中应有之义。因此，将金融消费者权益保护作为与金融安全和金融效率并列的一极，从逻辑上讲并不周延。另外，金融消费者权益保护并非实现金融安全和金融效率的充要条件，易言之，欲实现金融安全和金融效率，不仅需要在金融监管法的角度加强金融消费者权益保护，而且需要从金融组织法和金融交易法的视角，保证金融市场主体能够自由平等地参与金融活动及金融资源得到合理配置。从该意义上讲，金融消费者权益保护只属于金融交易法的基本范畴之一，而完善的金融法制需要确保金融组织法、金融交易法与金融监管法的协调发展，通过三者的良性互动和密切配合来保证金融市场的完善。

最后，"三足定理"对金融市场功能的认识过于片面。根据经济学界的通说，金融市场的功能不仅包括聚敛资金的功能，还包括分配资源、财富和风险的配置功能，以及对经济的调节功能和对国民经济信息变动的反应功能。"三足定理"虽然关注到了对金融市场弱势群体的权利保护，以及金融效率和安全等价值面向，但是忽视了金融市场对于社会公平、收入分配调节等方面的社会功能。

基于此，冯果教授等对金融法"三足定理"进行了修正，在肯定该理论基本思路的基础上将金融公平、金融安全、金融效率共同作为金融法的三个"足"。其理由是通过金融公平的参照与指引，可以实现金融安全与金融效率之间的平衡；强调金融公平可以弥补片面强调金融安全与金融效率的局限，发挥金融增长对于社会发展的推动作用；实现金融安全、金融效率和金融公平耦合的金融法制可以最大限度推动金融市场的健康发展。①

冯果教授等提出了基于金融公平的制度改善方案，包括三个方面：其一是改革和完善金融机构配置。包括改革金融服务市场准入制度，逐渐放宽金融特许制度，允许和规范各类主体进入金融市场，逐步将非正规金融正规化并将其纳入常规金融监管之中。打破国有金融机构的市场垄断地位。培育和发展政策性金融机构，提升其金融服务深度，加强政策性金融立法。此外，深化农村金融改革，加大对"三农"金融的扶持力度。另外，要引导民间资本进入微型金融领域，满足资本多元化需求。其二是改革和完善金融工具安排。就金融市场工具而言，要在充分发挥其市场交易功能的同时加强对其的监管，要鼓励和规范金融创新，审慎监管金融衍生工具的设计和定价，在公平交易原则下促进金融效率的提高。包括推进利率市场化改革、外汇管理制度改革、完善资本市场价格形成机制等，并充分发挥再贷款再贴现等政策工具对中小金融机构发展的扶持作用。其三是改革和完善金融市场体系。包括建立并完善多层次资本市场体系，加快场外交易市场建设和国际版建设、加强金融消费者权益保护、探索普惠金融体系建设等方面。②

总之，现代金融法制不能将其价值目标仅仅锁定在金融安全与金融效率，邢会强教授强调把金融消费者保护作为单独的"一极"或者"一足"，与金融安全和金融效率共同组成金融法的三个价值面向。冯果教授等则提出了修正版的金融法"三足定理"，将金融消费者保护替换为金融公平，从而将金融公平、金融安全与金融效率一同作为金融法的三元价值目标体系。

二 金融法"三足定理"作为中国金融市场法律治理理念的主要价值

所谓理念，有理想信念之意，通常是指人们对于某种理想的目标模式及其实现的基本途径和方式的一种信仰、期待和追求。③ 黑格尔认

---

① 参见冯果、袁康《社会变迁视野下的金融法理论与实践》，北京大学出版社2013年版，第25—26页。
② 参见冯果、袁康《社会变迁视野下的金融法理论与实践》，北京大学出版社2013年版，第26—28页。
③ 参见漆多俊《经济法基础理论》（第五版），法律出版社2017年版，第171页。

为，理念是认识事物的最终形式，是改造事物的最高价值目标。① 金融监管理念既是金融监管法的本质、存在的依据与追求的价值取向，又是指导一国金融监管实施和运作成败的关键，其构成了整个金融市场发展的基石。② 金融法"三足定理"的提出与修正为我国金融市场治理和金融法学术研究提供了重要的理论指引，主要体现在金融治理价值目标的体系性、金融治理中金融消费者权益保护的独立性、金融治理的逆周期性。

（一）实现中国金融市场治理价值目标的体系性

金融法"三足定理"作为我国目前金融市场治理及金融法学的基础价值理念，无疑对金融法治运行的各环节均具有重要的价值导向功能。如前所述，传统的金融监管始终游走于金融安全与金融效率的衡平之间，但在该理念的支配和指引下，金融监管机构在处理具体的机构监管与功能监管、审慎监管与行为监管、微观审慎监管与宏观审慎监管、顺周期监管与逆周期监管、行政监管与行业自律等问题时，呈现出摇摆不定的姿态。金融法"三足定理"的提出，实际上是将金融消费者权益保护或者金融公平作为一种独立的价值理念，与金融安全和金融效率一同纳入金融法的价值目标，从而构筑起金融法的"三元目标价值体系"。

与传统的金融法价值相比，金融法"三足定理"或者说"三元目标价值体系"的确立对中国金融市场治理而言，其突出的价值导向优势显现于其价值目标的稳定性。就中国金融市场的复杂性而言，金融法的价值目标不能是单一目标，这不仅仅因为单一的价值目标无法有效承载国家、市场和社会等多方主体对于中国金融市场本身的功能期待，更是由于单一的价值目标容易带来某一方绝对的权力（权利）所向，这自然是与金融法治的基本追求相向而行的。金融法的价值目标也不宜确立二元模式。实践证明，在金融安全和金融效率的金融法二元价值理念中，金融监管者或出于金融发展的动机鼓励金融创新放松监管，或出于金融稳定和安全的考虑而加强金融监管，同时受制于监管部门之间的利益博弈等因素，最终很难在金融安全和金融效率之间实现平衡。换言之，金融法二元价值理念本身并不是一个可靠的、稳定的系统，随着时间、环境及部门利益格局的变

---

① 参见贺麟《黑格尔哲学讲演集》，上海人民出版社1986年版，第122页。
② 参见陈斌彬、原凯《后危机时代我国影子银行监管法的反思和重构》，法律出版社2019年版，第250页。

动,金融监管者很难实现两者的平衡。

几何学原理告诉我们,"三角形"或者"三足"通常具有稳定性。"三权分立"将权力一分为三往往能够保持权力的相对稳定和制衡。同样,将金融消费者权益保护或者金融公平纳入原先的金融安全和金融效率二元价值组合之中,相当于确定了三条边长而组建起一个三角形。金融法的"三元目标价值体系"实现了金融法价值目标的体系化和金融法价值体系的稳定性、安全性和可靠性。"三元目标价值体系"并非亘古不变的自动静态平衡,而是随着经济发展、金融发展和社会发展而动态平衡的一个系统。在不同的金融环境中,不同的金融法价值追求均不同,类似于三角形的每一条边长都可能发生变化,但总体上在金融法"三足定理"下三大法律价值理念会互相依存和制衡,实现动态均衡和稳定,这是各金融法价值目标动态博弈的结果。因此,从这个意义上讲,金融法"三足定理"是保持中国金融市场治理稳定性的重要的思想基石。

(二)提供中国金融市场治理价值平衡的方法导向

金融法"三足定理"中的三大金融法价值理念并非简单相加或者无序堆砌,相反,来源于中国金融市场治理实践的金融法"三足定理"具有强烈的问题意识和方法导向功能。具言之,在邢会强教授提出的金融法"三足定理"初始模型中,"三足"实际上对应了中国金融市场中的三种不同利益主体:金融监管机构主要关注金融市场的整体安全和系统性金融风险的治理,因此,其对应的金融法价值是金融安全;金融机构主要关注金融创新和金融发展,以此实现其经营利润和经营业绩,所以其对应的主要是金融效率;金融消费者重点关注的是自身金融消费权益的法律保护,进而实现其金融权和发展权,因此,其对应的金融法价值是金融消费权益保护。[①]

尽管这样的法律价值与金融市场主体的对应关系并不是绝对的,比如金融监管机构也同样会关注金融效率,低效甚至无效的监管并不能支持监管本身的正当性;金融机构主体也必须重视金融安全,否则,高杠杆、高风险、低资产质量的经营行为最终无法保障其自身的营业安全,甚至带来

---

① 参见邢会强《金融危机治乱循环与金融法的改进路径——金融法中"三足定理"的提出》,《法学评论》2010年第5期。

系统性金融风险；金融消费者也不能只顾其金融消费权益的主张而忽视金融安全和金融效率，否则，金融产品的可持续提供可能最终都无法获得保证。但总体而言，每一种金融市场主体都有与其对应的最为重要的法律价值和核心利益，即金融监管机构对应金融安全、金融机构对应金融效率、金融消费者对应金融消费权益保护。

在此框架下，金融法"三足定理"所包含的法律价值就不是静态拼接的结果，而是在一个动态博弈的过程中实现的。这为金融法价值的实现提供了一种从纸面上的静态理念转向金融交易实践的动态博弈的方法论。显然，这已经超出了抽象而空洞的理论论证的范畴，它坚持了科学的实践论的哲学观点，以认识和实践的辩证统一为理论核心，突出了金融市场三方博弈在认识过程中的地位和作用。并且金融法"三足定理"也体现了矛盾论的唯物辩证法观点，特别是坚持了矛盾的对立统一律，将金融市场的三种主体及其核心利益之间的矛盾放在辩证法的框架下对待，正视各种利益之间的对立统一关系，并将其作为金融市场稳定健康发展的根本动力。

（三）提供破解传统金融治理路径依赖的实践方案

金融危机可以被预警和避免吗？为什么1929年和2008年都发生了震惊全球的金融危机？美国金融危机调查委员会在对2008年国际金融危机的调查报告中认为，金融危机是人类的作为和不作为所导致的，而不是大自然或者计算机模型出现混乱所导致的。"尽管经济周期不可避免，但如此规模的危机却是可以避免的。"[1] 金融监管者和金融机构所犯的错误是"人祸"而非"天灾"。

对比1929年和2008年两次大危机也同时发现了一些共同的特征：比如两次危机都与货币政策密切相关，危机发源地的政府都采取了极其放任自流的经济政策等。[2] 美国金融法律的变革与金融市场的发展是密切互动的。[3] 每次大萧条以后国会会出台多部法案，加强对金融市场的管制，比如典型的代表性法案：1933年《格拉斯—斯蒂格尔法案》（*Glass-Steagall*

---

[1] 参见［美］美国金融危机调查委员会《美国金融危机调查报告》，俞利军、丁志杰、刘宝成译，中信出版社2012年版，第19页。

[2] 参见刘鹤主编《两次全球大危机的比较研究》，中国经济出版社2013年版，第7—15页。

[3] 陈云贤：《美国金融危机处置与监管变革——耶鲁大学学习考察报告》，中国金融出版社2013年版，第48—54页。

Act）等。但"在金融监管自身的历史发展中，其内在因素很可能实际上成为降低金融效率的重要形式"①。当金融业经过长期稳定发展之后，政府又大幅放松对金融市场的管制，比如美国 1999 年实施的《格雷姆—里奇—比利雷法案》（Gramm-Leach-Bliley Act，GLB Act）等。

但问题是为什么总是在金融危机发生之后，金融监管部门才后知后觉地发现应当"树立底线思维方法，对危机可能出现的最坏场景做出预案"②？而在金融监管部门加强管制的过程中，诸如当《萨班斯—奥克斯利法案》（Sarbanes-Oxley Act）要求增加财务报表重述的数量、提升公司信息披露质量之时，以美国的保险巨头美国国际集团（AIG）为代表的大型公司就抱怨他们不得不从公司利润中拿出大量的原本可以用于研发、广告宣传或者员工培训的资金来投资于会计要求。③ 甚至还有著名经济学家提出，过多的信息披露就像是耀眼的光线，会令人头晕目眩，④ 从而迫使金融监管部门陷入"反监管思潮"，进而导致监管失位。⑤

"好的监管（包括管制）能够使金融市场顺畅运转并通过纠正市场失灵（特别是外部性、信息不对称），减少市场波动风险。"⑥ 经济周期是一种客观的经济规律，这无法避免，但作为与金融市场发展密切互动的金融法律，到底应当秉承何种理念才能破解传统金融治理的路径依赖，进而避免金融危机的爆发呢？中国金融法学者提出的金融法"三足定理"或许可以为该问题的解决提供一种有益的思路。具言之，金融法"三足定理"从理论模型的高度准确界定了各种金融法价值的核心利益主体代表，并从金融发展和金融监管的动态博弈实践中实现金融法律价值的"纳什均衡"。金融法"三足定理"提供的实践方案就是通过对金融消费者进行法律赋能，增强其在与金融监管机构和金融机构博弈过程

---

① ［美］艾伦·加特：《管制、放松与重新管制》，陈雨露、王智洁、蔡玲译，经济科学出版社 1999 年版，第 3 页。
② 参见刘鹤主编《两次全球大危机的比较研究》，中国经济出版社 2013 年版，第 16 页。
③ 参见［美］杰瑞·马克汉姆《美国金融史》（第 4 卷），韩姝译，中国金融出版社 2018 年版，第 547—549 页。
④ 参见［美］加里·贝克、罗纳德·科斯、默顿·米勒等《圆桌会议：展望法与经济学的未来》，载吴敬琏主编《比较》（第 19 辑），中信出版社 2005 年版，第 80 页。
⑤ 参见［法］韦罗妮克·马尼耶主编《金融危机背景下的上市公司治理——旨在更好地保护公司利益》，姜影译，法律出版社 2014 年版，第 7 页。
⑥ 参见［荷］乔安妮·凯勒曼、雅各布·德汗、费姆克·德弗里斯编著《21 世纪金融监管》，张晓朴译，中信出版社 2016 年版，第 2 页。

中的地位和能力。

具体包括四个方面：一是消除信息不对称，建立金融机构与消费者的平等协商机制；二是在承认消费者弱势地位的前提下增强消费者的"讨价还价的能力"，比如强化对消费者结社权的法律保障等；三是加强制度建设和制度改进，增强博弈的公正性；四是全面构筑第三方惩罚机制。①

三 金融法"三足定理"指导金融供给侧结构性改革存在的现实困境

金融法"三足定理"的提出与修正，无疑是我国金融法学界对金融法价值论研究的代表性成果。在我国金融法基础理论研究向来薄弱的现实背景下，金融法"三足定理"的问世为我国的金融监管与金融宏观调控、金融市场准入、金融交易规制及金融福利分配等各领域的立法和法律实施均提供了清晰的价值指向，其理论贡献是毋庸置疑的。然而，随着我国金融市场的快速发展和金融深化面临的现实语境的变迁，尤其是金融供给侧结构性改革战略的提出，金融法"三足定理"在金融结构的法律调制及系统性金融风险治理方面的力不从心日益显现。

（一）金融法"三足定理"缺乏针对金融结构法律治理的金融学基础

所有的法律问题都必定是地方性的，其实践的答案也必定是地方性的。② 当代中国金融市场法律治理理念的确立必须回应中国金融市场发展和金融风险治理的现实需求。中国金融目前的主要问题不是总量问题，而是结构性的问题。具体来说可以概括为三大层次的七个结构性问题：第一个层次是直接融资与间接融资之间的结构矛盾；第二次层次是间接融资内部的结构矛盾及直接融资内部的结构矛盾；第三个层次是高质量发展与中小银行之间的结构矛盾，高质量发展与金融产品之间的结构矛盾，高质量发展与债券市场之间的结构矛盾，高质量发展与股票市场之间的结构矛盾。③

---

① 参见邢会强《金融危机治乱循环与金融法的改进路径——金融法中"三足定理"的提出》，《法学评论》2010 年第 5 期。
② 参见苏力《面对中国的法学》，《法制与社会发展》2004 年第 3 期。
③ 参见林毅夫《金融创新如何推动高质量发展：新结构经济学的视角》，《新金融评论》2019 年第 4 期。

以习近平同志为核心的党中央敏锐洞察到中国金融发展的根本症结，提出了金融供给侧结构性改革的重大战略。这就要求中国当代的金融市场治理必须主动建立在对金融结构的法律调制的基础之上。与此同时，金融法必须找到科学的、能够指导金融结构法律调制的金融学基础。

"法是这样一种社会现象，它以调和可能相互对立和冲突之欲求为目标，并拥有绝对性、外部性、正式性以及——只要它与宗教相分离——固有性的手段。"① 换言之，法律存在的目的就在于调和各种利益冲突并提供规则支持。② 金融法"三足定理"建立在博弈论的基础上，以金融危机治乱循环为现实背景，建立起了以金融监管部门、金融机构和金融消费者为主体，以金融安全、金融效率和金融消费者权益保护（或金融公平）为核心价值立场的金融市场治理多方博弈模型，通过赋能金融消费者参与金融市场治理，寻求金融市场治理的三元价值理念的平衡。

金融法"三足定理"虽然对我国金融市场治理价值观具有突出的理论贡献，但是其本身对金融结构的关注不足，以及对最优金融结构在金融市场治理中的重要意义的忽视，凸显了该理论在现代中国金融市场治理中固有的硬伤。现代经济（金融）治理法律理论首先需要关注的是其经济学（金融学）基础的问题，因为经济法或者金融法要实现对经济金融问题的科学治理，必须充分了解其经济金融实质及对其治理的成本和效率，在此基础上才能从法律的角度探讨对其治理的正当性问题。

金融法"三足定理"沿袭了传统金融治理的金融学基础，即仍然以金融深化理论为指导，并未建立起一种"大金融"观，即将宏观金融学理论与微观金融学理论相统合，把金融和实体经济和谐统一作为其金融发展理念，并强调全球化条件下一般规律与中国"国家禀赋"的有机结合。③ 换言之，金融法"三足定理"并未以现代发展金融学，尤其是金融禀赋结构理论为指导，其在金融结构和法律调制方面的能动作用必然受到其金融学基础之局限性的掣肘。《十九届四中全会决定》已经明确把"健全具有高度适应性、竞争力、普惠性的现代金融体系"作为"有效防范化解金融风险"的逻辑前提，这实际上间接凸显了我国传统金融治理理

---

① ［德］迪特玛尔·冯·德尔·普佛尔滕：《法哲学导论》，雷磊译，中国政法大学出版社2017年版，第104页。

② 参见梁上上《利益衡量论》，法律出版社2016年版，第78页。

③ 参见陈雨露、马勇《大金融论纲》，中国人民大学出版社2013年版，第2—3页。

念在当下系统性金融风险治理中的局限和不足。

(二) 金融法"三足定理"缺乏对现代金融结构实施法律调制的理论指引

"如果说理论与实践是二分式的(不是理论的就是实践的),那么法理论与法实践就不是二分式的,中间还隔着同样属于法学(理论)的法教义学和法律方法论。"① 金融监管理念不仅是一国金融监管诸多价值(如公平安全、自由效率等)取向的集聚与反应,而且还为监管当局指明和提供了实现与追求这些监管价值所应遵循的原则、依据或途径等。进言之,金融监管理念是支撑、调理、牵引和塑造一国金融监管安排和立法的原动力,其本身具有本体论和方法论的双重含义。② 现代中国金融市场的法律治理理念应当以金融禀赋结构理论为金融学基础,并在金融法基础理论的层面进行相应的理论调试与重构,从而为金融结构的法律调制提供有益的价值指导和具体的方法论导向。

从跨学科的视角看,法律科学可以将其他学科的知识包含进来,转换为自身的知识,但这种知识的转换是独白式的、单向度的,是按照法律科学本身的规则来进行的。换句话说,其他学科的知识可以影响法律方法论和法教义学,但必须按照法律方法论和法教义学的"游戏规则"(体现其固有理性)来进行代码转换,就像所有的外部信息在计算机编程中都要被转换为代码那样。③ 就中国金融市场法律治理的需求来说,金融法基础理论必须主动将金融禀赋结构理论纳入其中,并进行相应的"代码转换",凝练科学的金融结构法律调制方法,以法律理念、法律原则、法律机制等具体形式提供金融结构的法律调制方案。

金融法"三足定理"的一个显著特征是建立了金融监管部门、金融机构和金融消费者的三方博弈模型(见图1-2),但作为金融(调制)法的基础理论,它并未将金融结构的法律调制,尤其是从金融的供给侧的视角将金融供给侧结构性改革纳入金融法的调制视野。就中国金融市场治理的现实需求来说,其包含的法律问题至少有以下几个:基于金融禀赋结构

---

① [德] 马蒂亚斯·耶施泰特:《法理论有什么用》,雷磊译,中国政法大学出版社2017年版,第16页。

② 参见陈斌彬、原凯《后危机时代我国影子银行监管法的反思和重构》,法律出版社2019年版,第251页。

③ 参见[德] 马蒂亚斯·耶施泰特《法理论有什么用》,雷磊译,中国政法大学出版社2017年版,第20页。

理论，金融法为什么必须关注金融结构的法律调制？金融结构的法律调制应当遵循何种理念？金融结构法律调制权具有何种法律属性？金融法应当如何调动其部门法的资源对金融结构实施法律调制？总之，现代中国金融市场治理的重心是金融结构的法律调制，金融法必须充分利用其法律机制对实际金融结构实施能动的、合理的法律调制，从而在防范系统性金融风险的背景下推动金融市场健康发展。

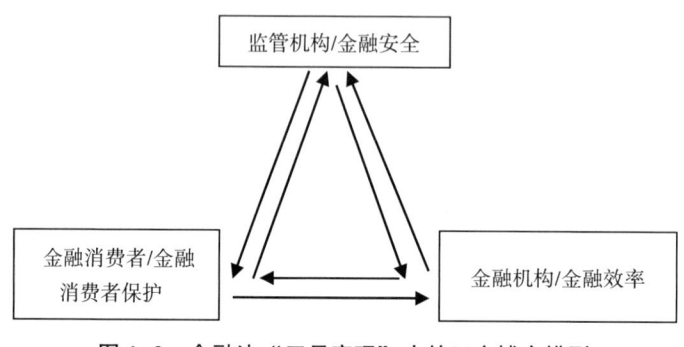

图 1-2　金融法"三足定理"中的三方博弈模型

第三节　结构金融法理论视域下金融供给侧结构性改革法律治理理念的创新

随着中国经济步入增长速度换挡期、结构调整阵痛期、前期刺激政策消化期"三期叠加"的阶段，中国金融的各种矛盾和问题呈现相互交织的状态，其最直观、最显著的外在表现就是金融结构的失衡。以习近平同志为核心的党中央提出的金融供给侧结构性改革为中国金融市场法律治理指明了方向。金融供给侧结构性改革的实施，一方面需要确立全新的金融学基础，由金融深化理论转向金融禀赋结构理论；另一方面，从金融法基础理论的层面来说，必须深入探索金融供给侧结构性改革的法哲学基础，尤其是其法律治理的理念、原则和实施机制等核心问题。

一　中国金融市场法律治理的理论基础：结构金融法理论

"对特殊法律制度的客观证成，人们应该从经济的角度作出判断。"① 金融结构最初总是伴随实体经济的需求而产生,在不同经济发展阶段呈现出指数化的动态演进趋势,并对经济增长率产生决定性影响。② 立于金融禀赋结构理论,金融供给侧结构性改革的取胜之匙在于维持经济体的实际金融结构与最优金融结构相一致。最优金融结构作为一种客观金融规律,它可以被计量,③ 但不能自动生成。研究表明,金融监管对金融结构的发展演变就具有显著的影响。④ 此外,政治、法律渊源、当政者的理念都可能引起实际金融结构偏离其最优值。⑤ 这正是以法治的形式规范和保障国家金融调制行为,确保金融供给侧结构性改革始终沿着正确方向前进的核心意义所在。

(一) 以金融结构法律调制为中心的结构金融法理论

欲实现金融法"三足定理"所包含法律价值的纳什均衡,并有效防范化解系统性金融风险,金融法必须在方法论层面寻求突破。根据金融禀赋结构理论,指导以金融供给侧结构性改革为核心的现代金融市场治理的金融法理论,必须主动树立金融结构的法律调制意识。笔者提出的结构金融法理论,是指金融法以金融禀赋结构理论为其金融学基础,以最优金融结构理念为其根本遵循,通过法律的理性哲学充分动员作为领域法学的金融法的各子部门法,以其独特的部门法实施机理对实际金融结构进行科学的法律调制,引导和保障经济体的实际金融结构向最优金融结构理性回归,发挥最优金融结构在金融发展和金融风险治理中的中介作用,推动金融供给侧结构性改革和金融市场持续深化,促进金融结构与实体经济发展的和谐互动,从而持续释放金融服务实体经济的最大动能,实现金融公

---

① [德] 施塔姆勒:《现代法学之根本趋势》,姚远译,商务印书馆2018年版,第43页。
② 参见张成思、刘贯春《最优金融结构的存在性、动态特征及经济增长效应》,《管理世界》2016年第1期。
③ 贝克(Beck)、昆特(Demirguc-Kunt)、莱文(Ross Levine)等世界银行经济学家构建的金融结构与经济发展关系模型已经揭示了最优金融结构的计量方法,以及最优金融结构与经济增长之间的互动关系。该模型的非线性静态表达式为:$Growth_{ij} = c + \beta_1 FS_{ij} + \beta_2 FS_{ij}^2 + \beta_3 X_{ij} + U_{ij}$;非线性动态表达式为:$Growth_{ij} = c + \beta_0 Growth_{i-1j} + \beta_1 FS_{ij} + \beta_2 FS_{ij}^2 + \beta_3 X_{ij} + U_{ij}$。其中,$Growth_{ij}$表示经济发展水平;$FS_{ij}$表示金融结构;$X_{ij}$表示影响经济发展的控制变量,比如投资水平、教育水平、外资投入水平、人口规模等;U_{ij}表示干扰项;i与j分别表示时间与国家。参见尹雷《最优金融结构:理论与实证研究》,中国金融出版社2016年版,第39页。
④ 参见王博、张少东《中国的金融结构演进与监管周期》,《南开学报》(哲学社会科学版)2019年第4期。
⑤ 林毅夫:《新结构经济学》(典藏版),北京大学出版社2019年版,第333页。

平、金融安全和金融效率价值的纳什均衡，并实现有效治理系统性金融风险的目标。

法律并不是一种"拟人化的思维方式"，它并不是"经由某人刻意思考而设计出来的"，作为理性行动的法律仅仅意指那些"完全由已知且可证明为真的东西所决定的"法律。① 结构金融法理论对最优金融结构的高度尊重及其以此为治理圭臬指导实际金融结构的法律调制，是该理论不同于传统金融法理论的硬核所在。在金融禀赋结构理论语境中，实际金融结构总是围绕着最优金融结构上下波动，而以最优金融结构为轴心向前发展，这充分揭示了最优金融结构在金融发展中的预测力、指引力和核心灵魂作用。以金融禀赋结构理论为金融学基础的结构金融法理论高度崇尚最优金融结构在金融发展和金融市场治理中的中介意义，这样的中介意义不仅体现在最优金融结构在解释金融发展问题上的解释论意义，更体现在对实际金融结构进行法律调制中的方法论意义。易言之，结构金融法理论本身并不"生产"最优金融结构，相反，它尊重实体经济要素禀赋所决定的最优金融结构，并以此为金融学基础，调适国家的金融法律制度，并调制金融法律行为，从而保证金融市场治理的最优绩效。

现代金融市场治理以金融供给侧结构性改革为核心，其实践标签有两个：一是金融供给侧，即改革的目标和重心是在金融的供给端而不是需求端；二是结构，即改革的对象是金融结构。结构金融法理论自觉将金融改革的关注点和着力点聚焦于金融供给侧的金融结构上，将对金融结构的法律调制作为金融法学研究和金融供给侧结构性改革的逻辑起点，这无疑对于金融公平、金融安全和金融效率等金融法价值的平衡和实现起到重要的推动作用。它鲜明地彰显出金融法在促进金融禀赋结构理论落地生根，有效指导金融供给侧结构性改革过程中的法学理论基石地位，最终促成金融改革从理论到实践形成一个完美衔接的逻辑链条，如图1-3所示。

（二）中国金融市场治理的金融法结构向度

结构性问题是中国金融最为突出的问题，中国金融市场治理的核心面向是金融结构。那么，以金融供给侧结构性改革为切入点，以系统性金融风险的治理为目标，中国金融市场治理到底需要克服哪些金融结构方面的

---

① 参见［英］哈耶克《法律、立法与自由》（第1卷），邓正来等译，中国大百科全书出版社2000年版，第6页。

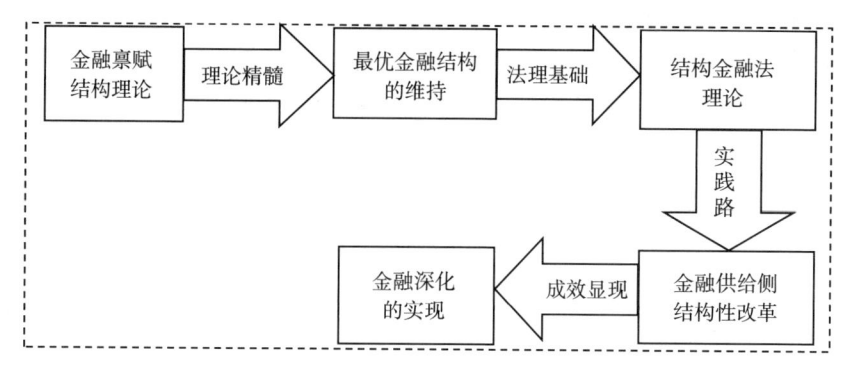

图 1-3　现代金融市场治理法治逻辑路线

矛盾呢？除了前文已经提到的"七结构说"，另有金融学者支持"五结构说"，即中国金融市场治理必须解决的结构性矛盾，包括金融组织体系、金融市场体系、金融监管体系及金融资源在区域之间和城乡之间的结构性矛盾。[①]

需要特别强调的是，结构金融法理论中的金融结构并非对金融学意义上金融结构的简单摹写。基于结构金融法理论，对现代金融结构的法律界定和法律调制需要符合两方面的基本要求：第一，结构金融法理论中的金融结构必须具有发展金融学与金融法学双重意义上的中介价值。这意味着结构金融法理论上的金融结构的选定必须符合发展金融学的基本规律，具有实质性的影响金融发展和系统性金融风险治理的中介价值，同时，其对于金融法"三足定理"的实现具有促进作用。当其处于最优值时，金融体系的功能和效率得以实现最大化，金融公平、金融安全和金融效率等法律价值能够充分显现并实现纳什均衡。第二，结构金融法理论中的金融结构必须具有金融法学意义上的调制意义。即金融法学理论及金融法的子部门法必须具有对该金融结构的调制能力，这是中国金融市场治理最终取得成功的关键环节。综合这两方面因素，以下三个维度的金融结构可被选定为结构金融法理论中的金融结构。

1. 金融体系业态结构

金融结构理论的创始人戈德史密斯将金融结构定义为金融工具和金融机构的形式、性质和相对规模，其中金融工具是指"对其他经济单位的

[①]　参见刘光溪《试论推进金融供给侧结构性改革面临的瓶颈及其突破口》，《世界经济研究》2016年第9期。

债权和股权"①。后来，世界银行经济学家昆特和莱文对戈德史密斯提出的金融结构指标进行了简化，将银行导向型金融结构和市场导向型金融结构界定为最基本的金融结构。事实上，金融学者对金融结构的划分从无定论，金融结构本身就是一个开放的体系，在各经济体不同的发展阶段，其金融体系也必然存在不同的金融结构划分标准。基于金融禀赋结构理论，结构金融法理论选择以金融体系业态结构的概念来刻画我国的基本金融结构体系，为中国金融市场治理提供最基础的金融结构分析框架。

所谓金融体系业态结构，主要是指金融体系内不同融资形式和融资工具所组成的金融结构。包括以银行等金融中介机构为代表的间接金融与以证券市场为代表的直接金融所形成的金融结构，间接金融内部的金融结构（如大、中、小银行的金融结构），直接金融内部的金融结构（如股票市场与债券市场的金融结构），金融产品体系结构（如银行与证券行业内部服务于大、中、小、微企业的金融产品结构）等。其中，间接金融与直接金融所形成的金融结构，以及间接金融与直接金融内部的金融结构相对宏观，结构金融法理论关注该类金融结构自身的禀赋特点对金融深化的影响。金融产品体系结构则相对微观，结构金融法理论高度重视其与微观金融市场主体融资能力的匹配系数。"要实现金融资源的优化配置，就要发挥好金融机构、金融商品甚至金融市场的资金融通、风险分散和价格发现等功能。"② 金融体系业态结构不仅是金融学层面实现金融发展的重要中介，而且是金融供给侧结构性改革和中国金融市场治理实践中实现金融法"三足定理"的必然选择。

首先，金融体系业态结构是提升金融效率的决定性因素。在一国金融结构体系中，间接金融与直接金融的比例与该国产业结构的匹配度决定了企业融资的效率。比如，作为间接融资中介的银行出于风险管理的考量，往往需要企业提供大量的担保方能发放贷款；相反，作为直接融资的证券市场通常把投资的决策权直接交给投资者，投资者可以独立判断投资标的的经营前景并作出自己的投资决策，这通常可以为中小微企业带来更多的融资机会。基于德国、日本、英国和美国的比较研究发现，处于不同发展

---

① 参见［美］戈德史密斯《金融结构与经济发展》，浦寿海译，中国社会科学出版社1993年版，第4—5页。
② 杨东：《互联网金融的法律规制——基于信息工具的视角》，《中国社会科学》2015年第4期。

阶段的经济体需要把直接融资与间接融资进行不同组合,从而确保经济运行的效率。① 在间接融资内部,银行的规模与其服务的企业的规模也是互相匹配的。大银行在企业经营等软信息甄别上不具优势,其对企业家风险的防范策略更多只能集中在显性的担保品管理及严苛的违约清算上。这对于节约大企业的信息成本和利息支出固然具有显著优势,但对于轻资产的中小微企业来说,却构成天然的融资桎梏。② "在国内,政府曾多次要求四大国有银行给中小企业贷款,甚至要求四大国有银行成立专门的中小企业贷款部,但是四大国有银行借给中小企业的钱还是很少,原因就在于此。"③ 此外,不同风险偏好类型的金融产品所组成的金融结构基于收益率高低、时间期限长短及风险系数等方面的差异,也对金融体系的效率产生立竿见影的影响。为此,破解我国金融体系"融资难、融资贵、周期长、效率低"的难题,必须通过金融供给侧结构性改革将解决问题的视角转移到金融体系业态结构上来,并以此引导和规范金融法律调制行为。

其次,金融体系业态结构是实现金融公平的重要手段。"平等的关切是政治社会至上的美德——没有这种美德的政府只能是专制的政府。"④ 金融公平强调在金融活动中各类主体不因自身经济实力、所有权性质、地域和行业等因素而受到差别对待,能够公平地参与金融活动,机会均等地获取金融资源。⑤ 长期以来,我国不同所有制经济体之间、城乡之间、不同的区域之间显现出严重的金融资源配置不均衡状态。⑥ 金融机构的不合理布局、金融工具的不恰当配置与金融市场的不均衡构造是导致金融不公的重要原因。⑦ 金融禀赋结构理论的最大特点就是从实体经济的要素禀赋与金融结构的互动视角来看待金融发展问题,以此为根基的结构金融法理论则高度重视最优金融体系业态结构在推进金融公平中的中介作

---

① 参见林毅夫《新结构经济学》(典藏版),北京大学出版社2019年版,第323页。
② 参见张一林、林毅夫、龚强《企业规模、银行规模与最优银行业结构——基于新结构经济学的视角》,《管理世界》2019年第3期。
③ 参见林毅夫《解读中国经济》,北京大学出版社2018年版,第197—198页。
④ 参见[美]罗纳德·德沃金《至上的美德》,冯克利译,江苏人民出版社2003年版,第1页。
⑤ 参见冯果、袁康《社会变迁视野下的金融法理论与实践》,北京大学出版社2013年版,第128页。
⑥ 参见田春雷《金融资源公平配置的法学分析——兼论中国金融法的新价值》,《法学评论》2013年第3期。
⑦ 参见李安安《逻辑与进路:金融法如何实现收入分配正义》,《法商研究》2019年第4期。

用，通过结构金融法理论指导金融体系业态结构改革成为破解我国金融不公的重要途径。

以我国银行体系业态结构为例，国有大型银行的信贷资产总量在间接融资中的比重一直居高不下。与此同时，我国的经济结构又呈现出典型的"投资导向型"特征，经济增长高度依赖国有部门的大量投资拉动。在经济体中，"主导地位"通常帮助大型国有企业从国有银行中获得廉价的信贷资金，而处于相对弱势地位的中小微企业则只能获得有限的信贷资源甚至被迫从非正式贷款市场融资，这是中国影子金融市场产生的重要"病因"①。解决该问题的总体思路是以结构金融法理论为指导，以我国最优金融体系业态结构为参照，丰富金融体系业态，突出中小银行和民营银行的比重，并且强化"商业性金融、政策性金融与合作性金融的结构性调整"，对实现企业公平融资及更广泛意义上发展普惠金融的法律构造予以探究。② 同时，增加股债混合型融资工具或者夹层融资的比重，并改革和完善多层次资本市场法律制度体系，鼓励中小微企业直接融资的发展。

最后，金融体系业态结构是实现金融安全和系统性金融风险治理的必然选择。金融体系业态结构往往是决定金融体系资产和风险集中度的风向标，并由此成为实现金融安全的中介目标。这是由于一方面，从静态的视角观之，直接金融和间接金融及其内部的随机组合结构直接通过金融集中度的传导效应，对系统性风险的生成和金融体系的稳定产生影响；另一方面，以动态的视角观之，随着经济结构转型升级和供给侧结构性改革的深化，金融体系业态结构发展演变的总体趋势是直接融资比重提升，而金融体系业态结构的发展变迁过程可经由三条传导路径对金融安全产生影响：其一，随着金融市场的发展和直接融资的增长，传统银行资产在总资产中的比重将持续下降。银行存款资金的减少将削弱银行中介的纵向风险分担能力，从而使投资者的资产暴露于系统性风险之下。其二，金融市场的发达将激发银行通过市场交易获取资金的强烈意愿，银行经营的战略管理将由通过提升信贷管理技术降低金融资产风险，转变为以资产证券化转移金融风险，随着金融市场流动性的加速扩张，金融体系安全性将受到更大的考验。其三，在金融体系业态结构转轨的过程中，资本市场尚不发达，而

---

① 参见沈伟《中国的影子银行风险及规制工具选择》，《中国法学》2014 年第 4 期。
② 参见冯辉《普惠金融视野下企业公平融资权的法律构造研究》，《现代法学》2015 年第 1 期。

银行退出留下的金融服务空白给民间金融和影子银行的进入提供了可乘之机，高企的利率和市场风险给金融体系安全带来极大的冲击。此外，金融结构变迁带来的货币政策与金融监管的错配也是金融危机发生的重要原因。① 据此，结构金融法理论必须将金融体系业态结构锚定为金融安全治理的中介目标。

2. 金融资源配置结构

金融资源配置结构是指金融资源在不同的产业、行业及区域之间，不同产权性质与经济体量的市场主体之间，不同社会地位与财富水平的公众之间的分布结构。金融资源配置结构的调整和优化是金融供给侧结构性改革的必然要求，它具有高度的动态性和相机抉择性，不仅直接关乎金融效率、金融公平与金融安全等金融法价值目标，而且对经济领域供给侧结构性改革的开展、社会公共福利的保障及社会意识形态的型塑等均具有间接的影响。

首先，金融资源配置结构直接决定金融体系的效率。一国的最优金融资源配置结构一定是将有限的金融资源高效配给当下发展所急需的战略新兴产业和部门，从而最大化发挥金融服务于实体经济的能力，实现最大的金融增值的金融资源配置方案。"如果一种资源分配方式没有达到帕累托最优状态，那么经济体内一定会存在闲置的或浪费的资源。"② "金融功能（形态）的动态演变及伴随这一过程的金融创新是否有助于提高金融体系的效率性，关键在于能否满足以下两个基本条件：一是不能脱离实体经济，二是不能超越理性边界。前者表明，金融功能及其具体形态无论如何变迁，都必须始终立足于经济增长和社会发展的客观需求，缺乏实业根基和'脱实向虚'的金融创新注定是难以持续的；而后者则表明，金融功能所产生的效率性在客观上存在一个边界，试图越过人类理性的边界而追求某个臆想的繁荣状态也注定会无功而返。"③ 以金融禀赋结构理论的视角观之，金融资源配置结构是金融发展的重要中介目标。在间接金融领域，中央银行、国家金融监督管理总局及地方政府等推出的各种金融信贷政策，实际上就是国家以公权力的形式直接干预金融资源配置结构的重要

---

① 参见王铭利《货币政策与金融结构的协调：基于社会融资规模视角的研究》，社会科学文献出版社 2016 年版，第 22—23 页。

② [美] 弗兰克·J. 法博齐（Frank J. Fabozzi）、弗朗哥·莫迪利亚尼（Franco Modigliani）：《资本市场：机构与工具》，汪涛、郭宁译，中国人民大学出版社 2015 年版，第 392 页。

③ 陈雨露、马勇：《大金融论纲》，中国人民大学出版社 2013 年版，第 112—113 页。

手段。在直接融资领域，国家在上海证券交易所专门设立科创板，实行证券公开发行注册制改革，并试点差异化表决权等制度，实际上也是优化金融资源配置结构的重要举措。

其次，优化金融资源配置结构是金融法公平价值得以实现的必经之路。在一个完全自由的金融市场环境中，大企业和占有更多财富的市场主体往往占据更加优越的融资地位。由于其拥有大量优质资产和经营业绩，无论在间接金融还是直接金融领域，都可以相对容易地获得融资。相反，由于受到传统信贷制度不完善和金融结构扭曲等因素的影响，我国大量的低收入群体、弱势群体、贫困区域的金融可达性和获取率一直不高。也就是说，当完全置于金融效率与金融安全的价值立场下，金融法的经济性功能凸显而社会性功能式微。[1] 然而，金融绝不应当仅仅是富人的专属，公平融资权是金融发展权的重要内容。[2] 为了充分发挥金融法的公平价值，中国金融市场治理需要以金融供给侧结构性改革为突破口，通过国家公权介入的形式，引导金融机构和金融市场向这些金融弱势群体、弱质产业和贫困区域适度倾斜金融资源，最优金融资源配置结构自然就成为金融法律调制的中介目标。

最后，优化金融资源配置结构是实现金融安全和系统性金融风险治理的应然之选。金融过度化往往对金融安全和金融体系稳定形成极大的威胁。所谓金融过度化，是指随着金融化程度的提高，金融化不能进一步促进经济增长，反而阻碍经济发展的现象。金融过度化包括总量金融过度化和结构性金融过度化两种情形。对A股上市公司的实证研究表明，中国不仅存在总量金融过度化的现象，而且存在严重的结构性金融过度化。[3] 结构性金融过度化通常带来两方面的不利结果：其一，过度集中金融资源的产业、行业和领域产生局部性的金融资产泡沫，对实体经济形成严重的"挤出效应"[4]，形成资金空转并引发金融风险；其二，其他剩余产业、行业和领域金融资源严重不足，这些企业为了生存不得不借助其

---

[1] 参见李安安《收入分配改革中的金融政策工具及其法律配置》，《现代法学》2015年第1期。

[2] 参见邢琳《基于金融发展权的视角看农村合作金融法律制度》，东北师范大学出版社2017年版，第15—20页。

[3] 参见刘锡良、文书洋《中国存在过度金融化吗》，《社会科学研究》2018年第3期。

[4] 参见苏治、方彤、尹力博《中国虚拟经济与实体经济的关联性——基于规模和周期视角的实证研究》，《中国社会科学》2017年第8期。

非正规的金融形式获取融资,并继而面临更高的金融风险。① 金融过度化的表面成因可归结为金融机构的微观投资决策行为,而其深层次的原因则体现为金融资源配置结构的扭曲。央行可以通过打好预期管理和其他宏观政策的"组合拳",引导资金"脱虚向实"②,在金融供给侧结构性改革中,完善央行前瞻性指引与货币信贷政策法律框架,对金融资源配置结构进行科学调制,是实现金融安全的重要保障。

3. 金融调制组织法权配置结构

金融市场的法律制度变革如果不能同时匹配金融监管组织和金融监管权力配置法律机制的变革,往往很难真正牵动金融改革的"牛鼻子"③。调制在金融领域是指对宏观金融市场的调控和对微观金融市场的规制。金融调制组织可分为两类:一类是以中国人民银行、国家金融监督管理总局等为代表的专业金融调制机构,这类机构的专属职能即是对国家金融业进行宏观调控与市场规制;另一类是其他对金融业直接或者间接起调制功能的国家行政机关和司法机关。比如有学者提出最高人民法院的司法解释能够对金融业起到宏观调控的效果。④ 司法审判通过法律适用与法律解释功能也能促进金融监管法律法规的市场规制效果。⑤ 金融调制组织法权配置结构不仅包括中国人民银行、国家金融监督管理总局等金融调制组织在横向(部门之间)与纵向(央地之间)层面的法权配置结构,而且包括其他对金融业实施监管的行政机关甚至司法机关等在横向与纵向层面的法权配置结构。金融调制组织法权配置结构从工具性价值和功能性价值两方面实现金融法的价值目标。

首先,金融调制组织法权配置结构对提升金融效率具有重要的工具性价值。现代金融监管必须实现从"监管限制产品或服务"的被动监管到"产品或服务引领监管"的主动监管。⑥ 金融体系的复杂性与我国传统金融监管体制之间的尖锐矛盾要求,必须从整体性视角构建适应我国金融市

---

① 参见胡晓治、梁偲《民间金融市场治理法律制度研究》,浙江大学出版社2016年版,第4页。

② 参见林明裕、胡日东《央行沟通能否有效防范企业过度金融化》,《当代财经》2020年第4期。

③ 参见李东方《证券监管机构及其监管权的独立性研究——兼论中国证券监管机构的法律变革》,《政法论坛》2017年第1期。

④ 参见鲁篱、凌潇《论法院的非司法化社会治理》,《现代法学》2014年第1期。

⑤ 参见宋晓燕《论金融风险控制的司法路径》,《中国应用法学》2019年第5期。

⑥ 参见柴瑞娟《监管沙箱的域外经验及其启示》,《法学》2017年第8期。

场发展的监管体制。① 就目前来看，由于我国正处于由银行导向型金融结构向市场导向型金融结构过渡的阶段，在这个过程中，大量的资金会脱离银行体系而进入金融市场，与此同时，羽翼未丰的证券市场又不能较好地满足实体经济尤其是中小微企业的融资需求，因此，大量的企业具有强烈的诉诸民间金融、互联网金融及其他影子金融市场进行融资的意愿。根据金融产品或服务引领金融监管的基本原理，只有合理配置金融监管部门之间的法权结构，尤其是中央金融监管部门与地方金融监管部门之间的法权配置结构，才能有效提升金融监管的效率。从这个意义上讲，纵向金融调制组织法权配置结构的优化具有客观必然性，地方金融监管权的适度扩张并非"赋权"，而应属于"复权"，即地方金融监管权适度扩张的法本质是地方金融监管权的理性回归。不难看出，现代金融市场的高效运行离不开金融调制组织法权配置结构的工具性价值。

其次，金融调制组织法权配置结构对最优金融体系业态结构的型塑具有重要的中介性价值和保障性功能，对实现金融公平意义深远。政府监管者不仅是市场秩序的守护者，更是引导者和协调者。② 截至 2018 年年末，我国中资国有大型银行占银行业总资产的比重高达 49%，而以广大农村地区金融业务为主的农村信用社占银行业总资产的比重则低至可怜的 2.5%。③ 要实现金融公平，就必须扩张后者在金融业总资产中的占比。然而，最优金融体系业态结构并不会自然生成。比如，民营银行的设立可以打破国家对银行的垄断，为民间金融充实我国金融供给提供阳光大道，④ 但这样的金融体系业态结构的形成高度依赖与之相匹配的最优金融调制组织法权配置结构（尤其是纵向层面）的塑造。为此，以结构金融法为理论导向，金融供给侧结构性改革必须高度关注最优金融调制组织法权配置结构在实现金融公平价值中的中介作用。

最后，金融调制组织法权配置结构是保障金融安全和系统性金融风险有效治理的政治基础。金融安全的一个重要前提是每一种金融业态均能接受适度的宏观调控和法律监管。从金融宏观调控法治角度来看，在后危机

---

① 参见宋晓燕《论有效金融监管制度之构建》，《东方法学》2020 年第 2 期。
② 参见吴烨《金融科技监管范式：一个合作主义新视角》，《社会科学》2019 年第 11 期。
③ 参见中国人民银行金融稳定分析小组《中国金融稳定报告（2019）》，中国金融出版社 2019 年版，第 141—145 页。
④ 参见柴瑞娟《民营银行：发展障碍及其法律对策——以民营银行开闸为时代背景》，《法学评论》2014 年第 3 期。

时代，随着金融和宏观经济之间关系的日趋复杂化，传统的旨在维护价格稳定的货币政策无法同时有效实现金融稳定，根据"丁伯根法则"和政策比较优势原理，在货币政策的基础上纳入宏观审慎政策，形成"双支柱"调控框架，具有合理性与可行性。① 在国际金融监管实践中，将金融稳定职能纳入货币政策框架已成为一种默契共识。② "双支柱"调控法治框架得以建立和运行的一个重要前提是金融调制组织法权配置结构的优化，只有形成最优金融调制组织法权配置结构，才能确保相应的金融业态均处于适度的宏观调控之下，从而保障金融安全。

从金融市场规制法治角度来看，随着我国金融结构不断向市场导向型发展，金融集团化和混业经营的趋势日益显现，我国传统的分业监管模式有待进一步完善。无论是分业经营还是混业经营都不排斥统一监管、双峰监管，甚至还可与之融合。③ 2018年中国人民银行联合银保监会、证监会和国家外汇局发布的《关于规范金融机构资产管理业务的指导意见》（以下简称《资管新规》）即采用了穿透式监管的理念，形成了统一的监管架构。然而，任何统一监管都存在监管组织风险等派生问题，④ 其金融法本质表现为监管组织之间及其内部的法权配置结构问题，即统一监管必须建立在最优金融监管组织法权配置结构基础之上，方能实现金融监管的安全性价值目标，进而有效实现系统性金融风险的治理。

二 中国金融市场法律治理的理念创新：最优金融结构理念

施塔姆勒曾言："法律理念乃是正义的实现。"⑤ 因应金融改革的范式转换，着眼于结构金融法理论聚焦的三大金融结构向度，中国金融市场治理需要遵循从顶层法律理念的确立到微观法律机制设计的自上而下的实践进路。所谓顶层法律理念的确立，是指以最优金融结构理念作为金融法的基本理念，来引领金融供给侧结构性改革相关法律实践，从而实现系统性

---

① 参见马勇《"双支柱"调控框架的理论与经验基础》，《金融研究》2019年第12期。
② 参见刘辉《中央银行宏观调控与金融稳定职能的法治保障——以马来西亚和泰国央行法为样本》，《东南亚研究》2017年第6期。
③ 参见刘志伟《金融法中混业"但书"规定之反思》，《法学研究》2019年第6期。
④ 参见沈伟、李术平《迈向统一监管的资管新规：逻辑、工具和边界》，《财经法学》2019年第5期。
⑤ 参见［美］E. 博登海默《法理学：法律哲学与法律方法》，邓正来译，中国政法大学出版社2004年版，第179页。

金融风险治理的目标。所谓微观法律机制设计，即中国金融市场治理的法律实践必须始终围绕最优金融结构理念，以领域法学视域下金融法最为核心的三大法律支柱——金融商法、金融市场规制法和金融宏观调控法为基础，通过各子部门法的制度创新实现对实际金融结构的法律调制，从而引导实际金融结构向最优金融结构理性归位，实现金融对实体经济的最大反哺功能。

法律的现代化过程不仅是一个法律制度及其运作方式的现代化过程，更是一个法律理念的现代化过程。法律理念不仅具备认识论意义上的导向功能，更具有方法论意义上的指引功能。[①] 建立在金融深化理论基础之上的金融法律调制实践已经证明，金融法"三足定理"所指向的金融公平、效率与安全价值的平衡并不能自动实现，它需要具有能动的金融结构调制意识的最优金融结构理念予以指导。所谓最优金融结构理念是指，金融法律的制定与实施必须始终将最优金融结构作为其"法治锚"，即将最优金融结构作为其金融法律调制的中介目标，从而维持实际金融结构与最优金融结构相一致，实现金融法律的公平、效率与安全价值的平衡。最优金融结构理念内含三大金融法律调制的基本原则——金融市场决定性原则、金融市场理性推定原则、金融调制综合协调原则，是中国金融市场治理的方法论向导。

首先，金融市场决定性原则为中国金融市场治理提供了严格的科学性基础。诺贝尔经济学奖得主诺斯曾言，制度提供基本的结构，人们通过这个基本结构来创造秩序并减少交换中的不确定性。[②] 然而，作为提供基本结构的制度，并不能任凭人的主观判断而为所欲为，现代法治具有典型的"非人格化"特质。[③]《中共中央关于全面推进依法治国若干重大问题的决定》指出科学立法的核心在于尊重和体现客观规律。[④] 在中国金融市场治理的过程中，法律制度的制定与实施必须严格依循基本的金融规律，这是金融法治的科学性基础。在新时期我国政市关系发生根本变化的背景下，

---

① 参见李双元、蒋新苗、蒋茂凝《中国法律理念的现代化》，《法学研究》1996 年第 3 期。
② 参见［美］道格拉斯·C. 诺思《制度、制度变迁与经济绩效》，杭行译，格致出版社、上海三联书店、上海人民出版社 2014 年版，第 140 页。
③ 参见王若磊《信用、法治与现代经济增长的制度基础》，《中国法学》2019 年第 2 期。
④ 参见《中共中央关于全面推进依法治国若干重大问题的决定》，人民出版社 2014 年版，第 52 页。

应当充分尊重竞争政策相对于产业政策的优先地位。① "一般性地反对市场，就像一般性地反对人们之间交谈一样荒唐。"② 金融市场决定性原则是指，金融法在处理金融市场和金融监管这两种金融资源配置方式中，始终保持金融市场对金融资源配置的决定性作用。据此，中国金融市场治理应直接将依照实体经济要素禀赋所决定的最优金融结构作为其"法治锚"，所有的金融市场治理实践都必须将维持实际金融结构与最优金融结构相一致作为其根本宗旨，通过结构金融法对实际金融结构实施科学的法律调制来释放金融法律所追求的公平、效率与安全价值体系的平衡，防范和化解系统性金融风险。

其次，金融市场理性推定原则为中国金融市场治理提供了坚定的意识论基础。推定也被称为假定，是一种重要的法律方法。通过推定，法律规则通常可以圈定法律的管辖范围，并且该推定直接与法律后果相关联。③ 推定也被广泛运用于法律原则的场域，比如民事法律责任归责原则中的过错推定原则，它向公众传达的法律立场是立法直接将过错的证明责任分配给行为人承担而免去原告的举证责任。④ 总之，无论是法律规则还是法律原则，推定所公示的"先入为主"立场都淋漓尽致地体现了法律在处理两种权益配置中的意识论倾向。结构金融法中的金融市场理性推定原则是指，当受制于人类有限理性而无法对基于实体经济要素禀赋所决定的最优金融结构进行客观计量的情况下，法律直接推定金融市场依然理性，并不存在失灵的情况，金融监管不得恣意介入。金融市场理性推定原则是新时期政府与市场关系在金融治理领域的直接映射，坚持市场对资源配置的决定性作用，就必须牢固地把政府的金融治理限定于市场失灵的有限场合，⑤ 将适当性原则、必要性原则和禁止过度原则共同构筑起来的比

---

① 美国、欧盟及我国台湾地区都在相关立法中明确了竞争政策的优先地位。参见邢会强《走向规则的经济法原理》，法律出版社 2015 年版，第 147—148 页。
② [印] 阿马蒂亚·森：《以自由看待发展》，任赜、于真译，中国人民大学出版社 2013 年版，第 4 页。
③ 参见赵树坤、张晗《法律规则逻辑结构理论的变迁及反思》，《法制与社会发展》2020 年第 1 期。
④ 参见郭明瑞《21 世纪民商法发展趋势研究》，科学出版社 2009 年版，第 250 页。
⑤ 参见刘辉《论互联网金融政府规制的两难困境及其破解进路》，《法商研究》2018 年第 5 期。

例原则作为金融供给侧结构性改革的重要原则,①特别是调控措施的力度、向度、强度,都要适度。②在无法客观评判实际金融结构对最优金融结构的偏离程度时,国家公权力对金融市场的介入必须恪守谦抑性,以免造成对金融结构的二次破坏,并导致由政府失灵而引发新的金融市场风险的恶果。

最后,金融调制综合协调原则为中国金融市场治理提供了可行的方法论基础。如果说金融市场决定性原则是在中国金融市场治理中贯彻了"市场对资源配置的决定性作用",那么,金融调制综合协调原则就指明了如何"更好地发挥政府作用"。在整个金融与经济互动发展的逻辑链条中,对最优金融结构的法律调制并不能依靠单一主体、单一手段而独立实施。金融调制综合协调原则是指,在尊重最优金融结构的金融市场决定性原则基础上,对金融结构的法律调制必须注重金融政策自身、金融政策与产业政策、金融政策与财税政策等相关制度的衔接与配合,从而实现结构金融法对金融结构的最优调制绩效。就金融政策自身的法律调制来说,中国金融市场治理不仅涉及对银行、证券、保险、信托、基金、期货等单一金融业态的法律调制行为,更涉及不同金融业态之间互动关系的法律调制行为,以及在整个金融体系系统性风险锁定原理下的金融宏观审慎监管法律问题。不仅涉及商业性金融与政策性金融法律调制的统合配置问题,还涉及不同层次资本市场法律调制,以及银行金融与市场金融互相协调驱动的法律调制问题。就金融政策与产业政策、财税政策协调互动的法律调制来说,中国金融市场治理在金融结构的法律调制之外,还必须密切关注金融结构法律调制与产业、财税等经济结构的法律调制,妥善处理金融供给侧结构性改革的法治保障与经济供给侧结构性改革的法治保障之间的协调与呼应问题。总之,金融发展和系统性金融风险的治理必须依靠多个部门和多种政策工具与手段的有机组合。

着眼于最优金融结构理念在中国金融市场治理实践中的具体实施,为有效治理系统性金融风险,有必要对我国现行金融调制组织框架进行适当的修正和完善。由于金融结构的法律调制与货币政策的制定、实施密切相关,可考虑在中央金融工作委员会下设金融结构政策委员会。鉴

---

① 比例原则包含三个子原则:适当性原则、必要性原则和禁止过度原则。参见梁上上《利益衡量论》,法律出版社2016年版,第202页。

② 参见张守文《分配危机与经济法规制》,北京大学出版社2015年版,第318页。

于中国人民银行在新"三定方案"下接受新设立的中央金融委员会和中央金融工作委员会的领导,并依然保留宏观审慎职能,可将金融结构政策委员会办公室设置于中国人民银行并与货币政策委员会平行。金融结构政策委员会的主要组成机构包括"一行一局一会",以及财政部、国家发展改革委、国家税务总局等司职产业政策与财税政策的相关部委。由此,中国人民银行可以凭借其出色的金融与法律研究能力和金融委的统合协调能力,科学计量基于实体经济要素禀赋的最优金融结构,并借鉴美联储、日本银行、加拿大银行、新西兰储备银行等中央银行构建结构性政策分析系统的经验,着手建立我国的结构性货币政策分析系统,并以金融结构政策委员会的决策予以实施,从而致力于中国金融市场治理中对实际金融结构的科学法律调制。

三 最优金融结构理念的法律机制创新

法律与金融学者在对法律制度环境与金融结构作相关性研究的基础上,提出了中国金融市场治理的法律制度供给方案。具言之,针对不同的金融结构改革目标,应当提供差异化的法律制度供给:以银行导向型金融结构为目标的国家应当强化促成金融合同的达成与实施、加强债权人法律保护、满足债权人对企业的要求权和优先性、提高企业合同的执行效率等方面的法律制度供给;[1] 以市场导向型金融结构为目标的国家应当加大投资者利益保护、证券信息披露、加强严格责任促进私人执法等方面的法律制度供给。[2] 当然,这样的方案并非简单一一对应、亘古不变。对正处于金融结构转型期的中国来说,金融市场治理的法律制度创新必须同时考虑两种金融结构的风险面向,并且突出金融法律对实际金融结构的调制意识。"现代经济法制建设的目标,已经由为经济体制改革保驾护航转变为规范和引领经济体制改革。"[3] 在以最优金融结构理念为灵魂的金融市场治理实践中,金融法律制度的制定与实施必须以结构金融法理论为指导,通过部门法律制度的创新与统合施治,充分发挥金融法作为领域法学的优

---

[1] See Ross Levine, *Finance and Growth: Theory and Evidence*, https://www.researchgate.net/publication/5185432_Finance_and_Growth_Theory_and_Evidence, 2020-6-27.
[2] See Paul Brockman, Dennis Y. Chung, "Investor Protection and Firm Liquidity", *Journal of Finance*, Vol. 58, No. 2, 2003, pp. 921-938.
[3] 参见陈甦《改革开放 40 年来我国经济体制与经济法制的互动发展》,《中州学刊》2018 年第 11 期。

势，对实际金融结构进行科学有效的法律调制，进而达到系统性金融风险治理的效果。

（一）金融商事法律机制创新

"金融监管有效发挥作用的前提，是对金融交易结构及风险的准确认知与把握。"① 金融商法是金融交易最基本的法律依据，对金融结构的法律调制起到最基础的作用。金融商法主要是私法，以私法自治为最高原则。② 只有通过私法自治，才能有效激发市场主体的活力与创造力。③ 根据金融市场决定性原则和金融市场理性推定原则，国家公权力对金融市场的干预应当保持谦抑性，在私法自治的范围内，应当鼓励运用金融商法对交易秩序和交易结构进行法律治理。中国金融市场法律治理中的金融商事法律制度创新主要是在最优金融结构法治锚的引导下，瞄准实际金融结构相较于最优金融结构中生长不足、发展滞后、对金融交易贡献比例较低的金融业态，通过提供更为便捷和自由的金融交易识别法律制度、金融交易选择法律制度、金融交易违约预防法律制度、金融交易违约救济法律制度等，着力构建金融供给侧结构性改革的商法体系，服务于实际金融结构向最优金融结构的理性归位和系统性金融风险的有效治理。

金融交易识别法律制度是商事识别法律制度的重要组成部分。商事识别法律制度是指在市场经济环境下为满足连续大规模商事交易的需要，用以规范为交易主体提供交易相对人的主体因素与环境因素等多种商事业务相关信息的行为的商事法律规范的总称，其主要功能是为市场提供一个可判断的市场。④ 金融交易识别法律制度主要包括交易主体身份识别、资信识别、财产归属识别、交易模式识别等法律制度。在新时期我国政市关系彻底转变为"使市场在资源配置中起决定性作用"的背景下，金融交易识别要强化"政府由监护转向服务的市场识别功能"⑤。比如新《证券法》的出台明确了我国证券发行实行注册制，将公司首次公开发行新股的条件由原来的必须具备"持续盈利能力"修改为"持续经营能力"，突

---

① 参见楼建波《金融商法的逻辑：现代金融交易对商法的冲击与改造》，中国法制出版社2017年版，第38页。
② 参见王利明《负面清单管理模式与私法自治》，《中国法学》2014年第5期。
③ 参见王利明《发挥民法典在国家治理现代化进程中的保障作用》，《光明日报》2020年1月15日第11版。
④ 参见陈甦《商法机制中政府与市场的功能定位》，《中国法学》2014年第5期。
⑤ 参见季奎明《商主体资格形成机制的革新》，《中国法学》2019年第3期。

出证券服务中介机构在证券发行中的"看门人"角色。这样的修改有利于提高证券发行和上市公司融资效率，如果进一步"再造一个承接行政许可权力的受权主体——保荐人"，重构"中国证监会—保荐人"的委托代理法律关系，① 改变证券发行中的监管结构和利益分配关系，我国证券市场的融资效率和规范性有望迎来重大转变，对提升直接融资在金融结构中的比重意义非凡。当然，这对于银行金融去杠杆和系统性金融风险的防范与化解也至关重要。

金融交易选择法律制度是指通过一定的商事法律机制促进金融市场机制发挥"扶优逐劣"的作用，为金融市场交易主体选择理想的交易相对人和交易项目提供便利的金融行为法律制度。金融交易选择法律制度的主要功能是为金融市场交易主体提供一个质量可靠的交易市场。在中国金融市场治理中，金融商法可通过对金融商事担保法律制度的优化和金融交易基础信用法制环境的完善，促进金融交易市场的选择环境，从而推动相应的金融业态的发展，优化和调整实际金融结构。比如在金融商事担保领域，由于我国《民法典》并未规定让与担保物权，在证券融资融券交易的场合，现有的权利质权制度设计无法满足"强制平仓"的实际功能需求。② 未来可通过金融商事司法实践，在商事领域承认和引入让与担保制度，③ 不仅有利于规范和保障证券融资融券交易，而且也能起到缓和过于刚性的禁止"流质流押"规定的作用，④ 对于促进直接融资具有重要意义。在金融交易选择的信用法制保障方面，我国部分地区的地方立法已经开展了有益的尝试。比如，2020年4月10日通过的《上海市优化营商环境条例》明确："……推进公共数据开放及大数据普惠金融应用，依法与金融机构共享市场监管、税务、不动产登记、环保等政务数据和电力、供

---

① 参见沈朝晖《证券法的权力分配》，北京大学出版社2016年版，第153—158页。
② 参见龙俊《民法典物权编中让与担保制度的进路》，《法学》2019年第1期。
③ 参见郑彧、季奎明、曾大鹏《金融市场基础设施的法律保护：现状、冲突与改进》，上海人民出版社2018年版，第84—94页。
④ 《民法典》第401条规定，抵押权人在债务履行期限届满前，与抵押人约定债务人不履行到期债务时抵押财产归债权人所有的，只能依法就抵押财产优先受偿。本条即在一定程度上缓和了过于刚性的禁止"流质流抵"的规定，也就是说，当事人可以约定流抵条款，但是在法律效果上，抵押人不负有抵押物所有权转移的义务，而需要通过拍卖、折价或者变卖的方式来实现优先受偿。

排水、燃气、网络等公用事业数据,并依法保护商业秘密、个人信息。"① 这对金融机构为中小企业发放贷款提供了良好的信用法治环境,有利于促进银行金融领域小微金融占比的提升,对于系统重要性银行贷款集中度管理和系统性金融风险的治理也颇为必要。

金融交易违约预防法律制度是指金融法通过事先的制度安排预防违约发生与违约规模扩大的制度。金融交易识别和交易选择法律制度创新可以从金融商事交易主体法治和行为法治的双重视角优化金融交易的基础法治环境,通过鼓励和促成金融交易的方式提升特定金融交易占比,从而实现金融结构的调整和系统性金融风险治理的目标。然而,金融交易的本质是一种风险经营。"e租宝"及其关联公司实施的非法集资案件警示我们,在中国金融市场治理的金融商法制度创新体系中,必须相应地跟进和完善金融交易违约预防法律制度。金融交易违约预防法律制度是结构金融法实现对实际金融结构的法律调制的基础支撑,也是中国金融市场治理的重要法治保障。可考虑出台一部体现系统性预防理念的金融交易违约预防法。以结构金融法理论为基础,围绕中国金融市场治理的金融结构调制目标,金融交易违约预防法应当将金融供给侧结构性改革中的系统性金融风险的防范作为立法宗旨,将"金融企业群、系统性缔约与契约群"作为调整对象,② 并且以系统重要性金融机构(SIFI)、系统性缔约、宏观的契约群与消费者群体保护为重心。金融交易违约预防法可设计三大层面的核心违约预防法律制度:一是底线预防法律制度,即适用于一切金融交易主体的法律制度,体现了对金融风险监管的最基本要求,比如交易流动性风险法律制度;二是重点预防法律制度,即对 SIFI 的违约预防法律制度,比如对跨市场交易风险识别法律制度③;三是特殊预防法律制度,即针对特殊的金融企业群和系统性缔约与契约群的风险特质而设立的违约预防制度。总之,金融交易违约预防法律制度必须主动与合同法律制度相结合,从体系化、民事责任等诸方面予以完善。④

---

① 参见《上海市优化营商环境条例》(2020 年 4 月 10 日上海市第十五届人民代表大会常务委员会第二十次会议通过)第 49 条。
② 参见陈醇《金融法违约预防与违约处置制度研究》,法律出版社 2019 年版,第 151—153 页。
③ 参见刘辉《股指期货与股票现货跨市场交易宏观审慎监管论——以国务院金融稳定发展委员会的设立为背景》,《江西财经大学学报》2020 年第 1 期。
④ 参见陈醇《论金融法中的违约预防制度》,《环球法律评论》2019 年第 2 期。

金融交易违约救济法律制度是指金融商法用以解决金融交易纠纷的各种争议解决机制的法律制度的总称。"力图构建一个立体的、多元的金融消费纠纷解决体系是目前各国金融法的发展趋势。"[1] 在中国金融市场治理中，金融交易违约救济法律制度不仅对金融公平、金融安全和交易效率产生直接影响，而且依赖其纠纷解决的工具性价值，往往对特定金融业态的发展起保障性作用，从而间接服务于对金融结构的法律调整。金融交易违约救济机制并不局限于诉讼与仲裁等形式，而应当是一个立体、多元的纠纷解决体系，包括金融机构的内部处理机制、社会组织（调解、仲裁、FOS等）的处理机制、行政处理机制、诉讼。[2] 金融交易违约救济法律制度创新主要有两条进路：一是基础性金融交易违约处置法律制度创新，即适用于多个金融领域和金融业态的纠纷处理法律制度创新。比如中国人民银行出台的对其职责范围内及跨市场、跨行业交叉性金融产品与服务的金融消费者投诉处理法律制度。[3] 二是特定金融领域和金融业态的纠纷处理法律制度创新。比如在债券违约救济法律制度方面，可在建立以"加速到期条款"为核心的市场化风险化解与处置法律机制的基础上，借鉴国外"庭外重组"程序构建我国的破产庭外和解制度，[4] 鼓励和保障救济方案的协商与达成，从而促进债券市场法律体系的完善，激发债券市场的活力，并达到调整实际金融结构和系统性金融风险治理的目的。

（二）金融市场规制法律机制创新

作为经济法重要分支的市场规制法，是调整国家对市场竞争及其他不公平交易行为进行规制过程中发生的社会关系的法律规范的总称，[5] 是国家为了实现一定的公共目标而依法对微观经济主体及其行为实施的一种干预。[6] 金融市场规制法律制度主要包括金融市场主体规制法律制度和金融市场秩序规制法律制度。前者主要针对金融机构的市场准入和市场退出实施法律规制，后者主要是针对金融机构的金融业务行为实施法律规制。金融市场规制法律制度从主体和行为等方面，对中国金融市场治理中的金融市场业态结构和金融调制组织法权配置结构起重要的调制作用，从而达到

---

[1] 参见邢会强《走向规则的经济法原理》，法律出版社2015年版，第137页。
[2] 参见邢会强《走向规则的经济法原理》，法律出版社2015年版，第137页。
[3] 参见《中国人民银行金融消费者权益保护实施办法》（银发〔2016〕314号）。
[4] 参见冯果等《债券市场风险防范的法治逻辑》，法律出版社2016年版，第279—280页。
[5] 参见漆多俊《经济法基础理论》（第五版），法律出版社2017年版，第228页。
[6] 参见卢代富《经济法中的国家干预解读》，《现代法学》2019年第4期。

系统性金融风险治理的目标。

在金融市场业态结构方面，以金融市场优先原则为导向，金融市场主体规制法律制度可以最优金融结构法治锚为指针，通过适度放宽紧缺金融业态的金融市场主体准入标准，引导和强化该金融领域的市场竞争，从而实现提升相关金融交易和调整实际金融结构的目的。比如在我国银行金融体系中，国有大中型银行一直居于主导地位，这种偏离最优银行体系结构的现状带来了严重的金融包容度不足的问题，成为大量中小微企业融资难的重要"病因"。因此，创新金融市场主体准入法律制度，应当打破银行国有资本的单一化现状，不断引导和开放民间资金进入银行市场，促进经营主体的多元化和竞争化。① 同时，鉴于城乡之间金融结构的异化，可选择"亲市场的规制工具"②，引导银行业（包括政策性金融机构）进入农村开展业务竞争，按照2019年12月30日银保监会发布的《关于推动银行业和保险业高质量发展的指导意见》的要求，引导构建多层次、广覆盖、有差异的银行保险机构体系，完善服务实体经济和人民群众生活需要的金融产品体系，③ 从而破解金融机构在农村贫困地区营业的"拓展惰性"问题，④ 从根本上实现金融市场治理的结构性改革目标。再如，相较于间接融资，我国直接融资比例过低，而且在直接融资体系内部，相较于股票，债券的融资比例过低，⑤ 因此，增加有效金融供给的市场规制法律制度创新应当完善多层次资本市场法律制度，尤其要加快债券市场准入法制。2020年3月30日，《中共中央 国务院关于构建更加完善的要素市场化配置体制机制的意见》就明确提出，要完善主板、科创板、中小企业板、创业板和新三板市场建设，稳步扩大债券市场规模，丰富债券市场品种等相关法律制度。⑥ 这些立法和政策措施的实行无疑对系统性金融风

---

① 参见刘大洪《市场主体规则平等的理论阐释与法律制度构建》，《中国法学》2019年第6期。

② 亲市场的规制工具是指修补市场机制、利用市场机制、尽量让市场竞争发挥调节作用的工具。参见邢会强《走向规则的经济法原理》，法律出版社2015年版，第162—163页。

③ 参见《关于推动银行业和保险业高质量发展的指导意见》（银保监发〔2019〕52号）。

④ 冯果、李安安：《收入分配改革的金融法进路》，法律出版社2016年版，第107—108页。

⑤ 参见洪艳蓉《公司债券制度的实然与应然——兼谈〈证券法〉的修改》，《证券法苑》2019年第3期。

⑥ 参见《中共中央 国务院关于构建更加完善的要素市场化配置体制机制的意见》第11条、第12条。

险的治理意义重大。

金融市场秩序规制法律制度是调整国家在规制金融市场行为和秩序的过程中所产生的金融关系的法律规范的总称。由于金融市场秩序规制法律制度将金融交易行为直接纳入其规制框架，在中国金融市场治理中往往具有立竿见影的金融结构调制效果。比如，在间接金融领域为了加大对中小微企业的信贷支持，有必要激发中小银行在中小微企业信贷市场的信贷投入。目前，中小银行资产业务发展的重要掣肘是资本不足，2019年12月2日，中国银保监会印发了《关于商业银行资本工具创新的指导意见（修订）》（银保监发〔2019〕42号），鼓励商业银行通过发行永续债补充资本。进入2020年，银行永续债的发行主体已经由最初"试水"的国有大型银行与股份制银行转向以中小银行为主，并且发行速度显著加快。[①] 同时，中国人民银行创设的票据互换（CBS）工具为中小银行发行的永续债提供了理想的流动性支持。不难看出，永续债与票据互换工具发行与交易法律制度的创新对于提升中小银行在间接金融中的结构性比重具有直接的影响力。并且从另一个角度来说，其对于银行系统性金融风险的治理具有本源性的意义。

金融市场规制法律制度不仅能够调整金融市场业态结构，其本身也是金融调制组织法权配置结构的重要法律依据，并且据此对金融市场治理中的实际金融结构进行法律调制。传统金融法在研究金融监管体制问题上主要着眼于中央金融监管权的横向配置问题，对于中央和地方金融监管部门的法权配置结构关注较少。这与我国金融业经营体制的发展变迁过程密切相关：长期以来，在我国金融体系中，国有大型银行占据主导地位，中小银行和直接金融发展相对滞后，国有银行从总行到分支行的布局是一种自上而下的衍生体系，越往上走，金融资源配置的话语权越大。根据金融监管的侵入性原理，[②] 我国的金融监管体系呈现出一种"倒三角"的基本范型。然而，随着我国金融市场的发展，事实证明这样的体制安排通常带来金融监管的失灵。由于基层金融监管权力配置薄弱，在温州民间借贷风波爆发前，基本上没有一个中国人民银行的支行

[①] 参见赵萌《永续债扩容提速》，《金融时报》2020年4月17日第4版。
[②] 即好的监管必须具备侵入性，监管者应熟知被监管对象。参见［荷］乔安妮·凯勒曼、雅各布·德汉、费姆克·德弗里斯《21世纪金融监管》，张晓朴译，中信出版社2016年版，第7页。

将民间借贷利率监测结果加以公示。① 根据金融禀赋结构理论，这样的金融监管权力结构体系已然背离了我国目前的最优金融调制组织法权配置结构，对契合中小微企业金融资源配置需求的金融体系的形成带来了体制上的障碍。比如，地方金融监管部门的缺失就是造成地方中小金融机构长期供给不足的主要原因之一。② 金融市场规制法律制度可以最优金融结构法治锚为其法律调制的风向标，通过建立起以金融委为主导的纵向金融监管协调机制，③ 灵活调整不同金融业态在中央和地方监管层面的法权配置关系，并且通过最优金融调制组织法权配置结构的中介性价值，助力对金融体系业态结构和金融资源配置结构的理性调制，从而实现金融市场法律治理的总体价值目标。

（三）金融宏观调控法律机制创新

金融宏观调控法是调整国家进行金融宏观调控过程中所涉及的社会关系的法律规范的总称。结构金融法理论中的金融宏观调控法对金融资源配置结构和金融调制组织法权配置结构具有能动的调制作用，从而成为中国金融市场系统性金融风险治理法治的重要组成部分。金融宏观调控法律制度对金融资源配置结构的法律调制主要通过两方面的法律机制，即金融宏观调控的两条进路——货币政策法律制度和信贷政策法律制度予以实施。从货币政策法律制度来说，为避免货币政策制定者的机会主义行为，需要为货币当局设定一个名义锚，以便社会公众观察和判断货币当局的言行是否一致。④ 在中国金融市场治理中，致力于对实际金融结构的法律调制，最优金融结构就是货币政策制定者的名义锚，其所有的金融宏观调控行为都必须以此为中心，并且始终以金融调制综合协调原则为导向，统合多个宏观调控部门对金融结构实施法律调制，引导实际金融结构向最优金融结构理性回归。

我国传统货币政策中的再贷款、再贴现实际上就是典型的结构性货币政策，根据《中国人民银行支农再贷款管理办法》等专项再贷款制度及

---

① 参见汪丽丽《非正式金融法律规制研究》，法律出版社2013年版，第230页。
② 参见葛志强《构建中央和地方两元金融监管体制》，《金融时报》2016年5月23日第9版。
③ 参见陈斌彬《论中央与地方金融监管权配置之优化——以地方性影子银行的监管为视角》，《现代法学》2020年第1期。
④ 参见夏斌、廖强《货币供应量已不宜作为当前我国货币政策的中介目标》，《经济研究》2001年第8期。

《商业汇票承兑、贴现与再贴现管理暂行办法》等制度的规定，中国人民银行通过这些结构性货币政策可以对优先扶持的行业和产业等进行有针对性的金融结构调制。不仅如此，中国人民银行近年来出台的创新货币政策工具法律制度，特别是中期借贷便利（Medium-term Lending Facility，MLF）、定向中期借贷便利（Targeted Medium-term Lending Facility，TMLF）、抵押补充贷款（Pledged Supplementary Lending，PSL）等新兴货币政策工具的管理办法，都特别突出了对中小微企业信贷、开发性金融支持棚户区改造等领域的倾斜性金融支持。以中国金融市场治理中的金融结构调制为目标，货币政策法律制度应当继续针对国家亟须配置金融资源的领域进行法律制度创新，支持相关货币政策工具的推出和运行。此外，如前所述，货币政策法律制度还可与央行前瞻性指引法律制度相结合，治理金融过度化问题。

中国人民银行信贷政策管理法律制度的创新也是金融资源配置结构调整的重要手段。信贷政策管理有两种相向而行的实施路径：一种是限制类信贷政策，相关法律制度的根本使命是限制金融机构对此类贷款的发放。比如对高能耗、高污染和产能过剩等"两高一剩"行业的信贷限制；另一种是扶持类信贷政策，相关法律制度的任务是鼓励金融机构对此类贷款的发放。比如对中小微企业的信贷支持，可以通过建立反金融机构信贷歧视法律制度为银行公平信贷提供良好的法治保障。同理，针对金融机构在农村地区大量吸收存款，但这些资金大部分通过金融机构内部资金转移定价（Funds Transfer Pricing，FTP）的形式运用于发放城市贷款的情况，可借鉴美国《社区再投资法》（The Community Reinvestment Act，CRA）规定强制信贷义务，针对大、中、小不同规模的金融机构设置差异化的强制信贷义务标准，从供给侧为农村地区金融资源公平配置提供法治保障，并达到系统性金融风险治理的效果。

金融宏观调控法律制度也服务于中国金融市场治理中对金融调制组织法权配置结构的调整。根据金融调制综合协调原则，在宏观调控领域对特定金融结构的法律调制需要多个宏观调控部门统筹实施宏观调控权，这就涉及宏观调控权的横向配置问题。这方面需要继续完善的法律制度内容包括两个方面：其一，除了中国人民银行、财政部、国家发展改革委、商务部、国家税务总局等公认的享有宏观调控权的部门以外，到底还有哪些部门可以享有宏观调控权？如何实现宏观调控主体法定？其二，就中国金融市场治理尤其是金融供给侧结构性改革来说，享有宏观调控权的部门如何在最优金融结构法治锚的指引下，通过综合协调实现对实际金融结构的法律调制。此外，尽管金融宏观调控权是一种决策权，不宜央地共享、纵向分权，[1]但金融宏观调控行为的具体贯彻执行，需要在法治的框架下对中国人民银行和地方金融监管部门针对具体调控与执行的职权问题展开制度设计，这也将是系统性金融风险治理的重要任务之一。

综上，在结构金融法理论视域下，中国金融市场治理需要完成对三种金融结构的法律调制，即金融体系业态结构、金融资源配置结构和金融调制组织法权配置结构。在最优金融结构理念的指引下，金融法主要通过金融商事法律机制和金融市场规制法律机制对金融体系业态结构进行法律调制；通过金融宏观调控法律机制对金融资源配置结构进行法律调制；通过金融市场规制法律机制和金融宏观调控法律机制对金融调制组织法权配置结构进行法律调制（其基本原理见表1-2）。

表1-2　　　　金融市场治理中实际金融结构法律调制基本原理

金融法律部门 金融结构	金融商事 法律机制创新	金融市场规制 法律机制创新	金融宏观调控 法律机制创新
金融体系业态结构	√	√	—
金融资源配置结构	—	—	√
金融调制组织法权配置结构	—	√	√

四　结论

法律契合于金融自我发展的逻辑，是一个完善的金融市场真正得以建立和发展的制度根基。[2]防范化解金融风险特别是防止发生系统性金融风险，是中国金融市场治理的根本任务。随着我国金融市场治理的金融学基础的转换、新时期政市关系的演变，以及金融供给侧结构性改革重大战略的提出，我国金融法基础理论和金融市场治理理念必须发生根本性转变。作为我国金融法基础理论的重要内容，金融法"三足定理"确立了实现金融市场治理的价值目标体系，提供了中国金融市场治理价值平衡的方法

---

[1]　参见邢会强《走向规则的经济法原理》，法律出版社2015年版，第174页。
[2]　杨东：《互联网金融的法律规制——基于信息工具的视角》，《中国社会科学》2015年第4期。

导向，并提出了破解传统金融治理路径依赖的实践方案。但金融法"三足定理"缺乏针对金融结构法律治理的金融学基础，并缺乏对现代金融结构实施法律调制的理论指引。欲实现金融法"三足定理"所包含法律价值的纳什均衡，金融法必须在方法论层面寻求突破。

立于金融禀赋结构理论，金融法学在长期发展过程中形成了结构金融法理论。该理论以金融禀赋结构理论为其金融学基础，以最优金融结构理念为其根本遵循，通过法律的理性哲学，充分动员作为领域法学的金融法的各子部门法，以其独特的部门法实施机制创新，对实际金融结构进行科学的法律调制，引导和保障经济体的实际金融结构向最优金融结构理性回归，发挥最优金融结构在金融发展和金融风险治理中的中介作用，推动中国金融市场治理持续深化，促进金融结构与实体经济发展的和谐互动，从而持续释放金融服务实体经济的最大动能，实现金融公平、金融安全和金融效率价值的纳什均衡，并实现有效治理系统性金融风险的目标。

结构金融法理论武装下的中国金融市场治理，始终将最优金融结构法治锚作为其指挥棒和试金石，由此将金融结构的法律调制贯穿于系统性金融风险治理的全过程。作为中国金融市场治理创新之灵魂的最优金融结构理念，内含了金融市场决定性原则、金融市场理性推定原则、金融调制综合协调原则三大核心原则，是中国金融市场治理的基本原则范式和方法论遵循，指引金融商事法律制度、金融市场规制法律制度和金融宏观调控法律制度对金融结构实施科学调制，为中国金融市场法律治理提供了重要的理论基础。

第四节　金融供给侧结构性改革法律治理理念的实践观照：地方金融监管权的法治化重构

"经济法不仅要像传统的民商法那样调整一般的经济关系，而且还要调整日益重要的体制关系。"[①] 这一观点在金融监管法领域体现得淋漓尽致。在传统金融法视域下，对以民间金融为代表的地方金融风险的规制侧重于采用民商事法律方法进行调整，主要通过对金融交易合同权利义务的安排来治理金融风险，法律对于金融监管体制的观照严重不足。大量的

---

① 张守文：《经济法学》（第七版），北京大学出版社2018年版，第12页。

民间金融活动要么游离于中国人民银行、国家金融监督管理总局、证监会等传统中央金融监管体系的管辖之外，要么出于区域性或者系统性金融风险爆发的防范之需，将其全部纳入中央金融监管体系的严苛管制之下，导致这些民间金融业态被迫终止。我国近年来对互联网金融的运动式治理所呈现出来的"一管就死，一放就乱"的现象背后，不无央地金融监管体制缺陷的原因。① 显然，金融监管不宜中央集权，但在当前高度重视系统性金融风险防范和金融供给侧结构性改革的大背景下，如何合理确定我国地方金融监管权的法理基础及其法治框架，已经成为完善当前地方金融监管法治迫在眉睫的任务。

一 地方金融监管权：一个尴尬的剩余金融监管权

剩余监管权（residual regulation）理论是政治学和公共管理学上一个重要的治理理论，其本质上是一种关于中央监管权与地方监管权之间的博弈、互动与协作理论。所谓剩余监管权，是指中央基于不完备委托代理关系而赋予地方政府的一种具有强烈的兜底性质的监管权力。② 金融监管权的中央垄断使得地方与中央在地方金融的监管与发展中持续博弈。③ 剩余监管权理论是对地方政府剩余监管权事实状态的一种理论抽象，具言之，在剩余监管权理论下，地方政府往往是在法定的中央监管权之外享有的某一类具有明显的综合性、属地主义和兜底性特征的监管权力。我国的地方金融监管权就是一种典型的剩余监管权，是在国家法定的中央金融监管权之下的具有综合性、属地主义和兜底性特征的金融监管权。

综合性是剩余监管权最显著的特征，所谓剩余监管权的综合性，是指剩余监管权并不是一种细分行业监管权或者单一监管权，它通常是针对某一个特定的领域而由地方政府实施的一种综合性监管，这其中可能包含对该领域多种细分行业业态的具体单一监管权。就地方金融监管场域而言，地方金融监管权与国家金融监督管理总局对银行和保险行业、证监会对证券业所享有的特定金融行业监管权不同，它是对多种金融行业实施监管的综合性金融监管权。如果说中央金融监管权是"条"，地方金融监管权则

---

① 刘辉：《论互联网金融政府规制的两难困境及其破解进路》，《法商研究》2018 年第 5 期。
② 胡颖廉：《剩余监管权的逻辑探究》，《中国工商报》2017 年 12 月 12 日第 3 版。
③ 刘志伟：《中国式地方金融：本质、兴起、乱象与治理创新》，《当代财经》2020 年第 2 期。

更像是"块"①。根据中共中央、国务院发布的《中共中央关于服务实体经济、防控金融风险、深化金融改革的若干意见》，地方金融监管权的主要指向包括"7+4"类机构和"两非"领域，这充分体现了地方金融监管权的综合性。

属地主义特征是指剩余监管权的行使范围主要是地方政府所在的行政区域范围。剩余监管权一般不能超出权力主体所在的区域，除非该地政府与其他地方政府签订联合监管的协议，实施跨区域监管和执法等行为。就地方金融监管而言，尽管地方金融监管部门的名称各异，既有以金融监管局、金融工作局、金融服务办公室、金融工作办公室等冠名的专业地方金融监管部门，也有在事实上承担地方金融监管职能的诸如商务厅、商务局、经济和信息化委员会、工业和信息化厅等部分地方政府部门，但无论如何，地方金融监管主体的监管权限主要在本辖区内行使。当然，在地方政府之间开展合作监管和联合执法等情形下，地方金融监管权可能根据地方政府的合作协议在异地实施监管活动。

兜底性特征表征了剩余监管权行使的目标底线，即防范地区性或区域性风险，在中央监管权之外，并在理论上与中央监管权紧密协调配合，统合施治，达到维护区域稳定的目标。2020年10月23日，中国人民银行法对外发布了关于《中华人民共和国中国人民银行法（修订草案征求意见稿）》[以下简称《人民银行法（最新意见稿）》] 公开征求意见的通知，明确增加了中国人民银行"牵头负责系统性金融风险防范和处置"的职能。尽管如此，地方金融监管部门在以中国人民银行为核心的系统性金融风险防范和处置体系中仍然占据至关重要的地位。特别是在之前发生的"e租宝"等案件中，地方政府事实上成为最后的风险处置者，承担着巨大的兜底性的风险外溢和维稳压力。

中央基于不完备委托代理关系赋予地方政府兜底性剩余监管权，而非限于固定单一职权，是监管型国家在中国实践的重要特征，符合监管体制演变的逻辑。② 然而，建立在剩余监管权理论之上的我国地方金融监管权，在运行实践中却面临现代金融监管法治化要求的现实拷问。

---

① 段志国：《金融监管权的纵向配置：理论逻辑、现实基础与制度建构》，《苏州大学学报》（哲学社会科学版）2015年第4期。

② 胡颖廉：《剩余监管权的逻辑和困境——基于食品安全监管体制的分析》，《江海学刊》2018年第2期。

（一）地方金融监管权的权力属性与边界的法治化困境

建基于剩余监管权理论基石之上的地方金融监管权，在一国金融监管权力体系中，可以将其定位为一种外溢性监管权或者补充性监管权。也就是说，地方金融监管权具有两大特征：其一，该权力本身是一种金融监管权，属于国家金融监管权的有机组成部分；其二，该权力未被立法明确界定为中央金融监管权的基本范畴。换言之，地方金融监管权的边界受制于法定的中央金融监管权的边界的确立（见图1-4）。以银行业监管为例，根据《银行业监督管理法》，"国务院银行业监督管理机构负责对全国银行业金融机构及其业务活动监督管理的工作"。这就意味着从规范意义上解释，全国银行业金融机构及其业务活动监管权属于法律赋予国务院银行业监督管理机构的中央金融监管权，在该领域就不存在地方金融监管权。

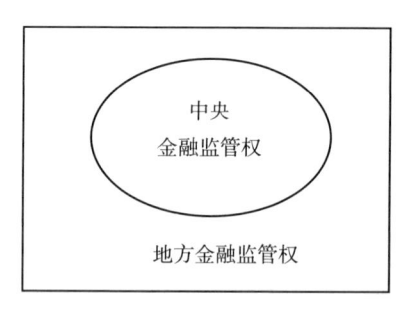

图1-4 央地金融监管权力边界

相反，对小额贷款公司、融资租赁公司、典当行等机构的法律性质而言，长期以来存在较大的争议，有学者认为其并非持牌金融机构，但实践中更多地约定俗成称其为"准金融机构"或者"非银行金融机构"。2020年11月9日，《最高人民法院关于新民间借贷司法解释适用范围问题的批复》明确，由地方金融监管部门监管的小额贷款公司、融资担保公司、区域性股权市场、典当行、融资租赁公司、商业保理公司、地方资产管理公司七类地方金融组织，属于经金融监管部门批准设立的金融机构，其因从事相关金融业务引发的纠纷，不适用新民间借贷司法解释。这是对小额贷款公司等机构的金融机构属性作出的官方确认。那么，根据剩余监管权理论，未被列入中央金融监管权的对此类机构实施监管的权力就属于地方金融监管权的范畴。可以看出，在法律的层面，尽管《人民银行法（最新意见稿）》规定，国务院金融稳定发展委员会办公室设在中国人民银行，协调建立中央与地方金融监管、风险处置、金融消费权益保护、信息共享等协作机制，但该法对于地方金融监管权的基本法律属性并未作出界定，并且事实上随着金融市场的发展，一国金融监管权力体系也并不具有稳定性，中央和地方金融监管权都具有扩张的冲动，基于剩余监管权理论的地方金融监管权的权力边界无法实现法治化。

（二）地方金融监管权的权力主体和权力手段缺乏法治保障

如何与时俱进地解决监管执法地位问题，是地方金融监管面临的严峻挑战。[①] 尽管早在党的十八届三中全会通过的《中共中央关于全面深化改革若干重大问题的决定》中就明确提出"界定中央和地方金融监管职责与风险处置责任"，但客观事实是在法律层面至今仍然没有对地方金融监管权的权力主体和权力手段作出清晰的界定。实践中，各省级人民政府主要通过下发国务院关于本级政府机构改革方案的通知或者批复规范性文件等形式，直接将小额贷款公司和融资性担保公司等机构的监管权赋予地方金融监管局或者地方金融办、经信委、中小企业局等部门；将典当行的监管权划归商务部门；将资金互助社的监管权赋予辖内的银行业监督管理机构。这样的授权行为并没有法律依据，甚至严格地讲，相关地方金融监管机构的设置违反了行政法律之权力授予、组织设置法定原则与具体的限制性法律规定。[②] 这也造成各地金融监管部门的权限和职能各异，以金融办为例，北京、广东、浙江的金融办具有监管地方小额信贷业务的职能，但甘肃、新疆、辽宁的金融办并不具有该项职能。[③] 这些地方金融监管机构权限和职能方面的巨大差异势必会直接影响地方金融监管的效率和风险治理能力。

缺乏法治保障的地方金融监管权的另一个重要缺憾是，地方金融监管部门的金融监管措施和风险处置手段严重欠缺。由于缺乏法律的明确授权，规定于省级及以下地方性立法和规范性文件中的地方金融监管权，其权力手段十分有限，并且与其在金融风险处置中的权限和责任明显不对等。比如，在2014年江苏省射阳县发生的因为信贷合作社及贷款担保公司资金管理不善倒闭而引发的金融机构挤兑事件中，地方金融监管权与风

---

① 冯岚、方升栋：《地方金融监管思考》，《中国金融》2019年第21期。
② 刘志伟：《地方金融监管权的法治化配置》，《中南大学学报》（社会科学版）2019年第1期。
③ 谭波：《中央与地方金融监管的权力配置与运行》，社会科学文献出版社2019年版，第103页。

险处置责任的不对等就体现得淋漓尽致：一方面，在挤兑事件发生之前，信贷合作社和贷款担保公司并未受到适当的金融监管；另一方面，在挤兑事件发生时，地方金融办等监管部门并没有法定的风险处置措施予以保障，实际起作用的只能是政府的"喊话式信用担保"①。另外，地方金融监管的多头管理在缺乏统一的监管协调机制的情况下，也很难高效实施金融监管和风险处置。

（三）全有或全无的被动式金融监管制约金融创新

在剩余监管权理论下，地方金融监管始终是一种被动式的金融监管，也就是说，地方金融监管部门的履职行为往往是被动的，只能在中央金融监管权剩余的范围内进行监管。事实上，随着金融市场的发展和深化，一国的金融监管权力体系本身并不是僵化和固定的，当金融创新催生出新的金融业态，传统的金融监管权力体系往往会随之扩张，以对其进行适应性的监管。在此过程中，中央和地方金融监管的权力结构必然发生一定程度的调整。一方面，根据监管权力法定原则，处于更加显著优势地位的中央金融监管权一定会在法律、法规及司法解释等层面得到一定程度的扩张；另一方面，地方金融监管权也会以一种被动的形式进行相应的调试，当然这种调试有可能是扩张，也有可能是限缩。这就是地方金融监管权在现行理论体系下天然所具有的被动性。

在被动式金融监管的背后，地方金融监管部门对监管对象和金融市场的介入方式通常是一种全有或全无的形式。换言之，当中央金融监管权对金融创新实施监管时，地方金融监管部门往往不需要任何作为，或者只是在中央金融监管部门的要求下配合实施调查和统计等职能；当中央金融监管权或者司法机关对金融创新完全予以放任时，地方金融监管部门又必须承担兜底性质的风险治理责任。这些金融创新的市场准入甚至没有受到中央金融监管部门的重视，在剩余监管权理论下的地方金融监管部门也无法对其进行创新性、试验性监管；要么全然放开任其发展，再视其风险特征进行治理，要么全部禁止，将金融创新扼杀于萌芽状态。不难看出，这也是我国整个金融体系"一管就死，一放就乱"的根源所在。

（四）对金融结构法律调制的缺位导致金融供给侧结构性改革落空

在现代金融调制体系下，金融结构具有特殊的经济和法律含义，金

---

① 孙国峰：《金融科技时代的地方金融监管》，中国金融出版社2019年版，第62页。

融结构不仅是一种简单的"果",更是一种重要的"因"。在金融禀赋结构理论视域下,金融结构有两种基本的类型:一种是实际金融结构,即实体经济中实然存在的金融结构;另一种是最优金融结构,即基于实体经济要素禀赋特征的能够促进金融和经济最优发展的应然金融结构。在金融理论与实践中,当且仅当实际金融结构与最优金融结构相一致时,方可实现金融体系效率的最大化,并且达到最优的金融风险治理效果,从而全面实现金融的最优功能。① 从金融法的角度来说,金融法研究必须紧密关注金融结构这一影响金融发展的中介目标,通过金融法的理性哲学,将最优金融结构作为引导金融立法和金融法律运行的指挥棒和试金石,从而从金融供给侧结构性改革和金融发展的视角,实现国家对金融的良法善治。②

金融供给侧结构性改革标志着中国金融改革从需求端金融要素的直接干预范式向供给侧金融结构的法律调制范式的转换,其核心面向是金融结构。从中国目前的情况来看,重点需要调整三个层次的七个金融结构矛盾,即直接融资与间接融资之间,直接融资内部,间接融资内部,小微企业升级与中小银行之间,产业升级与金融产品之间,产业升级与债券市场之间,产业升级与股票市场之间的结构性矛盾。③ 提高直接融资比重是深化金融供给侧结构性改革的应有之义。④ 在剩余监管权理论下,地方金融监管的角色主要在中央有明确授权的情况下依法行使,或者虽然中央没有明确授权但在中央金融监管权职责不清时,承担综合监督管理和风险治理责任。在这种监管权力体制结构下,一方面,以直接民间借贷、众筹等形式为代表的地方直接金融发展受到严苛的限制;另一方面,地方金融也并没有放进全国的总体金融体系,做金融结构的考量、规划与法律调制。这无疑给金融供给侧结构性改革造成天然的掣肘。

二 结构金融法理论:地方金融监管权重构的法理基础

剩余监管权理论下地方金融监管权在运行中面临的各种现实困境提醒

---

① 林毅夫:《新结构经济学》(典藏版),北京大学出版社2019年版,第332—333页。
② 刘辉:《论金融法的结构理性——基于金融禀赋结构理论视角》,《西安交通大学学报》(社会科学版)2019年第3期。
③ 林毅夫、付才辉、任晓猛:《金融创新如何推动高质量发展:新结构经济学的视角》,《金融论坛》2019年第11期。
④ 易会满:《提高直接融资比重》,《经济日报》2020年12月21日第11版。

我们必须从法理的层面进行深入的分析，以期对地方金融监管权进行系统的法治化重构。总体来看，地方立法权扩容是立法的重大改革，同时也是国家法治体系构建中极为重要的一步，[①] 在央地金融监管分权与协作的问题上，结构金融法理论不失为一种能够科学指导和规训金融监管权力体系重塑、推动中国金融供给侧结构性改革的金融法基础理论。

笔者提出的结构金融法理论，是指金融法以金融禀赋结构理论为其金融学基础，以最优金融结构理念为其根本遵循，将金融禀赋结构理论中的最优金融结构作为金融法律调制的法治锚，并通过法律的理性哲学，充分动员作为领域法学的金融法的各子部门法（包含金融商法、金融市场规制法、金融宏观调控法等），以其独特的部门法实施机制对实际金融结构进行科学的法律调制，引导和保障实体经济中的实际金融结构向最优金融结构理性回归，发挥最优金融结构在金融发展和金融风险治理中的核心中介作用，推动金融供给侧结构性改革，并持续释放金融服务实体经济的最大动能，实现金融公平、金融安全和金融效率价值的纳什均衡。可以看出，结构金融法理论实际上与金融供给侧结构性改革一脉相承，是我国新时期金融监管和金融体制改革、金融风险治理的理论基石。

金融供给侧结构性改革的两大实践标签：一是供给侧，即始终将改革的重心放在金融的供给侧而不是需求侧；二是结构，即将对金融结构的改革作为改革的对象。无独有偶，高度崇尚实体经济的要素禀赋，并以此为基础指导金融供给侧结构性改革，也是结构金融法理论最为显著的法律本质。它从法学的视角出发，结合金融禀赋结构理论，将金融体系业态结构、金融资源配置结构和金融调制组织法权配置结构的调整作为其规训央地金融监管分权与协作的基本理论立场。所谓金融体系业态结构，是指金融体系内不同融资形式和融资工具所组成的金融结构。包括以银行为代表的间接金融和以证券为代表的直接金融组合而成的金融结构，间接金融内部如大、中、小银行的金融结构，直接金融内部如股票与债券组成的金融结构，金融产品体系结构等；金融资源配置结构主要是指金融资源在不同产业、行业、区域之间，不同产权性质与经济体量的市场主体之间，不同社会地位与财富水平的公众之间的分布结构；金融调制组织法权配置结构不仅包括中央金融调制组织在横向与纵向层面的法权配置结构，而且包括

[①] 卓轶群：《地方立法权扩容的困局与优化》，《江西社会科学》2020年第9期。

其他对金融业实施监管的行政机关甚至司法机关等在横向与纵向层面的法权配置结构等。

在具体的法律调整机制方面：金融商事法律制度可以在最优金融结构法治锚的引导下，瞄准实际金融结构相较于最优金融结构中生长不足、发展滞后、对金融交易贡献比例较低的金融业态，通过提供更为便捷和自由的金融交易识别法律制度、金融交易选择法律制度、金融交易违约预防法律制度、金融交易违约救济法律制度等，着力构建金融供给侧结构性改革的商法体系，服务于实际金融结构向最优金融结构的理性归位；金融市场规制法则可以从主体和行为等方面，对金融供给侧结构性改革中的金融市场业态结构和金融调制组织法权配置结构起到重要的调制作用；金融宏观调控法可以对金融资源配置结构和金融调制组织法权配置结构具有能动的调制作用，从而成为金融供给侧结构性改革法治的重要组成部分。

总之，金融结构并不单纯是传统金融监管体制设计和运行最终形成的结果，更是金融供给侧结构性改革的理论指向，它对于金融监管权力体系改革和金融发展具有金融学意义上的中介价值，即只有达到最优金融结构，金融监管的效率才能实现最大化，金融监管改革的法治化型塑才能真正成功。无疑，它已经成为完善央地金融监管分权，尤其是地方金融监管权法治化重构的科学指引和理论根基。

三　从理念到制度创新：地方金融监管权的法治化重构

2019年2月22日，习近平总书记在中央政治局第十三次集体学习讲话中首次提出金融供给侧结构性改革的概念，要求深化金融供给侧结构性改革，增强金融服务实体经济能力，坚决打好防范化解包括金融风险在内的重大风险攻坚战。随后，该提议被列入《2019年中央经济工作会议公报》。2019年10月28日，《十九届四中全会决定》进一步明确，要健全具有高度适应性、竞争力、普惠性的现代金融体系，有效防范化解金融风险。

当前，金融监管体系法权配置结构的重构，必须牢固服务于国家金融供给侧结构性改革这一根本政治任务。同时，要在结构金融法理论的指引下，明确地方金融监管权重塑的基本理念，并科学界定地方金融监管权的法律属性和权力边界，通过立法的完善明确地方金融监管的主体及其权力配置结构，以实验性监管立法等形式创新地方金融监管方式，建立全国统一的金融供给侧结构性改革法律体系。

（一）以最优金融结构理念科学指导地方金融监管权的法权定位

在现代金融监管体系中，金融监管权的范围向来就是一张具有不确定的并且带有显著扩张性冲动的权力图谱。随着金融创新的不断活跃，金融监管权的势力范围及其内部结构配置必然因时而变，这自然是金融供给侧结构性改革的重要动因。其中，中央和地方金融监管权的优化配置不仅是金融供给侧结构性改革的重要内容之一，并且对金融供给侧结构性改革中的其他金融结构具有间接的影响。据此，通过法律的形式保障地方金融监管权，或者通过法定的程序保障中央对地方金融监管的规范性授权，成为我国地方金融监管法治化重构的逻辑起点。

在剩余监管权理论下，地方金融监管权时刻处于一种受制于中央金融监管权范围动态调整的尴尬境地。而在结构金融法理论下，秉承最优金融结构理念，一方面，中央金融监管权和地方金融监管权组成的最优金融结构本身就是金融供给侧结构性改革的重要内容之一，在当下地方金融蓬勃发展的大背景下，必须强化地方金融监管权的配置；另一方面，地方金融监管权的法权性质得以真正理性回归。具言之，在剩余监管权理论下，地方金融监管权是一种"授权""赋权"或者说"补充性监管权"，相反，在结构金融法理论下，地方金融监管权是一种"本权""复权"或者说"原生性监管权"。它基于金融禀赋结构理论和最优金融结构理念的实际需求而天然存在，是故地方金融监管权的法定化具有高度的正当性。

实现地方金融监管权的法定化可以从以下方面具体展开：对于地方性金融组织或业态的基本监管权的确定和行使，由于其属于《立法法》中规定的涉及金融的"基本制度"，应通过法律对其进行明确规定。当然，鉴于金融创新本身的特点，对于尚未成熟的金融业态的监管，全国人大及其常委会也可授权国务院制定行政法规，或者由国务院依据其自身职权或以上位法为依据而制定行政法规的方式对其监管权予以明确，但无论如何，地方性法规、规章只能是为执行地方金融监管权作出具体规定。

（二）以"监管本位"思想重塑地方金融监管主体和权力结构

在中国金融监管实践中，地方金融监管权曾长期处于缺位、失位和错位的状态。这种结构性体制缺陷的产生不无其背后主体利益博弈的原因：从中央金融监管部门的角度来说，掌握核心的监管权力本身就有部门利益的天然冲动。与此同时，中国传统的金融体系以银行为主，直接金融并不发达，银行的金融资源呈现出一种典型的"倒三角"配置结构，越是上级行，信贷资源越丰富，这也是大型央企比普通民企融资更为便利的直接原因之一；而越是基层行，金融资源越是薄弱，这也是造成我国金融抑制的重要原因之一。在这样的金融结构下，与之相匹配的金融监管权也是一种倒置的树形结构体系，越到基层，金融监管权配置越弱，造成金融发展与金融监管的严重失衡。

从地方金融监管部门的角度来说，由于地方金融直接处于地方政府的监管之下，而地方政府天然具有经济发展的融资冲动，因此，地方金融监管部门"重发展轻监管"的理念由此而生。这也是在法律层面，地方金融监管部门的金融监管措施和风险处置手段严重失衡的主要原因。换言之，立法者实际上十分担心地方政府没有充分的动力做好地方金融监管。因此，地方政府基于剩余监管权理论，仅仅保留为数不多的监管权来进行风险处置和地方维稳似乎具有一定的合理性。

在结构金融法理论下，中央和地方金融监管权的最优金融结构是金融发展和金融风险治理的核心中间变量，这就要求，必须正视和强化地方金融监管权在整体金融监管权力体系中的重要地位。对地方金融监管部门，必须从立法的层面，突出其"监管本位"，改变"重发展轻监管"的传统做法，并加强对权力主体和权力内容的监督。立法可以明确，对于政府组成部门或直属机构的地方金融监管局或金融办等专门金融监管部门的设立应由本级人民政府提出方案，经中央或上一级政府机构编制管理机关审核，再报国务院或者上级人民政府批准，并依法报本级人民代表大会常务委员会备案。在地方金融监管部门的权力结构方面，应将小额贷款公司、融资性担保公司、资金互助社等地方金融组织直接全权划归地方金融监管局或者地方金融办等部门予以监管；对于商务部门、经信委等其他履行地方性金融组织或业态之监管职能的非专门地方金融监管部门，立法要特别强调其（协助）监管的职能定位，严防其重回"重发展轻监管"的老路和邪路。

（三）运用"监管沙箱"等试验性监管方式推动地方金融创新发展

金融创新和金融监管天生是一对博弈的矛盾体，过度的金融监管往往遏制金融创新，不利于金融发展，而过于宽松的金融监管也不利于风险治理，最终将破坏金融发展。如何把握好监管与发展之间的"度"

是金融监管永恒的主题。在剩余监管权理论下，地方金融监管是一种较之于中央金融监管相对被动的权力存在形式，它的监管范围、监管方式、监管力度几乎都随着中央金融监管权的相应调整而调整。而在结构金融法理论体系中，地方金融监管权并不是一种附属性权力，而是一种原生性权力，这种权力的存在建基于实体经济的要素禀赋，也就是说，通常是由于实体经济发展的现实需求催生了新兴的金融形式和金融业态，基于这种金融形式和金融业态自身的特征，决定了地方金融监管权的存在。当然，在此过程中，也需要将部分监管权力赋予中央金融监管部门，但无论如何，显而易见的是，作为原生性权力的地方金融监管权已经与传统金融监管权呈现出截然相反、相向而行的权力衍生结构体系：如前所述，传统金融监管权是一种从中央到地方衍生的倒置的树形结构体系，而结构金融法理论下的地方金融监管权是一种从地方到中央的"金字塔式"权力结构体系。

尊重实体经济要素禀赋和最优金融结构对金融调制的决定性作用的结构金融法理论，重塑了地方金融监管权的原生性特质，地方金融监管方式的积极性、主动性和创新性得以倡导和支持。地方金融监管权的运用方式不再是全有或者全无的僵化形式，通过金融立法对"监管沙箱"等试验性监管方式予以认可和保障，对支持地方金融创新至关重要。"监管沙箱"由英国金融行为监管局（FCA）于2015年11月提出并在2016年5月正式开放申请，是指由监管机构构建的一个不受当下金融监管体制监管的"真实的、较小的安全市场空间"[①]。在该市场空间范围内，获许公司对金融科技产品进行试验性运营，监管机构允许其试错，并对试运营过程中发现的产品风险和缺陷予以治理、纠正和调试。目前，我国北京、深圳、上海地方金融监管部门在中国人民银行总行的领导下，均已有序开展"监管沙箱"试点工作。以上海市为例，最近的"监管沙箱"项目涉及远程视频银行、大数据商户服务、多方安全计算等诸多金融科技前沿领域（见表1-3）。未来，在各省级地方金融监管立法中，通过运用"监管沙箱"等试验性监管方式推动地方金融创新发展，将是我国地方金融监管权优化的重要趋势。

---

① 胡滨、郑联盛：《监管沙盒：理论框架与国际经验》，中国金融出版社2020年版，第6页。

表 1-3　　　　　　　上海市第二批"监管沙箱"项目名单

序号	创新应用名称	应用类型	申请的市场主体
1	远程视频银行服务	金融服务	交通银行股份有限公司、腾讯云计算（北京）有限责任公司
2	基于大数据的商户服务平台	金融服务	通联支付网络服务股份有限公司
3	基于多方安全计算的图像隐私保护产品	科技产品	中国银联股份有限公司、交通银行股份有限公司、华控清交信息科技（北京）有限公司、上海聚虹光电科技有限公司
4	基于同态加密的"数据通"数据融合应用	科技产品	上海市银行卡产业园开发有限公司、上海同态信息科技有限责任公司、平安银行股份有限公司上海分行
5	基于多方安全计算的差异化营销平台	科技产品	上海冰鉴信息科技有限公司、南京银行股份有限公司上海分行

（四）完善金融监管协调机制统筹金融结构的法律调制

地方金融监管的实质是央地金融监管事权的分权问题。[①] 在剩余监管权理论下，地方金融监管权长期没有得到法律层面的直接确认，这无论是对地方金融风险治理抑或是地方金融发展均造成了不小的影响，不仅地方金融的占比较低，而且长期没有被纳入社会融资总规模的金融结构中予以培育、规划和治理。一言以蔽之，新兴的地方金融和传统金融体系并未形成和谐互动、相互促进、互为补充的"有机"组合结构。从监管的角度来说，如果不划分央地明晰的职责和目标定位将难以形成金融监管合力，容易出现"单打独斗"或"两张皮"的局面。[②]

结构金融法理论着眼于从金融供给侧结构性改革的国家战略视角来改造和重塑地方金融监管权。除了前述对地方金融监管权及其基本要素的法定化之外，尤其强调央地金融监管协调机制的完善。为加强中央和地方金融监管协调机制的构建，2020 年年初，国务院金融稳定发展委员会（以下简称"金融委"）办公室地方协调机制在各省（区、市）正式建立，并在中国人民银行省级分支机构牵头成立金融委办公室地方协调机制，核心成员有中国人民银行省级分支机构主要负责人（召集人），银保监会、

---

① 杨海静、刘畅：《地方金融监管立法之比较研究——以六省市的地方金融监管条例为例》，《金融发展研究》2020 年第 10 期。

② 唐天伟、曹军新：《地方金融稳定发展组织模式的选择及其操作系统的构建——基于规则系统理论的扩展分析框架》，《中国行政管理》2020 年第 3 期。

证监会、外汇局省级派出机构主要负责人,省级地方金融监管部门主要负责人。2023年最新的党和国家机构改革方案对金融监管体制进行了大刀阔斧的改革,组建中央金融委员会和中央金融工作委员会,不再保留国务院金融稳定发展委员会及其办事机构。强化金融管理中央事权,建立以中央金融管理部门地方派出机构为主的地方金融监管体制,统筹优化中央金融管理部门地方派出机构设置和力量配备。未来,应通过《金融稳定法》《中国人民银行法》的制定与修改,进一步促进中央金融政策透过中央金融委办公室及其建立的地方协调机制在地方的落实,加强央地金融监管协调治理能力。

四　结语

长期以来,作为国家金融监管权力体系中中央金融监管权之外的一种剩余监管权,地方金融监管权在我国并未受到应有的认可和重视,并在法律层面一直处于缺位的状态。这对地方金融的发展和金融风险治理造成天然的掣肘。结构金融法理论的诞生为地方金融监管权的法治化重构提供了重要的理论契机,它从实体经济要素禀赋出发,真正让地方金融监管权回归原生性权力的本质,并从权力属性、权力主体、权力结构、监管方式、监管协调机制等方面为地方金融监管权的实践运用提供了充分的法治保障。

第二章

新兴金融业态的法律规制

第一节 互联网金融政府规制的两难困境及其破解进路

一 引言

"对于系统性金融风险的管理,政策制定者往往陷入困境:一方面,如果不对系统性金融风险进行管理并任其长期发展,最坏的结果甚至可能导致整个金融业的冻结。另一方面,如果监管过度,同样存在冻结金融业并拖累经济陷入泥沼之可能。"[①] 这种观点在我国互联网金融政府规制问题上体现得淋漓尽致。作为现代金融创新与互联网科技高度融合应运而生的新生代金融形态,互联网金融在我国已经高速发展了三年有余。从被称为"互联网金融元年"的 2013 年起,我国互联网金融不断创新发展。如今,P2P 网贷、股权众筹、第三方支付、互联网理财、互联网保险等众多互联网金融形态已然成为我国金融市场不可或缺的组成部分。

与此同时,互联网金融政府规制的节奏也不断加快。[②] 然而,我国互

---

① See Sharfman B S, "Using the law to reduce systemic risk", *The Journal of Corporation Law*, Vol. 36, 2011, pp. 608-633.

② 据不完全统计,截至 2017 年 8 月底,我国已经出台了 30 余部有关互联网金融的专项或综合立法。其中,2013 年是监管元年,出台 1 部;2014 年出台 5 部;2015 年出台 9 部;2016 年出台 15 部;2017 年被称为我国互联网金融监管执行年,出台 5 部。在从 2014 年起的政府工作报告中,政府对互联网金融的认识和态度从最初的"促进""异军突起"已经演变为"规范"和"高度警惕风险"。参见管清友《互联网金融监管全梳理》,http://business.sohu.com/20170309/n482835551.shtml,2023 年 9 月 6 日。

联网金融创新与监管之间并未真正实现良性的互动。[1] 在互联网金融立法和治理的问题上仍然遗留了我国传统金融监管与立法一贯的缺陷："一管就死、一放就乱。"[2] 政府很难在创新和监管中间找到一个平衡点。[3] 根据法与金融的一般理论，一国金融体系中的各种金融业态之间实际上是存在着不同的序位的，金融法对于优先序位的互联网金融的监管理应体现出更大的弹性。[4] 2017年4月18日，时任总理李克强在组织召开的"贯彻新发展理念　培育发展新动能"座谈会上特别强调：对新业态、新模式，监管不要一上来就"管死"[5]。由于政府规制是"由行政机构制定并执行的直接干预市场配置机制或间接改变企业和消费者的供需决策的一般规则或特殊行为"，[6] 互联网金融政府规制本身就意味着国家的强制性权力的运作，[7] 我国金融监管领域"一管就死、一放就乱"的怪圈，说到底就是如何处理政府与市场之间关系的难题尚未真正破解。[8] 根据处理二者关系的"剩余原则"[9]，要把握好政府在互联网金融立法和治理中的"度"，就必须找准政府在互联网金融立法与治理中的"位"。

我国现有关于互联网金融规制的成果已可谓汗牛充栋，但主流研究仍

---

[1] 其典型表现就是尽管互联网金融监管立法不断落地，但行业风险却呈现逐年递增的高发态势。以P2P网贷行业为例，2014年、2015年、2016年三年间，我国停业和问题平台数量分别为277家、1206家和1850家，这些出现问题的平台伴随着大量的P2P网贷违约、"跑路"和提现困难等事件。参见沙斐、卢祥勇《互金风险需高度警惕 马太效应下收益持续走低》，https：//www.wdzj.com/news/hydongtai/76160.html，2023年9月6日。

[2] 参见辜胜阻《走出互联网金融"一放就乱　一管就死"怪圈》，http：//finance.huanqiu.com/roll/2015-11/7992526.html，2023年9月6日。

[3] 参见管清友、高伟刚《互联网金融：概念、要素与生态》，浙江大学出版社2015年版，第389页。

[4] 参见沈伟、余涛《互联网金融监管规则的内生逻辑及外部进路：以互联网金融仲裁为切入点》，《当代法学》2017年第1期。

[5] 参见李克强《对新业态、新模式　政府不要一上来就"管死"》，http：//news.ifeng.com/a/20170418/50961814_0.shtml，2023年9月6日。

[6] [美] 丹尼尔·F. 史普博：《管制与市场》，余晖、何帆、钱家骏、周维富译，格致出版社、上海三联书店、上海人民出版社2017年版，第32页。

[7] See Stigler G. J., "The Theory of Economic Regulation", The Bell Journal of Economics and Management Science, Vol. 2, 1971, pp. 3-21.

[8] 参见王兆星《破解监管"一管就死、一放就乱"》，http：//www.haokoo.com/fund/777272.html，2023年9月6日。

[9] 张守文教授指出，针对政府与市场这两大资源配置的子系统，在其法律规制方面要明确和坚持"剩余原则"，即除依据法定原则应由政府配置资源的领域外，其他的或剩余的领域都应交给市场。参见张守文《政府与市场关系的法律调整》，《中国法学》2014年第5期。

然沿袭的是信息工具的路径及针对具体互联网金融业态作微观制度设计的老路。① 从法理学法哲学和经济法基础理论的高度，对互联网金融政府规制精准定位的理论逻辑方面的研究成果十分罕见。本节以互联网金融政府规制的职能和定位为突破口，分析政府在互联网金融规制中呈现出的两难困境，从经济法基础理论角度探索其破解的理论依据，最后从立法、监管执法和司法三个方面系统剖析我国互联网金融政府规制的主体选择、介入时机及介入方式等重点问题。

二 我国互联网金融政府规制的两难困境

互联网金融政府规制既要营造适合金融创新的种子发芽成长的环境，又要防止由创新所积累爆发的系统性风险，② 这就决定了政府的监管必须是一种以系统性风险为导向的、灵活的、适应的和富有弹性的回应型监管，③ 在防范风险的同时也需要法律"有所不为""为之有度"。④ 既需要从监管的角度将其纳入法律规制的范围，又应当对创新活动可能带来的问题多一点宽容。⑤ 因此，如何界定公权力运用的基本职责及其范围，是互联网金融政府规制的基本前提。但从我国政府迄今为止的立法与治理实践来看，政府的定位并不十分清晰，其导致的结果便是政府的"有形之手"在互联网金融行业和互联网金融市场之中若隐若现，政府规制在互联网金融市场自律之外若即若离，政府在互联网金融立法与治理中始终处于两难困境。

（一）介入时机的两难困境

市场天然具有的三大缺陷决定了法律介入的必要性。⑥ 金融市场同样

---

① 这表现为总体来看，对互联网金融具体业态风险监管制度设计的研究成果较多，而对互联网金融市场系统性风险治理方面可操作性的研究成果较少。多数的学者热衷于追随新的互联网金融热点（比如 Fintech 等），但结合互联网金融基本特征和规律探究其规制逻辑的基础理论（特别是经济法基础理论）方面的研究成果较少。

② 参见何松琦、周天林、石峰《互联网金融中国实践的法律透视》，上海远东出版社 2015 年版，第 224 页。

③ 参见靳文辉《互联网金融监管组织设计的原理及框架》，《法学》2017 年第 4 期。

④ 参见刘宪权《互联网金融股权众筹行为刑法规制论》，《法商研究》2015 年第 6 期。

⑤ 参见刘宪权《论互联网金融刑法规制的"两面性"》，《法学家》2014 年第 5 期。

⑥ "三三经济法理论"认为，市场缺陷包括市场障碍、唯利性及市场调节的被动性和滞后性，相应地，经济法领域产生了市场规制法、国家投资经营法和经济引导调控法予以调节。参见漆多俊《经济法学》，复旦大学出版社 2015 年版，第 29—30 页。

存在"市场失灵"的问题,故应当发挥政府"看得见的手"的作用。① 金融危机彻底侵蚀了"好监管就是少干预"的理念。② 金融市场发展实践反复证明,市场力量和市场规则本身并不足以完全确保经济金融运行稳健,这种规律也同样普适于互联网金融。无疑,互联网金融需要政府的有效规制,但政府对互联网金融的介入时机的把握常常面临两难困境:一方面,如果政府的介入时机过早,在互联网金融创新刚刚产生伊始,那么这样的监管无疑会打击甚至消灭创新,破坏互联网金融的基本生态和市场的多元性。因为政府的任何立法和监管必然包含有大量的标准化因素,而标准化恰恰会扼杀创新并且影响参与方实现效率的能力。③ 另一方面,如果政府规制跟进过于迟缓,任由互联网金融自生自灭,又可能酿成行业风险失控、风险蔓延乃至系统性金融风险和金融危机的发生之恶果。

以我国互联网金融领域发展最快的 P2P 网贷为例。以"包容""平等""普惠"为基本理念的 P2P 网贷对于降低融资成本,改变我国金融抑制的现实,促进和深化金融服务市场无疑具有重要的价值。④ 在 2013 年前后我国 P2P 网贷诞生之初,政府基本坚持了"让子弹飞"的包容态度。2013—2014 年,我国金融市场整体运行相对平稳,P2P 网贷虽有个案风险,但整体行业风险可控。然而,2015 年的"e 租宝"等大量 P2P 违法违规事件的发生倒逼监管层开始快马加鞭制定监管措施并开展专项整治。当我们回顾和反思我国对 P2P 网贷的整体立法和治理轨迹时不难发现政府介入的两难困境:一端是政府监管包容和豁免之下,各网贷平台肆无忌惮地从事背离普惠金融基本理念的资金炒作行为和推高资本市场泡沫运动。⑤ 另一端则是政府严格整治之下,全国各地网贷平台频频倒闭和"跑路"事件集中爆发的惨状。

P2P 网贷的治理实践本质上折射出我国互联网金融政府规制中政府定位不准而带来的失位、越位和错位。在互联网金融创新的初期,政府秉持

---

① 参见朱崇实主编《金融法教程》,法律出版社 2011 年版,第 46 页。
② 参见张雪兰、何德旭《次贷危机之后全球金融监管改革的趋势与挑战》,《国外社会科学》2016 年第 1 期。
③ See Schwarcz S. L.,"Controlling Financial Chaos:The Power and Limits of Law", *Wisconsin Law Review*,Vol. 2012,2012,pp. 815—840.
④ 参见李耀东、李钧著《互联网金融框架与实践》,电子工业出版社 2014 年版,第 274—275 页。
⑤ 参见齐俊杰《互联网坑完股市坑楼市》,http://qijunjie.baijia.baidu.com/article/338104,2023 年 9 月 6 日。

父爱主义鼓励和支持其发展,但由于相应的配套治理机制滞后,特别是并未引导和加强自律机制的及时跟进,导致风险事件频频爆发之时,政府突然发现不仅没有很好地融入互联网金融行业本身,而且前期的不治不理也未积累起丰富的立法和治理经验,面对突如其来的风险事件只能仓皇失措选择运动式的专项治理。但专项治理往往无法走出"破窗效应"(Broken Windows Theory)[1]的窠臼,终归不能作为金融治理的常态。对互联网金融系统性风险必须防微杜渐,在政府介入之前引入和依靠市场自律机制及社会治理机制等进行风险防控。

(二)介入主体的两难困境

在金融法二元结构下,政府金融监管既包括享有中央立法和监管权的中央监管部门,又包括享有地方立法和监管权的地方政府金融监管部门。[2] 前者比如"一行两会",后者比如地方政府的"金融工作办公室"(以下简称"金融办")、"金融工作局"及浙江等地新近成立的"地方金融监管局"等机构。在美国,包括 P2P 网贷在内的互联网金融往往采取的是联邦和州分层负责、多部门分头进行的功能性监管架构。[3] 那么,在我国互联网金融监管的问题上,哪些政府部门有权力介入其中,各自的分工如何,以及如何协调不同监管部门之间的监管活动是立法必须予以明确的基本问题。

通常,在金融组织制度和监管对象上都实行集中制组织形式,它的专业监管机关也采取集中制组织形式。[4] 在我国的传统金融体系下,由于商业银行占据绝对主导的地位,金融监管机构的权力配置图谱基本沿袭了商业银行从总行到分行再到支行的纵向的线性分布模式。因此,根据公共物品供给的接近性原理,由中央部门行使金融监管权并逐级往下扩展,这是符合我国传统金融体系实际的。[5] 截至 2003 年,我国原"一行三会"垂

---

[1] "破窗效应"最早作为一个犯罪学概念为 James Q. Wilson 和 George L. Kelling 提出,该理论的核心蕴含是:人们总受周围环境的影响,周围环境中的不良事件和行为如果得以放任,那么糟糕的结果是会引诱其他的人仿效。See Fames Q. Wilson, George L. Kelling, "Broken Windows", *Atlantic Monthly*, Vol. 249, 1982, pp. 29-38.

[2] 参见邢会强《金融法的二元结构》,《法商研究》2011 年第 3 期。

[3] 参见伍坚《我国 P2P 网贷平台监管的制度构建》,《法学》2015 年第 4 期。

[4] 参见刘少军《金融法》,知识产权出版社 2006 年版,第 89 页。

[5] 参见段志国《金融监管权的纵向配置:理论逻辑、现实基础与制度建构》,《苏州大学学报》(哲学社会科学版)2015 年第 4 期。

直监管体制的建立使我国中央集权金融监管体制得以最终确立。① 而与传统金融体系发展轨迹完全相反,互联网金融完全发轫于民间,其产生和成长恰巧是迎合金融抑制背景下无法获取金融服务的传统弱势金融群体。相应地,在金融监管领域需要构建一套与传统金融监管权配置路径完全相向而行的地方金融监管权力衍生体系。

进一步的问题是如何科学划分、配置和运用央地两级金融监管权来进行互联网金融规制呢？这是一个不可回避的重大理论和现实难题。理论上讲,中央金融监管权的优势是立足点更高,更有全局眼光,更能正确处理金融的可持续发展与系统性金融风险控制的问题。但其劣势也同样明显：监管辐射的深度不足,监管成本偏高,并且无法结合互联网金融微观主体的特殊实际因时因势进行灵活性监管,其监管调整的张力有限。既有的监管实践也反映出其无法很好地和地方金融自律组织形成更加默契的互动治理。相反,地方金融监管权恰恰具有这方面的天然优势,但地方政府的"融资"冲动或将导致地方金融监管权沦落为地方政府胁迫地方金融组织为其融资的"抓手",或者造成地方"府际"间的"朝底竞争"。② 纵观我国互联网金融政府规制实践,在处理中央与地方两级监管主体选择两难的问题上,过多地迷信中央金融监管权的宏观审慎功能而相对忽视地方金融监管权相机监管,以及与自律组织的互动治理效能,是导致我国互联网金融创新与监管之间互动不足的重要原因。

(三) 介入力度的两难困境

金融规制要注重对度的把握,而不是对合规要求的简单对照。③ 表面上看,介入力度代表了政府对互联网金融规制的宽严程度、容忍度和包容度。实质上,政府对互联网金融的这种宽与严,间接反映出政府对自身的权力之手到底要伸多长的一种态度。换言之,在政府公权力所及的范围和程度之内是其规制的直接管辖范围,但在政府公权力所及的范围和程度之外,则完全交由市场进行自我调节。申言之,政府的"力度"实际上相当于一个圈,圈内属于政府干预的范围,而圈外则属于市

---

① 参见杨同宇《金融权力配置的法治化——以我国中央和地方金融监管权配置为中心的考察》,《财政监督》2015年第13期。

② 参见刘志伟《地方金融监管权的理性归位》,《法律科学》(西北政法大学学报) 2016年第5期。

③ 参见缪因知《证券交易场外配资清理整顿活动之反思》,《法学》2016年第1期。

场自治的领地。

政府对互联网金融的介入力度跟前述介入时机、介入主体一样，同样存在着两难困境。以股权众筹为例，顾名思义，众筹就是通过众筹互联网平台向众人筹集小额资金而服务于特定实体项目的微金融活动。立法对于众筹是否只能限制在私募抑或是公募与私募均可为之的态度，即体现出政府对股权众筹金融介入的力度。显然，如果法律仅仅允许私募股权众筹的存在，那么由于投资者人数的限制及单个投资者投资数额的畸高，实际上并不能达到微金融风险分散及灵活融资的直接目的。[①] 而相反，如果通过修改《证券法》建立小额公开发行豁免制度，从而为公募股权众筹打开一扇窗户，则可以更好地服务于实体经济及分解单个投资者风险，但随之而来的对公开发行风险的治理则对政府提出了更高的监管要求。目前，我国并不存在真正意义上的股权众筹，所有的股权众筹仅限于私募。

政府对互联网金融介入力度的两难困境也反映出政府对互联网金融立法与治理的根本策略，传统的管制型立法侧重于政府对金融业事前准入的审批而放松了对事后经营行为的规范。在该种模式下，由于担心系统性金融风险的发生和蔓延，政府的监管往往严苛而保守，其结果就是"一管就死"。在互联网金融时代，政府对互联网金融的规制要真正做到"活而不乱"就必须找准政府的定位，并确立全新的互联网金融立法与治理模式。

三 互联网金融政府规制两难的法哲学分析

通过前文的分析我们可以看到，我国政府对互联网金融规制仍然坚持的是传统金融监管的理念、原则与基本范式，其结果导致互联网金融立法滞后和治理绩效不佳。同时，政府在该过程中始终处于两难的境地，"出力不讨好"。而对互联网金融政府规制的两难进行深入剖析不难发现，政府始终无法找准其适当的角色和定位是问题的核心和关键。如何把握好监

[①] 早在 2014 年 12 月，证监会即委托中国证券业协会出台了《私募股权众筹融资管理办法（试行）（征求意见稿）》，其中有关投资者门槛的规定几乎照搬了《私募投资基金监督管理暂行办法》中的合格投资者标准，然而，从立法思路和逻辑来看，证券的私募发行跟股权众筹两者在本质属性与功能定位上即存在差别，"私募股权众筹"本身就是一个矛盾的概念。如此的投资者准入标准也必将导致股权众筹与其普惠金融本质的偏离。参见毛海栋《论股权众筹与私募发行的关系及法律定位》，载郭锋主编《证券法律评论》（2017 年卷），中国法制出版社 2017 年版，第 465—479 页。

管的"度",是监管改革必须关注的重要问题。① 准确界定互联网金融政府规制的地位、角色和应有的力度,需要从法理学法哲学的角度对政府与市场的关系进行界定对政府权力运用的本质进行定位,同时紧密结合互联网金融这种特殊金融形态的发展规律,探讨政府治理模式之改变。

(一)谦抑干预理念是政府介入互联网金融的元理念

传统的社会治理模式主要有两类:其一是市场自发调整,其二是政府管理和控制。② 政府管制具有典型的两面性:监管适度,利大于弊;监管不足,达不到克服市场弊端之功效;监管过度,就会危及市场运行。③ 如何界定政府对互联网金融市场干预的基本职责和范围,成为互联网金融政府规制的基本前提。政府的主要功能在于弥补市场的缺陷,干预应限于市场失灵的领域。④ 同时,不仅市场可能失灵,政府也一样面临失灵的风险。⑤ 法律的功能很大程度上在于对国家权力的限定和削弱。⑥ 根据处理政府与市场关系问题的"剩余原则"原理,政府的权力部分必须由法律进行详细的厘定,而市场则在政府的权力范围之外行为自由。"剩余原则"同样是我国互联网金融政府规制必须坚持的基本原则。沿着"剩余原则"的基本线索探究我国互联网金融立法与治理的基本问题,就自然演化为必须首先明确政府的角色和定位的问题。

近年来,经济法领域提出的谦抑干预理念应当成为互联网金融政府规制的基本理念、元理念。实际上,谦抑性理念并不为经济法所独有,相反,早在 20 世纪末,我国刑法领域即引入了谦抑性理念。⑦ 刘大洪教授

---

① 参见鲁篱、熊伟《后危机时代下国际金融监管法律规制比较研究——兼及对我国之启示》,《现代法学》2010 年第 4 期。
② 参见王利明《论互联网立法的重点问题》,《法律科学》(西北政法大学学报)2016 年第 5 期。
③ 参见胡光志《中国预防与遏制金融危机对策研究》,重庆大学出版社 2012 年版,第 58 页。
④ 参见朱国华《从金融危机读解经济法总论》,同济大学出版社 2013 年版,第 151 页。
⑤ 参见刘辉《我国自贸区准入前国民待遇与负面清单管理制度研究》,载陈云良主编《经济法论丛》(2018 年第 1 期),社会科学文献出版社 2018 年版,第 324—356 页。
⑥ 参见[德]N. 霍恩《法律科学与法哲学导论》,史莉译,法律出版社 2005 年版,第 20 页。
⑦ 刑法的谦抑性是指刑法应依据一定的规则控制处罚范围与处罚程度,即凡是适用其他法律足以抑止某种违法行为、足以保护合法权益时,就不要将其规定为犯罪;凡是适用较轻的制裁方法足以抑止某种犯罪行为、足以保护合法权益时,就不要规定较重的制裁方法。参见刘荟芳《浅议刑法之谦抑性》,《廊坊师范学院学报》(社会科学版)2013 年第 2 期。

最早提出的经济法谦抑干预理念的，是指在自由主义和市场竞争基本假设前提下私法能发生作用之范畴内，经济法作为一个补充性和最后手段性的机制而存在。① 无疑，经济法谦抑干预理念实际上是对传统经济法基本范畴的重大革新。从国家干预到谦抑干预的过程，实际上表明市场在资源配置和经济治理中的作用从"基础性"作用正式转向为"决定性"作用。② 尽管经济法学界也有反对谦抑干预理念，并提出"我们是发展中国家，政府在内外经济生活领域中，不是要被削弱、退出，而是要加强对经济事务的掌控和引领"的主张，③ 但笔者认为，这是一种深受传统计划经济思想影响的观点，其本质恰是吴敬琏教授批判的"强势政府动员"和"分配资源的超强权力"，要求政府"进一步加强对市场的'驾驭'和对社会经济生活的管控"④，极易引发"国家干预僭越其应然边界"并造成"掣肘市场机制发挥应有作用的'泛干预主义'"⑤。

经济法谦抑干预理念在正面回答政府与市场关系的同时，也为互联网金融政府规制提供了正确的理念和本位。我国政府在互联网金融立法与治理中秉承一种"家父主义"的国家干预理念，在互联网金融法治发展进程中仍然坚持着政府单方面主导，通过开展监管部门间的顶层设计来改变互联网金融业态的老路。换言之，政府依然保持着一种绝对的"基础性"地位。比如中国人民银行行长易纲提出凡是金融业都必须"持牌经营"。⑥ 众所周知，市场准入的方式包括许可、备案甚至不予干预。由于政府规制的对象是互联网金融的负外部性（系统性风险），基于经济法的主体差异性原理，笔者认为，邢会强教授提出的依据不同互联网金融业态的负外部性采取差异化的市场准入措施是更为科学的法制化进路，⑦ 即经

---

① 参见刘大洪《谦抑性视野中的经济法理论体系的重构》，《法商研究》2014年第6期。
② 参见丁任重、李标《供给侧结构性改革的马克思主义政治经济学分析》，《中国经济问题》2017年第1期。
③ 参见刘文华《中国经济法"干预论"之批判》，《首都师范大学学报》（社会科学版）2017年第6期。
④ 参见吴敬琏《坚持政府和市场关系的准确定位》，《北京日报》2013年11月25日第17版。
⑤ 参见刘大洪、段宏磊《谦抑性视野中经济法理论体系的重构》，《法商研究》2014年第6期。
⑥ 参见易纲《任何金融都要持牌经营 监管会实现全覆盖》，http：//news.sohu.com/a/193977479_120078003，2023年9月6日。
⑦ 参见邢会强《经济法原理在金融法领域中的应用举隅》，载陈云良主编《经济法论丛》（2018年第1期），社会科学文献出版社2018年版，第212—224页。

济法只在互联网金融可能出现系统性风险的前提下才采取牌照管理等许可类的准入措施。对涉众性不强、风险识别难度不大、交易金额不高的私募类互联网金融业态，通过商法和诉讼机制即能够实现有效治理，守住不发生系统性风险底线的，经济法不宜主动介入。"一刀切"的牌照监管论实际上忽略了互联网金融市场主体的差异化风险特质、不尊重私法自治和市场对资源配置的决定性作用，秉承着"监护式"商法识别机制。① 其改革的进路必然是从"监护"转向"服务"，提高金融法吸纳金融创新的能力，② 并更加尊重和突出市场机制的作用。最新研究表明，互联网金融单纯依靠政府介入和国家金融法律的力量，难免陷入阿喀琉斯悖谬。③ 因此，我国政府未来应当更加尊重互联网金融市场在资源配置及经济治理中的决定性作用。政府过度干预往往是扼杀互联网金融创新和发展的真正凶手，而要鼓励和支持互联网金融创新，就必须实现从主动干预到谦抑干预，从全能国家到"瘦身国家"④ 的根本转变。

（二）市场优先原则是政府干预互联网金融的基本原则

法治的力量不是国家法律起源决定的，即使在没有法治传统的国家，法律也会随着现实发展得到改善。⑤ 谦抑干预理念在经济法基本原则领域的映射正是市场优先原则。它是指当国家在干预经济的法律制定、法律实施等各大环节当中，必须遵循"市场在资源配置中起决定性作用"的原则。具体来说，市场优先原则包含三大子原则：市场基础原则、国家干预与市场失灵相适应原则、市场先行原则。⑥

笔者将市场基础原则定义为市场决定性原则，也就是说，尽管政府和市场是两种平行的资源配置和经济调节方式，但政府不能像垄断行政权力

---

① 参见陈甦《商法机制中政府与市场的功能定位》，《中国法学》2014 年第 5 期。
② 参见邢会强《国务院金融稳定发展委员会的目标定位与职能完善——以金融法中的"三足定理"为视角》，《法学评论》2018 年第 3 期。
③ 参见王兰《民间金融的规制悖谬及其化解——一种软硬法规制路径的选择》，《现代法学》2017 年第 3 期。
④ "瘦身国家"特指努力加强相对于国家领域而存在的社会领域的地位，实现国家从很多社会领域的退出。参见［德］乌茨·施利斯基《经济公法》（2003 年第 2 版），喻文光译，法律出版社 2006 年版，第 131 页。
⑤ See Zhang Z., "Law and Finance: The Case of Stock Market Development in China", *Boston College International & Comparative Law Review*, Vol. 39, 2016, pp. 283-360.
⑥ 参见刘大洪《论经济法上的市场优先原则：内涵与适用》，《法商研究》2017 年第 2 期。

资源一样垄断国家经济调节职能。[1] 依据党的十八届三中全会的报告，必须使市场在资源配置中起决定性作用，优先考虑市场机制来进行调节，只有在市场失灵的情况下，才有政府介入的机会和空间。经济法的一个重要职责就是在确认政府经济权力的同时，又对其进行规范以建立一个负责、有限、有效的政府。[2] 在市场调节之下的金融，被称为"市场金融"。我国金融体制改革的目标就是要从计划经济管理体制下的金融形态转变为"市场金融"形态。[3] 换言之，对金融活动的价值判断应更多地回归市场层面，而不是由监管部门来垄断。[4] 在金融法结构理性原理下，尊重实体经济要素禀赋对于最优金融结构的决定性作用即是市场基础原则的典型体现。[5] 值得注意的是，政府工作报告所言"更好地发挥政府的作用"，实际上是指政府要更好地解决市场失灵，而不是指政府对资源配置起第一性的作用。鉴于此，在互联网金融领域，政府的介入只能出现于互联网金融市场失灵的场合，在通过互联网金融市场自律等形式能够较好地保障市场效率和公平，维护市场稳健运行的前提下，政府的行政权力必须恪守内敛和谦恭的品格，让位于市场。

国家干预与市场失灵相适应原则，其实是比例原则这一重要的法治原则在经济法领域的基本要求。判断一项公权力行为是否具有正当性，核心在于衡平赋权与限权背后的社会价值，这恰恰是比例原则介入并发挥功能的领域。[6] 就市场规制法来说，该原则要求政府干预力度应当与市场失灵的程度相适应，应当优先考虑内嵌于而非外接于市场机制的干预方式，进而辅助市场机制发挥作用，纠正市场失灵。在市场机制已经全部或者部分恢复正常和消除市场失灵的前提下，政府的干预即应当相应地退出市场。总之，政府选择的干预经济的手段应该以消除市场失效为目的。[7] 该原则的基本原理是当政府干预内嵌于市场机制时，政府对市场机制的破坏和副

---

[1] 参见陈婉玲《独立监管组织法律研究——以金融业分业监管为视角》，上海人民出版社 2011 年版，第 9 页。

[2] 参见张莉莉《经济法自由理念研究》，中国检察出版社 2007 年版，第 63 页。

[3] 参见吴志攀《金融法的"四色定理"》，法律出版社 2003 年版，第 309 页。

[4] 参见赵渊、罗培新《论互联网金融监管》，《法学》2014 年第 6 期。

[5] 参见刘辉《金融禀赋结构理论下金融法基本理念和基本原则的革新》，《法律科学》（西北政法大学学报）2018 年第 5 期。

[6] 参见裴炜《比例原则视阈下电子侦察取证程序性规则建构》，《环球法律评论》2017 年第 1 期。

[7] 参见许玉镇《比例原则的法理研究》，中国社会科学出版社 2009 年版，第 171 页。

作用是最小的。从权力运行效果的角度来说,其与宏观调控的低侵扰性原则①有异曲同工之妙。从某种意义上说,国家干预与市场失灵相适应原则其实正面回答了互联网金融政府干预的角度和力度问题,即国家干预互联网金融既要优先选择内嵌于市场机制的权力运行模式,又要特别注意干预的副作用和对市场机制的破坏力问题。②该原则的法律表现形式就是制定出具有弹性(或者灵活性)的金融法律制度,保持金融法律和金融监管与金融发展之间的因势而变。③

市场先行原则是指根据现有的理性主义和经验主义判断,当无法判断市场机制是否失灵,即市场是否能够有效配置资源的时候,政府应当做出市场机制有效推定假设,并进而保持对市场的敬畏和尊敬,暂不进行干预。其理论基础在于政府的公权力本质上来自公民的授权,当公权力已然作为一种资源被政府掌握之时,由于存在谋求自身利益最大化之可能,政府对公权力的运用可能会产生非预期的结果。④换言之,由于政府的行为也是通过个人行为予以实施的,缘于个人之有限理性,政府失灵不可避免。⑤此外,不完全信息、激励与政府的效率、政府的浪费及对公共项目的反应难以预料等均是政府失灵的主要原因。⑥推而言之,当对市场是否失灵并无明确认定的情况下,坚持市场先行原则可能引发的风险将会显著降低。市场先行原则实际上很好地回答了政府介入互联网金融的时机问题。实践中,我国政府对互联网金融出台的诸多政策措施实际上并未严格遵循市场先行原则。比如,禁止互联网金融企业上市、禁止互联网金融企

---

① 低侵扰性原则是笔者基于宏观调控中可能诱致政府失灵因素的出现而提出的宏观调控原则,是指宏观调控主体在其法定的可供选择的调控手段、调控方式和权力行使幅度中,应当选择对受体影响最小、侵扰性最低、调控效益最好的种类和幅度。参见刘辉《完善我国体育产业信贷支持体系的经济法逻辑——法理分析与路径选择》,《武汉体育学院学报》2016 年第 4 期。

② 英国规制理论学者 Anthony I. Ogus 将规制分为信息规制、标准规制和事前审批三类,信息规制对市场机制的破坏力最小,事前审批对市场机制的破坏力最大,标准规制居中。这种观点非常值得我国政府在运用公权力干预互联网金融时进行参考、分类和选择。参见[英]安东尼·奥格斯《规制:法律形式与经济学理论》,骆梅英译,中国人民大学出版社 2008 年版,第 152—153 页。

③ 参见周仲飞、弓宇峰《法律在国际金融中心形成与发展中的作用》,《法学》2016 年第 4 期。

④ 参见刘大洪《政府权力市场化的经济法规制》,《现代法学》2013 年第 2 期。

⑤ 参见李昌麒《经济法学》,中国政法大学出版社 2011 年版,第 43 页。

⑥ 参见[美]斯蒂格利茨《经济学》(上册),梁小民、黄险峰译,中国人民大学出版社 2000 年版,第 145—149 页。

业在新三板市场挂牌等,政府仅凭对一部分互联网金融企业违法违规事实查处的经验判断就一概禁止整个行业的自由融资权,这种"一人生病,全家吃药"的监管模式显然已经构成过度监管。

(三) 金融民主原则是政府干预互联网金融的绩效保障

民主是与集中或者专制相对立的概念,金融民主则是作为金融专制的对立物而存在的。在经济法视域,经济民主强调的是经济决策的公众参与。① 金融民主是经济民主的基本要求和重要体现,也是金融立法与治理的重要原则之一。互联网金融正是借由互联网这种高新技术推动了金融的民主化。参与民主是金融民主的核心范畴。金融民主在横向和纵向两大层面对互联网金融领域公权力的运用提出要求。

其一,在横向层面,金融民主要求政府在运用公权力介入互联网金融,不管是立法抑或是监管之时,必须广泛征求多方面的意见和建议,从而将政府的相关决策和立法行为建立在对话式的框架之上。"参与型管制"工具优于"单向度管制"工具。② 哈贝马斯将民主尤其是公共领域的民主视为现代法治国的活水之源与存在之本。③ 而罗伯特·席勒则认为,金融民主化有利于降低金融不平等的程度,从而塑造更公平的世界。④ 我们认为,金融民主不仅是政府争取互联网金融立法与治理正当性的基本前提,也是互联网金融法律得以顺利实施的重要保障。

其二,在纵向层面,金融民主原则尤其关注中央金融监管权与地方金融监管权之间的合理界分及协调配合。党的十一届三中全会后,针对我国经济管理体制过度集中的现实,邓小平同志提出经济职权应该"有计划地大胆下放"的经济民主原则。"下放"的本质就是要"实现中央和地方经济职权的合理划分","以调动中央和地方的积极性"。⑤ 同理,在金融规制方面,"中央适度赋予地方政府金融监管权既是金融市场发展的客观

---

① 参见李昌麒、卢代富《经济法学》,厦门大学出版社2016年版,第20页。
② 参见朱新力、余军《行政法视域下权力清单制度的重构》,《中国社会科学》2018年第4期。
③ 参见张翠《合法之法与民主法治理想——哈贝马斯的法治观及其现实启示》,《理论导刊》2015年第6期。
④ 参见[美]罗伯特·席勒《金融与好的社会》,束宇译,中信出版社2012年版,第337—349页。
⑤ 参见李昌麒《寻求经济法真谛之路》,法律出版社2003年版,第80—81页。

需要，也是地方政府管理职能的内在要求，具有正当性"①。为此，我国互联网金融政府规制也必须依据金融民主原则，处理好中央和地方金融监管权之间的合理配置问题。如前所述，中央和地方金融监管权尽管立场与本位、利益关注点可能存在较大的差异，但各有其优势，又各自能够对互联网金融治理发挥其有益的价值。基于参与民主理念及互联网金融的基本特征及其对金融监管权配置的特殊要求，纵向的金融民主特别强调对地方金融监管权的合理运用，以及对其行使的积极性的调动。舍此，互联网金融治理很难保证政府与市场之间的良性互动，这自然也会影响互联网金融政府规制的真实绩效。

综上，金融民主原则实际上很好地回答了我国互联网金融立法与治理中干预主体选择方面的两难问题。单一的或者纯粹的中央或者地方干预实际上均无法胜任互联网金融的立法和治理重任；相反，必须正确配置二者的干预范围和治理权限，并形成良好的互补和互动，才能提高互联网金融立法与治理的实效。

四　我国互联网金融政府规制的法治化进路

通过对互联网金融政府规制两难困境的梳理及法哲学分析我们可以得出，在处理政府与市场关系问题的"剩余原则"理论框架下，互联网金融立法与治理中，政府角色的定位和政府公权力的运用是高度理论化和实践性非常强的复杂课题。要破解互联网金融政府规制的两难困境，需要在前述基本理论的指引下，从互联网金融法律制定及其运行的各大环节开展细致工作。鉴于此，下文从互联网金融立法、互联网金融监管执法、互联网金融司法等核心环节提出对策展望，以期为破解互联网金融政府规制的两难困境提供可资借鉴的金融法治之道。

（一）互联网金融立法理念、立法体制与立法技术的更新与重构

如果把法治理解为一种状态与结果，作为法律制度的"法制"便是其前置因素。② 金融法治的重构应当具有全面性和前瞻性。③ 互联网金融立法是一项综合的系统性工程。与其他经济金融类立法相比，处于金融创

---

① 段志国：《我国金融监管权的纵向配置：现状、问题与重构》，《金融理论与教学》2015年第3期。
② 参见张志铭、于浩《共和国法治认识的逻辑展开》，《法学研究》2013年第3期。
③ 参见强力《金融法学》，高等教育出版社2003年版，第40页。

新最为活跃的互联网金融领域的立法无论是在立法指导思想和理念、立法体制，还是立法技术与方法等方面，均对立法者提出更高的要求。

首先，在互联网金融立法指导思想和理念方面，我国互联网金融立法必须一以贯之遵循谦抑干预理念、市场优先原则和金融民主原则。这体现在一方面时刻保持高度的对市场自律机制和商法机制的尊重和敬畏，但凡通过二者能够达成较好的治理效果，守住不发生系统性风险底线的，金融（监管）法就必须主动让位，充分运用市场自律机制和商法机制对互联网金融进行治理，以保持互联网金融的创新性。须知互联网金融监管完善的过程应当是"一个从外部监管向行业自律转化的过程"[1]。另一方面，互联网金融立法必须广泛吸引公众特别是互联网金融平台、互联网金融协会等主体和组织的民主参与，从而确保立法内容的科学性和公正性。否则，政府介入互联网金融并出台的各种法律制度很可能对市场机制和市场公平产生破坏，对市场主体的利益造成减损，对市场运行的效率造成阻遏。

比如，我国对互联网平台禁止在资本市场融资的限制性立法，其是否通过市场自身机制即可实现优胜劣汰？这值得进一步推敲。政府的一纸禁令实际上涉嫌损害优质平台的金融权。[2] 政府真正的职能归位应当是加强对不良平台违法违规行为的查处，以及对平台不良资金运用行为的治理。换言之，正如邢会强教授对"放松管制"与"加强监管"的理解，"放松管制"往往是针对经营范围的放松，而"加强监管"一般是监管深度的加强。[3] 再如，由于法律是金融交易的制度根基，金融法需要对以信用风险为基础、不断上升和扩大的风险螺旋进行层层解构。[4] 但在涉及互联网金融的交易信用和信用风险立法的过程中，政府决不能固守传统官方征信模式的束缚，而完全可以充分信任市场机制的作用，除了可以去行政化，开放中国人民银行官方征信系统给互联网金融平台共享和使用信息，立法还应当保护和促进新兴的互联网金融征信公司和产业的发展，鼓励区块链技术的运用，通过市场化手段克服和破

---

[1] 参见宋怡欣、吴弘《P2P金融监管模式研究：以利率市场化为视角》，《法律科学》（西北政法大学学报）2016年第6期。

[2] 金融权的概念由杨东教授提出，是指以可承担的成本享受公平合理的金融服务的权利。参见杨东《论互联网金融背景下金融权的生成》，《中国人民大学学报》2015年第4期。

[3] 参见李喜莲、邢会强《金融危机与金融监管》，《法学杂志》2009年第5期。

[4] 参见杨东《互联网金融的法律规制——基于信息工具的视角》，《中国社会科学》2015年第4期。

解互联网金融的交易信用难题。

其次，在互联网金融立法体制方面，根据金融民主原则，要进一步明确和优化互联网金融中央立法权与地方立法权的划分及对权力运行的监督。立法体制是有关立法权限、立法权运行和立法权载体诸方面的体系和制度所构成的有机整体。中央和地方立法权力的划分体制是立法体制的重要组成部分。① 金融民主的核心是建立民主的金融立法体制。互联网金融本身的民间金融属性决定了相比传统金融，其具有更大的隐蔽性、流动性和自由度更高的特征。② 我国政府实践中往往将互联网金融拆分为"互联网"和"金融"两个部分，并直接套用传统的监管手段对"金融"部分实施监管。③ 事实证明，传统的金融监管很难跟踪其运行的轨迹并对其实施有效的治理。我国目前的互联网金融立法体制强调中央不同部门特别是国务院各部委之间的立法权限的分配，而相对忽视地方金融立法权的界定、规范及其与中央金融立法权之间的协作问题。实践中，往往在治理效果不佳的情况下开展所谓的"专项整治"，当地方金融立法权界定不明时，专项整治的力度各地差异巨大，④ 由此可能诱发的政府二次失灵对互联网金融市场和行业的打击是不可估量的。

中央和地方两级政府存在的两种位阶高低的不同立法权力资源的配置问题，本质上代表了现行框架下对互联网金融市场不同的介入主体的认可。合理划分互联网金融中央立法权与地方立法权之间的界限并做好两者之间的无缝对接，是互联网金融立法权体制的核心内容。中央立法权在金融风险的宏观审慎管理方面优势明显，而从契合互联网金融市场本身的特征及互联网金融市场金融监管权的生成和衍生路径来看，目前中国特别需要强化地方金融立法权的配置。此外，互联网金融本身所具有的强烈的区域性、地方化色彩决定了一旦出现问题将会带来区域性的影响和冲击，⑤ 而一旦引致地区性、地方性金融风险，地方金融监管难辞

---

① 参见汪全胜《制度设计与立法公正》，山东人民出版社2005年版，第38页。
② 参见高晋康《民间金融法制化的界限与路径选择》，《中国法学》2008年第4期。
③ 参见彭岳《互联网金融监管理论争议的方法论考察》，《中外法学》2016年第6期。
④ 参见岳品瑜《最严监管落地 地产互金平台面临整改》，http：//www.asiafinance.cn/jrzx/97880.jhtml，2023年9月6日。
⑤ 参见刘飞宇《互联网金融法律风险防范与监管》，中国人民大学出版社2016年版，第40页。

其咎。① 无疑，这也是中央立法权放权于地方的重要理论根据。当然，在强化地方金融立法权配置的同时，还必须突出中央对地方立法权的监督和规范。

最后，在互联网金融立法技术与方法方面，立法权的行使应特别强调与市场机制的衔接与配合，并从市场内部治理中充分吸取有益的经验。谦抑干预理念是"让市场在资源配置中起决定性作用"的必然要求，但谦抑干预并不意味着政府的放任和不作为。相反，必须"更好地发挥政府的作用"。"更好"不是跟市场的决定性作用相比，而是跟"过去的做法"比。② 随着传统社会中政府与企业的"管理—被管理"的关系模式更多地演化为"管理者—服务者"的关系模式，③ 在互联网金融政府规制中，政府作用的发挥应特别加强与市场的衔接与配合，遵循市场先行原则。根据法经济学理论，外在制度的有效性在很大程度上取决于它们是否与内在演变出来的制度互补。④ 比如，在制定互联网金融合格投资者立法时，可以通过广泛的市场调查，并着重运用云计算和大数据技术等互联网金融科技（Fintech）对现有开展 P2P 网贷和股权众筹的投资者的投资额度、投资偏好、投资经验及投资风险进行评估和分析，以确保合格投资者标准的合理性、科学性及其保障互联网金融市场效率和管理互联网金融市场风险方面的切实可行性。总之，互联网金融呼唤更加市场化和智能化的监管策略，"更好地发挥政府的作用"并不违背谦抑干预理念，其始终伴随着政府对市场优先原则的遵循和对市场机制的学习借鉴，只有同时发挥政府与市场各自的优势，增强二者的互动与融合，互联网金融治理才能达到更佳的绩效。

（二）互联网金融监管执法权力配置、执法模式和风险治理工具的革新

互联网金融监管执法是指中央金融监管和调控部门及有权的地方政府

---

① 参见帅青红、李忠俊、彭岚、陈彩霞《互联网金融》，东北财经大学出版社 2016 年版，第 277 页。

② 参见吴敬琏《供给侧结构性改革政府如何"有所为"》，《北京日报》2016 年 5 月 9 日第 13 版。

③ 参见刘辉《我国自贸区准入前国民待遇与负面清单管理制度研究》，载陈云良主编《经济法论丛》（2018 年第 1 期），社会科学文献出版社 2018 年版，第 324—356 页。

④ 参见柯武刚、史漫飞《制度经济学：社会秩序与公共政策》，韩朝华译，商务印书馆 2000 年版，第 36 页。

部门依照法定的权限和程序,对互联网金融企业和互联网金融市场进行监管,贯彻实施互联网金融法律法规的行为。在谦抑干预理念、市场优先原则及金融民主原则的指导下,破解互联网金融监管执法中政府的两难困境,需要围绕监管执法权的配置、监管执法模式改革及系统性金融风险的管理工具创新等方面展开。

首先,要处理好不同级别监管权力的配置,以及政府的监管权如何与市场机制和市场自治权的互动与合作的问题。在监管执法权限配置上,金融民主原则要求必须突出对地方金融监管权的配置、运行和监督。在我国,目前的互联网金融监管执法权主要以"一行一局一会"为主,当然,地方政府对于类金融机构和准金融机构等开展的互联网金融业务也在一定程度上行使监管权,但主要还是局限于市场准入的许可权和市场退出的监管权。①

以 P2P 网贷行业的监管为例,在原来的监管框架下,地方政府对网贷平台的登记备案履行监管权,但对平台的日常业务经营行为的监管则主要由银保监会及其分支机构行使。表面上看,通过这种分工合作的监管能够有效控制市场风险。但实际运行中却面临大量的问题:一方面,银保监会在县级(包含县)以下行政区域是没有分支机构的,这导致该部门很难实实在在履行监管职责。另一方面,从理论上讲,地方政府的准入监管和银保监会及其分支机构的行为监管之间必须建立制度化的信息沟通渠道,②但现实中,二者之间完全"两张皮",尽管存在信息交流,但在监管行为的沟通及监管的改进等方面无法达成理想的效果。要从根本上解决监管主体分置的两难问题,根据金融民主原则,在纵向层面,我们建议通过立法下放更多的行为监管权于地方,银保监会及其分支机构更多地负责监管方法方面的指导。在横向层面,必须清醒地认识到,一个切实可行并有效的法律制度必须以民众的广泛接受为基础,③监管主体对监管所具有的复杂的体系化效应特别是公众心中的心理投射的忽视,是监管失灵的重要原因之一。④ 在这方面,自律组织的行业自律已经开始发挥辅助政府监

---

① 参见曾威《互联网金融竞争监管制度的构建》,《法商研究》2016 年第 2 期。
② 参见殷宪龙《互联网金融之刑法探析》,《法学杂志》2015 年第 12 期。
③ 参见[美] E. 博登海默《法理学法律哲学与法律方法》,邓正来译,中国政法大学出版社 2004 年版,第 370 页。
④ 参见管斌《金融法的风险逻辑》,法律出版社 2015 年版,第 114 页。

管机构防范系统性风险的新价值,①并且其最大特征就是"嵌入式"②,对于消除市场主体的内心抵触显然具有天然的优势。金融监管的协调性原则本身包含了行政监管与自律性监管相结合的含义。③因此,我们应当进一步加强互联网金融监管与自律组织自治二者的结合。

其次,在监管执法模式的创新上,要选择更多地内嵌于市场的创新监管方法。互联网金融是推动金融监管创新的市场内生动力。④市场优先原则一方面要求政府主动将对互联网金融的干预后置于市场机制,尊重市场机制和市场自治,同时又要学习市场的运行和发展规律及自律组织的治理经验,于是监管科技(Regtech)⑤和人工智能的运用伴随金融科技的发展,已经日益在实践中开始推广和普及。另一方面,其子原则——国家干预与市场失灵相适应原则要求政府对互联网金融更多选择内嵌于而非外接于市场的监管方法,时刻保持对市场的最低侵扰,同时达到政府与市场治理的最佳弥合效果,提升治理绩效。

晚近,起源于英国的沙盒监管(Regulatory Sandbox)为我国政府应对金融科技快速发展背景下金融监管执法模式的变革指明了道路和方向。沙盒监管是指政府直接为入选沙盒的互联网金融市场主体提供一个试验地,即模拟真实市场的"缩小版"的监管沙盒,对其实施适度宽松的法律监管,鼓励互联网金融创新。同时政府实时掌握、跟踪和记录大量的互联网金融市场数据及金融消费者的真实消费体验,入选沙盒的互联网金融市场主体会根据这些数据进一步完善和改进金融创新,并保障最终投入市场的效果。显然,沙盒监管不仅能够将政府的监管内嵌于市场本身,而且真正构建起监管者与创新者之间更"结构化"且"透明"的沟通与交流机制,⑥实现政府与市场两种资源配置方式的有机融合,消除监管过程中监

---

① 数据显示,2011—2015年,仅P2P网贷行业各地就成立了12个行业自律组织,随着问题平台的不断出现,各地非常重视通过自律组织来规范行业的发展。参见罗明雄、侯少开、桂曙光《P2P网贷》,中国财政经济出版社2016年版,第336—337页。

② 参见刘庆飞《多重背景下金融监管立法的反思与改革》,上海世纪出版集团2015年版,第87页。

③ 参见刘定华《金融法教程》,中国金融出版社2010年版,第48—49页。

④ 参见杨东《互联网金融风险规制路径》,《中国法学》2015年第3期。

⑤ 监管科技最早是接受监管的金融机构为应对高昂的监管合规成本所设,后来监管科技成为金融监管部门应对金融科技的进步和发展的日常监管工具,其主要功能优势是更好地识别和处理金融创新环境下的各种系统性金融风险。

⑥ 参见许多奇《金融科技的"破坏性创新"本质与监管科技新思路》,《东方法学》2018年第2期。

管主体与受体之间的矛盾和抵触情绪,提升监管实效。因此,沙盒监管可作为我国政府未来对金融科技监管的重要参考。

最后,在系统性金融风险的管理上,中国人民银行和监管部门要选择市场化的风险量化和管理工具、管理方法。从金融抑制走向金融深化的限度是防范金融风险。① 从某种意义上讲,金融监管的本质是一种风险监管,也可称为风险管理,包括系统性风险与非系统性风险,其目标是维护金融安全与稳定。② 系统性风险事关金融甚至经济全局,是全局性风险。③ 其具体是指金融市场发生系统危机或崩溃的可能性,其个别金融机构或环节的问题蔓延开来,最终使整个体系的运作遭到破坏。④ 系统性风险的监测与识别是防范和化解金融系统性风险的前提和基础。⑤ 市场优先原则不仅仅突出市场机制的决定性作用,同时也强调政府风险管理方式的转变。只有实行更加市场化而非行政化的风险管理方式和方法,才能更好地迎合和对接市场,才能达到最佳的风险管理效果。

以压力测试工具为例,金融监管部门可通过进行系统性的压力测试对我国互联网金融企业的风险状况作出评价,并确立进一步的监管安排。特别是涉及众筹、网贷、支付、理财、保险等多种互联网金融业务的大型互联网金融企业,如京东金融、蚂蚁金服等,监管部门可效仿对银行业、证券业、保险业等传统金融机构开展分行业、分机构的流动性风险压力测试,包括房地产互联网贷款流动性压力测试等。压力测试工具对于特定时期特定领域的互联网金融过热的出现具有很强的风险预警和风险管理效果。⑥

同样,金融市场导向的商业银行经济资本管理方法⑦也可以成为我国

---

① 参见冯果、袁康《走向金融深化与金融包容:全面深化改革背景下金融法的使命自觉与制度回应》,《法学评论》2014年第2期。
② 参见邢会强《证券期货市场高频交易的法律监管框架研究》,《中国法学》2016年第5期。
③ 参见韩龙、彭秀坤、包勇恩《金融风险防范的法律制度研究——以我国金融业对外开放为重心》,中国政法大学出版社2012年版,第4页。
④ 参见祁敬宇《金融监管学》,西安交通大学出版社2007年版,第85页。
⑤ 参见叶文庆《金融业宏观审慎监管法律问题研究》,法律出版社2015年版,第152页。
⑥ 比如在2015年股灾之前以及2016年年底至2017年年初各地房地产市场开始限购之前,大量的P2P网贷、股权众筹及支付行业的资金参与股票市场和房地产市场的炒作。如果通过压力测试对一些大型互联网金融企业的金融风险进行测试、评估、预警,并根据测试结果暂停和调整相关机构的业务和炒作行为,对整体市场风险的管理无疑是大有裨益的,也不会出现后来的大量互联网金融平台的倒闭潮。
⑦ 经济资本是商业银行根据自己的业务经营状况评估的用以减缓风险冲击、承担非预期损失的资本。参见梁家全《商业银行监管套利的法律规制》,法律出版社2016年版,第27页。

互联网金融系统性风险管理市场化改革的突破口。特别是对于 P2P 网贷企业，政府基于市场优先原则一般不能直接干预互联网平台发放贷款的行业类别。但行业集中度过高，尤其是集中于一些产能过剩的行业、国家限制甚至禁止的行业，无疑对于互联网金融市场的整体风险积聚造成重大的影响，这恰恰是金融监管的重要内容。在对银行业金融机构的监管中，中央银行和监管部门乃至各级人民政府大量地出台信贷政策的做法不得不说对市场主体的经营权造成了一定程度的侵害。然而，对互联网金融而言，如果监管当局通过制定和调整互联网金融企业在不同行业的经济资本系数（在系数法计量下）或者经济资本参数（在模型法计量下）的办法对其资产业务进行调控，则不仅不会直接干预互联网金融企业的自主经营权，而且能够更好地计量、识别和管理系统性风险，既遵守了谦抑干预理念和市场优先原则，又能达到更佳的互联网金融治理效果。

（三）互联网金融包容性司法理念与司法科技的保驾护航

规范金融市场的途径不限于行政监管，效力更具强制性的司法裁判也是一种重要手段。[1] 在互联网金融的立法与治理中，政府面临鼓励创新与控制风险的两难。根据经济法谦抑干预理念和市场优先原则，国家对互联网金融市场的干预应当保持适度的谦让、保守、内敛的品性，充分发挥市场的"第一性"作用。可以说，市场在资源配置中的"第一性"作用其实是提供推动互联网金融创新的原动力。那么随之而来的问题我们也必须正确面对：政府的干预总是谦抑的，从某种意义上讲，也是相对滞后的。我们在为互联网金融市场创新提供活力四射的基础环境的同时，对于个别平台、个别产品、个别互联网金融企业的个案风险应当如何治理呢？答案就是：互联网金融司法。互联网金融司法是在鼓励金融创新和政府谦抑干预下，守住金融风险底线的重要保障机制。

在司法理念方面，互联网金融司法应当坚持经济法谦抑干预和市场优先原则，始终恪守支持和鼓励金融创新的包容性理念。因为司法的目标并不在于干预经济，而是通过维护市场诚信和秩序，促进市场自律和发展。[2] 在不违反法律基本规定的前提下，互联网金融司法必须鼓励符合市

---

[1] 参见季奎明《论金融理财产品法律规范的统一适用》，《环球法律评论》2016 年第 6 期。
[2] 参见上海市第二中级人民法院课题组《金融司法的价值取向、指导原则与裁量规则》，载应勇主编《金融法治前沿（2011 年卷）：金融发展与金融法治环境》，法律出版社 2011 年版，第 199 页。

场供求规律的交易行为。互联网金融司法的对象往往是互联网金融技术、金融产品与合同争端，人民法院在判断互联网金融技术和金融产品的合法性、互联网金融合同的效力的时候，特别是在现有法律并没有明确规定的情况下，只要其对市场本身不构成系统性金融风险，同时通过市场自律机制即能很好地控制风险的，那么这些市场导向的互联网金融产品、技术与合同就是合法的、有效的。质言之，互联网金融司法本身即承载着看上去似乎互相悖谬的两种价值目标体系：金融创新与金融稳定。当这两大价值体系发生冲突的时候，人民法院的正确选择是：以包容性理念为指导，在鼓励创新的前提下维护金融稳定。进言之，鼓励创新是互联网金融司法的第一价值目标。

在处理司法权与市场机制及行政监管权之间介入互联网金融可能存在的共时性冲突时，要坚持"市场→行政权→司法权"的递延式公权力运用规则，坚守司法的被动性本能，维护司法作为社会正义的最后一道防线的正确定位。从本质上讲，自律性本身即是指主体以对社会规范的自我意识和自我认同为基础实行的自我约束。[1] 相较于他律机制，市场自律机制更有内生力，可以有效弥补政府行政监管方式的局限性。[2] 行业内部自律不仅更加贴近业务实际，掌握最新动向，更起到沟通政府与企业之间的纽带作用。[3] 因此，互联网金融司法要尊重互联网金融市场自律机制和互联网金融监管执法机制两套纠纷处理机制的地位和作用。以中国互联网金融协会、各地的 P2P 网贷协会、股权众筹协会等为代表的市场自律机构不仅本身贴近市场，掌握第一手的市场行情和数据，而且更能从本源上化解矛盾，保持互联网金融市场效率，并维护互联网金融市场稳定。互联网金融司法要尊重、认同和支持市场自律机制在解决互联网金融纠纷方面的作用。

不仅如此，互联网金融司法在纠纷处理体系中的选择位阶也劣后于互联网金融监管执法。在中国的金融监管实践中，面对金融监管部门及其所代表的监管权，被监管人往往会考虑如何与监管机构进行"沟通协调"，而不是首先考虑提起行政诉讼。[4] 这是由于司法具有被动性——"不告不理"，而行政则具有主动性——"主动干预"。互联网金融监管当局的监

---

[1] 参见张文显《法哲学通论》，辽宁人民出版社 2009 年版，第 45 页。
[2] 参见徐孟洲《金融监管法研究》，中国法制出版社 2008 年版，第 254 页。
[3] 参见刘志云等《福建自贸区重大法律问题研究》，厦门大学出版社 2016 年版，第 332 页。
[4] 参见张红《证券监管措施：挑战与应对》，《政法论坛》2015 年第 4 期。

管执法检查是主动的，其立案来源可以多种多样：现场检查、非现场监管及群众举报均可。但互联网金融司法当且仅当当事人将案件主动向人民法院提起诉讼时，才有其介入的余地。并且从互联网金融司法的价值功能来说，也应当明确司法功能的"有限性"观念，进而才能根本性地解决"案多人少"的矛盾。① 总之，互联网金融司法必须充分尊重市场与监管。

在司法的技术方法方面，互联网金融司法必须主动求变，学习互联网金融市场中新兴的互联网金融科技、互联网金融监管科技在互联网金融司法领域的运用，探索互联网金融司法科技（Judtech）的运用。互联网金融司法科技是司法（Judicial）和科技（Technology）的缩写，是笔者提出的为适应互联网金融科技和互联网监管科技的新兴司法概念，是信息技术、数据科学及人工智能等高科技技术在司法领域的运用。换言之，司法科技就是司法过程的科技化，司法科技不仅仅是一种有效的司法技术和工具，更是一种引导司法领域范式转换的核心变量。互联网金融司法科技的提出是经济法谦抑干预理念和市场优先原则的应然要求和必然趋势。只有通过司法科技，互联网金融司法才能更好地契合互联网金融市场和互联网金融监管。就我国目前的实际来说，互联网金融司法科技对于在线解决金融纠纷、大数据和人工智能取证等领域具有最为迫切的运用价值。

五 结论

我国互联网金融政府规制面临介入时机选择、介入主体选择及介入力度等方面的两难困境。解决这一问题的根本出路在于准确界定政府在互联网金融立法与治理中的权力定位。以经济法政府与市场关系的基本原理为基础，结合我国互联网金融的发展规律，我们认为对政府角色的厘定必须遵守谦抑干预理念、市场优先原则及金融民主原则。

要破解政府介入互联网金融的两难困境，其实践进路必须从立法、监管执法与司法三方面同时发力。首先，必须更新互联网金融立法的基本理念，保持对市场机制的尊重和敬畏，注重金融民主之下的立法多方参与机制的构建。其次，要坚持民主的互联网金融立法体制，优化互联网金融中央立法权与地方立法权的划分及对权力运行的监督。最后，在立法技术与方法方面，应特别强调与市场机制的衔接与配合，并从市场内部治理中充

---

① 参见孙笑侠《论司法多元功能的逻辑关系》，《清华法学》2016 年第 6 期。

分吸取对立法有益的经验。

在监管执法方面，金融民主原则要求必须突出对地方金融监管权的配置、运行和监督。而市场优先原则则要求必须更多地选择内嵌于市场机制的创新监管方法。同时，在系统性金融风险的管理上，以市场为导向的压力测试方法及经济资本管理方法等创新监管模式值得在互联网金融领域运用和推广。

在互联网金融司法方面，应当恪守经济法谦抑干预和市场优先原则之下的包容性司法理念。自觉将司法作为社会正义的最后一道防线，坚持"市场→行政权→司法权"的递延式的公权力运用规则。另外，笔者提出司法科技的概念，作为引导司法领域范式转换的核心变量，以应对和契合互联网金融科技创新发展及互联网金融监管科技带来的司法技术革命。互联网金融司法科技的提出是经济法谦抑干预理念和市场优先原则的应然要求和必然趋势。

第二节 我国自贸区离岸金融的法律监管

自由贸易试验区（以下简称"自贸区"）是我国新一轮经济金融体制改革和对外开放的重要内容之一，也是我国探索新的经济发展方式和金融监管创新的重要试验田。从2013年9月上海自贸试验区挂牌运行以来的三年多时间里，作为一种新生事物，我国自贸区从无到有、由点及面迎来了雨后春笋般的蓬勃发展。[1] 无疑，金融领域的开放和创新是我国自贸区建设试点的桥头堡和核心内容之一。而处于金融业开放的最前沿和金融创新最活跃的离岸金融的发展始终与自贸区建设相辅相成、互相促进，[2] 并顺势成为我国自贸区建设的核心范畴之一。目前，我国自贸区离岸金融的规范发展面临法律制度供给不足的问题。本节拟在梳理自贸区离岸金融监管基本问题的基础上，以英国、美国、日本等发达国家离岸金融法律监管经验为镜鉴，结合我国自贸区离岸金融创新的特殊背景，提出完善我国自贸区离岸金融立法监管的相关建议。

---

[1] 继2013年9月批准设立上海自贸试验区以来，国务院又于2015年4月批准了广东、天津和福建自贸区，2016年8月决定在辽宁省、浙江省、河南省、湖北省、重庆市、四川省、陕西省增设七个新的试验区。至此，我国自贸试验区建设步入全面试点的新阶段。

[2] 参见张慧颖《天津自贸区离岸金融市场研究》，《对外贸易》2015年第5期。

一 自贸区离岸金融及其法律监管的基本问题

(一) 离岸金融的概念和基本特征

所谓离岸金融（Offshore Finance），是指被一国法律所允许、在其境内进行的与其在岸金融体系和金融市场相区别的金融活动。也可以理解为，金融机构吸收非居民的资金，服务于非居民的金融活动。[1] 从业务类别来看，离岸金融主要是非居民[2]之间所开展的以外币存款、外币贷款、金融机构同业外汇拆借、国际结算、发行大额可转让存款证、外汇担保、咨询与见证业务、外汇黄金买卖、证券交易、保险、期货等为代表的金融业务。离岸金融是真正意义的国际金融，具有不同于在岸金融的一系列特征。[3] 离岸金融与在岸金融相比具有以下基本特征。

1. 资产、负债"两端离岸"

离岸金融通常是非居民之间所进行的资金融通和金融交易。就离岸银行业务来说，在负债端，离岸金融市场的金融机构吸收的是非居民的离岸货币；而在资产端，离岸金融市场的金融机构同时又为非居民提供金融服务。同理，在离岸证券等其他离岸金融形态下，资金的运用方和资金的供给方也都在海外。但一般来说，从事在岸银行业务的金融机构主要以吸收本国居民的资金为主，并以服务本国客户为其业务对象。

2. 交易货币离岸

离岸金融交易法律关系的客体往往不是离岸金融市场所在国的货币，而主要是离岸货币，即外币。离岸金融交易货币的离岸性是其区别于在岸金融市场的主要特征之一。同时，在交易结算方式与清算模式上不同于在岸金融交易，离岸金融业务的非居民账户之间一般不通过现金往来，而是主要通过往来行电子资金划转的方式为之。[4]

3. 适用专门的监管法律制度

由于离岸金融本身的起源和发展始终与金融自由化浪潮相伴相生，对

---

[1] 参见龚柏华《国际金融法新论》，上海人民出版社2002年版，第412页。
[2] 根据《离岸银行业务管理办法》，"非居民"是指在境外（含港、澳、台地区）的自然人、法人（含在境外注册的中国境外投资企业）、政府机构、国际组织及其他经济组织，包括中资金融机构的海外分支机构，但不包括境内机构的境外代表机构和办事机构。
[3] 参见韩龙《论离岸金融法律问题的特殊性》，《河北法学》2010年第3期。
[4] Kwaw, E. M., *The law & practice of offshore banking & finance*, Greenwood Publishing Group, 1996, p. 17.

离岸金融的监管必须体现适度的包容并鼓励金融创新，坚持适度监管的基本原则。离岸金融市场所在国家通常都制定专门的法律制度予以监管。不仅如此，离岸金融市场所在国往往还制定税法对离岸金融业务给予特定的税收优惠，鼓励离岸金融的发展。① 当然，离岸金融市场的发展还可能同时受到来自货币发行国、投资者母国、金融市场中介所在国等多个国家的法律监管，以及国际行业自律组织等机构的监管。但总的来讲，东道国对离岸金融市场的监管始终处于核心和主导地位。这也是离岸金融与在岸金融在监管法律制度方面的重大区别之一。

（二）我国自贸区发展离岸金融的意义

繁荣的自贸区经济必然以发达的金融市场和金融业作为基础，我国各大自贸区在出台总体方案之时，即认准要建设国际金融中心或者区域性金融中心的目标。上海自贸区、广东自贸区等力图将上海、深圳建设为国际金融中心，天津自贸区、福建自贸区等也以将天津、厦门分别建设成为北方和对台区域性金融中心为目标。而众所周知，世界上主要的金融中心通常都是发达的离岸金融中心。中国社会科学院经济研究所所长裴长洪更是认为，上海自贸区没有离岸金融业务成不了国际金融中心。② 我国自贸区的建设为离岸金融市场的发展和监管乃至国际金融中心的建设均提供了难得的历史机遇。利用先行先试的政策优势，自贸区可通过金融监管体制改革为以金融自由化为根基的离岸金融的监管提供经验基础。我国在自贸区发展离岸金融具有如下积极意义。

首先，发展离岸金融可以帮助自贸区企业走出去，参与国际市场竞争。离岸金融的快速发展可以为我国自贸区企业实现低成本和便捷的金融服务，这对自贸区大型跨国公司拓展海外市场无疑是巨大的福音。③ 在我

---

① 比如有美国学者认为，通常情况下，资金存放于美国的银行并在美国经济体内进行循环，适用美国国内的税收政策和计划。但据美国联合税务委员会估计，受制于离岸账户，美国政府每年损失 500 亿美元税收收入。参见 Kent, Margaret, and Robert Feinschreiber, "Offshore Banking Centers and US Banks Lead to Trapped Offshore Profits Scams", *Corporate Business Taxation Monthly*, Vol. 15, 2013, p.42.

② 参见宋薇萍《上海若没有离岸金融业务成不了国际金融中心》，http://www.cs.com.cn/xwzx/jr/201509/t20150913_4796911.html，2023 年 9 月 6 日。

③ 离岸金融业务最初的服务对象仅限于中华人民共和国境外（含港、澳、台地区）的自然人、法人、政府机构、国际组织等非居民类客户。但近年来，离岸金融的服务对象已逐步扩展到经批准可开立离岸账户的国内企业。参见姜亚玲《招行打造"离岸金融十大产品体系"》，http://bank.hexun.com/2015-09-28/179515395.html?from=rss，2023 年 9 月 6 日。

国自贸区企业走出去的过程中，无论是通过资产收购或者股权并购抑或是进行海外直接投资等何种形式，如何降低融资成本获得相应的金融服务并同时减少和规避汇率风险是企业必须予以考虑的重要因素。离岸金融业务的发展不仅可以直接为我国自贸区企业在海外的子公司或者分支机构提供外币贷款，而且还能通过"在岸+离岸"账户联动的金融服务创新模式便利企业融资。① 因此，离岸金融业务能够补充、优化和完善我国自贸区金融体系，为自贸区产业经济的快速发展找到金融支持之路，同时增加我国自贸区的就业机会。

其次，发展离岸金融可以深化自贸区金融市场，提高金融市场化水平和金融服务效率。中国的金融深化过程主要表现为金融增长，如金融资产与金融机构的增大，而市场化金融的发展明显滞后。② 世界上主要离岸金融市场建设实践表明，随着金融自由的深化，离岸金融市场的发展壮大通常能够吸引大量的国际金融机构的入驻，这不仅能够对我国自贸区的金融发展提供新的驱动力，③ 更能够带动相关产业链的延伸发展。④ 无疑，更加市场化的自贸区金融市场体系可以为自贸区企业经济注入全新的活力，从某种意义上说，离岸金融的发展对深化我国自贸区金融市场乃至提升自贸区经济发展能力均起到不可小觑的推动作用。

最后，我国自贸区离岸金融的创新及其监管可以为我国金融监管体制改革提供有益的经验。众所周知，我国属于分业经营、分业监管的金融体制。随着金融综合化经营和互联网金融等新兴金融业态的出现，我国传统的金融监管体制越来越无法满足金融监管的现实需求。离岸金融市场作为

---

① 以我国最早获批开展离岸金融业务的招商银行为例，该行目前已开发出"离岸金融服务全球"的离岸金融十大产品体系。当我国企业由于在海外的子公司或者分支机构成立时间不长，不能获得当地银行的贷款时，招商银行可以通过该企业的自贸区总部被授信的额度向其海外离岸子公司或者分支机构发放离岸贷款。不仅如此，招商银行还可以提供离岸公司的注册、离岸账户的开立、全球贸易链金融、跨境资金管理等一系列全领域服务。因此，离岸金融业务能够补充、优化和完善我国自贸区金融体系，为自贸区产业经济的快速发展找到金融支持之路，同时增加我国自贸区的就业机会。参见江萌《"离岸+在岸"联动助鄂企走出去》，http://news.xinhuanet.com/local/2015-09/30/c_128283896.htm，2023年9月6日。

② 参见贾春新《金融深化：理论与中国的经验》，《中国社会科学》2000年第3期。

③ 一般来说，大量外资金融机构的涌入直接对金融体系导入了竞争机制，从而能够有力提高金融体系的效率，增强金融业的综合竞争力。参见原毅军、卢林《离岸金融中心的建设与发展》，大连理工大学出版社2010年版，第28页。

④ 比如，金融科技、国际贸易，以及法律、会计、审计、资产评估等中介服务机构的数量和水平均可迎来质的突破等。

创新最为活跃的金融领域，融合了传统金融和互联网金融等各种金融业务形态及其互动，对金融监管提出更高的要求和全新的挑战。从另一个角度来说，利用我国自贸区先行先试的优势，恰好可以为探索我国金融业宏观审慎监管，以及金融监管协调机制的构建提供重要的契机，为我国金融监管体制改革提供最好的试验田。

(三) 我国自贸区离岸金融面临的风险和监管的基本逻辑

尽管我国自贸区发展离岸金融具有如此重要的意义，但离岸金融自身存在的众多风险依然不容忽视。究其本质而言，离岸金融本身就是出于对监管体制的套利而生成的。[①] 因此，充分认知我国自贸区离岸金融的各种风险，并进行相应监管制度的设计，是我国自贸区发展离岸金融监管的必由之路。

首先，自贸区离岸金融对中央银行金融宏观调控带来压力和挑战。现代中央银行一般履行着发行的银行、政府的银行、银行的银行等基本职能。[②] 中央银行一方面根据本国经济发展的客观需要，适度调节货币发行和供应节奏，从而保持流通中的货币充足并维持物价水平的适度，在促进经济发展的同时抑制资产价格泡沫的膨胀。另一方面，中央银行牢牢掌握着金融机构信贷规模的总阀门，通过对金融机构"合意信贷增量"等金融指标的控制调节国家货币供应量。随着离岸金融市场的发展，尤其是在以英国和香港为代表的内外一体型离岸金融市场模式下，金融市场本身并不严格区分离岸资金账户和在岸资金账户，在这种高度开放和混合经营的国际金融环境中，中央银行对流向实体经济的货币调控将面临极大的挑战，通货膨胀或者通货紧缩的风险相随而生。在我国自贸区大力发展离岸金融的过程中，中央银行必须强化金融宏观调控能力，防范由于金融过热而导致的物价上涨和资产价格膨胀。

其次，自贸区离岸金融将在一定程度上影响中央银行货币政策的传导效率，降低中央银行货币政策的灵活性和有效性。中央银行的货币政策的实施即宏观调控具有高度的灵活性和相机抉择性。[③] 中央银行必须根据金融市场的客观实际和实体经济的现实需求，迅速、灵活地实施宏观调控。伴随着全球金融市场的变迁和中央银行金融宏观调控理论的发展，后危机

---

① 参见［美］J. 奥林·戈莱比《国际金融市场》，中国人民大学出版社 1998 年版，第 52 页。
② 参见朱崇实《金融法教程》（第三版），法律出版社 2011 年版，第 21 页。
③ 参见刘大洪《法经济学视野中的经济法研究》，中国法制出版社 2008 年版，第 111 页。

时代货币政策的灵活性和有效性成为各国央行关注的焦点。各国央行在法定存款准备金率、再贴现及公开市场业务这"货币政策三大法宝"的基础上，衍生和发展出更多的、更加灵活的货币政策工具。[1] 离岸金融市场使各国在一定程度上丧失了金融政策的自主权，监管难度不断加大。[2] 在我国自贸区发展离岸金融的过程中，如果大量的短期资金即"热钱"涌入在岸金融体系，则对中央银行货币政策的操作带来缓释效应：当一国出现物价暴涨、资产价格泡沫加剧时，中央银行倾向于通过货币政策操作来消减金融热度并最终平稳本国经济。但离岸资金的介入无疑会对中央银行的操作带来抵减效应，造成中央银行货币政策效率低下和一定程度的失灵。离岸金融机构借由离岸负债加码在岸资产业务的模式也造成对外负债规模的扩张，这会进一步对货币政策操作带来副作用。因此，自贸区离岸金融市场的出现和发展将改变中央银行货币政策的传导效率，并降低货币政策操作的灵活性和有效性。

再次，自贸区离岸金融将不可避免地带来更多的汇率风险。离岸货币往往是国际游资关注的焦点。随着离岸金融市场的快速膨胀和离岸货币套利空间的上升，国际上主要的外汇投机者必将投入大量的热钱对离岸货币进行投机和炒作。当这些短期游资卷入外汇买卖的时候，离岸货币的国际定价也将因势发生剧烈波动。"离岸金融风险之所以能够引发系统性的危机，是因为离岸风险往往表现为向在岸银行的延伸和向整个金融体系的蔓延。"[3] 国际投机者的炒作带来的风险绝不仅仅局限于离岸货币国家的汇率风险，离岸金融市场往往会通过极强的传导机制，迅速对离岸金融市场东道国的货币及其金融市场产生风险外溢。在离岸货币与东道国货币的金融产品进行频繁交易和转换的过程中，东道国的汇率风险将随之上升，这是我国自贸区发展离岸金融市场必须客观面对的又一挑战。

最后，自贸区离岸金融还面临信用风险治理难题。信用风险是指交易

---

[1] 比如欧美等国采用的 FLS、TLTRO、TAF 及中国人民银行 2013 年以来创设的短期流动性调节工具 SLO（Short-term Liquidity Operations）、常备借贷便利 SLF（Standing Lending Facility）、中期借贷便利 MLF（Medium-term Lending Facility）、抵押补充贷款 PSL（Pledged Supplementary Lending）等。

[2] 参见巴曙松、郭云钊等《离岸金融市场发展研究》，北京大学出版社 2008 年版，第 135 页。

[3] 参见巴曙松《离岸金融市场的风险与监管》，http：//bashusong.baijia.baidu.com/article/14438，2023 年 9 月 6 日。

对方因为违约、犯罪或者无法履行合同义务而给离岸金融业务债权人带来经济损失的风险。有学者甚至认为,信用风险甚至是离岸金融市场最主要的风险。① 研究表明,离岸金融市场和金融机构的信用风险主要受非居民贷款者的违约概率和贷款抵押品价值两部分的影响。非居民贷款者的违约概率对信用风险有正向作用,而贷款抵押品价值对信用风险则具有反向作用。② 在离岸金融市场中,作为最主要的市场交易方,无论是机构投资者还是个人投资者,均属于"非居民"性质。与传统的在岸金融市场参与者不同,这些复杂的"非居民"交易者所在国的经济金融形势迥然不同,并且由于交易主体对对手方的背景很难开展详尽而深入的尽职调查,因此,很难正确评估其信用风险。同时,在以抵(质)押等担保为背景的金融合约的交易中,受制于对抵(质)押品所在地宏观经济形势和市场行情把握的难度,抵(质)押品的合理估值是不得不面临的又一大难题。而就国际性极强的离岸金融业务而言,其所涉及的信用额度通常较大,重大信用危机一旦发生,就会波及全球,引发连锁效应,造成恶劣后果。③ 因此,我们可以认为,信用风险是推升离岸金融市场经营和监管成本的重要因素,并始终成为我国自贸区离岸金融市场监管不得不关注的核心和焦点。

此外,自贸区离岸金融市场的发展还将加大国际金融犯罪的法律风险。由于各国政府对离岸金融市场发展的鼓励和支持,在监管方面往往体现出相对自由和包容的监管态度。宽松的监管政策则使得离岸金融市场往往成为犯罪分子觊觎的重要犯罪通道。近年来,离岸金融中心产业的崛起引发了全世界的关注,一个重要的原因便是其与洗钱、犯罪及其他商业交易的非法之财密切相关。④ 在国际反腐败领域,如英属维尔京群岛、开曼群岛、萨摩亚、百慕大群岛等加勒比海和太平洋所属的众多全球著名的离岸中心由于其监管制度极其宽松和低透明,早已成为腐败分子资金外逃的重要途径之一。⑤

---

① 李万金:《香港离岸金融市场的风险控制》,《经济研究导刊》2015 年第 7 期。
② 唐鑫:《我国离岸金融市场风险分析》,《武汉金融》2015 年第 11 期。
③ 参见罗国强《论中国离岸金融风险监管法制的构建与完善——从次贷危机的风险失控谈起》,《学海》2009 年第 4 期。
④ Wong K. S. Y., "Offshore Financial Centres and Offshore Business Structures", *Australian Journal of Taxation Policy, Law and Reform*, Vol. 28, No. 4, 2013, p. 788.
⑤ 参见田享华《央行报告揭示 8000 亿腐败资金外逃路线图》,http://finance.qq.com/a/20110616/000225_1.htm,2023 年 9 月 6 日。

从以上分析我们可以看出，发展离岸金融市场需要来自离岸金融市场所在国、离岸货币主权国、离岸金融机构母国及投资者东道国等多个主体的合力监管。在这些监管范畴之中，离岸金融市场东道国，即本节研究的我国自贸区对其离岸金融市场的监管始终处于核心地位。无疑，以离岸金融为代表的金融创新是我国自贸区金融深化的重要环节，但金融创新绝不是对金融市场活动放任不管，相反，金融创新所带来的金融风险对完善金融监管提出了更高的要求。对我国自贸区而言，制度要素是离岸金融中心形成的首要条件。① 理论上讲，我国自贸区的金融改革应当实现金融创新与金融监管之间的互动。② 就离岸金融法的角度，要实现我国离岸金融市场金融创新与金融监管的互动，我们认为首先需要对我国离岸金融的发展历程和立法实践进行回顾与梳理，总结其中存在的问题和不足，并研究国外发达离岸金融市场国家的立法经验，最后结合我国自贸区的特殊实际，从法律体系的构建、市场准入主体和业务形态、监管主体及其权限，以及市场监管模式等方面进行制度设计。

二 我国离岸金融的立法实践及自贸区离岸金融法律制度存在的主要问题

（一）我国离岸金融的立法实践

纵观我国离岸金融的发展及其立法和监管的过程，两者之间事实上并没有真正实现互动。离岸金融业务办理实践在我国从起源到发展壮大经历了坎坷的试点、停办、复办和扩张四个阶段，相关立法一直处于滞后和供不应求的状态。

我国真正开始试点离岸金融业务是在1989—1998年这一时期。1989年5月，中国人民银行和国家外汇管理局批准了招商银行办理离岸金融业务。随后，在1994年4月、5月、6月又相继批准了中国工商银行深圳分行、中国农业银行深圳分行、深圳发展银行、广东发展银行深圳分行四家金融机构开办离岸金融业务。受益于国家对离岸金融业务的优惠条件，上述五家试点银行在这一阶段的离岸金融业务取得了突飞猛进的发展。然

---

① 参见杨维新《上海自由贸易区离岸金融发展：国际比较与路径设计》，《亚太经济》2014年第4期。
② 参见阳建勋《论自贸区金融创新与金融监管的互动及其法治保障——以福建自贸区为例》，《经济体制改革》2017年第1期。

而，尽管这一阶段我国的离岸金融业务发展很快，但一直到1997年，中国人民银行发布的《离岸银行业务管理办法》（以下简称《管理办法》）才是我国颁布的第一部对离岸金融业务进行专门规范的制度依据。为了进一步规范和促进离岸金融的发展，1998年国家外汇管理局又出台了《离岸银行业务管理办法实施细则》（以下简称《实施细则》）。《管理办法》和《实施细则》构成我国离岸金融领域的基础性制度框架。

1999—2002年是我国离岸金融的全面停办和清理整顿阶段。由于我国离岸金融的主要服务对象以港澳地区的中资企业和国内"三资"企业的外方股东为主，而且多为一些规模较小的贸易型公司，[①] 受1997年东南亚金融危机的影响，我国离岸金融市场在经历前期相对宽松的监管并迎来快速发展的阶段之后，离岸金融风险开始急剧爆发，离岸金融资产质量大幅下滑。到1998年，为了控制系统性金融风险的爆发和蔓延，中国人民银行和国家外汇管理局紧急叫停了所有金融机构的离岸金融业务。值得注意的是，从1989年我国离岸金融发端一直到2002年，我国并未正式出台一部正式的离岸金融法律，《管理办法》和《实施细则》是唯一的监管依据，离岸金融始终处于"无法可依"的状态，不仅金融机构开展业务创新没有法律保障，监管部门实施监管同样是摸着石头过河、朝令夕改，如此大范围的市场退出也仅凭监管当局的行政决定为之。

2002—2007年是我国离岸金融的复办阶段。面对亚洲金融危机的冲击，我国离岸金融并不是通过强化和完善相关的监管法律制度来进行风险治理和规范业务发展的，而是延续了我国金融监管中多年来一直存在的不良惯性，以行政命令的形式全面叫停。显然，这种对待金融市场创新的态度最终的结果必然是"一管就死，一放就乱"[②]。亚洲金融危机之后，中国在世贸组织中作出的金融对外开放承诺逐项步入履行期。当中国金融机构进入全球金融市场进行激烈竞争时候，利用国际金融市场和国际资本发

[①] 参见王勇《离岸金融中心的演进及其经济效应研究》，经济科学出版社2014年版，第190页。

[②] 在"全面叫停"的监管方式下，只要监管当局一介入，金融创新自然戛然而止，即所谓的"一管就死"。而这样的做法并不能完善相关的监管法制，也不能丰富监管当局的监管手段、监管措施和监管经验。这样，监管当局面对后续的金融创新再次出现于金融市场，往往"一放就乱"。这带给我们的启示是：监管当局应当主动学习金融创新实践，通过学习掌握金融创新的特征和实质，并进而确立科学的监管措施和完善的监管法律制度，这才是金融创新与金融监管互动原理下金融监管的正确路径。

展我国经济并增强我国金融机构的国际竞争力，也相应成为中国金融机构和监管当局必须共同面对的重大课题。而发展离岸金融则再次成为业界和社会共同的呼声。2002年，我国离岸金融迎来复办。① 但在整个复办阶段，我国的离岸金融立法并未取得进展，只是在2006年2月1日起施行的《中国银行业监督管理委员会合作金融机构行政许可事项实施办法》（中国银行业监督管理委员会2006年3号令）中规定了合作金融机构开办离岸银行业务必须具备的条件，并明确由银监局、银监会作为该事项的初步审查和最终决定主体。② 显然，相比离岸金融的复办实践，本阶段的离岸金融立法依然滞后。

2007年至今是我国离岸金融的全面扩张阶段。受益于我国经济的快速发展和国内金融中心建设的强烈需求，离岸金融业务在前期深圳和上海试点之后，迅速向天津、北京、重庆等城市发展。当前，大力发展离岸金融业务已成为我国自贸区建设的重点内容之一。③ 交通银行首席经济学家连平曾表示，上海自贸区的金融形态，事实上就是境内的离岸金融。④ 实际上，不仅是上海，天津、福建、广东等自贸区也纷纷出台政策鼓励和支持发展离岸金融业务。⑤ 在我国对外直接投资规模已成功跃居世界第二的

---

① 2002年，中国人民银行批准了交通银行和上海浦东发展银行及之前叫停离岸金融业务的招商银行和深圳发展银行全面开办离岸金融业务，即这四家银行可以全牌照经营离岸金融的所有业务。同时，批准中国工商银行、中国农业银行和广东发展银行的深圳分行开展有限牌照的离岸金融业务，即只能经营离岸负债。至此，我国离岸金融在开始复办的同时也迎来了地域上的扩张，从深圳扩大到上海。

② 参见《中国银行业监督管理委员会合作金融机构行政许可事项实施办法》第158、159条。

③ 比如2013年9月出台的《中国（上海）自由贸易试验区服务业扩大开放措施》明确规定："在完善相关管理办法，加强有效监管的前提下，允许实验区内符合条件的中资银行开办离岸业务。" 2015年10月30日，《进一步推进中国（上海）自由贸易试验区金融开放创新试点 加快上海国际金融中心建设方案》则指出："支持具有离岸业务资格的商业银行在自贸试验区内扩大相关离岸业务。在对现行试点进行风险评估基础上，适时扩大试点银行和业务范围。"

④ 参见于舰《上海自贸区就是离岸金融区》，http://stock.sohu.com/20130909/n386152224.shtml，2023年9月6日。

⑤ 比如《天津自贸区总体方案》第10条规定："在完善相关管理办法，加强有效监管前提下，允许自贸试验区内符合条件的中资银行试点开办外币离岸业务。"《福建自贸区总体方案》第12条规定："在完善相关管理办法、加强有效监管前提下，允许自贸试验区内符合条件的中资银行试点开办外币离岸业务。"《广东自贸区总体方案》第9条规定："在完善相关管理办法、加强有效监管前提下，支持商业银行在自贸试验区内设立机构开展外币离岸业务，允许自贸试验区内符合条件的中资银行试点开办外币离岸业务。"

大背景下,① 在自贸区发展离岸金融有助于充分利用国际市场和国际资本帮助企业"走出去",提升我国自贸区经济开放水平,优化经济发展结构,推动供给侧结构性改革并实现自贸区经济繁荣。在我国离岸金融全面扩张的同时,我们发现尽管我国各大自贸区积极支持离岸金融的创新和发展,但我国仍然没有一部正式的离岸金融法,中国离岸金融业务依旧游离于立法真空地带。

(二) 我国自贸区离岸金融法律制度存在的主要问题

(1) 缺乏统一的离岸金融法律体系,"政出多门"并且彼此协调性差。我国目前在离岸金融领域并不存在统一的离岸金融法,现有的监管制度法律层级较低,主要是由监管部门根据实际监管所需出台相应规范性文件的形式为之,造成不同的监管制度之间及离岸金融的监管制度与我国现行法律之间存在不统一和不协调的情况。

比如,为了鼓励中资金融机构发展离岸金融业务,《管理办法》第23条明确规定:"银行吸收离岸存款免交存款准备金。"但出于对存款人的保护和系统性金融风险的防范,《商业银行法》第32条则要求:"商业银行应当按照中国人民银行的规定,向中国人民银行交存存款准备金,留足备付金。"当然,由于离岸金融法属于商业银行法的特别法,并且制定在后,根据特别法优于普通法、后法优于前法之适用原则,应当优先适用前者。但该原则的适用前提是制定出离岸金融的基本法律,而不是部门规章或者规范性文件,否则只能适用具有较高层级法律效力的《商业银行法》而排除前者的适用空间。

再如,在2002年中国人民银行对深圳发展银行开办离岸银行业务的批复中,禁止境内居民为离岸银行业务提供担保。但制定在先的《管理办法》并不禁止该类担保,并且2005年《中国银行业监督管理委员会关于深圳发展银行开办离岸担保业务的批复》(银监复〔2005〕104号)也明确该行"可以接受符合《境内机构对外担保管理规定》② 条件的境内居民提供的离岸业务项下的担保",该行"也可以作为担保人向境内外受益

---

① 商务部、国家统计局、国家外汇管理局共同编辑出版的《2015年度中国对外直接投资统计公报》显示,2015年中国对外直接投资创下1456.7亿美元的历史新高,首次位列世界第二。参见齐志明《去年我对外直接投资世界第二(在国新办新闻发布会上)》,http://finance.people.com.cn/n1/2016/0923/c1004-28734375.html,2023年9月6日。

② 《境内机构对外担保管理规定》由中国人民银行制定,于1996年10月1日起施行。

人提供担保"。可以看出，不同部门及同一部门先后出台的管理监管制度存在极大的不协调性，我国统一的离岸金融法律体系尚未真正形成。

（2）我国自贸区离岸金融市场准入的主体和业务类型比较单一，不利于离岸金融市场的发展和深化。根据《管理办法》第2条、《实施细则》第2条之规定，我国离岸金融业务的经营主体是指经国家外汇管理局批准经营离岸银行业务的中资银行及其分支机构。外资银行及中资商业银行在海外设立的分支机构参与离岸金融业务游离于《管理办法》和《实施细则》之外，目前仍处于法律的真空地带。从我国目前各大自贸区的总体方案和相关的金融改革措施来看，一般也仅仅是允许自贸区内的符合条件的中资商业银行开展离岸金融业务。这与发达国家离岸金融市场充分允许外国银行及非银行业金融机构参与离岸金融交易的实践截然不同。但事实上，尽管我国法律并未明确授权，实践中不仅大量的外资银行经营着离岸金融业务，而且该做法也得到了国家相关部门的认可，并出台了相应的税收管理政策。① 值得注意的是，内外资银行开展同样的离岸金融业务可能面对不同的法律监管和政策优惠措施，是违背法律的公平原则的。在各大外资银行纷纷抢滩自贸区，发展离岸金融业务的背景下，② 完善相关立法迫在眉睫。

在我国自贸区离岸金融市场准入的业务类型方面，根据《管理办法》，我国目前的离岸金融业务仅限于离岸银行业务（并且以离岸货币业务为核心）。③ 这样的业务类型结构对离岸金融市场功能的发挥和我国自贸区离岸金融中心的建设需求来说是存在严重市场结构缺陷的。一方面，尽管我国利率和汇率市场化水平在不断提升，但市场上依旧缺乏成熟的利率期货、利率掉期、外汇期权及外汇期货等风险管理工具，现有的离岸货

---

① 比如国家税务总局《关于外贸金融机构若干营业税政策问题的通知》（国税发〔2000〕135号）明确规定："我国境内外资金融机构从事离岸银行业务，属于在我国境内提供营业税应税劳务，其利息收入应照章征收营业税。对于外资金融机构取得的利息收入以外的离岸业务收入，为便于管理，暂比照利息收入的处理办法，以其机构所在地确定其营业税应税劳务发生地。"这事实上默认了外资金融机构从事离岸银行业务的合法性。

② 资料显示，汇丰银行、东亚银行、渣打银行、大华银行、恒生银行、华侨银行、南洋商业银行、瑞士银行等已经或者准备在上海自贸区筹建分行，布局离岸金融业务。参见钱芸莱《外资行排队入驻自贸区 布局离岸金融》，http：//finance.sina.com.cn/money/bank/bank_hydt/20131019/004617041712.shtml，2023年9月6日。

③ 参见《管理办法》第16条，具体包括：（一）外汇存款；（二）外汇贷款；（三）同业外汇拆借；（四）国际结算；（五）发行大额可转让存款证；（六）外汇担保；（七）咨询、见证业务；（八）国家外汇管理局批准的其他业务。

币市场很容易暴露于风险敞口之内。另一方面，由于离岸证券、离岸信托、离岸期货、离岸保险及新兴离岸互联网众筹、理财等业务尚未纳入现有的市场准入范畴，不仅不能有效控制相关离岸金融业务的开展和离岸金融市场结构的优化及市场功能的完善，也不利于我国自贸区系统性金融风险的预防、控制和治理。

（3）我国自贸区离岸金融市场的监管主体及其职权配置不能适应离岸金融市场发展所需。根据《管理办法》的相关规定，国家外汇管理局是我国离岸金融业务的审查和批准单位，全面履行对我国离岸金融市场的准入、管理、监督、检查等各项权利。根据《外汇管理条例》的规定，国家外汇管理局是主要依法履行外汇管理职责的职能机关。但从对离岸金融的审批和监管实践来看，中国人民银行一直是离岸金融的监管部门，并且银监会也从具体业务层面对离岸金融进行监管。因此，监管实践已经远远突破了监管法律的授权规定。

事实上，国家外汇管理局的监管权限是相当有限的。如前所述，离岸金融市场绝不仅仅局限于离岸银行或者离岸货币市场，在其他的诸如离岸证券、离岸保险、离岸信托等领域，国家外汇管理局的监管权限将受到很大的限制。同时，离岸金融市场各金融业态之间的紧密联系和复杂结构金融产品的涌现客观上要求我国自贸区必须建构宏观审慎监管框架，设立宏观审慎监管部门，以应对自贸区离岸金融市场发展和规范之需，而受制于立法权等多种因素的制约，目前我国各大自贸区均未在该领域做出探索和尝试。从长远看，这显然不利于离岸金融市场的全面健康发展和系统性金融风险的控制及自贸区金融稳定的维护。

（4）我国自贸区离岸金融的市场监管模式存在风险管理不足的风险，有待进一步改进和优化。根据《管理办法》，我国现有离岸金融的监管模式属于"内—外"（"in-out"）单方面渗透型模式。① 即允许在岸资金账户向离岸资金账户进行抵补，在法定额度范围内利用在岸资金余额补充离岸资金账户头寸。这种模式设计的初衷是增强离岸账户的支付能力和风险抵御能力，防范离岸金融市场风险，但其起到的效果却恰恰相反。实践中，离岸银行为了做大离岸资产业务，完全可以自由地将在岸资金向离岸账户转移。这样做的极端后果是很可能引起离岸资产业务和离岸负债业务

---

① 参见《管理办法》第26条、第27条，《实施细则》第15条之规定。

的双向失衡，在离岸资产业务增长过快而离岸负债业务不能取得平衡的情况下，大规模的在岸资金注入如果遭遇离岸金融市场客户所在国宏观经济环境突变或者客户信用风险陡增的情况，则很容易引发离岸金融市场东道国发生系统性金融风险。

此外，当离岸金融业务打通了资金从在岸金融账户向离岸金融账户流通的渠道后，一旦外汇市场上目标外汇价格上升时，极易引发担保机构故意串通离岸金融业务的客户骗取外汇出境谋取利益的道德风险。比如，当目标外汇在境外汇价上升，境内机构为境外企业提供担保开展离岸金融业务的情况下，境内机构完全有可能与境外企业串通，恶意制造境外企业不能履行交易合同的假象，将境内企业资金转移到境外从而参与汇市炒作。这不仅实现了成功逃汇，而且可能直接造成离岸金融业务资产质量下降。这种教训对我国自贸区离岸金融市场监管模式的选择具有警示性意义，对待这类风险必须审慎。

三 发达国家离岸金融监管的法律制度及其启示

离岸金融市场发展至今经历了从自然法、民间法到国家立法的重大进步。随着国际金融市场的发展进步和各国在离岸金融监管方面积累经验的日益丰富，制定适合各国国情，具备统一、完备、内外部协调一致的特性的离岸金融法律体系成为各国在离岸金融市场立法和治理方面普遍的共识。本部分我们对英国、美国和日本等主要国家离岸金融市场立法和监管进行总结和梳理，以期对我国自贸区离岸金融市场的监管提供可资借鉴的经验。

(一) 英国离岸金融监管的法律制度及其启示

在金融监管方面，尽管英国属于典型的自律监管国家，但制定成文法对金融市场进行规制也是其一贯的传统。作为全球离岸金融市场的发源地，英国伦敦离岸金融市场凭借其良好的金融市场基础环境和金融法制化水平，通过自律监管架构起了内外一体型的离岸金融模式。在该种模式下，离岸金融市场与在岸金融市场不做严格区分，离岸金融与国内金融相互融为一体。在离岸金融法律体系方面，离岸金融与在岸金融平等适用《银行法》（最早为 1979 年《银行法》，最近的修改版本是《银行法》）(2009 年)、《金融服务业法》(1986 年)、《金融服务市场法案》(2000 年)、《通货与银行钞票法》(1928 年) 等法律，这些法律互相配合，构筑起英国离岸金融的基本法律体系。

在监管主体及其职权配置方面，在英国离岸金融市场诞生之后的相当一段时间，离岸金融市场完全是自律管理，并不受任何金融监管当局的监管。[①] 1979年《银行法》的颁布实施使得英格兰银行正式成为法定的唯一的金融监管部门。离岸金融市场也毫不例外纳入英格兰银行的管辖范围。1986年，《金融服务业法》继续确认英格兰银行负责对离岸金融的监管，而将证券业等其他金融服务行业划归证券和投资委员会（SIB）监管。1997年，英国实施金融改革，决定自次年起合并原来的金融监管部门成立金融服务局（FSA），至此，离岸金融业务由FSA进行独立监管。2000年《金融服务与市场法》（FSMA）确立了英格兰银行、财政部、金融服务局（FSA）三方协作的金融监管框架，离岸金融的宏观审慎监管由英格兰银行负责，微观层面的风险由金融服务局进行监管，财政部则提供与离岸金融监管相关的政策信息。在《银行法》（2009年）、《金融服务法》（2010年）、《金融服务市场法》（2012年）三大监管法律的最终确认下，[②] 确立了金融政策委员会（FPC）、审慎监管局（PRA）和金融行为局（FCA）三大机构对离岸金融进行合作监管的框架。其中，FPC是PRA和FCA两大机构在金融稳定职能方面的共同领导和总体协调者，是离岸金融的宏观审慎监管机构。

离岸金融市场准入的主体和业务类型方面，英国伦敦离岸金融市场与我国香港地区离岸金融市场类似，准许国外金融机构及其分支行自由参与离岸金融市场，在岸金融与离岸金融公平竞争。伦敦离岸金融市场并不局限于离岸银行业务，金融机构可以根据意思自治的原则开展证券等其他离岸金融业务。在市场监管模式方面，内外一体是伦敦离岸金融市场的最大特点，在金融市场上并未设置专门的在岸账户和离岸账户，对于离岸金融的监管相对宽松和自由，这也是成就伦敦市场成为著名的国际金融中心的重要因素之一。尽管英国对外国金融机构进驻并开展离岸金融业务实施审批管理，但整体而言，监管当局依然侧重于事中事后监管而并非事前准入

[①] Friesen, Connie M., "The Regulation and Supervision of International lending: Part I", *The International Lawyer*, Vol. 19, No. 4, 1985, p. 1085.

[②] 根据法律，英格兰银行设立金融政策委员会（FPC），负责系统性的宏观经济风险的控制和管理；设立审慎监管局（PRA），接受FPC的领导，负责对具体金融机构的微观监督和管理；金融服务局（FSA）被撤销的同时，设立金融行为局（FCA）负责对所有金融机构的经营行为进行监管，确保其经营不会对整体金融稳定造成冲击。

的监管。同时，出于金融稳定和金融消费者权益保护的考虑，开展离岸金融业务的外资金融机构与本地金融机构一样，需要缴纳存款准备金，并加入英国的存款保险计划。①

总体来说，英国的离岸金融监管虽然以自律著称，但其相当重视制定成文法对离岸金融进行监管和规制。英国制定了相对成熟和完善的离岸金融市场监管的法律体系，在监管主体及其职权配置方面不仅明确了对具体离岸金融业务的监管机构，而且特别设置了位于这些微观审慎监管机构之上的宏观审慎管理部门，加强对离岸金融的日常业务监管。强制纳入存款保险计划的做法对于控制离岸金融市场风险也至关重要。但是我们必须清醒地认识到，伦敦内外一体的离岸金融市场监管模式尽管在我国香港地区的实践取得了成功，但这并不意味着一定适合我国大陆地区的离岸金融监管。因为我国大陆的金融市场基础环境、法制化水平及人民币的国际化程度等均未达到完全开放离岸金融市场的程度。

(二) 美国离岸金融监管的法律制度及其启示

1981年，美国成立了其离岸金融发展和规制的专属账户系统：国际银行业设施（International Banking Facility，IBF）。国际银行业设施并不是专属的地域概念，而是指经美联储批准，包括在美国注册的存款机构、外国银行驻美分支行及代理机构、"爱治法"（Edge Act）公司②在内的为美国非居民提供存贷款金融服务的账户系统。也就是说，只要加入该账户系统，无论是美国本土的金融机构，还是海外银行在美国设立的分行及代理机构均可开展美国离岸金融业务。③ 离岸金融监管的法律体系包括《联邦储备法》《信贷控制法》《银行法》《证券法》和《证券交易法》等。

在监管主体及其职权配置方面，作为中央银行的美国联邦储备委员会一方面履行制定货币政策的职责；另一方面对IBF业务行使宏观审慎监管职能。在2008年国际金融危机之后，美国还特别设立了金融稳定监督委

---

① 但如果是其他欧盟国家的银行的分支机构，已经加入其本国的存款保险计划的，可自愿决定是否加入英国的存款保险计划。参见刘澄、王大鹏、郑浩《英国存款保险制度研究》，《宁波职业技术学院学报》2006年第6期。

② "爱治法"（Edge Act）公司是为了促进美国商品与劳务出口而设立的一种联邦注册公司，经营国际银行与金融业务。这类公司有权接受与国际银行业务有关的存款。参见左连村、王洪良《国际离岸金融市场理论与实践》，中山大学出版社2002年版，第174页。

③ Kwaw, Edmund M. A., *The law & practice of offshore banking & finance*, Greenwood Publishing Group, 1996, p.9.

员会（FSOC），主要负责对各具体的金融监管部门开展协调工作，提升金融监管的一致性并防范监管套利，这对于控制美国混业经营的离岸金融市场的风险控制来说具有重要的意义。此外，为了解决系统重要性金融机构的"大而不倒"难题，金融稳定监督委员会有权对其离岸金融业务执行更加严格的金融监管政策和措施。

在离岸金融市场准入方面，美国的离岸金融市场保持高度的开放，不仅银行业金融机构可以从事离岸金融业务，非银行金融机构比如信用合作社、储蓄和贷款协会、互助储蓄银行、金融公司及"爱治法"公司等均可参与离岸金融业务。[1] 离岸金融的业务类型包括但不限于银行业务和部分证券业务。[2]

在市场监管模式方面，美国属于严格的内外分离性的离岸金融监管模式，在岸金融账户与IBF业务账户完全分离，后者如果吸收存款，必须是非居民的存款，发放贷款的对象必须在国外，即严格遵守离岸金融"两头在外"的基本要求。无论是美联储还是金融稳定监督委员会或者其他监管部门，都侧重于对离岸金融实施事中事后监管，比如在离岸金融市场准入方面，美联储并不直接对金融机构进行行政许可管理，而是由金融机构主动在法定期限以内向美联储备案。同时，监管部门对金融机构的离岸金融业务采用非现场监管和现场检查等方式，紧密监督其日常业务行为。在市场退出机制方面，离岸金融与在岸金融一样，需遵守美国《联邦储备法》及《破产法》的相关规定，由联邦存款保险公司进行接管。

综上所述，与英国和中国香港不同，美国是典型的内外分离型的离岸金融市场国家。离岸金融受到以《联邦储备法》为基础的、包含银行和证券等金融业务领域的完善的法律体系的规制，并受到美联储和金融稳定监督委员会及其他监管部门的法律监管。广泛的市场准入主体和丰富的离岸金融市场业务类别彰显了美国离岸金融市场的开放性和包容度，[3] 而区分离岸账户和在岸账户，进行分离化管理和科学的行为监管及健全的存保制度设计则为离岸金融市场的风险控制提供了有效的保障。显然，相比英

---

[1] D. E. Kelly, "Edge Act Corporations After the International Banking Act and New Regulation K: Implications for Foreign and Regional or Smaller Banks", *Virginia Journal of International Law*, Vol. 20, 1979, p. 37.

[2] 美国金融市场对过度创新的证券业务进行限制，离岸证券业务主要是向第三方购买本票、证券及回购协议、借约和借款的认可证等。

[3] See Francis A. Lees, *International banking and finance*, Springer, 1974, p. 238.

国内外一体的离岸金融模式，美国的内外分离模式更加契合我国自贸区金融市场不够成熟、外汇市场并未完全开放的实情，既有利于鼓励和规范离岸金融市场的发展，又能相对有效地防范因离岸金融市场的扩张对国内金融市场可能带来的强力冲击。

(三) 日本离岸金融监管的法律制度及其启示

在美国设立 IBF 之后，日本借鉴其经验于 1986 年设立了日本离岸金融市场（Japan Offshore Market，JOM）。日本与美国同属严格的内外分离型离岸金融市场国家。日本离岸金融市场法律体系主要由《银行法》《证券交易法》《金融商品法》等法律组成。

在监管主体及其职权配置方面，在日本离岸金融市场成立之初，相关外汇银行要参与其交易，必须获得大藏省的许可，因此，大藏省是日本离岸金融的法定监管部门。对于日常的离岸金融交易，大藏省要求交易主体必须向其进行交易账户的备案，以行使监管职责。由于在 2001 年 1 月 6 日的中央省厅重新编制活动中，大藏省被改制为财务省和金融厅，因此，根据新的机构职能安排，日本的离岸金融监管权限移交给主要负责银行监管的金融厅。

在离岸金融市场准入方面，日本离岸金融市场为了有效控制市场风险做出了非常严苛的限制。根据 1986 年大藏省《部分修改外汇及外贸管理法之法案》，离岸金融准入的市场主体必须是外汇银行和海外银行的日本分行。并且与美国不同，所有的非银行业金融机构一律不允许参与离岸金融市场交易。业务范围方面，日本离岸金融市场同样做出了严格限制，只能从事从非居民、其他离岸账户及母行吸收非结算性质的存款与贷款业务，严格限制离岸债券业务、离岸股票业务、离岸期货业务、离岸外汇交易和离岸票据交易业务。

在市场监管模式方面，JOM 与 IBF 同属严格的内外分离型模式。获得许可的外汇银行进行离岸金融交易的，必须设立离岸金融专户，离岸金融专户与在岸金融账户严格分开，离岸金融市场的交易必须是离岸金融专户之间的交易，即"外—外"（"out-out"）交易模式。[①] 日本离岸金融市场限制离岸金融业务的交易对象，被允许的交易对象只有外国政府、国际

---

① 为了促进 JOM 市场发展，日本政府在 1989 年适度放松了离岸金融账户和在岸金融账户的资金转移限制，规定两大账户系统每日交换数额不得高于上月非居民资产平均余额之 10%。

机构、外国法人和经批准经营离岸账户银行的海外分行。本国企业的海外分支机构不能成为交易对象。被许可的离岸金融交易无法定准备金的要求和存款保险计划的强制要求。在税收方面,不征收利息预扣税,但地方税和印花税仍需缴纳。

从某种程度上讲,日本离岸金融市场是全世界管制最严格的离岸金融市场之一。特别是在市场主体的准入方面,只有特定的外汇银行才能参与交易,这在相当大的程度上限制了日本离岸金融市场的发展。但不得不看到在 2008 年国际金融危机中,处于日本金融厅监管下的离岸金融市场对其国内金融体系的冲击是最小的。因此,这种稳健的市场发展模式也并非全无道理。需要特别注意的是,我国自贸区离岸金融的一个重要职能是帮助自贸区企业"走出去",利用国际市场和国际资本发展我国的自贸区金融和经济。从促进我国自贸区离岸金融市场发展的角度来说,日本离岸金融市场限制本国企业的海外分支机构(即便满足非居民的条件)成为离岸金融的交易对象是不可取的。

四 我国自贸区离岸金融法律监管的完善路径

在制定我国自贸区离岸金融监管的法律制度的过程中,有必要借鉴和移植发达离岸金融市场国家的相关经验和立法。但我们必须清醒地意识到,法律移植的过程中必然充满普适知识与本土资源的对抗。[①] 为此,探讨我国自贸区离岸金融的法律监管,不仅需要总结和借鉴发达离岸金融市场国家的先进经验和做法,还必须紧密结合我国自贸区本身的特点及其离岸金融市场建设与发展的基本要求和战略定位进行有针对性的设计。一味照抄照搬国外的制度,对我国自贸区离岸金融的法律监管而言必将是徒劳的。我们应当从基本法制供给、监管主体及其权力配置、市场准入,以及业务类型、监管模式等角度来进一步完善我国自贸区离岸金融法律监管制度。

(一)制定《离岸金融法》,完善我国自贸区离岸金融法律体系

从上述关于英国、美国、日本等国离岸金融市场监管法律体系的介绍我们知道,这些发达金融市场国家并未针对离岸金融进行专门立法,而是在现有单行金融法律之中对离岸金融做出专门的制度设计。那么这种模式

---

① 参见何勤华《法律移植论》,北京大学出版社 2008 年版,第 241 页。

是否也适合于我国自贸区离岸金融法制建设的实践呢？实际上，对该问题的争论即是否需要制定专门的《离岸金融法》来统一我国的离岸金融法制，始终贯穿于离岸金融市场的监管和立法过程之中。

从立法的成本问题上看，在单行金融法律之外制定《离岸金融法》似乎有增加立法成本、浪费立法资源之虞。但反过来，从我国现有关于离岸金融立法的立法实践来说，如果不制定离岸金融监管的基本法，国务院各部委及各大自贸区继续以低层次法规规章或者规范性文件进行分头立法的做法，必将浪费更高的立法成本并损害法制的统一性、规范性、协调性和权威性。

出于节约立法资源及提高我国自贸区离岸金融法制化水平之需，并结合我国现阶段离岸金融市场基础环境尚不成熟、市场基础设施并不完善的现实，我们建议制定《离岸金融法》。[①] 从利用本土资源进行法治建设的角度来说，本国的历史传统及现实社会实践中已经形成或者正在萌芽发展的各种非正式制度皆为重要的法治的本土化资源。[②] 无疑，我国前期积累的离岸金融方面的立法和监管实践经验，将为我国《离岸金融法》的制定提供重要的本土资源。

从具体操作的层面来说，建议在《离岸金融法》中明确我国离岸金融市场及其监管的基本目标和价值取向、离岸金融监管的基本原则、离岸金融的宏微观监管主体及其权力配置、离岸金融市场准入及业务类型，离岸金融市场监管模式等基本问题。同时，该法可对我国离岸金融市场的相关监管部门和各大自贸区政府部门结合其自身的战略定位及发展目标对发展离岸金融市场可实施的相关优惠政策予以授权，增强立法的针对性、灵活性、完备性和协调性。

（二）制定符合我国国情的自贸区离岸金融市场准入制度

市场准入的主体和业务类型是影响一国离岸金融市场的广度、深度、市场服务能力和国际影响力的重要因素，并成为离岸金融监管的重要内容之一。从英国、美国、日本三国对于离岸金融市场准入主体看，内外一体型的英国离岸金融市场上居民与非居民平等参与本国和海外的各类金融活

[①] 实践中，金融市场基础相对较差的发展中国家，譬如马来西亚等就选择了制定《马来西亚离岸银行法令（1990年）》等离岸银行基本法。具体内容可参见连平《离岸金融研究》，中国金融出版社2002年版，第234—254页。

[②] 参见苏力《法治及其本土资源》，中国政法大学出版社1996年版，第14页。

动，其主体范围最广，仅允许外汇银行和海外银行的日本分行为准入主体的日本范围最窄，而美国的银行业金融机构和非银行金融机构并行的主体则处于中间状态。

理论上说，离岸金融市场主体范围越广，市场就越有深度，市场功能也更加健全。这无疑是英、美等发达国家普遍开放离岸金融市场，培育离岸金融市场的广度和深度的重要原因。当然，这些离岸金融市场开放措施对于推动伦敦和纽约等国际金融中心的形成和壮大是大有裨益的。同时，这些国家的金融市场基础优良，法制化水平较高，能够较好地应对市场开放可能面临的金融风险。相反，日本和中国将离岸金融准入主体范围限制得十分狭窄，则主要是基于本国金融市场基础环境较差的现实，为了有效控制离岸金融市场系统性金融风险的发生和蔓延做出的应然选择。但显然在我国自贸区建设大力推进国际和区域性金融中心建设如火如荼的当下，这样的市场准入范围已经远远不能满足离岸金融市场发展的需求及自贸区经济金融发展的要求。

为了确保我国自贸区离岸金融市场的活力，我们建议适度扩充市场准入主体的范围。一方面，要通过立法承认已经在事实上从事离岸交易的外资银行及其分支行的主体资格。① 给予外资银行国民待遇，不仅有助于深化我国自贸区的离岸金融市场，更符合 GATS 规则的要求，并且切实履行了我国"入世"金融业对外开放的承诺。另一方面，可适度扩大我国自贸区离岸金融市场准入的主体范围，考虑准入一部分资质较好的非银行业金融机构等。

从离岸金融市场的业务类别来说，我国目前仅限于银行业务，尤其是外汇类业务。这样的结果是我国的离岸金融市场完全被限缩在离岸货币市场的范围内。正如前文所分析的，这种模式如果继续在我国自贸区进行推广，则不仅会影响离岸金融市场本身应有功能的发挥，而且受制于衍生金融工具的欠缺及风险管理手段的不足，不利于调节和控制离岸金融市场的系统性金融风险。为此，从我国自贸区建设的战略考虑，未来我国自贸区离岸金融市场必须进一步放开一些离岸证券和离岸保险等不同的金融业态

---

① 值得注意的是，在放开外资银行及其分支行的离岸金融市场准入资格之后，应特别加强对其业务经营的监管，其离岸业务必须严格做到"两头在外"，禁止借"离岸"之名为"在岸"之实。

准入。① 此外，在离岸金融的服务对象方面，应允许我国企业的海外分支机构享受离岸金融服务。这不仅可助益我国自贸区企业的成长，更有利于我国离岸金融市场的发展。

(三) 科学配置我国自贸区离岸金融的监管主体及其权限

尽管根据《管理办法》和《实施细则》，我国离岸金融的监管主体只有一个，即国家外汇管理局。但中国人民银行、国家税务总局等诸多国务院部委仍然在事实上对离岸金融行使着特定领域的监管权，形成一种没有法律依据的事实上的"九龙治水"监管局面。当然，我们并不是反对多头监管，相反，对于未来我国自贸区业态越来越丰富、功能越来越强大、参与主体越来越广泛的离岸金融市场来说，单一的监管主体是不可能履行好全方位的金融监管职责的。

从控制系统性金融风险和维护自贸区金融稳定的视角出发，我们认为，我国自贸区离岸金融的监管主体和监管权设计应当包括以下三个方面。

一是明确离岸金融微观审慎监管主体。这方面的争议相对较小，主要是针对具体的离岸金融业态，通过立法规定与其对应的监管部门。比如离岸银行业务与在岸业务相同，由银监会进行微观审慎监管，涉及外汇管理的，国家外汇管理局进行监管。离岸证券业务由证监会进行监管。离岸保险业务由保监会进行监管。

二是确立离岸金融宏观审慎监管机构。关于我国自贸区金融宏观审慎监管机构的确立问题，学界和实务界存在不同的观点。美国著名供应学派经济学之父马丁·费尔德斯坦即主张建立独立的一个金融监管当局负责宏

---

① 事实上，在离岸证券和离岸保险业务领域，我国自贸区已经开始先行先试，小试牛刀。2016 年 12 月 8 日，上海自贸区发行了 3 年期 "2016 年上海市政府一般债券（九期）"，规模为 30 亿元，这是我国自贸区首单离岸债券，标志着我国自贸区离岸证券业务的正式起航。参见黄斌《中国境内离岸债市开启：首只自贸区债落地》，http://money.163.com/16/1209/05/C7QQ8J3Q002580S6.html，2023 年 9 月 6 日。广东自贸区《中国（广东）自由贸易试验区深圳前海蛇口片区建设实施方案》则更是明确提出要研究设立离岸证券交易中心。参见《广东自贸区欲设离岸证券交易中心》，http://www.cngold.com.cn/zjs/20150724d1894n50052543.html，2023 年 9 月 6 日。早在 2015 年，我国上海自贸区已经有机构开始发展离岸保险业务。上海保监局公布的数据显示，2014 年年末，上海自贸区离岸保险业务规模已经合计达到 4300 万元。参见《上海自贸区离岸保险起步 仍期政策支持》，http://www.china-insurance.com/news-center/newslist.asp?id=256698，2023 年 9 月 6 日。

观审慎监管。① 中国亦有支持者提出，既有的传统的分业监管体系和分业监管机构无法胜任自贸区宏观审慎监管的职责，我国自贸区应当设立专门的履行金融宏观审慎监管的监管机构。② 但反对者如国际清算银行总经理海梅·卡鲁阿纳认为中央银行基于宏观经济分析、参与金融市场及监管支付清算体系等优势，应被确定为宏观审慎监管机构。③ 国内响应该观点的学者认为，不必单设新的宏观审慎监管机构，应确立中央银行的宏观审慎监管机关地位，银行、证券、保险各专业监管机构在微观审慎监管方面与之相配合。④ 笔者不支持新设我国自贸区离岸金融的宏观审慎监管机构，因为其设立不仅需要法律层面的授权，徒增立法成本，而且宏观审慎监管本身是一种与微观审慎监管相并列的监管理念和方式，⑤ 不能完全包办微观审慎监管，那么，新设立的宏观审慎监管机构如何与原有的微观审慎监管机构实现对接将成为必须面临的新的难题。正如有的学者所言，宏观审慎不是空中楼阁，需要在现有制度基础上逐步发展和完善。⑥ 《中国人民银行法》已经赋予了中国人民银行系统性金融风险的监管职责，将中国人民银行确立为我国的宏观审慎监管机关，那么，中国人民银行也完全能够充当我国自贸区的金融宏观审慎监管机关。

三是我国自贸区离岸金融监管协调机制问题。协调可被描述为一种过程概念，即不同元素之间相互联合或适应，进而既保留各自的特性，又形成整体的一致性。⑦ 我国自贸区离岸金融系统性风险的控制高度依赖宏微观审慎监管机关的协调机制。对于这种涉及跨市场的离岸金融市场而言，跨金融行业领域的监管套利往往是风险的链接点。我们主张建立一种基于信息交换基础的宏微观审慎监管机关之间的监管协调机制。由中国人民银行拟定离岸金融业务的统计标准，建立与微观审慎监管机关相互联网的统

---

① Feldstein, Martin, "What Powers for the federal Reserve?" *Journal of Economic Literature*, Vol. 48, No. 1, 2010, pp. 134-145.

② 参见夏小雄《上海自贸区需要怎样的金融监管》，http://jjckb.xinhuanet.com/2017-03/14/c_136126499.htm, 2023 年 9 月 6 日。

③ Jaime Caruana, The Challenge of Taking Macroprudential Decisions Who Will Press Which Button (s)? http://www.bis.org/speeches/sp100928.pdf, 2023-09-06.

④ 参见宋晓燕《上海自贸区金融改革对宏观审慎监管的挑战》，《东方法学》2014 年第 1 期。

⑤ 参见叶文庆《金融业宏观审慎监管法律问题研究》，法律出版社 2015 年版，第 6 页。

⑥ 参见宿营《论上海自贸区金融宏观审慎监管政策》，《政法论丛》2014 年第 4 期。

⑦ Boodman M., "The myth of harmonization of laws", *The American Journal of Comparative Law*, Vol. 39, No. 4, 1991, p. 702.

计系统，加强对离岸金融业务的统计信息共享。同时，中国人民银行作为离岸金融的宏观审慎管理机关，应组织外汇局、国家金融监督管理局、证监会制定离岸金融业务的监管标准。由外汇局、国家金融监督管理局、证监会实施对离岸金融业务的市场准入管理和业务监管，维护离岸金融市场的健康发展和平稳运行。这样的设计也与监管当局《关于规范金融机构资产管理业务的指导意见》的要求完全相符，保持了金融法框架下金融监管制度的一致性。此外，在后危机时代将"太大而不能倒"类机构纳入严格监管的范畴，确保金融体系的安全可期已成为宏观审慎监管中一个不可或缺的节点。① 对离岸金融的监管而言，法律应当赋予中国人民银行针对系统重要性金融机构采取更加严格监管措施的权力。

（四）设立符合我国自贸区需求的离岸金融市场监管模式

总体而言，内外一体型模式由于离岸业务和在岸业务混合经营，对金融市场基础环境要求较高。内外分离模式实行分账户管理，可以有效隔离离岸业务和在岸业务之间的风险，防止离岸业务失控对国内金融体系的冲击。英国的离岸金融属于市场自发形成的市场模式，加之本身具有良好的金融环境和市场基础，进而采用了内外一体型的市场监管模式。美国和日本则选取了内外分离的市场监管模式。从我国自贸区离岸金融的基本背景和基础环境来看，我们认为宜采用内外分离模式，以控制自贸区离岸金融的总体风险，保持金融稳定。

为了进一步增强内外分离模式对于东道国离岸金融市场的服务功能，一些发展中国家②将严格的内外分离模式做出一些适当的变通，衍生出适度渗透型的内外分离模式。这样，内外分离模式就包含两种不同的子类型，有严格的内外分离模式，比如美国，其离岸账户和在岸账户彼此分开，不允许账户之间进行往来渗透；也有适度渗透型的内外分离模式，具体又包括三种类型，即由内向外渗透、由外向内渗透和双向渗透模式。

我们认为，我国自贸区离岸金融宜根据不同的建设阶段，设计初阶和高阶两种不同的渗透模式。在自贸区发展离岸金融的初始阶段，由于金融市场基础尚不完善，金融市场法制化水平不足以支撑双向渗透可能带来的

---

① 参见黎四奇《后危机时代"太大而不能倒"金融机构监管法律问题研究》，《中国法学》2012年第5期。

② 甚至像日本在后期也采用了有限额度内内外账户之间渗透的模式，这无疑对发展其离岸金融市场和建设东京国际金融中心受益匪浅。因前文已作介绍，此不赘述。

系统性金融风险，因而建议相应采取"外—内"（"out-in"）的单方面渗透型模式。这种渗透模式对于利用外汇资金发展我国自贸区金融市场是大有裨益的。同时，吸取我国前期离岸金融发展中的教训，严禁资金从在岸账户向离岸账户进行渗透，控制离岸金融市场泡沫的发酵。我国自贸区离岸金融的高阶渗透模式当属内外账户的双向渗透，其运行基础应当是成熟和完善的离岸金融市场、发达的法制化水平及相对平稳、健康的国际金融市场背景。不论何种渗透模式，都必须在宏微观审慎监管框架下做好渗透资金的实时监测，并可根据金融市场变化情况作渗透额度调控。同时，强化监管执法，防范系统性金融风险的发生。

此外，自贸区金融监管当局应当将离岸金融与在岸金融一道纳入整体金融风险的监测和监管范围之内。对于离岸金融，可以给予存款准备金和相关的金融税收优惠措施，但被监管金融机构必须接受严格的流动性压力测试。为了防止金融机构破产对离岸金融业务及离岸金融市场造成的冲击，应将离岸金融纳入我国的存款保险计划，保护金融消费者的合法权益，维护金融市场稳定。

五 结语

我国自贸区离岸金融的立法与监管问题艰难而复杂。无论是离岸金融监管法律体系的构建、市场主体和业务类型的准入，还是监管模式的重塑，均不可一蹴而就，急于求成。在制定统一的《离岸金融法》，确立基本的宏微观审慎监管主体，并构筑自贸区离岸金融基础法制环境的基础上，循序渐进地完善相关法制和监管，审时度势开放市场参与主体和离岸金融业态，强化基础数据监测和跟踪，完善监管协调，以此控制系统性金融风险，尤其是离岸金融市场对我国自贸区金融体系的冲击，不失为一种审慎稳妥的金融法治之路。

第三章

金融稳定视域下金融供给侧结构性改革的法律治理

第一节　中央银行宏观调控与金融稳定职能的法治保障

——以马来西亚和泰国央行法为样本

《荀子·君道》篇第十二中载："法者，治之端也。"在如今强调依法治国的中国，以习近平总书记为核心的党中央要求"凡属重大改革都要于法有据"[①]。因此，在金融法领域适时修订《中国人民银行法》已成为助推我国中央银行改革的重要前提。2008年国际金融危机后，大多数国家开始了以中央银行为首的金融体制改革，并适时修订了中央银行法。但《中国人民银行法》最近一次修订却是在2003年12月27日。由于我国金融调控与监管体制无法达成新的共识，尽管2014年以来《中国人民银行法》的修订已成为每年两会最受关注的热门议题之一，但《中国人民银行法》的实质修订仍在高层的紧张筹划之中。2020年10月23日，中国人民银行正式发布《中华人民共和国中国人民银行法（修订草案征求意见稿）》(1995年3月通过、2003年12月修订过一次)。

作为危机后最为迅速对央行宏观调控地位和金融稳定模式进行调整的两个东南亚国家，马来西亚和泰国央行法出于加强国家宏观调控和维护金融稳定之需，高度强化了中央银行在这两大领域履职的法治保障，对我国具有重要的借鉴意义。而在学术研究领域，笔者利用中国知网数据库检索

---

① 习近平：《在中央全面深化改革领导小组第六次会议上的讲话》，载《习近平关于全面依法治国论述摘编》，中央文献出版社2015年版，第51页。

发现，相关研究成果仅见中国人民银行成都分行联合课题组于 2014 年发表的一篇编译文章：《东南亚四国央行法与人民银行法比较研究》，[①] 其研究重点主要聚焦于四国央行法与人民银行法的横向比较，而缺乏对马、泰两国在中央银行两大核心职能法治保障方面的深入研究，并未能提出两国央行法在两大履职领域内对《中国人民银行法》修订的具体的具有可操作性的建议。故此，笔者特选取两国中央银行法，在对英文文本进行全面翻译的基础上，从中央银行宏观调控与金融稳定职能的法治保障的角度开展系统性的研究，以期对《中国人民银行法》的修改提供可资借鉴的参考。

一 两国央行法体系概述

从央行法体系来看，两国均建立了以中央银行法为核心的体系化的法律框架。在该法律框架中，中央银行法是最基本的法律，统筹和指导其他相关中央银行法律制度的制定。马来西亚和泰国分别制定了《马来西亚中央银行法》和《泰国银行法》。除了中央银行的基本法之外，还有一些专门法律，比如马来西亚的《银行业和金融机构法案》，泰国的《外汇管制法》《金融机构业务法》和《货币法》等。此外，两国政府在加强信贷政策管理及维护金融稳定等方面对金融机构专门制定的一些指令、规章等，均属于中央银行法体系的范畴，比如马来西亚政府公布的《金融机构贷款指南》等。

《马来西亚中央银行法》最早制定于 1958 年。1959 年 1 月，马来西亚中央银行 Bank Negara Malaysia，即马来西亚国家银行成立。在 2008 年国际金融危机后，马来西亚对其中央银行法进行了修订，最新修订的《马来西亚中央银行法》是 2009 年生效的 Central Bank of Malaysia Act 2009（如无特别指明，以下统称《马来西亚中央银行法》）。[②] 该法累计 15 编 100 条。其确立马来西亚中央银行的职责是：制定和实施马来西亚的货币政策；发行马来西亚的货币；监管中央银行所制定的法律有管辖权的金融机构；监管货币和外汇市场；行使对支付系统的监管；提供健康

---

① 参见中国人民银行成都分行联合课题组《东南亚四国央行法与人民银行法比较研究》，《西南金融》2014 年第 3 期。

② 本法的英文 PDF 版可通过中国银行网站下载：http://pic.bankofchina.com/bocappd/my/201112/P020111206532951529470.pdf，2023 年 9 月 6 日。

的、先进的且具有兼容性的金融系统；持有并管理马来西亚的外汇储备；实施与经济基本面保持一致的汇率机制改革；行使政府的金融顾问、银行家及政府财务代理的职能。①

《泰国银行法》于1942年12月开始正式实施，并在2008年国际金融危机后进行了修订，新修订后的《泰国银行法》（《泰国银行法》B.E.2551，如无特别指明，以下统称《泰国银行法》）于2008年4月正式生效。从内容上看，《泰国银行法》一共分为十章。分别为总则，组织构架及工作目标，资本和储备，委员会，行长，泰国银行的权力及履职范围，防止利益冲突，监管、会计、检查、审计和报告，罚则。《泰国银行法》明确了泰国银行作为泰国中央银行的工作目标、工作范围、组织结构，使其保持较强的独立性和透明度。泰国银行的主要职责②是发行货币（泰铢）并进行管理，制定利率，保持货币、金融体系和支付体系的稳定。一般情况下，所有与外汇相关的事宜都由泰国银行规定。维持价格稳定是泰国银行货币政策的首要目标，在通胀目标制度下，泰国银行主要通过影响市场短期利率来执行货币政策。泰国中央银行的货币政策手段包括：准备金要求、公开市场操作和常备性工具。

二 独立性：央行宏观调控的基本前提

尽管全球学术界和实务界对本次金融危机爆发的原因存在诸多不同的解读，但对于经济过热因素的诱发作用已基本达成共识。危机爆发前的经济过热与中央银行货币政策制定和执行的自主性密不可分。如果中央银行不具有独立性，仅仅是政府的依附，那么政府的政策极有可能成为推高货币发行的数量和速度、造成经济过热并引发金融危机的助推器。

国外对中央银行独立性问题的研究，必然追溯到宏观经济政策"动态非一致性"（Dynamic Inconsistency）理论。2004年诺贝尔经济学奖得主Finn Kydland和Edward Prescott（1977）③提出的博弈论框架下的"动态非一致性"理论是指，宏观经济政策制定之初的最优标准原则会随着政策实施中的新情况而发生动态变化，这种时间非一致性要求政府必须对其

---

① See Section 5 (2) of *Central Bank of Malaysia Act 2009*.
② See Chapter 6 of *Bank of Thailand Act B.E. 2485*.
③ See Finn Kydland, Edward Prescott, "Rules Rather than Discretion: The Inconsistency of Optimal Plans", *Journal of Political Economy*, Vol.85, No.3, 1977, pp.473-492.

选择的政策与先前的最优政策进行比对并作出动态修正。Kenneth Rogoff（1985）[1]则将该理论引入了中央银行独立性理论的研究，提出保守的中央银行家理论，认为任命独立的央行行长、增强央行的独立性，能够有效解决通货膨胀的倾向性难题。国内学者马光通过大量实证研究得出，我国中央银行由于欠缺独立性，受制于政府的过度干预，造成物价与经济强烈波动。而随着金融体制改革和金融法治化水平的提升，央行的独立性和货币政策效应显著增强。[2]反过来，陈平则进一步指出，中央银行如果既执行货币政策，又履行宏观审慎职能，则只能达到社会福利的次优水平，很难达到最佳水平。[3]因此，"中央银行独立性确立中央银行的法律地位，是中央银行法律制度的基础与核心"[4]。增强中央银行独立性已成为我国《中国人民银行法》修改的基本共识。马来西亚和泰国的中央银行法正是以确立央行的独立性为切入点，以此改善央行的宏观调控效果。

中央银行独立性（Central Bank Independence, CBI）最基本的含义是："中央银行独立于政府而实现经济目标的权利。"[5]经济学家已经达成共识："货币政策的制定与执行与本国政治相对分离，即由独立的机构（中央银行）来制定与实施货币政策，更有利于提高社会整体福利和保持经济长期稳健运行，货币政策直接受到政府控制可能导致过度通货膨胀。"[6]那么到底应当如何判定某国中央银行是否独立呢？这是一个颇具争议的问题。[7]在研究金融法的过程中，笔者注意到有学者对马来西亚中央银行独立性提出否定的观点，认为马来西亚金融体制主要由政府主导，政府通过一种超市场的力量控制金融活动，"中央银行事实上成为在政府

---

[1] See Kenneth Rogoff, "The Optimal Degree of Commitment to an Intermediate Monetary Target", *Quarterly Journal of Economics*, Vol. 100, No. 4, 1985, pp. 1169–1189.

[2] 参见马光《关于我国中央银行独立性与宏观经济表现的实证分析》，《经济科学》2003年第4期。

[3] 参见陈平《宏观审慎视角下的中央银行独立性研究》，《宏观经济研究》2014年第1期。

[4] 杨松：《银行法律制度改革与完善研究》，北京大学出版社2011年版，第93—94页。

[5] 孙凯、秦宛顺：《关于我国中央银行独立性问题的探讨》，《金融研究》2005年第1期。

[6] 伏军：《中央银行货币政策独立性及其法律制度研究》，《上海财经大学学报》2006年第5期。

[7] 比如印度经济学家阿南德·昌达拉维克（Anand Chandavarke）认为应包括政治独立性、宏观经济独立性和融资独立性三方面；经济学家埃及芬格（Eijffinger）认为应包括人事上、赤字融资上和政策上的独立性三方面；哈什（Harsh）认为应当包括：人事、信用和政策独立三方面；我国学者朱大旗教授认为应包括职能、组织、人事和经济四方面的独立性等。参见杨松《银行法律制度改革与完善研究》，北京大学出版社2011年版，第95—96页。

领导下为其经济政策服务的一个机构,国内主要商业银行基本上被控制在政府手中"①。不可否认,这种观点有一定的理论依据。因为马来西亚和泰国两个国家的中央银行在名义上都隶属于政府财政部门。②但仅仅因此就判定马来西亚中央银行不具有独立性的观点是经不起推敲的。

人事独立、财务独立和货币政策决策权与执行权的独立是中央银行独立性所应有的最基本的三个要素。以《马来西亚中央银行法》为例,其规定"中央银行持续永久继承、保有公章并以其自身的名义诉和被诉"③。此即表明其具有最基本的人格独立性。在人事独立方面,《马来西亚中央银行法》规定,马来西亚中央银行"行长由马来西亚国家元首任命"④;在财务独立方面,马来西亚中央银行净利润在扣除为实现其目标、履行其职能及除去其商事业务往来和事务开销的营运开支(包括员工福利和养老金等),提取坏账和呆账准备留足储备金以后,才上交政府,并在事后向政府、参议院及众议院提交财务报表和报告。⑤可见,马来西亚中央银行是具有相当的财务独立性的。在货币政策决策权与执行权的独立方面,《马来西亚中央银行法》规定"中央银行独立自主地制定和实施其货币政策,不受任何外在影响"⑥。因此,马来西亚中央银行虽名义上隶属于财政部,但实质上仍保持独立。

无独有偶,《泰国银行法》也明确规定"泰国银行是本国的中央银行,简称 BOT,是具有独立法人资格的机构",以表明其独立人格。⑦《泰国银行法》独具特色地做出规定"泰国银行的业务不受劳动保护、社会安全、工人赔偿和劳动关系等相关法律的调整。然而,泰国银行应当向其官员及雇员提供不低于上述法律规定的福利"。在人事独立方面,泰国银行的行长并不受财政部提名和任命,《泰国银行法》规定,"行长由内阁

---

① 薛毅:《马来西亚的金融改革及其成效》,《南洋问题研究》2005 年第 3 期。
② 各国立法对中央银行法律地位的规定主要有三种模式:一是直接向国会负责,具有较强的独立性;二是名义上属于财政部,但实际上具有相对的独立性;三是隶属于政府,不具有独立性。马来西亚和泰国两国中央银行属于第二种模式。参见朱大旗《金融法》,中国人民大学出版社 2007 年版,第 84—86 页。
③ See Section 3 (3) of *Central Bank of Malaysia Act 2009*.
④ See Section 15 (1) of *Central Bank of Malaysia Act 2009*.
⑤ See Section 7 (2) of *Central Bank of Malaysia Act 2009*.
⑥ See Section 22 (2) of *Central Bank of Malaysia Act 2009*.
⑦ See Section 5 of *Bank of Thailand Act B. E. 2485*.

提名，经国王任命"①。在财务独立方面，《泰国银行法》规定，泰国银行"不是纳入政府预算编制的政府部门或国有企业"②。因此，法律赋予了泰国银行充分的财务自由，并完全独立于政府预算条线。在货币政策决策权与执行权的独立性方面，《泰国银行法》一是授予泰国银行发行和管理货币，甚至包括对政府债券进行管理的广泛权力；二是授予其独立制定和执行货币政策的权力。③

综上，我们认为，马来西亚和泰国中央银行法尽管确认中央银行隶属于财政部，但从其享有的实际法律权力来看，中央银行依然具有非常强的独立性。中央银行法一致将独立性视为央行宏观调控的重要前提而通过法律的形式予以确认和保障。当然，绝对的独立和没有任何制约的绝对权力最终都将走向腐败。在两国中央银行法中，我们可以明显看到法律对中央银行独立进行宏观调控时所进行的监督和制约。例如，根据《马来西亚中央银行法》，马来西亚中央银行资本金为 1 亿林吉特，当其需要增加资本金时，需要经过财政部长的批准，由政府认购。④ 马来西亚中央银行的副行长由财政部部长任命。⑤ 另外，《马来西亚中央银行法》特别规定马来西亚中央银行与财政部部长对于有关政策意见不一致时的决定程序：首先，中央银行应当保证财政部部长收到有关主要目标的政策通知。其次，当财政部部长和中央银行在主要目标上意见存在分歧时，财政部部长和中央银行应当努力达成协议。而当财政部部长和中央银行无法达成一致时，中央银行董事会应当向财政部部长提交关于产生不同意见问题的说明。随后，财政部部长应当就董事会提交的报告向内阁提出建议。最后，由内阁基于财政部部长的建议和董事会提供的报告决定中央银行应当采纳的政策。⑥ 故此，财政部部长实际上对中央银行的政策制定与执行是存在显著的监督和制约作用的。

同样，在泰国，财政部部长可以提名 5 名专家进入央行董事会。⑦ 货币政策委员会每六个月向内阁报告其运作情况。每年 12 月，经财政部部

---

① See Section 28（14）of *Bank of Thailand Act B. E. 2485*.
② See Section 5 of *Bank of Thailand Act B. E. 2485*.
③ See Section 8（1）、（2）of *Bank of Thailand Act B. E. 2485*.
④ See Section 6（2）of *Central Bank of Malaysia Act 2009*.
⑤ See Section 15（1）of *Central Bank of Malaysia Act 2009*.
⑥ See Section 72 of *Central Bank of Malaysia Act 2009*.
⑦ See Section 24 of *Bank of Thailand Act B. E. 2485*.

长同意，货币政策委员会应明确第二年的货币政策目标作为国家的指导方针和泰国银行的工作目标，以采取各种措施，保持价格稳定。财政部部长应将货币政策目标提交内阁批准，经批准后公布于政府宪报。① 此外，在泰国银行董事会成员的任免方面，财政部部长可以提名不超过现有专家人数的人选。并且提名委员会在选出适合的人选后，如果被推荐的人选拟任命为泰国银行董事会主席，则将名单交财政部部长提交内阁审议，内阁审议后由国王陛下任命；如被推荐的人选拟任命为委员，则直接由部长决定并任命。② 可见，无论是马来西亚还是泰国，其中央银行法均在授予央行独立行使宏观调控权力的同时给予财政部长适度监督的权限，以确保中央银行更好地独立行使货币政策职能。

三 金融稳定职能：后危机时代央行货币政策目标体系的新成员

央行有必要将金融稳定纳入其货币政策目标体系吗？在布雷顿森林体系崩溃后的严重通胀期，美国堪萨斯联储提出了"杰克逊霍尔共识"（Jackson Hole Consensus），认为当且仅当金融稳定风险直接影响通胀及国民经济预期的情况下，才应当将其纳入货币政策框架。但晚近的研究一致认为，中央银行的货币政策本身即必须纳入金融稳定目标，并突出对金融稳定的强化管理。比如哥伦比亚大学著名计量经济学家 Michael Woodford（2012）③ 教授认为，应当将反映金融稳定状况的相关指标纳入央行的损失函数。因为金融市场的扩张和家庭、企业负债情况的变动会直接导致货币政策传导机制的变异，这种变异在一般的中央银行损失函数中，预期通胀变量和产出总量变量均无法得以反映。国际清算银行（BIS）Drehmann（2014）④ 通过进一步研究，提出将信贷规模/GDP 缺口（Credit-to-GDP Gap）和偿债率（Debt Service Ratio，DSR）两大金融稳定指标作为金融危机的预警指标纳入货币政策框架。我国学者也基本认同将金融稳定纳入货币政策目标体系的观点，认为金融稳定因素的考虑对货币政策的影响是

---

① See Rule 28 (7)、(8) of *Bank of Thailand Act B. E. 2485*.
② See Section 28 (5) of *Bank of Thailand Act B. E. 2485*.
③ See Woodford, "Inflation Targeting and Financial Stability", *Sveriges Riksbank Economic Review*, Vol. 1, 2012, pp. 7-32.
④ See Drehmann M., "Evaluating Early Warning Indicators of Banking Crises: Satisfying Policy Requirements", *International Journal of Forecasting*, Vol. 30, No. 3, 2014, pp. 759-780.

直接的。① 并且为了将货币政策带来的通货膨胀控制在其萌芽阶段，我国学者已经开始构建金融稳定状况指数（FSCI）。② 这从另一个侧面对中央银行金融稳定法律制度的构建提出了更高的要求。

纳入货币政策目标框架的金融稳定与货币稳定之间的关系是中央银行法面临的又一难题。货币稳定也被称为币值稳定，主要包括对内货币稳定和对外货币稳定两个方面，前者是指中央银行在制定和执行货币政策的过程中，必须将本国的物价至少在短时间内维持在社会和居民可以承受的波动幅度范围内，即保持本国物价稳定；后者则是指中央银行的货币政策的制定和实施必须维持其货币对外的币值稳定，即保持其货币的汇率稳定。金融稳定的概念不论是在西方还是我国，理论界和实务界均未达成一致。但总体而言，晚近的研究和监管实践普遍将金融稳定理解为一种理想的金融系统运行状态：一国的整个金融系统均不出现较大的市场波动，作为资金媒介的金融本体功能得以充分发挥，整体金融业态呈现出健康、稳定和协调的发展态势。传统观点认为，金融稳定与货币稳定可以实现相互统一。"货币稳定是保证金融稳定的前提条件以基本的保证。""无论是货币因素或者非货币因素导致的价格波动，都会严重地激发金融危机的发生。"而晚近的研究则表明，金融稳定与货币稳定之间尽管的确存在一定的冲突性，但这种冲突性只是"在短期时间内表现得比较明显"，二者在长期来看"是保持一致的"③。为了防止银行高风险承担带来的不稳定因素，以及金融稳定的维护过程衍生的种种负面效应，我们必须强化宏观审慎监管在监管体系中的地位。④ 为此，"随着金融危机的爆发，越来越多国家中央银行法规定中央银行具有维护金融稳定的职责"⑤。马来西亚和泰国央行法就是如此。

《马来西亚中央银行法》明确规定，中央银行的主要目标是促进货币

---

① 参见葛奇《金融稳定与央行货币政策目标——对"杰克逊霍尔共识"的再认识》，《国际金融研究》2016 年第 6 期。

② 参见万光彩、张霆《基于 FSCI 将金融稳定目标纳入货币政策框架的研究》，《苏州大学学报》（哲学社会科学版）2016 年第 1 期。

③ 崔晓波：《金融稳定与货币稳定关系论》，《企业技术开发》2014 年第 6 期。

④ 王晓：《资产证券化、金融稳定与银行低风险承担的"三元悖论"》，《现代经济探讨》2016 年第 11 期。

⑤ 常健：《论金融稳定与货币稳定的法律关系——兼评〈中国人民银行法〉相关规定》，《法学评论》2015 年第 4 期。

稳定和金融稳定,有利于马来西亚经济的可持续增长。① 在体例上,该法专门安排与第五编"中央银行的货币职能与运营"相并列的第六编"中央银行的金融稳定职能和权力",规定中央银行的金融稳定职能及其在该项职能下中央银行所享有的特殊权力。值得注意的是,《马来西亚中央银行法》对中央银行基于金融稳定授予的职权并不局限于该法的专门规定,它还通过附件列表,采用了援引的形式,引入大量其他金融法律对中央银行进行授权。②

在内容上,首先,《马来西亚中央银行法》规定了"金融稳定目标的信息"③(Information for Purposes of Financial Stability):只要中央银行从维护金融稳定出发并认为有必要,中央银行可以要求马来西亚任何负责监督下列机构的监管机构或政府机构,向中央银行提交这些机构的任何有关活动、融资、账户、交易、客户账户或其他信息的资料或文件:①任何金融机构;②任何金融市场的参与者、中介机构、交易所、存管机构或提供清算或其他服务的机构;③中央银行认为能对金融稳定产生风险的任何其他机构;或④上述①、②、③三类机构的关联机构。

其次,《马来西亚中央银行法》明确了中央银行维护金融稳定的措施(Measures for Financial Stability)。④ 中央银行可在出于增强金融体系的风险抵抗能力或限制任何金融稳定风险积累时,制定对从事金融中介的机构进行分级、分类或者特定描述的具体措施。并且可以发出书面命令,要求任何级别、分类或描述的机构采取中央银行所要求的特定措施。不仅如此,中央银行可进行尽职调查,或要求有关机构提交任何文件或资料或任命审计师或任何其他中央银行批准的人进行评估,以确定该机构是否已遵守上述有关措施或命令。

再次,《马来西亚中央银行法》规定了中央银行为了避免或减少金融

---

① See Section 5 (1) of *Central Bank of Malaysia Act 2009*.
② 这些法律包括:《1983 年伊斯兰银行法》(*Islamic Banking Act 1983* [Act 276])、《1984 年伊斯兰保险法》(*Takaful Act 1984* [Act 312])、《1989 年银行和金融机构法》(*Banking and Financial Institutions Act 1989* [Act 372])、《1996 年保险法》(*Insurance Act 1996* [Act 553])、《1998 年货币兑换法》(*Money-Changing Act 1998* [Act 577])、《2001 年反洗钱和反恐怖主义金融法》(*Anti-Money Laundering and Anti-Terrorism Financing Act 2001* [Act 613])、《2002 年发展财政制度法案》(*Development Financial Institutions Act 2002* [Act 618])、《2003 年支付系统法案》(*Payment Systems Act 2003* [Act 627])。
③ See Section 30 of *Central Bank of Malaysia Act 2009*.
④ See Section 31 of *Central Bank of Malaysia Act 2009*.

稳定风险的特殊权力（Power for Averting or Reducing Risk to Financial Stability）①，包括：（a）向任何金融机构提供流动性援助；（b）与其他中央中央银行订立安排，以对马来西亚设立的任何金融机构的境外子公司或分公司提供流动性援助；（c）在金融机构不能运行或中央银行认为其不能运行时：（i）购买或认购此类金融机构发行的股份或其他资本工具；（ii）向任何其他金融机构或中央银行根据第48（1）（d）条设立的法人机构提供融资，以购买此类机构全部或部分的业务、资产、负债、股份或其他资本工具；（iii）根据第38（2）条规定，通过宪报刊登命令的形式规定此类金融机构的全部或部分业务、资产或负债或其发行的全部或任何股份或其他资本工具归中央银行，中央银行根据第48（1）（d）条设立的法人机构、其他金融机构或任何其他机构。

最后，《马来西亚中央银行法》特别赋予了中央银行"尽职调查"（Due Diligence）的权力。中央银行设立"金融稳定执行委员会"（Financial Stability Executive Committee），金融稳定执行委员会应包括行长、一名副行长和由董事会从根据任命的董事和其他人士中推荐、由部长任命的其他3—5个成员。执行委员会主席应由行长担任，行长缺席时，由董事会指定副行长担任。从金融稳定执行委员会的权力和职责来看，其主要是为保证前述中央银行应采取的各种维护金融稳定的措施在运行过程中受到适当的监督和约束而设。

《泰国银行法》为了增强中央银行的金融稳定职能，首先规定了其对问题金融机构提供流动性的职权及其行使的流程和效力。《泰国银行法》规定，当金融机构面临流动性风险，可能危及经济、金融系统的整体稳定时，泰国银行应考虑向该金融机构提供贷款或资金援助，经金融机构政策委员会和内阁批准后具体实施。在此情况下，金融机构所持有的其他金融机构或法人的股票、资产可能被用来抵押，作为发放贷款或资金援助的担保。具体的规则、程序、决策由金融机构政策委员会决定。贷款或援助应包括购买、回购协议、票据贴现、转贴现、受让权利、承担金融机构的或然负债。② 泰国银行向金融机构发放的贷款或资金援助所获得的担保物，较金融机构的普通债权人而言，具有优先受偿权。③ 此外，根据《泰国银

---

① See Section 32 of *Central Bank of Malaysia Act 2009*.
② See Section 42 of *Bank of Thailand Act B. E. 2485*.
③ See Section 43 of *Bank of Thailand Act B. E. 2485*.

行法》规定，中央银行基于维护支付体系正常运转，在必要时可对金融机构发放贷款，并且可不计息，不提供担保。①

其次，《泰国银行法》设立了财政部部长和中央银行共同维护金融稳定的机制。② 为维护经济稳定、货币稳定及金融体系稳定，财政部部长和中央银行行长可进行磋商。凡发生有可能影响或破坏经济稳定、货币稳定及金融体系稳定的事件，泰国银行应及时向财政部部长报告，评估可能造成的影响或损害，分析问题，提出解决方案供进一步审议。为防止和减轻影响，财政部部长也可责令泰国银行履行上述要求。当泰国的国际储备净头寸低于最低水平时，为维持货币和汇率的稳定，泰国银行应及时向财政部部长报告，提出解决方案，由财政部部长向总理汇报。

最后，为维护金融系统稳定，泰国银行应每月向财政部部长提交关于经济增长情况的报告，并对相关情况进行分析，提出建议。③

四　丰富的履职手段：实现宏观调控与金融稳定的重要保障

要强化中央银行宏观调控和金融稳定职能，中央银行法仅仅规定中央银行的权力和职责、各金融市场主体的权利和义务是远远不够的，法律最终的实施效果高度依赖中央银行的履职手段的丰富性和法律责任制度设计的科学性、合理性。就马来西亚和泰国这两个东南亚国家来说，在经历2008年国际金融危机之后，两国尤其增加了中央银行在金融宏观调控方面的一些市场化的权力运行模式及维护金融稳定措施的立法，同时加强了相应的法律责任，特别注重刑事责任的规定。这无疑对于增强中央银行的宏观调控和金融稳定效能具有重要的保障作用。

《马来西亚中央银行法》在金融机构的人事任免方面授予马来西亚中央银行极大的权力：基于避免或者减少金融稳定风险的目的，马来西亚中央银行可以直接出台罢免金融机构的董事、高级经理或职员的命令，并且该命令自命令本身规定的生效日起生效。不仅如此，马来西亚中央银行还可以单方面更改或终止该命令所涉金融机构的董事、高级经理或职员的劳务合同。④ 并且中央银行还可委任任何人为该金融机构的董事、高级职员

---

① See Rule 45 of *Bank of Thailand Act B. E. 2485*.
② See Rule 50, 51, 52 of *Bank of Thailand Act B. E. 2485*.
③ See Section 60 of *Bank of Thailand Act B. E. 2485*.
④ See Section 35 of *Central Bank of Malaysia Act 2009*.

或雇员。

在金融机构处置方面，避免或者减少金融稳定风险，在金融机构不能运行或中央银行认为其不能运行时，中央银行可以向任何其他金融机构或中央银行设立的法人机构提供融资，以购买该金融机构全部或部分的业务、资产、负债、股份或其他资本工具。笔者将这种权力行为定义为一种间接处置措施。意指中央银行并不直接对问题金融机构进行收购和业务重组等，而是通过间接提供流动性的办法，以更加市场化的手段进行风险处置行为。为保证处置效率和维护交易公平，对于处置该部分业务、资产、负债、股份或其他资本工具的具体价格，《马来西亚中央银行法》授权马来西亚中央银行委任独立评估师（Independent Valuer）的权力。并且如果当事人对委任独立评估师的决定不服，在中央银行给定的合理期限内不能达成一致的，中央银行将提请财政部部长委任独立评估师，财政部部长的决定为最终决定。

在金融市场管理和金融宏观调控方面，《马来西亚中央银行法》特别注意国家行政监管和市场自律管理相结合的监管体系的构建：为规范和发展货币市场、外汇市场或与在市场交易的货币、证券及其他金融工具相关的衍生工具市场，维持其有序性、诚信度，马来西亚中央银行可发布相关的规则、规范、标准、原则或指引。并且《马来西亚中央银行法》特别授权：中央银行为了促进市场的监管和发展，维护其有序和诚信，可以为外汇市场或与在市场交易的货币、证券及其他金融工具相关的衍生工具市场委任建立自律性组织，以达到他律和自律的有机结合。

在法律责任体系的设计方面，《马来西亚中央银行法》特别加强了对违反中央银行宏观调控和金融稳定管理行为的法律责任，尤其是通过刑事责任机制保障中央银行的履职权威。比如，当中央银行开展尽职调查时，有权要求金融机构提供任何文件或资料，或任命审计师或任何其他中央银行批准的人进行独立评估，任何人如果违反该规定即属犯罪，将被判处不超过10万马币的罚款或不超过10年的监禁，或同时判处不超过10万马币的罚款和不超过10年的监禁。[1] 中央银行董事会为了实现中央银行的目标或维护国际收支平衡，可以通过书面通知对任何人发布指引或提出要求，任何违反中央银行董事会指引或要求的人，构成犯罪的，将被处以不

---

[1] See Section 31 (9) of *Central Bank of Malaysia Act 2009*.

超过 1000 万林吉特的罚款或不超过 10 年的监禁，或并处不超过 1000 万林吉特的罚款和不超过 10 年的监禁。① 此外，马来西亚中央银行基于其目标和职能，可要求任何人提供国际账户记录，相对人应保证其提交的数据、信息及单据等的真实、准确、完整，并接受中央银行质询，违反者应被处以不少于 100 万林吉特的罚款。②

而泰国在防范金融风险方面，泰国政府制定了专门法令，授权泰国银行可基于金融稳定之需，指令商业银行或金融公司调整金融资产、改变股东的持股比例。③ 在对银行日常业务风险的控制和防范方面，《泰国银行法》严格限制高风险贷款的发放。泰国银行专门制定了商业银行的信贷授权管理规范。这种管理规范从商业银行信贷业务的贷前调查着手，同时涵盖了贷前审批规则、贷中评估流程和贷后跟踪管理等各项程序。泰国银行对商业银行的监管始终坚持以信用风险管理为中心，建立起一整套涵盖贷前严格审批、贷中评估及贷后跟踪的信贷授权管理程序，同时引进国际上先进的 5C 分析方法，对借款人的道德品质（Character）、还款能力（Capacity）、资本实力（Capital）、担保状况（Collateral）和经营环境条件（Condition）等进行全方位的定性分析，从而判别借款人的还款意愿和还款能力，确保贷款决策的科学性，控制信贷市场风险。

在法律责任设置方面，《泰国银行法》规定：为进行国际收支、国际投资头寸和金融统计，泰国银行有权要求从事国际资本交易和投资交易的有关人员提供相关信息。违反该规定的将被处以 10 万泰铢以下罚金。泰国银行为贯彻落实货币政策、保持流动性，除法律另有规定外，可以要求金融机构持续存入泰国银行的现金储备，相关规则和利率由泰国银行制定。相关金融机构违反规定的，可处以 10 万泰铢以下罚金。如违法行为持续的，可另处每日 3000 泰铢以下罚金，直至整改完毕为止。④ 此外，《泰国银行法》特别注重对与金融市场等密切相关的各种中央银行履职过程中获取的信息的保护。不仅泰国银行的行长、委员、官员或雇员负有保密责任，其他任何人窃取相关信息的，将被处以 5 年以下监禁，并处或单

---

① See Section 77（3）of *Central Bank of Malaysia Act 2009*.
② See Section 78（9）of *Central Bank of Malaysia Act 2009*.
③ 赵洪：《政府金融干预与经济发展：泰国、马来西亚案例研究》，《南洋问题研究》2002 年第 2 期。
④ See Section 62 of *Bank of Thailand Act B. E. 2485*.

处 50 万泰铢罚金。①

五　两大职能的法治图景：《中国人民银行法》修订的马泰镜鉴

近年来，《中国人民银行法》的修订屡屡被学术界和实务界提上议事日程。本节所涉及的中央银行独立性及其金融稳定职能和履职手段的强化成为《中国人民银行法》的修订亟须贯彻的基本共识。从我国现行《中国人民银行法》来看，这些方面的缺憾和不足依然十分突出。

在中国人民银行的独立性方面。首先，中国人民银行并不具有完全的人事独立性。根据《中国人民银行法》，中国人民银行行长由总理提名，并由全国人大最终决定，由国家主席任免。副行长则由总理直接任免。但实践中，中国人民银行的人事任免往往和行政机关的人事任免互相掺和，造成两大人事体系的相互渗透，这无形中造成了中国人民银行对于行政机关的高度依赖性、中国人民银行高级管理人员金融事务履职能力的非专业性，以及人事任免缺乏金融系统高度的民意性等问题。其次，在财务独立方面，《中国人民银行法》明确规定中国人民银行的资本为国有性质，并且其每一会计年度扣除支出的收入在计提财政部规定的准备金的基础上完全上交中央国库。因此，尽管该法确认了中国人民银行"独立"的财务预算管理制度，但本质上说，这更像是一种"财务会计制度的特殊性，而缺乏独立预算制度的具体规定"②。最后，在货币政策决策权与执行权的独立性方面，根据《中国人民银行法》第 2 条、第 5 条、第 12 条等规定，中国人民银行的货币政策决策与执行完全附属于国务院，其实质上仅仅具有货币政策的执行权，而并不具有完整的货币政策的独立决策权，因此，中国人民银行并不具有该方面的独立性。

在中国人民银行的金融稳定职能和履职手段方面，面临金融监管职权缺失和履职手段弱化的严峻挑战。"虽然《中国人民银行法》将金融稳定的职责赋予中国人民银行，但是中国人民银行的法定职权并不足以使其承担其维护金融稳定的责任。"③ 特别是在 2003 年银监分设之后，中国人民

---

① See Section 75 of *Bank of Thailand Act B. E. 2485*.
② 杨松、闫海：《中国人民银行独立性：条文分析与规范重构》，《时代法学》2008 年第 3 期。
③ 卢克贞：《人民银行与我国的金融稳定——对〈中国人民银行法〉第二条的思考》，《金融理论与实践》2006 年第 4 期。

银行大部分的金融监管职权分解到银监、证监和保监等监管部门，但同时"中国人民银行缺乏监管的职权而要承担各部门监管失败的责任有悖法理"①。从金融稳定职能及其配套的履职手段来说，中国人民银行目前最缺乏的就是金融稳定目标信息。虽然早在2004年我国即开始建立金融监管协调机制，但这种协调机制依然更多地流于形式，中国人民银行至今依然无法自由获取各监管部门的动态监管信息。中国人民银行也没有针对特定金融机构出于金融稳定之需而开展特殊监管措施的法律依据。在监管手段和职权缺失的同时，中国人民银行金融稳定的职责却在上升，尤其是近年来随着互联网金融的快速发展，中国人民银行对于征信业和支付领域系统性金融风险的防范压力与日俱增。总体而言，在系统性金融风险的宏观审慎监管和控制方面，中国人民银行需要更多的法制供给予以保障。

他山之石可以攻玉。本节研究的马来西亚和泰国中央银行法对于保障两国中央银行履职实际上提供了良好的法制基础，恰巧可以作为《中国人民银行法》下一步修订的重要参考。笔者认为，《中国人民银行法》在保障中国人民银行两大职能方面可借鉴马来西亚和泰国央行法做如下调整。

其一，强化中国人民银行的独立性。从长远看，让中国人民银行独立于国务院而直接对全国人大负责自然是最具独立性的理想模式。但从近期来看实现的可能性较低，我们不妨借鉴马、泰央行法从人事、财务与履职等方面进一步增强中国人民银行的独立性。在人事方面，《中国人民银行法》可进一步明确中国人民银行行长、副行长等高管人员的任免条件与规则。其核心目的是强化中国人民银行相关高管人员的履历和资质，防止行政机关和中国人民银行的领导干部渗透调动任职，确保中国人民银行官员的专业性、减轻中国人民银行的行政性、增强中国人民银行的独立性。在财务方面，可规定中国人民银行的净利润在扣除其履职支出及其本身的人员工资、福利和养老金等，并提取坏账和呆账准备、留足储备金以后，才上交中央国库，并在事后向国务院提交其财务报表及报告。这样修订的目的是确保财务独立并保证中国人民银行独立履职所需的各种经费的支持。在货币政策决策与执行的独立性方面，《中国人民银行法》应当确立货币政策委员会对于货币政策的最终决定权。理由是目前越来越多的国家

---

① 卢克贞：《人民银行与我国的金融稳定——对〈中国人民银行法〉第二条的思考》，《金融理论与实践》2006年第4期。

都开始秉持中央银行货币政策的单一目标论，即货币政策的目标仅仅是货币稳定一个，而不包括其他比如经济发展、就业增长、国际收支平衡等目标。比如《泰国银行法》即确立单一的通胀目标制。因为根据经济学基本原理，这些多元目标本身不可能同时实现。实践证明，我国长期以来由国务院决定货币政策确实容易引发货币超发等问题。因此，《马来西亚中央银行法》关于"中央银行独立自主地制定和实施其货币政策，不受任何外在影响"的规定尤其值得借鉴。

其二，完善中国人民银行金融稳定职能的法制框架。借鉴相关立法赋予中国人民银行获取"金融稳定目标信息"的权力，改变目前中国人民银行和各金融监管部门之间监管信息不对称的现实，同时明确规定各政府部门向中国人民银行提供"金融稳定目标信息"的义务。《中国人民银行法》应同时明确规定中国人民银行基于增强金融体系的风险抵抗能力或限制系统性金融风险积累目的的分类监管及特别处置权力和措施。为了避免或减少金融稳定风险，《中国人民银行法》应授予中国人民银行充分的包括流动性援助、股权处置等工具在内的风险管理手段。另外，可借鉴《马来西亚中央银行法》设立中国人民银行"金融稳定执行委员会"，对中国人民银行所采取的各种维护金融稳定的措施在运行过程中的合法性进行全程跟踪和督促。

其三，赋予中国人民银行丰富的履职手段。我国目前金融市场检查中普遍存在重金融机构处罚而轻金融机构高管处罚的现状。尤其是银监分设之后，中国人民银行无权直接对金融机构高管进行直接的任职调整。事实上，作为金融机构的决策者，高管人员无论是对于货币政策的贯彻执行还是金融稳定的维护，均具有决定性影响。因此，建议借鉴《马来西亚中央银行法》赋予中国人民银行对金融机构高管任职解除权。在金融市场行为监管方面，给予中国人民银行更加广泛的规章制定权。在金融机构处置方面，赋予中国人民银行通过市场化的方式对问题金融机构进行间接处置的权力。对金融机构法律责任的强化是保证中央银行高效履职的一个重要方面。《中国人民银行法》应加大对违反中央银行宏观调控和金融稳定管理行为的法律责任，在传统的行政罚款及金融市场业务准入等法律责任的基础上，可借鉴两国央行法明确规定相关行为的刑事法律责任。

六 结语

无疑，宏观调控与金融稳定是现代中央银行最核心的职能。在 2008

年国际金融危机后,中央银行法在这两大领域的制度设计对于保障中央银行的宏观调控权的运行和金融稳定职能的履行具有重要的功能性价值。马来西亚和泰国两个东南亚国家的中央银行法不约而同地确立了名义上隶属于财政部而实质上保持相对独立性的模式。在货币政策目标体系中,顺应国际金融监管改革的大趋势,将金融稳定职能及时纳入其中,并在授予中央银行金融宏观调控和维护金融稳定的丰富的履职手段的同时,建立了严厉的法律责任制度。

中央银行立法艰难而复杂。当前,《中国人民银行法》的修订成为学术界和金融实务界普遍的共识。与马来西亚和泰国一样,中国人民银行也承担宏观调控与金融稳定等基本职能。但同时,中国人民银行的独立性不足已成为履行两大基本职能的掣肘,尽管马、泰两国央行直接隶属于财政部的政治体制安排与我国存在较大的差异,但两国在中央银行人事独立、财务独立和货币政策决策权与执行权的独立等方面的立法可以成为中国人民银行独立性立法的重要镜鉴。同时,将金融稳定职能纳入货币政策目标体系,丰富中央银行的履职手段并完善相应的法律责任则可以成为改善中国人民银行履职效能的重要路径。

第二节 我国信贷政策管理法制化之迷思与路径

一 问题的提出

中华人民共和国成立以来,我国信贷政策大致经历了两个重要的阶段,其中的分水岭当属 1998 年中国人民银行取消对金融机构贷款限额的控制。在 1998 年之前,受贷款规模限制,信贷政策主要表现为直接管理,以强制性的行政管制或行政约束为典型特征。如果对这一段时期进行细分,又可以 1979 年我国从计划经济开始转轨作为分界线,1979 年以前是纯计划经济时期,实行的是统一集中而丧失独立性的信贷管理体制;1979—1998 年实行的是逐渐放松行政管制的信贷政策体系。1998 年以来,在我国实行市场经济的大背景下,信贷政策改为以间接调控手段为主。2003 年,中国银监会从中国人民银行分设出来,中国人民银行加大了宏观信贷政策的制定和实施力度,对促进国家经济健康发展、维护金融稳定起到了重要的作用。纵观我国信贷政策管理实践,法律依据不足的问题十分突出,管理主体混乱、管理手段滞后、管理效率低下等问题亟待改进。

(一) 法律依据不足

作为我国信贷政策管理的重要部门，中国人民银行制定了大量的信贷政策，并通过各级分支机构的主动履职为信贷政策的贯彻执行提供了相应的保障。同时，部分中国人民银行大区分行及原地市级的中心支行结合本地实际，牵头与地方政府机关或者监管部门联合制定的一些微观信贷指引尤其亮眼。但《中国人民银行法》并未赋予中国人民银行信贷政策管理职权，其他金融基本法也未对此作出明确的规定。中国人民银行行使信贷政策管理职能的唯一制度依据似乎只能追溯到 2008 年《国务院办公厅关于印发中国人民银行主要职责内设机构和人员编制规定的通知》(国办发〔2008〕83 号)(以下简称"新三定方案")，其中规定：中国人民银行具有"制定和实施宏观信贷指导政策"的职责，并确定由金融市场司"拟订宏观信贷指导政策，承办国务院决定的信贷结构调节管理工作"。但新三定方案只是规范性文件，立法层次不高。更重要的是，新三定方案并未就信贷政策的法制化框架予以设计，典型的要素比如：信贷政策管理的目标、管理的手段、相应的法律责任等均未予以明确，这使得新三定方案仅仅停留在原则性规定的层面，而距离真正具有可操作性的信贷政策管理实践的要求相去甚远。

(二) 管理主体混乱

我国制定信贷政策的部门涉及中国人民银行、国家发展改革委、国家金融监督管理总局等多个部门，甚至部分地方政府部门也涉足信贷政策管理。通常的做法是由中国人民银行牵头与其他部门联合发文，或者由国务院发布。但我国信贷政策管理乱象的一个突出表现就是管理主体混乱，特别是监管部门的"窗口指导"直接演化为宏观信贷管理政策。比如 2012 年银监会发布《中国银监会关于印发绿色信贷指引的通知》(银监发〔2012〕4 号)，其中第 3 条规定："银行业金融机构应当从战略高度推进绿色信贷，加大对绿色经济、低碳经济、循环经济的支持，防范环境和社会风险，提升自身的环境和社会表现，并以此优化信贷结构，提高服务水平，促进发展方式转变。"银监会实施的"窗口指导"显然属于制定信贷政策的行为，是其根据经济、金融形势变化的客观需要对其监管规则和监管标准作出的调整和变更，但这种做法实际上已经超出了其合法性监管的履职范围。除银监会以外，国家发展改革委、财政部、教育部等许多部门均已涉足各自领域的信贷政策管理，信贷政策主管部门职责不清的现象十分普遍，导致政出多门且相互之间缺乏协调性，不利于形成规范有序的信贷管理市场。

（三）管理手段滞后

"在现行管理体系下，中国人民银行承担的宏观调控职能较多，但履职手段基本限于调研、评估、评价及协调等形式，强制手段不足。"① 目前，我国信贷政策管理主要采用的是劝告式（或称劝谕式）的监管手段，即窗口指导。② 窗口指导起源于20世纪50年代的日本。我国信贷政策管理实践中的窗口指导主要是指中央银行通过劝告、建议等形式影响商业银行信贷行为的一种温和而非强制的信贷政策管理手段。值得注意的是，窗口指导在《中国人民银行法》及其他金融法律中并未做具体的规定。从法律性质上说，窗口指导属于一种行政指导行为。尽管目前我国行政法学界对行政指导的定义仍然存在巨大的争议，但就行政指导的基本性质来看，行政指导并不具有强制性，也没有法律拘束力，这已成为共识。③ 中国人民银行自1998年取消对金融机构贷款限额的控制之后，过度依赖窗口指导的信贷政策管理逐渐陷入了下发信贷政策管理文件、召开信贷政策会议、调研总结信贷政策执行情况，再次发文、开会的低效力的简单循环过程，信贷政策的贯彻执行效果事实上取决于金融机构的主动配合程度。窗口指导只是软约束，在金融机构不配合或者不充分执行信贷政策的情况下，有效的约束手段相当匮乏，除非金融机构违反信贷政策管理的行为构成对中国人民银行或者银监会履职领域的违法行为，否则无法对其实施行政处罚，而信贷政策管理行为本身则受到了管理手段滞后的束缚。

（四）管理效率低下

作为一种宏观调控机制，信贷政策管理在我国当前市场经济模式下"具有市场指导性和行政指令性双重特征，两者谁占主导地位取决于金融体系市场化程度"④。从我国目前的金融体系来看，金融行为的市场化程

---

① 中国人民银行成都分行联合课题组：《东南亚四国央行法与人民银行法比较研究》，《西南金融》2014年第3期。
② 李江红：《"十一五"期间我国信贷政策制定、实施和监督现状及完善建议》，《时代金融》2011年第6期。
③ 应松年：《行政法与行政诉讼法学》，法律出版社2005年版，第335页。
④ 中国人民银行常德市中心支行课题组：《提高信贷政策执行力：国际经验及启示》，《武汉金融》2009年第9期。

度越来越高。因此,我国信贷政策的贯彻落实更多依赖于主管部门的行政指导,而金融机构的配合程度则直接决定了信贷政策的执行效果。众所周知,扶持类的信贷政策涉及领域的利润往往十分微薄,并且信贷风险管理难度较大。因为如果利润丰厚并且风险可控,这些领域通过市场化的信贷选择完全就可以满足,而无须出台信贷政策。在目前我国信贷政策管理手段不足的前提下,信贷政策的管理效率自然大打折扣。

要解决上述信贷政策管理中存在的各种问题和矛盾,必须厘清并切实解决以下问题:准确界定信贷政策的概念,探讨信贷政策管理法制化的理论基础,并在借鉴国外信贷政策管理经验的基础上,从权力运行的视角对信贷政策管理权的各个环节进行制度设计。

二 信贷政策及其管理法制化的理论基础

(一) 信贷政策及其与货币政策之关系厘清

在我国,经济法层面只有货币政策而没有信贷政策的概念。理论研究中常常笼统地使用货币信贷政策的概念,对于信贷政策并未给予应有的重视和关注。受传统货币理论影响的广义货币政策论在我国根深蒂固,即认为"信贷政策是货币政策的重要组成部分"[1],主要是指国家信贷政策管理部门根据宏观调控的需要及国家产业政策的要求,综合利用经济、法律和行政等手段,对金融机构的贷款增量、[2] 贷款投向及信贷质量等进行调控和监督的各项政策。这种广义的货币政策不仅包括货币政策的总量调控,还包括货币政策的结构调整,即调控货币在不同地区、不同产业、不同企业、不同执行单位的分布。

2012年3月12日,十一届全国人大五次会议新闻中心在北京梅地亚中心举行记者会时,时任中国人民银行行长周小川明确表示,货币政策与信贷政策是有区别的,货币政策主要是一种总量政策,而结构调整则主要是信贷政策。笔者不支持广义货币政策的观点,认为信贷政策与货币政策共同构成了我国金融宏观调控体系,并且二者具有相互促进的作用。货币政策与信贷政策有三个方面的不同:一是调控对象不同。作为总量政策,货币政策主要是通过货币供应总量的增减变动来影响社会

---

[1] 宋海林:《运用信贷政策调整经济结构的若干思考》,《金融研究》1997年第12期。
[2] 关于贷款增量,中国人民银行2011年宏观调控的指标为"合意贷款增量",2012年以后,宏观调控的指标明确为"适度新增贷款"。

供需总量保持平衡。货币政策的政策目标如币值稳定、经济增长、充分就业、国际收支平衡均涉及总量问题；货币政策的中介目标是货币供应量或信贷总量，也是总量问题；信贷政策则主要着眼于经济结构调整，通过改善信贷投向、调整信贷结构促进产业结构调整升级和区域经济协调发展。二是调控工具不同。货币政策工具主要包括利率、汇率、公开市场操作等，市场化特点明显；信贷政策工具更加丰富，不仅包括经济手段、法律手段，而且还包括行政手段。三是调控的时间效果不同。货币政策的目标是保持币值稳定，为把通胀水平控制在一定范围内，货币政策要根据通胀变化情况持续做出逆向调控，具有相对短期的特点。信贷政策的目标往往是配合产业政策等各种结构调整政策而对信贷资源做出的政策化匹配。由于产业结构调整的周期性和期限性特征，信贷政策的目标具有相对长期的特点。

综上，信贷政策是由信贷政策管理主体根据国家综合经济决策制定和实施的，通过适当的方式和手段对金融机构的信贷增量、信贷投向及信贷质量进行引导、调节和监督，影响金融机构、企业、公众及特定信贷市场的交易行为，从而实现结构调整或其他特定目的的公共金融政策。根据信贷政策调控对金融机构信贷行为的影响进行划分，信贷政策可分为"扶持型"和"限制型"两类。"扶持型"信贷政策目标是引导和鼓励信贷资金向国家政策鼓励和扶持的群体、行业或地区流动，如对小微企业、"三农"、高科技企业、助学、灾后重建等的信贷政策。"限制型"信贷政策目标则主要是限制或者禁止信贷资金向某些群体、行业或地区投放，如对现阶段我国的"两高一剩行业"[①]的信贷政策等。

(二) 信贷政策管理法制化理论基础之一：金融约束理论之上的政府适度干预

政府与市场的关系及其边界是经济法产生、发展过程中永恒的研究主题。自由资本主义时期，国家奉行自由经济政策。在金融领域，国家对金融市场也采取放任的态度。但把营利作为第一经营目标的金融机构如果缺乏国家适度而有效的干预，不仅信贷资源不能根据产业结构调整而进行及时有效的优化配置，也容易因为微观信贷风险的积聚而酝酿成系统性金融

---

① "两高"行业主要是指高污染、高能耗的资源性的行业，"一剩"行业主要是指产能过剩行业，如：钢铁、造纸、电解铝、平板玻璃和光伏等产业。

风险。世界上几次大型金融危机的爆发都与政府趋弱的金融调控和金融监管不无关系。

有效的信贷政策管理能够弥补市场机制自身缺陷而导致的"市场失灵"问题。由于信息不对称容易给信贷市场带来"道德风险"和"逆向选择"的双重问题，单纯依靠市场机制的自发调节和货币政策的总量控制不可能充分实现金融资源的有效配置。因此，在1997年，Hellman、Murdock和Stiglitz通过《金融约束：一个新的分析框架》一文正式提出了金融约束理论，充分肯定了政府干预金融的合理性。该理论认为，为了克服完全竞争条件下存在的市场失灵问题，政府可以通过实施金融政策在民间部门创造租金机会，诱导民间部门增加在完全竞争市场中供给不足的商品和服务。这一理论也顺势成为各国加强信贷政策管理，增强政府在信贷政策管理中的主动性的理论基础。我国作为发展中国家，金融市场化程度不高，间接融资占据主导地位、经济结构性矛盾突出、区域经济发展不平衡，"仅仅依靠市场的力量，难以对信贷资金进行有效配置"[1]，信贷政策的重要性表现得尤为突出。而且信贷政策往往作为国家其他公共政策如产业结构调整、区域经济发展等政策的必要配套措施出现。因此，在我国客观上还需要信贷政策在较长时期内继续发挥重要作用，需要信贷政策的结构性调节配合货币政策的总量调控。从经济法的视角来看，金融约束理论成为政府适度干预信贷市场的理论基础。

（三）信贷政策管理法制化理论基础之二：法制化轨道有利于提升信贷政策管理效率，保障信贷政策管理的规范性

目前理论界和实务界关于信贷政策管理是否应当纳入法制轨道还存有争议。如郝铁川教授在《宏观调控的不确定性与法律、政策调整》一文中认为，"受经济运行的不确定性制约，宏观调控具有一定的不确定性，而这种不确定性决定了宏观调控更多地适宜于政策调整而不是法律"[2]。坚持信贷政策管理政策化的理由主要在于信贷政策目标的多元化、内容的易变性和不确定性及其手段的灵活性和多样性等特质与法的普遍性、规范性、强制性、稳定性相冲突，认为信贷政策管理的要义是相机抉择，法制化难以保证信贷政策调控的灵活性需要。

---

[1] 周晓强、郑薇、李宏伟：《货币信贷政策要关注区域经济差别》，《中国金融》2006年第19期。

[2] 郝铁川：《宏观调控的不确定性与法律、政策调整》，《东方法学》2009年第2期。

笔者坚持信贷政策管理法制化的观点。首先，信贷政策管理的"政策性、相机性、灵活性"与法的普遍性、规范性、强制性、稳定性并不矛盾。就具体某一阶段而言，信贷政策虽然本身具有周期性、灵活性等特点，但从长期的宏观调控目的来看，信贷政策的目标、原则、手段等方面均可以实现法制化。在经济法框架下，信贷政策管理立法与其他法律一样，也必然具有确定的规范性、明确的指引性、相对的稳定性和普遍的适用性。其次，信贷政策管理作为国家权力行使的一种方式，必须纳入法制化轨道。在法治国家，任何公权力的行使都必须有法律依据，不应当存在"法外权力"。2014年10月20—23日在北京举行的党的十八届四中全会更是强调了深入推进依法行政，加快建设法治政府的目标和决心。信贷政策管理法制化主要涉及两个领域：一是主管部门的调控行为即公权力运行的领域；二是受调控主体的经济活动领域，即私权利受到信贷政策管理的影响。信贷政策立法的根本目的在于制约政府权力而保护市场主体合法权益，从这个意义上讲，信贷政策立法不仅是授权法，更是限权法。最后，实现信贷政策管理法制化，有助于从根本上提升信贷政策效力。通过实现信贷政策目标、原则的法制化，实现手段的制度化和常态化，构建法律责任体系等，明确赋予信贷政策管理行为以法律效力，可以克服目前存在的管理手段不足、效力不高等弊端。

三　信贷政策管理法制化的他山之石

国际上类似我国信贷政策管理的做法，在发达市场经济国家大量存在并占据重要地位。在美国西部开发过程中大量采用了差别化的信贷优惠政策。日本和韩国也曾通过对重点和比较优势产业的倾斜性信贷支持实现产业扶持目标。总结国外信贷政策管理经验，有四个方面的特点值得关注和借鉴。

一是加强信贷政策管理立法。早在19世纪，法国颁布了《土地银行法》，建立农业信贷机构，并通过涉农信贷政策大力支持农业发展。美国1977年颁布了《社区再投资法》（Community Reinvestment Act，CRA），明确一切受监管机构均有"持续和责无旁贷的责任"满足整个社区的信贷需求，尤其是社区中低收入群体借款人的信贷需求。通过信贷政策管理的法律化，赋予了信贷政策更高的权威性、执行力和公信力，有效提升了信贷政策管理的有效性。借鉴这一经验推进信贷政策管理的法制化，对于缓解我国当前存在的主管部门不清、调控手段不足等问题具有重要的现实意义。

二是合理确定政府适度干预与市场机制自发作用的边界。日本和韩国的早期信贷政策立法中，政府直接干预的色彩浓重，信贷政策工具更多直接表现为行政命令和信贷配给等管理手段。这些法律在经济高速增长时期起到了立竿见影的效果，却逐渐导致金融体制僵化。近年来各国信贷政策实践越来越重视市场规律，注重发挥市场机制自身的作用，而信贷政策管理的行政强制性色彩越来越弱，管理手段也主要以间接管理手段为主，如指导性的信贷计划和融资斡旋等。美联储对金融机构的窗口指导工具是其运用最多、效果最好的间接管理手段，即中央银行通过书面指导、窗口会议或公开讲话的形式，从道义上指导和劝说金融机构调整信贷总量和信贷结构，从而引导信贷投向。

三是提高政府的实质参与。国际上信贷政策的实施方式主要有两种：政府直接参与和政府政策引导。前者主要是政府直接设立政策性金融机构，向弱势产业、群体等发放信贷资金；后者则是由政府制定优惠信贷政策，鼓励市场主体加大对特定产业或者群体的信贷投入。无论哪种模式，均出现了提高政府的实质参与的趋势。比如助学贷款政策，政府不仅仅为私人助学贷款提供担保，提供贷款利率贴息，而且还提供贷款的部分管理成本。政府的实质参与显著提升了助学贷款信贷政策的有效性。

四是注重宏观调控综合协调机制建设。尤其注重信贷政策与其他相关政策的协同推进，这是市场经济背景下提升信贷政策管理效率的基本前提。信贷政策的执行效果很大程度上取决于是否有相应的联动政策与之配合，例如财税政策、产业政策等，比如涉农信贷政策的执行高度依赖政府对金融机构发放涉农贷款的财政奖补政策。在日本，为鼓励金融机构加大中小企业的信贷投入并构建强有力的中小企业信用体系，日本在1998年出台了《中小企业惜贷对策大纲》《关于部分修改中小企业信用保险法的法律》等。不仅对银行金融如此，对于直接金融市场，产业政策与金融政策的综合协调同样重要。日本为了推进对中小微企业的天使投资的发展，先后颁布了《关于促进小企业创造性事业活动的临时措施法》（《中小企业创造活动促进法》）、《关于搞活特定产业集成的临时措施法》等法律。这些宏观调控综合协调立法的经验值得我国借鉴。

四 我国信贷政策管理法制化路径：信贷政策管理权及其法律框架设计

(一) 信贷政策管理权

将信贷政策管理纳入法制化轨道具有坚实的经济法理论基础，信贷政策管理权则是信贷政策管理法制化的基本形式。笔者认为，信贷政策管理权是指信贷政策管理主体运用适当的方式对金融机构的信贷增量、信贷投向及信贷质量进行引导、调节和监督，实现信贷政策管理目标的权力。国际信贷政策管理的成功经验表明，通过对信贷政策管理权运行的法律框架进行设计，并建立完善相关的配套法律制度，是保障信贷政策管理规范和高效运行的必然选择。提高信贷政策权威性需要法制环境的不断完善。[①] 而研究信贷政策管理权的法律性质，则成为构建信贷政策管理权法律框架的重要前提。

首先，信贷政策管理权不同于传统的行政权力。目前，法学界部分学者将宏观调控权视为政府行政权力的观点，对实务界理解信贷政策管理权的法律属性产生了较大影响。笔者认为，信贷政策管理权是一项综合性的公权力，与传统立法、行政、司法等国家公权力均存在显著区别。从权力的规范运行来看，信贷政策管理包括决策、实施及监督和评价过程，因此信贷政策管理权可以分为信贷政策管理决策权、信贷政策管理执行权、信贷政策管理监督权三种相互依存、相互制约的具体权力。其中，信贷政策决策行为是信贷政策管理权的核心；信贷政策执行是信贷政策管理权的集中体现，是对信贷政策的具体实施，具体执行行为可以是行政行为（如差别准备金要求），可以是行政契约（如发放再贷款），也可以是民事行为（如市场产品化的信贷政策），可以具有法律约束力（如差别准备金要求），也可以不具有法律约束力（如窗口指导）；信贷政策管理监督权则是信贷政策管理权依法运行的基本保证。从所保护的法益来看，作为经济法重要的权力类型，信贷政策管理权基于经济法的社会本位性质，其保护的是社会整体利益，权力行使是为经济总量平衡和经济结构优化、实现经济的可持续发展服务的。从权力实现方式来看，信贷政策管理权区别于传

[①] 高歌、王朝阳、卜凡玫：《国际信贷经验启示和我国信贷政策的完善》，《吉林金融研究》2009年第1期。

统行政权力还体现于权力实现的间接性。以信贷规模政策为例,其调控效应要得以实现,最终依赖市场主体和金融机构的存贷款行为,这与行政权直接实现行权目标的特点存在巨大差异。

信贷政策管理权属于经济法意义的宏观调控权。理论经济学根据考察对象的不同分为宏观经济学和微观经济学两个分支。基于理论经济学"二元论"的划分,经济法学确立了国家干预经济的不同方式,即对宏观经济采用调控的方法,在经济法学领域对应宏观调控法;而对微观经济则采用规制的方法,在经济法学上对应市场规制法。对信贷政策管理行为进行考察不难发现,信贷政策管理是基于实现经济增长、充分就业、物价稳定、国际收支平衡等所谓"四大魔方"①的目标,通过信贷结构调整作用于国民经济。信贷政策管理行为是一种宏观调控行为,而信贷政策管理权则是经济法意义上的一种宏观调控权。

作为宏观调控权,信贷政策管理权具备高度的相机抉择性和低侵扰性。宏观经济调控最大的特点在于其作用的对象往往是由于市场失灵而导致的经济总量失衡状态,并不直接作用于市场主体的具体行为,而微观经济规制的作用对象则恰恰是市场主体的具体行为。以作用机理而论,宏观调控是通过"反向操作",即根据当前的经济金融形势,利用调控政策来优化经济运行总量指标,体现出高度的相机抉择性和低侵扰性的特点。宏观调控高度的相机抉择性,是指宏观调控行为伴随经济金融形势的变化而随时可能改变决策。基于政府失灵风险的防范,宏观调控必须遵循低侵扰性原则。低侵扰性原则类似于行政法中的比例原则,主要是指信贷政策的管理主体在其法定的可供选择的管理手段、管理方式和权力行使幅度中,应当选择对管理受体及其他市场主体影响最小、侵扰性最低、调控效益最佳的种类和幅度。避免因为信贷政策管理权的不合理行使和过度行使对金融机构造成负面影响和沉重的负担。②

(二) 信贷政策管理权的运行原则

1. 间接调控原则

信贷政策调控主要是通过实施信贷政策来改变市场交易环境,并通过交易环境的改变间接调控和影响市场主体的交易活动,即所谓"国家调

---

① 吴越:《宏观调控:宜政策化抑或制度化》,《中国法学》2008年第1期。
② 刘辉:《完善我国体育产业信贷支持体系的经济法逻辑——法理分析与路径选择》,《武汉体育学院学报》2016年第4期。

控市场，市场引导企业"的间接干预市场的法律机制。在有关调控的法律规范形式上一般不是直接通过权利和义务法律规范规定市场主体的具体交易行为，而是更多地运用诱导性、选择性规范的形式，间接影响市场主体的交易行为选择，达到信贷调控的目的。因此，信贷政策调控应以间接调控为重心，通过市场机制引导市场主体，而尽量少用信贷规模控制、利率控制等直接调控手段。

2. 适度调控原则

适度调控原则是公法上的比例原则在信贷政策管理中的具体化，主要包括两个具体原则，即"必要性原则"及"比例原则"。必要性原则强调国家的调控行为无论是积极的还是消极的，都必须界定在一定的限度之内，以使国民所受到的侵害最小；比例原则强调宏观调控的手段应当与调控目标成比例，因而调控必须是适当的、正当的、理性的、均衡的。具体到信贷政策管理权的运行，应至少包括两方面的要求：一方面，信贷政策管理权运行的范畴必须明确界定。从本质来讲，信贷政策具有逆市场的特征，即与市场选择的逆向操作。但信贷政策调控必须建立在充分尊重和遵循市场规律的基础上，这也是信贷政策调控区别于计划经济时代的政府干预二者本质区别所在。简言之，市场规律能够充分发挥作用的领域，信贷政策应尽量不涉足，只有在市场失灵的领域，信贷政策才具备存在的必要性和正当性。另一方面，信贷政策管理权运行手段、力度也必须进行限制。在信贷政策发挥作用的领域，信贷调控力度、深度、手段等的选择也要充分尊重市场机制，充分考虑可能抵消政策效力的各种因素，给予微观市场主体合理的调整空间，实现调控主体和受控主体之间良性的遵从博弈，有效降低调控和交易成本，维护市场健康有序运行。这就要求尽量采用市场化、引导性、激励性的手段实现信贷政策目标，尽量避免使用强制性、贬损性的手段。比如扶持类信贷政策，在提高弱势群体信贷可得性的同时，应当注意不要简单以削减金融机构利益甚至牺牲金融体系稳健运行为代价。

3. 稳定性与灵活性相结合原则

信贷政策管理立法是信贷政策的法律化，这种法律化的信贷政策特点使信贷政策管理权的运行具有政策性及由此产生的灵活性特点，以便于根据经济金融形势进行相机抉择。另外，其法律属性则要求其保持相对的稳定性，因此必须正确处理灵活性与稳定性二者的关系。这就要求立法慎重，避免过于朝令夕改；对以往制定出台的政策要及时清理，注重政策的连贯性等。

（三）信贷政策管理权的法律框架设计

基于对信贷政策管理权法律属性的分析及国外信贷政策管理的主要经验，下文从权力运行的环节入手，从权力运行基本法律制度和配套法律制度的双重视角，对我国信贷政策管理的法律框架予以设计。

1. 信贷政策管理的基础法律框架设计

（1）信贷政策目标法定化

信贷政策目标的法定化，有助于判断一项信贷政策是否合理合法、防止决策失误，也有助于指导信贷政策传导和实施、防止信息失真和政策效应递减，因此，信贷政策立法中应明确信贷政策的目标。笔者认为，我国应当在立法中明确宏观信贷政策至少实现以下目标："配合国家宏观调控政策，促进经济结构优化、推动经济增长方式转变，引导规范金融创新，防范金融风险。"其一，配合国家宏观调控政策。是指信贷政策作为宏观调控政策的一部分，要同财税、计划、产业政策等共同作用才能发挥实效，这体现了各类政策之间是相互作用、相互促进的关系，也表明了信贷政策的制定依据应当是国家的综合宏观调控政策。其二，促进经济结构优化、推动经济增长方式转变。通过信贷结构调整，实现金融资源的优化配置，更好地服从产业政策和国民经济发展的需要。其三，引导规范金融创新。制定和实施信贷政策，要注重推动金融机构主动作为，发掘市场，"引导规范金融创新"。其四，防范金融风险。无论是"扶持型"还是"限制型"信贷政策，均需要发挥抑制金融机构信贷冲动的作用，以此配合国家产业发展等宏观调控政策。作为金融系统的最后贷款人，中央银行要积极履职，防止单纯依靠市场调节等因素导致的金融风险，这也是宏观信贷政策的应有之义。

（2）信贷政策主管部门法定化

2008年中国人民银行新三定方案明确了中国人民银行作为信贷政策主管部门的地位。但如上文所述，在实践中，制定信贷政策的部门往往涉及中国人民银行、国家发展改革委、国家金融监督管理总局等多个部门，尤其是银监会曾自行出台过有关信贷政策。"在宏观调控权的权限不够明晰的情况下，越权、弃权、争权、滥权等情况都可能存在，会在一定程度上影响宏观调控权的实施,从而影响宏观调控的具体效果。"① 笔者认为,中国人民银行作为信贷政策主管部门,应专属享有信贷政策制定和实施的权力。国家金融监督管理总局制定信贷政策,如要求金融机构介入某个领域,干预金融机构信贷活动,其本质是国家金融监督管理总局变更监管规则和监管标准,以迎合经济、金融形势变化的需要,这种做法与其履行合法性监管的身份大异其趣。不过,在明确中国人民银行信贷政策主管部门地位的同时,应当认识到信贷政策传导和落实离不开国家金融监督管理总局、财政部、国家税务总局、教育部等部门的配合。如微观监管是信贷政策的必要补充,也是促进信贷政策落实的必要措施,因此国家金融监管总局对于信贷政策的落实或开展监督检查方面负有不可推卸的责任。又比如,房地产信贷政策中房地产抵押估值政策的落实,"首套房"的认定标准等还需要建设部门予以协调出台标准和实施管理。单凭中央银行一己之力,难以确保信贷政策真正得到贯彻落实。因此,既要确立中国人民银行信贷政策管理部门的地位,又要强调其他有关管理部门的配合,防止政出多门、缺少协调等情况发生。

(3) 权力运行手段法定化

信贷政策的手段也应当法定化,分为以下两类:第一类是直接管理手段。包括通过行政命令、利率控制和信贷配给等管理手段直接作用于金融机构的信贷活动,这种调控手段在许多发达国家的经济发展和产业结构调整过程中曾经起到了立竿见影的效果,主要包括差别利率政策、差别准备金动态调整、设立"专项"贷款、建立对限制性产业的贷款审批制度等。随着我国市场经济体制不断完善,应逐步减少、合理使用此类行政管理色彩浓厚的调控手段。第二类是间接管理手段。主要包括窗口指导、指导性的信贷计划、融资斡旋制度及信贷投向风险基金等。如上文所述,信贷政策应当以间接调控为重心,因此这类更为市场化的间接管理手段应越来越多地得到广泛使用。例如近年来开展的信贷政策产品化就是值得推广的调控手段和方式。不过由于这类手段一般不具有强制执行力,约束力较弱,因此应当辅以相应的保障措施:一是奖励激励措施。央行要积极实现自身其他职责与信贷政策职责的对接,加大对金融机构的资金支持力度,充分调动金融机构执行信贷政策的积极性。如增加对特定金融机构的再贷款、

---

① 张守文:《宏观调控权的法律解析》,《北京大学学报》(哲学社会科学版) 2001 年第 3 期。

再贴现额度，执行倾斜的准备金制度，允许提前支取特种贷款等。二是开展信贷政策实施效果评估，全面评价信贷政策执行情况。三是使用通报批评、约见谈话等约束手段，通过影响金融机构声誉来推动信贷政策实施等。积极采取各类保障措施一道构成保障宏观信贷政策实施的组合拳，推动信贷政策措施取得实效。

(4) 决策程序法定化

从立法权的角度来说，必须要在信贷政策基本法律制度的基础上，授予某些部门制定法规政策的空间；从法律执行角度看，只能在法律规定固化有关原则的基础上，给予宏观调控部门以一定的自由裁量空间。因此，应建立起一整套决策议事规则，以确保信贷决策的科学化和民主化。当然，为保证参与决策的人员能够充分发表自身意见，有关决策讨论不应当纳入信息公开的范畴，并且发表的意见不能作为问责的依据。

(5) 违反信贷政策管理的法律责任

这里所谓的法律责任，主要指信贷政策调控对象违反信贷政策的法律责任，包括信贷政策的直接执行机构——金融机构，也包括金融服务对象。其一，关于金融机构法律责任的追究。应当区分情况：只有违反了信贷政策的强制性内容，才能够科以行政处罚等惩戒措施，对于指导性的内容，由于本身不具有强制执行力，自然不应当纳入处罚的范畴。应当明确只有以规章及以上形式出台的信贷政策才具有强制执行力，才能够作为行政处罚的法律依据。其二，关于金融服务对象法律责任的追究。由于金融服务对象不是中国人民银行信贷政策的直接执行者，针对此类主体违反信贷政策相关规定的情况，中国人民银行除了广泛开展政策宣传传导、将违法违规行为记入征信记录等手段外，对此类主体追究法律责任缺少法律手段，这使得被调控对象的违法成本大大降低。因此，为保障宏观信贷调控的成效，对于扶持型的信贷政策，要将违约率等条件作为得到特殊信贷支持的必要门槛，并对有关主体进行硬约束；对于限制型的信贷政策，要通过立法明确金融服务对象造假的责任，并赋予有权机关以处罚的权力，出现骗贷等情况行为严重的，还要移送司法机关追究刑事责任，以提升违反信贷政策的违法成本。

2. 信贷政策管理权的配套法律制度设计

要确保信贷政策管理权规范高效运行，除基础法律框架设计之外，必须对权力运行的相关配套法律制度进行设计，这些制度需要保证信贷政策管理权在多部门共同作用的基础上得以有效实施,需要考虑信贷政策管理权运行可能涉及的司法诉讼等问题。

(1) 加强信贷政策管理综合协调机制立法

2008年中国人民银行新三定方案明确:"国家发展和改革委员会、财政部、中国人民银行等部门建立健全协调机制,各司其职,相互配合,发挥国家发展规划、计划、产业政策在宏观调控中的导向作用,综合运用财税、货币政策,形成更加完善的宏观调控体系,提高宏观调控水平。"基本明确了信贷政策的配合原则,提出了多部门合作完善宏观调控体制的要求。至于政策协调制度的具体构想,建议如下。

一是建立信贷政策咨议机构。作为制定货币政策的咨询议事机构,中国人民银行目前建立并运行的货币政策委员会机制可以作为完善信贷政策管理主体设置的参考:货币政策委员会中,除中国人民银行行长、副行长作为成员参加外,还有财政部、国家发展改革委等部门领导,以及国有商业银行行长和金融专家,货币政策委员会的建议或会议纪要作为报请国务院通过货币政策等决定的重要依据,这套机制可以保障货币政策充分吸收有关部门的调控意见,并增强执行效果。为此建议借鉴此种操作方式,由国务院授权中国人民银行组建信贷政策委员会,研究信贷政策有关重要决策建议。二是明确宏观信贷政策的效力。建议明确中国人民银行的宏观信贷调控政策效力高于银监会的微观监管政策,即银监会的微观监管政策要与中国人民银行宏观调控政策保持协调一致。

(2) 赋予部分微观信贷管理权相对人的诉权

对于包括信贷政策管理权在内的宏观调控行为是否可诉,目前存在较大分歧。传统的学术观点和司法实践多认为宏观调控行为是一种抽象的决策行为或者是一种国家行为,从而否认其可诉性。近年来,不少学者从约束宏观调控权力运行的角度,提出应当明确宏观调控权力的可诉性。

笔者认为,信贷政策管理行为本身具有复杂性,从信贷政策管理的流程上看,既包括了信贷政策决策行为,也包括了信贷政策的实施和监督行为;从管理层次上看,既包括了宏观信贷调控,又离不开微观信贷管理;[1] 从信贷政策管理手段来看,既包含具有强制执行力的行政命令,也包含不具有强制执行力的指导行为。因此,不能以可诉或不可诉一概而论

---

[1] 李昌麒、胡光志:《宏观调控法若干基本范畴的法理分析》,《中国法学》2002年第2期。

之，需要区分信贷政策管理行为是否对具体市场主体的权利义务产生影响，如果是针对非具体相对人做出的具有普适性的规范性文件，不应当具有可诉性。对于信贷政策实施行为，如果是具有强制执行力的、影响相对人具体权利的行为，应具有可诉性，法律应赋予相对人以诉权；如果仅仅是一种指导行为，由于不具有法律约束力，不具有可诉性。对于具有奖励性质的信贷政策管理行为，当事人则主要通过民事诉讼途径予以救济。

第三节　股指期货与股票现货跨市场交易宏观审慎监管论

我们需要一种能够鼓励监管当局与中央银行积极抵御金融体系顺周期性的宏观金融稳定框架。[①]

——国际清算银行首席经济学家威廉·怀特

一　引言

2010年4月，沪深300股指期货合约上市拉开了中国股指期货交易的大幕。在金融法意义上秉承金融风险管理职能的股指期货市场开始与承载投融资功能的股票市场一道共生共进。尽管股指期货市场并非简单地亦步亦趋于股票现货市场的演进和发展，但以股票现货价格作为其基本参数变量是股指期货交易最核心的金融本质。美国1987年股灾的爆发即已向世人昭示：在指数套利和组合投资保险驱动下，股指期货价格与现货价格间存在强烈的"瀑布效应"。股指期货与股票现货的价格联动引导着两大市场之间的风险溢出和联动效应。为此，强化金融监管体系中宏观审慎监管的根基自然成为完善跨市场交易监管法制的基本诉求。中国证券期货市场上"8·16光大乌龙指事件""5·28股市断崖式下跌事件"和"5·6千股跌停事件"的接踵而至迫切呼吁构建一种能够鼓励监管当局与中央银行积极应对跨市场交易风险的宏观审慎监管法制框架。

国外关于股指期货和金融衍生品交易的法律性质与监管的著作早已有之。西蒙·詹姆斯对股指期货、期权、互换等金融衍生品合约及场外衍

[①] White W. R., "Past Financial Crises, the Current Financial Turmoil, and the Need for A New Macrofinancial Stability Framework", *Journal of Financial Stability*, Vol. 4, No. 4, 2008, pp. 307-312.

品合约的本质、交易风险和法律监管做了系统研究。① 菲利浦·布莱德·约翰逊和托马斯·李·哈森对市场操纵、欺诈交易及内幕交易等各种衍生品交易的违法犯罪行为进行了梳理，并从法律的视角提出了监管建议。② 自索尔·皮乔托和杰森·海恩斯基于防止新的全球金融体系的不稳定性提出建立跨市场监管以来，③ 杰罗恩·J. M. 克雷默斯、德克·舍恩马克和彼得·J. 威特斯等银行经济学家与学者均主张确立一对一的股指期货与股票现货跨市场监管模式。④ 之后，周品黄、林梅陈和俞明德等学者在对美国等发达资本市场股指期货与股票现货价格引导关系、价格协调机制的有效性进行深入研究的基础上，提出了完善跨市场协调机制的监管设想。⑤ 不过，这些基于西方证券市场的研究成果受制于中外金融监管体制和金融市场基础条件上的巨大差异，对中国相关法制完善的直接借鉴意义乏善可陈。

国内学者刘凤元⑥、王春峰、卢涛、房振明⑦等对股指期货与股票现货跨市场价格操纵行为的具体表现形式及其对市场价格的影响机制进行了探讨，并从信息工具的视角提出了相应的监管对策。刘庆富、黄波、方磊⑧等主张构建中国证监会统一领导下的跨市场监管领导小组并建立信息交换机制、风险预警机制、联合调查机制和共同风险控制机制。李文莉、王冰冰⑨、张筱峰、高凡（2017）⑩等则对以熔断机制为代表的跨市场稳

---

① Simon James, *The Law of Derivatives*, London: LLP Reference Publishing, 1999, p. 333.
② Philip McBride Johnson, Thomas Lee Hazen, *Derivatives Regulation: Successor Edition to Commodities Regulation*, New York: Aspen Publishers, 2004, p. 1320.
③ Picciotto S., Haines J., "Regulating Global Financial Markets", *Journal of Law and Society*, Vol. 26, No. 3, 1999, pp. 351–368.
④ Kremers J. J. M., Schoenmaker D., Wierts P. J., "Cross-Sector Supervision: Which Model?" *Brookings-Wharton Papers on Financial Services*, Vol. 2003, No. 1, 2003, p. 225.
⑤ Chou P. H., Lin M. C., Yu M. T., "The Effectiveness of Coordinating Price Limits Across Futures and Spot Markets", *The Journal of Futures Markets*, Vol. 23, No. 6, 2003, pp. 577–602.
⑥ 刘凤元：《现货市场与衍生品市场跨市监管研究》，《证券市场导报》2007年第9期。
⑦ 王春峰、卢涛、房振明：《股票、股指期货跨市场信息监管的国际比较及借鉴》，《国际金融研究》2008年第3期。
⑧ 刘庆富、黄波、方磊：《中国股指期货和股票现货跨市监管研究》，《财经问题研究》2012年第6期。
⑨ 李文莉、王冰冰：《我国熔断机制的存与废》，载郭峰主编《证券法律评论》，中国法制出版社2016年版，第170—181页。
⑩ 张筱峰、高凡：《我国股指期货市场与股票市场跨市场监管研究》，《湖南社会科学》2017年第5期。

定机制的存废及其完善提出了自己的见解。总体而言，这些研究成果要么专注于经济学实证分析的视角，忽视了对跨市场交易宏观审慎监管的具体制度设计，要么停留在特定违法行为微观审慎监管的层面或者局限于熔断机制等宏观审慎的部分问题，尚未形成系统性的基于法律立场的跨市场交易宏观审慎监管方面的成果。陈斌彬、张晓凌撰写的《股指期货和股票现货跨市场交易监管研究》一书是该领域新近最为系统的一个成果，[①] 但限于时效性，未能紧密结合当下组建中央金融委员会（以下简称"中央金融委"）和中央金融工作委员会的政治背景，适时匡正和厘定中央金融委、中央银行及其他金融监管部门在跨市场交易监管中的具体角色和地位，未能考虑行将制定期货基本法等法律的重要契机，明确跨市场交易宏观审慎监管的核心法律架构。本节以中央金融委的设立和《期货法》等法律的立法讨论为现实基础，探究当前股指期货与股票现货跨市场交易宏观审慎监管存在的主要问题，以期为推动跨市场交易监管法治的完善提供可资借鉴的思路。

二 法律基础、理论框架与问题梳理

中国目前有关股指期货与股票现货跨市场监管的法律基础主要包括全国人大常委会制定的《证券法》、国务院制定的《期货交易管理条例》、中国证监会制定的《期货交易所管理办法》《期货公司管理办法》《期货公司金融期货结算业务试行办法》《关于建立股指期货投资者适当性制度的规定》等法律法规规章，以及中国金融期货交易所制定的《中国金融期货交易所交易规则》《中国金融期货交易所风险控制管理办法》《中国金融期货交易所结算细则》等自律规则，此外，中国期货业协会还出台了《期货经纪合同指引》等行业规范。基本建立起了保证金交易制度、当日交易无负债制度、强制平仓制度、交易价格限制制度、持仓限额制度、结算担保金制度、大额持仓报告制度及风险警示制度等，搭建了跨市场交易间接持有分级结算规则和 DVP（Delivery Versus Payment）交收规则，并特别确立了跨市异常交易紧急措施制度。但总体而言，中国跨市场交易监管仍然侧重于微观审慎理念，以分市场监管为重点。

本质上，股票现货与股指期货属于基础金融产品与衍生金融产品的派

---

① 参见陈斌彬、张晓凌《股指期货和股票现货跨市场交易监管研究》，厦门大学出版社2015年版。

生关系，两大市场风险休戚相关。国际清算银行（BIS）经济学家克劳迪奥·博里奥直言，股指期货与股票现货跨市场监管必须是一种宏观审慎与微观审慎并举的监管。① 宏观审慎监管是与微观审慎监管相对的、从金融体系整体视角出发的监管理论。首先，在监管组织的设计上，其强调顶层结构设计，体现出显著的与微观审慎监管相向而行的、自上而下的风险锁定方法特质。② 就跨市场交易而言，由于金融市场间或金融机构间的"集体行动"能够影响整体风险，③ 为了解决期现市场之间的风险感染和共振问题，跨市场交易宏观审慎监管以整体市场能够接受的翘尾损失为监管的逻辑起点，在此基础上再根据单个市场及其个体机构的具体特征来决定其风险贡献度，并确定具体的针对单市场和个别机构的监管措施。这种风险锁定方法决定了其必须注重监管组织的顶层结构设计，以统领整体市场的风险监管。其次，在监管方式的选择上，由于宏观审慎监管更加注重风险的全局性，因而其高度重视市场层面跨市场协同稳定机制的建立和政府层面合作监管机制的运用。再次，在监管手段的运用上，由于重要机构投资者的重点交易行为对整体金融市场具有更为显著的风险影响力，宏观审慎监管更加强调根据不同金融机构对整体金融市场风险的贡献度而采取差异化监管措施，一般对其采取相较于普通交易者更加严厉的监管措施。最后，在监管行为的法制保障上，宏观审慎监管涉及多个公权力主体对多个金融市场的介入，实践中，制定完备的宏观审慎立法体系成为一种不成文的国际惯例。

鉴于宏观审慎监管的上述特征，本节不按照传统金融监管法律关系的主体、客体、内容等基本法律要素对跨市场监管的一切法律问题进行平铺直叙，而是基于宏观审慎监管的理论视角，径直选取跨市场宏观审慎监管中最为重要的法律问题，沿着"监管主体（'谁来监管'，体现为下文中跨市场交易宏观审慎监管的法律主体问题）→监管机制（'如何监管'，体现为下文中的跨市协同稳定机制的构建、共享监管与流动性管理法律制度的建立、重要机构投资者重点交易行为监管法制等问题）→监管依据

---

① Borio C., "Implementing the Macroprudential Approach to Financial Regulation and Supervision", *Financial Stability Review*, Vol. 13, No. 13, 2011, pp. 31-41.

② 杨子晖、周颖刚：《全球系统性金融风险溢出与外部冲击》，《中国社会科学》2018年第12期。

③ Claudio Borio, Towards a Macroprudential Framework for Financial Supervision and Regulation, https://academic.oup.com/cesifo/article/49/2/181/533780，2023-09-06.

（监管的法制保障，体现为下文中跨市场交易宏观审慎监管基本法律体系的制定问题）"的基本逻辑而展开，梳理中国现行跨市场监管中存在的主要问题，介绍国外的先进立法经验，并提出中国跨市场交易宏观审慎监管法制完善的建议。本节试图建立一个普适性的跨市场交易监管框架，对其中过于具体的监管技术细节不做过多纠缠。

以宏观审慎监管的基本要求来看，中国目前股指期货与股票现货跨市场交易监管主要存在以下问题。

（一）跨市场交易宏观审慎监管主体缺位

在金融分业经营和分业监管体制下，中国跨金融行业、跨金融市场交易一直是以特定领域金融监管部门之间的"金融监管联席会议机制""金融监管协议""监管协作备忘录"等"联合工作机制"的形式为主展开的。这些"机制""协议"和"备忘录"本质上只是一种"工作机制"，并不存在实体性的金融宏观审慎监管部门，无法真正有效地牵头履行跨市场交易宏观审慎监管职责。股指期货与股票现货跨市场交易涉及多个监管部门对多个交易环节的监管。在宏观审慎监管主体缺位的情况下，为数众多的监管部门之间存在严重的监管重叠和监管真空问题。一方面，"联合工作机制"的参与部门行政级别相同并且彼此不存在隶属关系，通过一种"机制"为自己和对方设定权利和义务，法律效力和实践效果均大打折扣。另一方面，"联合工作机制"并未真正将《中国人民银行法》确定的金融稳定职能的宏观审慎监管主体——中国人民银行纳入其中，凸显了其自身在宏观审慎监管能力上的不足。

在新时期，金融监管新范式要求在专门金融监管机构之上建立跨业风险监管机构，防止风险在金融体系内外传递。[①] 为构建中国统合型金融监管体制，当前需要解决两大问题：一是建立统一的金融监管机构，实现组织体系方面的统合；二是厘清央行与金融监管机构之间的关系，实现政策职能方面的统合。[②] 2017年7月，全国金融工作会议已经宣布成立更高级别的金融稳定协调机构——国务院金融稳定发展委员会。2023年3月，中共中央、国务院印发的《党和国家机构改革方案》中提出组建中央金融委员会和

---

① 周仲飞、李敬伟：《金融科技背景下金融监管范式的转变》，《法学研究》2018年第5期。

② 参见杨东《论我国金融统合监管体系的路径模式》，载王卫国主编《金融法学家》（第3辑），中国政法大学出版社2012年版，第209—219页。

中央金融工作委员会,设立中央金融委员会办公室,不再保留国务院金融稳定发展委员会及其办事机构。将国务院金融稳定发展委员会办公室职责划入中央金融委员会办公室。中央金融委员会可以超脱的态度动"一行一会一局"(中国人民银行、中国证监会、国家金融监督管理总局)监管权利的"蛋糕"填补监管真空,但其在股指期货与股票现货跨市场交易宏观审慎监管中的具体职责,以及其与中国人民银行和其他金融监管部门在宏观审慎监管职能上的分工、合作与协调机制等问题,迫切需要立法予以回应。

(二) 跨市场交易协同稳定机制不足

证券市场交易规则的合理和完善程度是市场稳定目标能否实现的重要决定因素之一。[①] 股指期货与股票现货跨市场协同稳定机制是指依据一国证券期货法律,由监管当局采取的行政的或者市场的旨在维护期现市场平稳、高效运行的协同稳定措施。价格涨跌停板制度和熔断机制是典型的跨市场协同稳定机制。价格涨跌停板制度(Daily Price Limit)即价格涨跌幅限制措施,指证券期货交易价格在特定交易日中的最大涨跌幅达到前一交易日价格的法定幅度时立即停止交易的制度。价格涨跌停板制度对于股票现货市场尤其是个股非理性暴涨暴跌具有较好的平抑作用,但实践证明其对于股指期货与股票现货跨市场的协同稳定作用有限。

发达资本市场国家往往通过跨市场熔断机制(Circuit Breaker)来达到维护市场间的平稳运行的目的。熔断机制又被称为断路器制度,是指当市场交易波动幅度达到法定的单日价格波动幅度规定区间("熔断点")时,证券期货交易所为了控制股指期货市场和股票市场的风险而采取的暂停交易措施,具体包括"熔而断"(自动中断一段时间)和"熔而不断"(就此"躺平"而不得超过上下限)两种形态。对沪深300股指期货市场每分钟高频数据的最新实证研究显示,熔断机制"可以为稳定市场波动起到一定的控制和保护作用"[②]。因此,尽管中国在2016年保留个股涨跌停板制度的基础上推出熔断机制仅4个交易日便被紧急叫停,但这并不能直接否定该机制对于跨市场交易的协同稳定效用。相反,涨跌停板制度并不足以构成有效的跨市场交易协同稳定机制。"两个市场只建

---

① 参见巫文勇、余雪扬《注册制下股票发行标准重建研究——基于注册发行与相关上市规则的冲突分析》,《江西财经大学学报》2019年第4期。

② 杨靖阳、张艳慧:《熔断机制对我国A股市场影响的实证分析》,《统计与决策》2017年第13期。

立了涨跌停板制度，均未设立'熔断制度'，这是中国资本市场很多问题产生的重要根源。"① "8·16光大乌龙指事件"和"5·28股市断崖式下跌"的发生警示我们必须深入反思熔断机制在中国失败的根源及其与涨跌停板制度在跨市稳定方面的协同原理。在中央金融委员会设立的背景下，如何通过法律规则的制定和完善正确处理中国现行的价格涨跌停板制度与熔断机制的关系，构建有效的宏观审慎监管框架迫在眉睫。

（三）跨市场交易共享监管与流动性管理法律框架阙如

目前，学术界对金融风险溢出效应的研究主要侧重于整个金融系统对实体经济的系统性风险问题，而对不同金融市场之间的风险溢出效应的关注相对不足。② 市场与市场之间的信息传递存在衰减及准确度损失的情况，当这种衰减或损失程度过大时会造成监管机构间的信息沟通不畅。为此，在规制领域，一种主张通过"多中心、多主体、多层次的合作"的合作规制（Cooperative Regulation）理论应运提出。③ 鉴于中国目前监管立法中信息共享多流于形式，监管中信息不对称现象时有发生的现实，为了实现宏观审慎监管的目的，我们提出跨市场监管（自律）部门共享监管，共享监管的法律本质正是合作规制。以操纵市场为代表的违法交易行为通常由多个市场的多个行为组成。目前，中国期货市场采用"逐笔盯市"风险监控模式，沪深证券交易所、中国金融期货交易所及商品期货交易所均建立了各自的交易和流动性风险监测系统，对各自市场的交易数据和信息及结算情况等进行实时监控，并能实现定向指标的动态预警。但对于横跨股票市场和股指期货市场的交易行为并没有出台相应的法律制度构建动态的共享监管措施。

与此同时，跨市场流动性管理法律框架阙如。股指期货与股票现货跨市场交易不仅涉及股票市场和股指期货市场，而且与货币市场等密切相关。中央银行对货币政策的调整及金融监管部门对商业银行信贷行为和理财业务等的监管，均引发市场间的交易行为调整和资金流向改变。从行为金融学的角度来说，无论涉及哪些市场的交易，所有的交易行为最终都会

---

① 石晓波、周奋：《股指期现市场跨市监管的国际经验及制度重构——基于光大816乌龙指事件的思考》，《上海金融》2014年第3期。

② 陈尾虹、唐振鹏、周熙雯：《基于不同市场状态机制的金融机构风险溢出效应研究》，《当代财经》2018年第5期。

③ 张红：《走向"精明"的证券监管》，《中国法学》2017年第6期。

在一定的维度上以流动性的形式表现出来，反过来，不同时间截面的流动性特征又以不同的方式影响着交易者的交易行为。因此，进行股指期货市场流动性监控，并与其他市场情况及时协调，从而保持整个金融市场的稳定发展至关重要。新出台的《期货和衍生品法》确立了期货交易所基于维护市场稳定的紧急措施类型，但跨市场交易系统性风险的防治更需要对跨市流动性进行实时监测、评估和预警，这高度依赖跨市场交易流动性监管法律制度的构建。在设立中央金融委员会及其办公室的背景下，如何正确处理中国人民银行与中央金融委员会及其他金融监管部门在股指期货与股票现货跨市场交易的流动性管理法律框架中的角色和地位，以及如何继续完善该法律框架下具体的流动性管理法律制度是跨市场交易宏观审慎监管法制完善的又一难题。

（四）重要机构投资者重点交易行为监管法律制度缺位

从国际金融发展史来看，在特定的金融市场发展时期，只要单个金融机构稳健运行，那么整个金融市场就能稳健运行。[①] 根据风险回应型金融法和金融规制的一般原理，该时期的金融法往往确立与之相应的，以对单个金融机构、金融工具和金融产品的微观审慎监管为核心的立法和规制范式。从法理上对该时期金融立法进行审视我们不难发现，基于金融市场主体的均质性假设，以民商法为核心的金融法往往不对金融市场主体进行差异化和倾斜性的权义结构安排。相反，2008年国际金融危机的爆发让人们开始意识到，系统重要性金融机构（SIFIs）与普通的金融投资者和交易者在"经济能力""认知能力"和"信息能力"上存在显著差异，而此时，以强调主体差异性原理的经济法为核心的金融法出于实质正义的立场必须体现出其制度设计在主体行为、权义、责任等诸多方面的不同。因此，将SIFIs纳入严格监管的范畴，确保金融体系的安全可期已成为宏观审慎监管中一个不可或缺的节点。自2009年G20金融稳定理事会（FSB）对SIFIs作出界定之后，巴塞尔银行监管委员会（BCBS）、国际证监会组织（IOSCO）和国际保险监督官协会（IAIS）随即分别制定了对SIFIs来说，较之于普通金融机构更加严苛的监管措施，所有的金融监管风险防范都围绕着大型金融机构的稳定性展开。[②]

---

① Crockett A. "Marrying the Micro-and Macro-prudential Dimensions of Financial Stability", https://www.mendeley.com/catalogue/marrying-micro-macroprudential/，2023-09-06.
② 许多奇：《互联网金融风险的社会特性与监管创新》，《法学研究》2018年第5期。

值得注意的是，SIFIs 并不局限于银行，投资银行、对冲基金、私募股权基金、结构化投资载体（SIV）、货币市场基金等金融机构、工具和产品构成的"影子银行体系"（the Shadow Banking System）均在其列。与将银行类 SIFIs 作为重点规制对象的法理相同，在跨市场交易中，机构投资者和普通投资者在资金规模、交易结构的复杂性，以及交易行为对整体金融市场系统性风险发生的关联性上迥然不同。金融法在跨市场交易上如果对所有交易者秉持同样的监管力度和监管方法，则很可能因为防范风险的措施失当而引致防范风险本身的风险。大型证券期货公司及合格的境外机构投资者（QFII）等具有超级资金和证券实力的机构往往拥有通过操纵市场获利、通过跨市场内幕交易获利、通过跨市场高频交易获取瞬间收益或者避免损失等行为的理论可能。以沪深 300 股指期货合约为例，尽管中国证监会对证券公司开展自营业务设置了净资本要求等监管措施，但其法理基础依然是建立在控制证券公司自身流动性之上的，并未充分考虑重要机构投资者对股指期货市场和股票现货市场可能带来的特殊负外部性。同时，由于期货市场的收盘效应会显著影响现货市场波动性，而 QFII 又具有丰富的国际资本市场跨市场交易经验，更有利用"到期日效应"（Expiration Effect）操纵市场的劣迹在先，中国现行的《合格境外机构投资者参与股指期货交易指引》等法律制度显然不能对这些跨市场操纵行为进行有效的监管。在设立中央金融委员会的背景下，如何构建中国跨市场交易重要机构投资者分类制度和重要交易时点、重点交易行为规制法律制度将是事关系统性金融风险防范与治理的当务之急。

（五）宏观审慎监管基本法律体系尚未形成

从法律渊源上看，中国现行关于股指期货与股票现货跨市场交易的监管法律制度主要由《期货和衍生品法》以及国务院、中国证监会制定的法规、规章辅之以中国金融期货交易所和中国期货业协会的自律规则等构成。法治社会的融贯性原理要求规则系统内部，以及规则系统与法治实践之间，在价值取向和基本原则上具有一致性。[1] 2022 年 4 月 20 日，第十三届全国人民代表大会常务委员会第三十四次会议通过的《期货和衍生品法》在跨市场交易监管方面具有基本法的重要地位，但该法有关跨市场的交易监管主要规定在其第十一章"跨境交易与监管协作"部分，主

---

[1] 江必新、王红霞：《法治社会建设论纲》，《中国社会科学》2014 年第 1 期。

要建立了四大方面的核心制度：确立该法的境外适用效力；对境内机构从事境外期货交易做出规定；对境外机构开展境内业务做出规定；构建跨境监管合作与协调制度。在关于股指期货与股票现货跨市场交易的监管实践方面的可操作性不强，中国跨市场宏观审慎监管长期存在高度依赖监管部门针对特定市场风险出台低位阶监管文件的实施路径，不免导致法律规则系统内部呈现"不融贯"现象。

期货市场本质上是立法依赖型市场，完备的法律制度体系是其平稳运行、稳步发挥功能的关键。对于股指期货与股票现货跨市场交易宏观审慎监管而言，在《期货和衍生品法》中对该问题进行原则性的规定，并制定配套的下位监管法律制度是未来的必由之路。此外，由于宏观审慎监管是一种自上而下的监管框架，跨市场交易关乎多个部门之间的权义配置关系，必须以法律的形式予以明确才具有真正的现实可行性。因此，对于中央金融委员会与中国人民银行和其他金融监管部门的职能配备和责任厘定问题，必须通过更高级别的宏观调控基本法律予以保障。

三　跨市场交易宏观审慎监管的他山之石

股指期货与股票现货跨市场交易肇始于美国，并随后向英国、日本、新加坡及中国香港等地的证券期货市场蔓延。这些发达资本市场国家和地区积累起来的先进的立法经验为中国大陆通过法律移植，构建符合本土金融市场需求的跨市场交易宏观审慎监管法制提供了颇有价值的比较法样本。"光大8·16乌龙指事件"和"5·28股市断崖式下跌"事件深刻应验了中国目前跨市场交易宏观审慎监管法制的完善仍处于一种试错阶段，为此，客观上确有借鉴境外先进立法经验之现实需求。是故，以下对发达金融市场跨市场交易宏观审慎监管法制进行介绍和评介。

（一）成立跨市场交易宏观审慎监管部门

后危机时代，美国金融监管改革的重中之重就是通过制定《多德—弗兰克法案》（DFA），成立"金融稳定监督委员会"（FSOC）作为跨市场交易宏观审慎监管部门。DFA规定FSOC的首要目标是识别影响全美金融稳定的风险，包括对由于重大财务困境或者互相关联的银行控股公司或者非银行金融公司的业务实施监控，但不限于金融服务市场。这就将股指期货与股票现货跨市场交易可能带来的系统性风险纳入其宏观审慎监管框架之中。同时，DFA特别赋予FSOC对于FRS和FINRA履行监管职责进行协调的权力。在有效识别跨市场交易系统性风险的前提下,FSOC 可要求 FRS 和 SEC 及 CFTC 对其进行监管。

与美国类似,2013 年 4 月生效的英国《金融服务与市场法》对金融宏观审慎监管框架做出了重大改革,将原来的金融服务局(FSA)分拆成三大部门:金融政策委员会(FPC)、审慎监管局(PRA)和金融行为局(FCA)。FPC 被确定为金融宏观审慎监管部门,专门应对系统性风险的识别、监控与规制,并对 PRA 和 FCA 的监管进行协调和指导。FCA 侧重于对金融机构具体业务的监管。由此,对跨市场交易确立了以 FPC 为宏观审慎监管主体、FCA 为微观审慎监管主体的监管架构。此外,日本在后危机时代也越来越突出其中央银行——日本银行在金融业宏观审慎监管方面的职能,其对跨市场交易具有法定的宏观审慎监督权。总之,无论是美国的 FSOC、英国的 FPC,还是日本央行,实现对跨市场交易宏观审慎监管主体的法定化是健全和完善跨市场交易宏观审慎监管法制的逻辑起点。

(二)建立完善的熔断机制实现跨市协同稳定

美国是最早对跨市场交易熔断机制立法的国家,随后,日本、新加坡等发达资本市场国家也都分别效仿美国建立了适用于不同金融(现货/期货)市场、瞄定不同的标的指数、设立不同的熔断阈值,以及采取不同熔断处置措施的、以稳定市场和控制系统性风险为目的的熔断机制。无疑,作为世界证券期货市场熔断机制成熟度最高的国家,美国的跨市场交易熔断机制最为完善,最具借鉴意义。

美国政府早在《布兰迪报告》(Brady Commission Report)制定时即深刻认识到,投资者利用股指期货与股票现货的关联关系进行套利和组合保险投资是 1987 年股灾发生的重要原因。[1] 这得到了 1990 年诺贝尔经济学奖得主默顿·米勒的支持。[2] 为实现股指期货与股票现货跨市协同稳定,美国于 1988 年起正式建立并几经修改其跨市场熔断机制。其熔断机制包括股票现货市场的熔断机制(Single-Stock Circuit Breakers)和股票现货与股指期货跨市场熔断机制(Market Wide Circuit Breakers)两个部分。

其一,股票现货市场熔断机制。1987 年股灾后,纽约证券交易所

---

[1] United States, Presidential Task Force on Market Mechanisms, Brady N. F. Report of the Presidential Task Force on Market Mechanisms. US Government Printing Office, 1988.

[2] [美] 默顿·米勒:《金融创新与市场的波动性》,王中华、杨林译,首都经济贸易出版社 2002 年版,第 57—131 页。

（NYSE）首先建立了股票交易指数熔断机制，选取道琼斯工业指数（DJIA）作为熔断基准。当 DJIA 相对前一交易日下跌 250 点时，暂停交易 1 小时；当 DJIA 相对前一交易日下跌 400 点时，暂停交易 2 小时。此后，经 1996 年、1997 年、2010 年三次指数熔断机制修正后，最终确立了以 S&P500 股票指数为基准、分三大熔断级次的指数熔断机制。即当交易日下午 3：25 之前，S&P 500 下跌第一级次 7% 和第二级次 13% 时，全市场暂停交易 15 分钟；如果该下跌发生在下午 3：25 之后，则不暂停交易。但对全交易日都适用的第三熔断级次而言，当 S&P 500 下跌达到 20% 时，必须整日停止交易。[①]

其二，股票现货与股指期货跨市场熔断机制。1988 年，SEC 批准了著名的 80A 规则（Rule 80A）和 80B 规则（Rule 80B）。80B 规则的主要内容相对固定，即当 DJIA 相较前一交易日收盘价下跌达到 250 点时，暂停交易 1 小时，若 DJIA 相较前一交易日收盘价下跌达到 400 点时，则暂停交易 2 小时。80A 规则又名"项圈规则"（Colar Rule），其核心内容是：当 DJIA 相较前一交易日收盘价上涨 50 点（该点位即限制股指价格的"项圈"）以上时，所有买进 NYSE 市场上 S&P 500 成分股的指数套利市场价委托单只能通过"Buy Minus"指令为之，即只能在不高于上一档成交价时方能成交。反过来，当 DJIA 相较前一交易日收盘价下跌 50 点以上时，所有卖出 NYSE 市场上标普成分股的指数套利市场价委托单只能通过"Sell Plus"指令为之，即只能在不低于上一档成交价时方能成交。只有在 DJIA 返回到前一交易日收盘价 25 点之内，才释放对买卖价格的限制。

综上，跨市场熔断机制对于股票市场涨跌达到一定幅度的情况下，通过打压或者拉高股指成分股的现货价格在期货市场牟利的行为起到了较好的防范作用。但值得注意的是，关于股票现货市场熔断机制实施的必要性及其存废问题，晚近立法出现了重大转向——2012 年 5 月 31 日，美国 SEC 最终批准 FINRA 提交的以涨跌停板制度替代个股熔断机制的提案，废止了个股熔断机制并转而确立了个股涨跌停板制度，[②] 于 2013 年 4 月 8 日正式生效。

[①] Investor Bulletin: New Stock - by - Stock Circuit Breakers, https://www.sec.gov/oiea/investor-alerts-bulletins/investor-alerts-circuitbreakershtm.html, 2023-09-06.

[②] Securities and Exchange Commission (Release No. 34-67091; File No. 4-631), https://www.sec.gov/rules/sro/nms/2012/34-67091.pdf, 2023-09-06.

（三）建立跨市场交易共享监管和流动性管理制度

美国等发达市场国家和地区高度重视共享监管和流动性管理立法，根据 1990 年《市场改革法》(Market Reform Act of 1990)，美国财政部、FRS、SEC、CFTC 从 1991 年起每年须向国会提交跨市场监管协调报告（Inter-market Coordination Report）。为此，四大监管部门制定了一系列的跨市场共享监管和流动性管理措施。包括但不限于由 SEC、CFTC 专门成立横跨股指期货和股票现货市场的监视组织（ISG），对跨市场交易流动性及投资者的投资结构信息、交易信息、交割信息、结算信息、财务信息等进行共享监管，通过流动性跟踪为跨市场交易宏观审慎监管提供数据基础。同时，四大监管部门成立专门应对跨市场交易的多边监管协调小组和协调委员会，比如衍生品政策小组（DGP）、跨市场财务监督小组（IFSG）、金融产品咨询委员会（FPAC）等，这些组织的成立对于股指期货和股票现货跨市场交易监管政策和执法方面的协调一致起到了至关重要的作用。①

随着互联网金融及金融科技的发展，特别是智能投顾等在证券期货交易中的广泛运用，股指期货和股票现货市场的交易效率及资金流、证券流等市场流动性获得极大的提高和改善，这在某种程度上对市场的风险管理能力提出更大的挑战。美国 2010 年 "5·6 闪电崩盘（Flash Crash）事件"和 2012 年 "8·1 骑士资本（Knight Capital）异常交易事件"的爆发则将交易所流动性管理制度的完善进一步提上议事日程。SEC 为此建立了综合审计追踪系统（CATS）和市场信息数据分析系统（MIDAS）。CATS 主要负责与证券业自律组织（SROs）的监视系统对接，MIDAS 则直接与美国 13 个交易所的买卖数据实现对接。② 此外，股指期货和股票现货市场之间还建立了"期货期权与股票信息网络"（INFOE）。这样，SEC、CFTC 和各大股票、期货交易所之间实现了迅捷的信息传输机制，共同组成了美国跨市场交易共享监管和流动性管理制度。

中国香港地区也建立了特色鲜明的共享监管与流动性管理制度。2003

---

① Market Surveillance, https://www.investopedia.com/terms/m/marketsurveillence.asp, 2023-09-06.

② Tom Steinert, Threlkeld, SEC Approves Market-Wide & Single-Stock Circuit Breakers, http://www.securitiestechnologymonitor.com/news/market-wide-single-stock-circuit-breaker-pilots-approved-by-sec-30675-1.html, 2023-09-06.

年香港政府合并了联交所、期交所和结算公司,组建了统一的香港交易所(HKEX)。在交易所层面,HKEX 专门设立涵盖股票现货、期货和期权市场的综合报表机制,对所有跨市场交易主体的清算总额、保证金及风险基金进行统计,并做深入的敏感性监测,分析交易会员在市场上下波动10%、20%和30%情况下的风险承受能力,并可由交易所随时对高风险会员采取监管措施。在交易所与证监会的合作层面,通过谅解备忘录由HKEX 及时向证监会提交会员违法交易事实,并由后者采取监管行动。在流动性监管方面,股票现货与股指期货市场之间基本做到了信息互通,能够迅捷实现市场信息交流。

(四) 加强对重要机构投资者重点交易行为的监管

对跨市场交易而言,重要的机构投资者尤其是证券公司、大型的 QFII 基金等资本巨头往往是市场流动性的主要来源,也自然成为跨市场交易风险的主要贡献者。在监管方法上,美国 2010 年《华尔街透明度和责任法》(The Wall Street Transparency and Accountability Act of 2010)要求对场外衍生品市场实行分类监管。该法将场外衍生品按照品类功能和交易功能分类,针对不同的产品进行差异化的监管权力配置,尤其加大了对之前游离于监管之外而对衍生品交易具有重要风险意义的交易主体——银行的监管。在监管对象上,特别加强对重要机构投资者在信息披露方面的监管。1978 年修订的《商品期货交易法》对期货经纪公司及各类基金等投资者严格要求其披露交易量及其变化、交易流动性及其相继价格变化幅度、现货市场与期货市场的相关性对价格变化的影响、交割部位的集中度等。借鉴美国立法,日本将投资者区分为特定投资者和一般投资者。新加坡市场也作合格投资人、专业投资人和机构投资人等不同交易主体的划分。中国香港市场则将交易会员按照资信实力、交易历史记录、风险管理水平、交易违约情况等划分为全会员、市场会员和附属会员,并对不同类型的交易会员匹配不同等级的交易权限和监管措施。

在重点交易时点的监管问题上,美国《市场改革法》要求 SEC、CFTC 和各大交易所举行定期和不定期的信息会晤机制。特别是在"三巫日"(Triple Witching Hour)的监管上,由于股指期货合约、股指期权及个股期权同时到期可能带来市场共振而引发股票交易价格和成交量的剧烈波动,SEC、CFTC 和各大交易所往往召开定期会议,就上市股指期货合约及股票现货市场上的成分股票可能产生的异动进行信息交流和监管互动,通过 INFOE 密切监测市场交易情况,一旦出现异常交易,SEC 和 CFTC 会迅速组织交易所和相关机构投资者研究事件成因和应对策略。[1] 此外,DFA 特别赋予了 FRS 在紧急情况下拥有对跨市场交易者在资本充足率监管、交易杠杆监管及风险集中度监管等方面提出更高标准和要求的权力,必要时 FRS 甚至可以采取"先发制人"的办法对大型金融机构和跨市场交易者实施强制拆分、资产重组或者剥离。中国香港市场也在跨市场综合报表机制的基础上,通过市场敏感度分析对"三巫日"等重要交易时点市场可能面临的风险进行评估和测试,同时,对重要机构投资者在期货和现货市场上的运营及盈亏情况进行密切跟踪,对高风险会员立即采取监管行动。

(五) 制定宏观审慎监管法律体系

对于股指期货与股票现货跨市场宏观审慎监管而言,证券和期货领域基本法律制度的制定是最基础的保障。美国在 1933 年《证券法》和 1934 年《证券交易法》之外尤其加强了期货基本法的制定和实施。纵观美国期货法制发展史,除了 1948 年成立最早的期货与期权交易所 CBOT 实行交易所完全自律管理以外,在不同的发展阶段均伴随期货市场发展所需,制定或修改了相应的期货基本法(见表 3-1),并在危机后于 2010 年出台《多德—弗兰克法案》统筹整个金融领域的监管改革,确立了完善的跨市场交易宏观审慎监管法律体系。此外,日本《金融商品交易法》(2006 年)、英国《金融服务与市场法》(2012 年)等法律的出台也都对本国跨市场交易宏观审慎监管框架的建立起到了重要的作用。

表 3-1　　　　　　　　美国期货市场基本法制演变

1921 年	《期货交易法》
1922 年	《谷物期货法》
1936 年	《商品交易法》
1968 年	《商品交易所法》修正案
1974 年	《商品期货交易委员会法》

---

[1] Brodsky W. J., "The Globalization of Stock Index Futures: A Summary of the Market and Regulatory Developments in Stock Index Futures and the Regulatory Hurdles Which Exist for Foreign Stock Index Futures in the United States", *Northwestern Journal of International Law and Business*, Vol. 15, No. 2, 1994, pp. 248-257.

续表

1978 年	《商品期货交易法》
2000 年	《商品期货交易现代化法》

四 中国跨市场交易宏观审慎监管法制的完善

跨市场交易风险对整体金融市场稳定的冲击需要强有力的风险回应型的宏观审慎监管予以应对。前述发达资本市场跨市场交易宏观审慎监管法制对于中国无疑具有重要的借鉴意义。不容忽视的是，任何法律都是特定民族的历史、文化、社会的价值与一般意识形态和观念的集中体现，我们在通过法律移植完善中国相关法制的时候，必须实现本土化的过程。如何在借鉴国外先进立法经验的基础上制定和完善适合于中国证券期货市场要素禀赋的跨市场监管法，的确是一个颇具挑战的金融法议题。结合中央金融委员会设立的背景和期货基本法等法律制定的契机，下面以中国金融市场的现实条件和法制环境为基础，依据"监管主体→监管机制→监管依据"的法律逻辑，对中国跨市场交易宏观审慎监管法制的完善作具体的展望。

（一）明确设立跨市场交易宏观审慎监管主体

明确监管主体是完善跨市场交易宏观审慎监管法制的起点。从金融法的角度来说，跨市场交易宏观审慎监管主体的设立要遵循宏观审慎监管的风险逻辑和法理逻辑。所谓风险逻辑，就是宏观审慎监管不同于微观审慎监管的风险损失锁定原理，即坚持自上而下的风险监管方法，事先锁定总体市场风险损失，而后再根据具体金融市场和金融机构的特性分配风险损失。为此，跨市场交易宏观审慎监管主体必须具有在交易所涉及多个市场之上的总体损失控制能力。所谓法理逻辑，即宏观审慎监管主体的宏观审慎监管权要具有正当的权力来源，具有明确的法律授权。显然，美国FSOC、英国FPC等机构即具有这样的风险控制能力和法律授权。

从国际上看，金融宏观审慎监管机构的设立有分散决策模式、纯粹的单一决策模式和联合委员会模式三种，不过跨市场监管从来不存在一种"统一的最优模式"。尽管各种模式各有优劣，但在分散决策模式下，由于没有任何一个机构对监管合作失败负全责，在个别机构通过宏观审慎监管降低系统性风险的激励上明显不足。① 而纯粹的单一决策模式比如完全由央行决策，又容易导致货币政策与监管政策在央行身上产生冲突。② 因此，由多个机构共同组成联合委员会进行宏观审慎监管的模式受到了以纳吉和克拉克教授等为代表的学者的极力推崇。③ 美国 FSOC 实际上就是典型的将 FRS 和财政部等监管部门一并纳入旗下，并由财政部主导的联合委员会，中国 2023 年新设立的中央金融委员会也可采用这种模式。

问题是中央金融委员会的牵头部门是否应当照搬美国 FSOC 由财政部牵头的方案呢？实际上，即便在美国，以维纳尔斯为代表的大多数学者是极力反对财政部牵头方案的，认为其可能因为政治选举等原因搁浅宏观审慎监管的实施。④ 就中国的实际来说，《中国人民银行法》已经赋予了中国人民银行作为最后贷款人的角色承担金融稳定的职能，其本身又具有杰出的宏观经济金融市场研究能力，完全可以胜任联合委员会的牵头部门。这不仅符合 G30 等国际组织对中央银行作为牵头部门的倡议，⑤ 而且 2020 年 10 月 23 日公布的《中国人民银行法（修订草案征求意见稿）》尤其强调了中国人民银行的宏观审慎职能。结合 2023 年党和国家机构改革的最新方案和精神，我们可以确立：中国负责跨市场交易宏观审慎监管的主体应为采用委员会模式的中央金融委员会（办事机构为中央金融委员会办公室），中央金融委员会具有宏观审慎监管决策权，而中国人民银行具有宏观审慎监管的执行权。

这样，一方面，同美国 FSOC 的组建一样，中国跨市场交易有了名副其实的宏观审慎监管主体，跨市场交易的系统性风险防范可以真正得以落实。另一方面，尽管中美在委员会下的主导部门不同，但都注意强化委员会对主导部门的权力制约，最终形成了既相互制约又相互协调的权力运行

---

① Erlend Walter Nier, "Financial Stability Frameworks and the Role of Central Banks: Lessons from the Crisis", IMF Working Paper WP/09/70, 2009, pp. 1-64.

② Masciandaro D., "Politicians and Financial Supervision Unification Outside the Central Bank: Why Do They Do It?", *Journal of Financial Stability*, Vol. 5, No. 2, 2009, pp. 124-146.

③ Alastair Clark, Andrew Large, "Macro-prudential Policy: Addressing the Things We Don't Know", The Group of Thirty Occasional Paper No. 83, 2011, pp. 1-60.

④ José Viñals, The Do's and Don'ts of Macroprudential Policy, http://www.imf.org/external/np/speeches/2011/050211.htm, 2023-09-06.

⑤ "The Group of Thirty, Enhancing Financial Stability and Resilience: Macroprudential Policy, Tools, and Systems for the Future", http://www.centralbank.org.bb/Portals/0/Files/Book_Reviews/Book%20Review%20-%20Enhancing%20Financial%20Stability%20and%20Resilience%20（March%202011）.pdf, 2023-09-06.

机制。这种法律架构的设计完全符合"宏观审慎监管与中央银行法定职责具有内在契合性"①的基本法理，符合第五次全国金融工作会议关于"强化中国人民银行的宏观审慎管理和系统性风险防范职责"的基本精神。其在表面上虽与财政部主导的美国 FSOC 模式相异，但在框架的设计和运行上却有异曲同工之妙，为"强化跨部门金融监管协调""消弭监管重叠和监管真空""防范系统性金融风险"提供了新的渠道。②

（二）建立符合中国国情的跨市场交易协同稳定机制

跨市场交易宏观审慎监管的风险假定原理是跨市场交易协同稳定机制构建的法理基础。具言之，跨市场交易宏观审慎监管假定风险具有内生属性，也就是说期现市场之间的交错互动及交易者的"集体行动"与金融体系的整体性风险呈正相关的关系。为此，宏观审慎监管理论要求必须构建涨跌停板制度、熔断机制或者二者兼容组合的跨市协同稳定机制。这其中包含三个子问题：中国目前股票现货市场的涨跌停板制度是否需要继续保留？美国等发达国家的熔断机制是否需要引入？如果需要引入，如何与涨跌停板制度嫁接，实现无缝对接？此外，如何确定中央金融委员会、中国人民银行及其他金融监管部门在跨市场交易协同稳定机制设立和运行过程中的具体角色，是立法不得不面临的又一问题。

中国现行的涨跌停板制度有必要继续予以实施。涨跌停板制度的价值功能不仅受到中国证券市场监管实践的承认，而且即使像美国这样先期采用熔断机制的国家也在晚近废止了个股熔断机制并转而确立了个股涨跌停板制度。因此，就中国股票现货市场而言，具有丰富实践基础的个股涨跌停板制度依然可以保留。与此同时，尽管 2016 年年初熔断机制在中国仅仅实施两天即被叫停的厄运让理论界和实务界对该制度望而生畏，但这并不意味着熔断机制本身是股市暴跌的根本原因。归根结底，这属于"制度系统结构不科学而引致的制度化风险"③。

熔断机制的启用对各种信息不对称而引致的市场非理性暴涨暴跌，通过以时间换空间的信息补给路径，达到适度缓和和熨平跨市场风险共振的

---

① 刘迎霜：《论我国中央银行金融监管职能的法制化——以宏观审慎监管为视角》，《当代法学》2014 年第 3 期。

② 廖凡：《论金融科技的包容审慎监管》，《中外法学》2019 年第 3 期。

③ 范如国：《"全球风险社会"治理：复杂性范式与中国参与》，《中国社会科学》2017 年第 2 期。

效果。中国应在保留个股涨跌停板制度的基础上，推出对于整个证券市场（成分股指数）异常波动的熔断机制。发达国家股票市场的熔断机制和跨市场交易熔断机制的相关立法均值得中国学习借鉴。比如借鉴美国在证券市场发展的不同阶段，灵活设置熔断级次和熔断点、调整熔断时间等做法，可设置跨市场交易的"项圈规则"，以稳定异常跨市场交易带来的剧烈波动。总之，实现现货市场的个股涨跌停板制度与整体市场的熔断机制的耦合，方能有效促成中国跨市场交易的协同稳定。

在跨市场交易协同稳定机制的实施过程中，中央金融委员会的作用尤为重要。由于熔断机制的熔断级次和熔断点及熔断时间的设置直接关乎整个金融市场的系统性金融风险，属于维护金融稳定的重大决策，本身就是中央金融委员会（办公室）职责范围内必须研究的事项，并且同时涉及股票市场、股指期货市场、货币市场、基金市场等处于不同监管部门之下的金融领域，法律应当赋予中央金融委员会（办公室）对这些监管部门统筹协调并建立金融监管信息共享机制的权力，突出功能性监管。同时，尽管熔断级次、熔断点、熔断时间设置等决策权在中央金融委员会（办公室），但鉴于中国人民银行在宏观经济和金融市场方面突出的研究能力，以及中央金融工作会议关于"强化中国人民银行宏观审慎管理和系统性风险防范职责"之考虑，法律有必要保障中国人民银行对该等决策的建议权。总之，须突出中央金融委的宏观审慎监管主体地位，强化中央金融委员会、中国人民银行和金融监管部门之间在宏观审慎监管方面的通力协作，才能保障跨市场交易协同稳定机制有效运行。

（三）建立中国跨市场交易共享监管和流动性管理法律制度

金融市场参与者在执行或者制定决策时，一般都不会考虑自身对其他人产生的冲击影响，这些溢出效应恰恰是金融市场脆弱性的重要来源。[1]

宏观审慎监管关注多市场的共同风险敞口和集体风险暴露，故将交易者的交易风险集合和交易风险互动作为重中之重予以监管。风险监管本质上讲是"要以一种明智的方式来保证风险被正确的人在正确的时间所理解，以确定性战胜不确定性"[2]。2017年12月7日，国际货币基金组织（IMF）和世界银行（WB）公布的中国"金融部门评估规划"更新评估

---

[1] Steven L., Schwarcz, "Systemic Risk", *Georgetown Law Journal*, Vol. 97, No. 1, 2008, pp. 193-249.

[2] 邢会强：《证券期货市场高频交易的法律监管框架研究》，《中国法学》2016年第5期。

核心成果报告建议中国应"加强数据收集、信息共享和系统性风险监测，强化危机管理框架"[①]。无疑，股指期货与股票现货跨市场交易属于中国必须予以重视的重点监管领域，而监管信息共享和市场流动性管理法制则是保障金融市场稳定的基本条件。根据跨市场交易流动性的微观市场基础，我们可以从两个层面对其进行刻画，即股票市场与股指期货市场场内交易的流动性和货币市场、基金市场等其他金融市场涌入股票期货市场的关联流动性。

美国FSOC组织财政部与FRS、SEC、CFTC等部门建立监管合作机制，以及中国香港交易所建立跨期现市场的综合报表机制的相关经验值得中央金融委员会学习。比如，借鉴美国在《市场改革法》下成立跨市场监视组织的做法，中国可在沪深证券交易所与中国金融期货交易所之间专门成立中国跨市场监视组织，对跨市场交易信息、交割信息、结算信息、财务信息等进行监管数据共享，并建立综合报表机制实现交易信息互通。同时，借鉴美国CATS、MIDAS的建设经验，成立中国的跨市场综合审计追踪系统和市场信息数据分析系统，实现沪深证券交易所、中国金融期货交易所和证券期货业自律组织的数据对接，对跨市场交易投资者结构和交易流动性进行深度的量化分析，以为宏观审慎监管提供扎实的数据基础。

当然，上述流动性监管法律制度的主要对象是证券期货市场本身，对于货币市场、基金市场等其他金融市场涌入股票期货市场的关联流动性的监管法制，可借鉴美国多边监管协调小组和协调委员会的相关立法经验予以设计。建议由中央金融委员会（办公室）组织中国人民银行、金融监管部门与财政部等部委，合作成立跨市场流动性监管小组，并在宏观市场流动性方面出台专门的跨市场流动性法律制度。这些法律制度包括但不限于跨市场交易流动性日常运作法律制度：以《巴塞尔协议Ⅲ》的基本精神为指引，构建能够支持中国金融系统可持续发展的证券、银行等金融机构的流动性风险监管与监测指标。监测与预警法律制度：基于中国特殊的流动性传导机制和流动性冲击触发机制，构建反映单市场和跨市场流动性状况的流动性指数，并以主成分分析、统计回归分析等方法建立流动性预警法律制度。流动性缓冲法律制度：当流动性过剩或不足时，结合跨市场

[①] 温源：《IMF公布中国"金融部门评估规划"更新评估成果报告》，http：//politics.gmw.cn/2017-12/07/content_27036945.htm，2023年9月6日。

交易保证金制度、中国人民银行流动性储备与注入计划、救助计划等，构建流动性缓冲法律制度。流动性应急和反馈法律制度：当预警与缓冲法律机制失效，即当启动流动性应急和反馈机制，可在中国前期跨市场交易应急法律制度的基础上，进一步构建包括中央金融委员会、中国人民银行和金融监管部门在内的应急法律制度及流动性反馈法律制度，从而对整体流动性管理框架进行评估与修复，如图 3-1 所示。

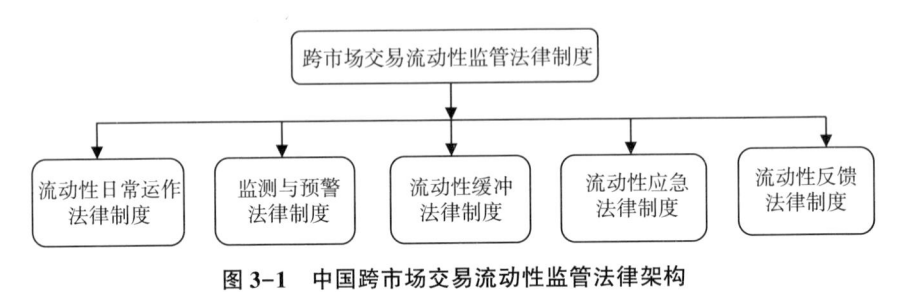

图 3-1　中国跨市场交易流动性监管法律架构

（四）建立重要机构投资者重点交易行为监管法律制度

宏观审慎监管是一种以系统性风险防范为本的监管。跨市场交易宏观审慎监管灵活地对不同经济周期下的交易者实施松紧不一的监管，对不同规模和风险影响力的交易者的不同风险强度的交易行为实施差异化的监管。这是跨市场交易重要机构投资者重点交易行为监管法律制度设立的理论基础。对不同的投资者进行差异化规制，实为经济法主体差异性原理在金融法领域的具体运用。由于不同的交易者在体量和交易规模上截然不同，大型证券公司、QFII 基金等市场交易主体对跨市场交易带来的风险溢出效应更加突出。出于整体市场风险治理和社会本位的考虑，有必要将这些机构"置于更为严格的监督之下"[①]，应借鉴美国、日本、新加坡、中国香港等市场分类监管的经验，对重要机构投资者重点交易行为进行专门规制。

在主体监管方面，可在分类监管原则的指引下对跨市场交易主体进行分类，或者像中国香港交易所那样区分不同的会员实施监管。对跨市场重要机构投资者的监管属于宏观审慎监管的范畴，建议由中央金融委员会（办公室）组织中国人民银行和各大金融监管部门一道，会同中国金融期

---

① ［美］本·伯南克：《金融的本质：伯南克四讲美联储》，巴曙松、陈剑译，中信出版社 2017 年版，第 146 页。

货交易所和沪深证券交易所等一线自律监管组织对交易主体进行差异化分类。对重点监管范围内的大型证券公司、银行等机构投资者，监管当局应当指导身处一线的交易所重点监控其自营账户、关联账户及委托理财计划、集合资产管理计划等重要账户。对于 QFII 基金除了前述监管重点外，还必须关注其在海外资本市场和衍生品市场的交易情况，谨防其通过诸如新加坡富时 50 等境外指数实施跨境操纵。

在行为监管方面，对于重要机构投资者的重点交易行为，可借鉴美国经验综合运用多种方法进行规制。比如重要机构投资者交易账户追踪法和重要成分股指数异常波动排查法。前者主要是在重点交易时间（比如"三巫日"到期前）密切跟踪股票现货与股指期货市场上重点账户的建仓情况。后者则是指当沪深 300 指数等的重要成分股出现异常波动时，利用合作监管机制和市场基础设施对重要机构投资者账户实行倒查，并实施紧急处置措施。此外，可借鉴美国 1978 年《商品期货交易法》的经验，强化重要机构投资者的信息披露义务。

（五）建立宏观审慎监管基本法律制度体系

目前，我国已经正式实施《期货和衍生品法》。该法在目前对"跨境交易与监管协作"进行了详细的规范之外，还应当明确股指期货与股票现货跨市场交易监管的重要基础法律问题，尤其是跨市场交易下中央金融委员会、中国人民银行、证监会、国家金融监督管理总局等部门，以及中国金融期货交易所、沪深证券交易所、证券期货业协会等自律性组织各自的职责，要特别突出身处一线的交易所自律组织对跨市场交易的监督职责。

金融监管从微观审慎监管发展出宏观审慎监管，这使得金融业审慎监管措施的外延扩大，内涵更趋复杂。跨市场交易宏观审慎监管不能寄希望于《中华人民共和国证券法》与《期货和衍生品法》两个基本法完全胜任之，更高层级的宏观经济立法，尤其是宏观调控综合协调制度等方面的立法势在必行。美国《多德—弗兰克法案》就是一部综合的金融监管改革统筹协调法。2022 年 12 月 30 日，《金融稳定法（草案）》正式向社会公布，该草案在跨市场监管方面尚可更进一步对宏观经济金融领域的国务院相关部委，诸如财政部、国家发展改革委、中国人民银行及各金融监管部门在涉及跨市场交易方面的各自角色和定位进行明确，并与新设置的中央金融委员会及其办公室的职权无缝对接，共同促进跨市场交易宏观审慎监管制度的完善，真正实现宏观经济政策与跨市场交易监管政策的协同一致。

五　结语

跨市场交易宏观审慎监管是中国新时期金融稳定工作的重要基石。股指期货市场与股票现货市场之间的风险互溢和共振迫切呼唤跨市场交易监管法制的完善。中国现行跨市交易监管立法仍主要以微观审慎监管理念为主，呈现出宏观审慎监管基本法制滞后的问题。所幸，中央金融委员会及其办公室的设立及《金融稳定法》的即将制定，为跨市场交易宏观审慎监管法制的完善迎来难得良机，相关立法的跟进自当及锋而试。

法律契合于金融自我发展的逻辑，是一个完善的金融市场真正得以建立和发展的制度根基。[1] 根据风险回应型金融法基本原理，中国跨市场交易宏观审慎监管法制必须回应系统性风险管理和跨市场协同稳定的基本需求，这方面，发达金融市场的立法例对中国具有重要的借鉴价值。然依据法律移植的基本原理，中国跨市场监管必须面向中国金融市场特殊的宏微观基础、风险特质及风险传导机制等，尤其是在跨市场交易监管主导部门的选定、跨市协同稳定机制的构建和流动性管理法律制度的设计上，应结合中国的实际进行模式敲定与制度创新。在宏观审慎监管主体的权力制衡、共享监管市场基础设施建设和监管措施的确立，以及宏观审慎监管法律体系的构建上，由于存在普遍性的原理，应当大胆学习发达国家和地区的先进立法经验。

总之，以中央银行主导的中央金融委员会为核心的跨市场交易宏观审慎监管架构，基本遵循了国际清算银行首席经济学家威廉·怀特所倡导的"鼓励监管当局与中央银行"积极互动抵御系统性金融风险的基本精神。宏观审慎监管之于跨市场交易而言具有基石性的重要地位，但跨市场交易监管的完善还涉及微观审慎层面的多种具体制度的建构，而这又将是中国证券期货市场全面法治建设的另一项系统工程，亦是金融法理论进一步前进的重要契机。

---

[1] 参见杨东《互联网金融的法律规制——基于信息工具的视角》，《中国社会科学》2015年第4期。

第四章

金融供给侧补充性金融创新的法律规制

——以住房反向抵押贷款为例

近年来，我国面临老龄化程度不断加剧和养老金紧缺的现实难题。作为一项兼具养老保障功能的新型金融产品，住房反向抵押贷款在实现养老模式观念与制度创新的基础上能够为我国开辟新的养老途径。住房反向抵押贷款将房产和养老紧密联系在一起，使拥有房产但缺少资金的老年人既可以继续居住在自有房屋内，又可以定期获得一笔养老资金，不仅增加了老年人的养老选择，也减少了其对于公共养老资金的依赖。自 2014 年起，我国老年人住房反向抵押养老保险试点工作由局部到整体逐步展开，但整体效果却并不理想，甚至目前基本处于发展停滞状态。相较于国外住房反向抵押贷款发展的趋势和规模，我国住房反向抵押贷款市场发展明显动力不足。除了受到传统遗赠观念、产品知名度不高的影响，最关键的制约因素在于法律制度缺失。对此，理论界有的学者基于比较法视角进行借鉴，更多的学者是从单个的法律问题入手提出具体的解决方案，但这些解决方案大多建立在《民法典》未颁布生效的基础上。不少学者提出我国应赋予让与担保合法性，并以让与担保为基础构建住房反向抵押贷款制度，或者应参照最高额抵押权，在《民法典》物权编新增反向抵押权一节。因此，在《民法典》已生效并短时间内不会进行修订的背景下，如何规制住房反向抵押贷款值得重新思考和梳理。

基于金融供给侧结构性改革的视角，本章的研究主要有以下两个方面的意义。

其一，住房反向抵押贷款本身具有较强的社会意义，以房养老理念和住房反向抵押贷款业务的推出，不仅增加了一种新的养老金融产品，而且对社会、家庭和个人都将发挥重要作用。作为我国基于社会养老供给不足而探索出来的商业养老创新成果，一方面，老年人的抗风险能力较弱，而住房反向抵押贷款可以为其带来持续的现金流，从而满足老年人对财务稳定性的需求并保障其晚年生活；另一方面，住房反向抵押贷款将家庭和个人的养老规划、住房规划和投资理财规划连接为一体，对住房价值在家庭和个人整个生命周期内做出综合性的衡量与统筹安排。在此基础上，住房反向抵押贷款不仅能够更加科学、合理地补充社会化养老保障的不足，还有利于促进金融业与房地产业、养老服务业相互结合与渗透，拓展综合性业务运营的广度与深度。

其二，我国住房反向抵押贷款实际试点运行情况并不理想，现实状况与制度预期的割裂与我国尚未形成对住房反向抵押贷款的有效法律规制存在紧密相关性。在此背景下，通过在法律层面对住房反向抵押贷款进行理论界定与分析，探讨完善住房反向抵押贷款法律制度的价值目标和具体措施，可以深化我国住房反向抵押贷款制度的法学研究，从而对试点采取的养老保险模式的不合理之处予以不断完善，实现住房反向抵押贷款与我国法律制度的良好衔接，为市场后续提供更具可行性与吸引力的住房反向抵押贷款产品奠定坚实基础。

国外学者在住房反向抵押贷款的可行性研究方面，Mitchell 和 Piggott 认为日本实施住房反向抵押贷款的基础在于日本政府为了鼓励住房反向抵押贷款，建立了相关税收优惠制度和再保险项目等配套措施。[1] Chinloy 和 Megbolugbe 指出住房反向抵押贷款在美国拥有巨大的市场，因为根据统计，美国 62 岁以上符合住房反向抵押贷款条件的老年人约有 1210 万人。[2]

在市场现实情况研究方面，Hui Shan 分析认为，对于遗产动机强烈的老年人而言，住房反向抵押贷款将减少其遗产总额，加之对这一复杂金融产品的了解程度不深，所以难以接受住房反向抵押贷款。[3] Ben Jakubowicz 认为正是因为住房反向抵押贷款的风险高于一般抵押贷款，所以美国住房反向抵押贷款市场中 90% 的业务都由政府特别指定的机构进行运作，市

---

[1] Olivia S. Mitchell, John Piggott, "Unlocking housing equity in Japan", *Journal of The Japanese and International Economies*, Vol. 18, No. 4, 2004, pp. 466-505.

[2] Peter Chinloy, Isaac F. Megbolugbe, "Reverse Mortgages: Contracting and Crossover Risk", *Real Estate Economics*, Vol. 22, No. 2, 1994, pp. 367-386.

[3] Hui Shan, "Reversing the Trend: The Recent Expansion of the Reverse Mortgage Market", *Real Estate Economics*, Vol. 39, No. 4, 2011, pp. 743-768.

场化程度较低。[1]

在风险管理研究方面，Edward J. Szymanoski 认为住房反向抵押贷款所面临的三大风险分别为房产价值不可控风险、利率风险和长寿风险。[2] Thomas Davidoff 和 Gerd Welke 则认为只要住房反向抵押贷款交易基数不断扩大，长寿风险就可以被分散。[3] 对于利率风险，大部分学者的观点都是定时调整利率。Robert J. Shiller 和 Allan N. Weiss 认为道德风险也应当被纳入开展住房反向抵押贷款业务可能遇到的问题之一，[4] 但 Thomas Davidoff 和 Gerd Welke 两位学者持相反意见，他们通过研究认为道德风险是可控的，对于住房反向抵押整个市场而言，道德风险影响有限。[5]

在法律规制研究方面，Héctor Simón-Moreno 探讨了对西班牙和意大利住房反向抵押贷款的监管措施，提出应当就住房反向抵押贷款的定义、借款人的资格限制、合同签订前消费者保护规则、借款人的处分权和政府的干预方式等方面做出法律规定，除此之外，政府还应实施税收优惠和财政补贴等激励措施。[6] Settanni 和 Giuseppe 在考察欧盟各个国家关于住房反向抵押贷款监管政策的基础上，认为有必要在欧盟层面构建住房反向抵押贷款法律制度，为所有成员国创造明确的法律框架。[7] Davalene Cooper 基于住房反向抵押贷款的发展前景，认为应当建立消费者权益保护规则，

---

[1] Ben Jakubowicz, "What the HECM is a Reverse Mortgage: The Importance of the Home Equity Conversion Mortgage in an Aging America", *University of Louisville Law Review*, Vol. 56, 2016, pp. 183-208.

[2] Edward J. Szymanoski, "Risk and the Home Equity Conversion Mortgage", *Real Estate Economics*, Vol. 22, No. 2, 2010, pp. 347-366.

[3] Thomas Davidoff, Gerd Welke, Selection and Moral Hazard in the Reverse Mortgage Market, https://citeseerx.ist.psu.edu/viewdoc/download;jsessionid=0977F5D1B23C4A7ABC549493617201D0?doi=10.1.1.320.143&rep=rep1&type=pdf, 2023-09-06.

[4] Robert J. Shiller, Allan N. Weiss, "Moral Hazard in Home Equity Conversion", *Social Science Electronic Publishing*, Vol. 28, 2010, pp. 1-31.

[5] Thomas Davidoff, Gerd Welke, "Selection and Moral Hazard in the Reverse Mortgage Market", *SSRN Electronic Journal*, Vol. 2004, 2004, pp. 1-44.

[6] Héctor Simón-Moreno, "The Regulation of Reverse Mortgages As a Source of Income in Retirement: Policy Options and Legal Drivers", *Journal of Housing and the Built Environment*, Vol. 34, No. 4, 2019, pp. 1005-1022.

[7] Settanni, Giuseppe, "Equity Release, Reverse Mortgage and Home Equity Conversion: Perspectives in Different Law Systems and Questions for Harmonization at EU level", *European Business Law Review*, Vol. 28, No. 5, 2017, pp. 731-746.

并且强制咨询制度是保护老年房主最重要的措施。①

国内在住房反向抵押贷款法律规制的研究方面,2002年孟晓苏正式提出在中国建立住房反向抵押贷款的寿险服务。随后,住房反向抵押贷款制度受到了越来越多的关注,激发了学界对于这项制度的思考。目前,关于住房反向抵押贷款的研究主要集中在以下几个方面。

首先,是对住房反向抵押贷款的必要性研究。孟晓苏指出,住房已经成为居民个人财产的重要组成部分,但住房存在价值高却难以变现的问题,导致许多老年人面临有房住、难赡养的困境,如果实施住房反向抵押贷款,将在社会保障体系与自住房屋产权的结合,以及扩大内需以拉动经济发展方面发挥重要作用。② 柴效武和蒋徐娇提出,以房养老作为养老的新思路,能够在开辟养老新道路、建立适应市场经济时代的新型代际关系、创新投资渠道及弥补农村社保养老体系不完善的缺陷这四个方面产生一定的积极意义。③ 谢天长和于春敏在居家养老视角下对住房反向抵押贷款问题进行讨论,认为该制度是社会保障体系的有效补充,且可以盘活捆绑在住房上的大量资金,从中长期看,甚至可能在一定程度上抑制房价,但同时二人认为目前我国农村地区缺乏运行住房反向抵押贷款的基础与条件。④

其次,是对住房反向抵押贷款中的抵押权客体的研究。蔡永为和王者洁两位学者都认为反向抵押客体仅指老年人本人合法拥有的建立在完整土地使用权上的房产,房屋所有权及建设用地使用权主体应保持一致,经济适用房、限价商品房、公产房、期房、建筑在宅基地之上的房屋及小产权房都不能成为反向抵押的客体,并且除了夫妻共同共有的房屋,其他种类的共有房屋也不能成为反向抵押客体。⑤ 蔡永为还指出,只有实际居住(包括出租)的房屋才能设立反向抵押。⑥ 与这两位学者不同的是,鲁晓

---

① Davalene Cooper, "Reverse Mortgages: Mandatory Counseling and Other Protections for the Elderly Homeowner", *Clearinghouse Review*, Vol. 27, No. 6, 1993, pp. 622-628.
② 参见孟晓苏《论建立"反向抵押贷款"的寿险服务》,《保险研究》2002年第12期。
③ 参见柴效武、蒋徐娇《售房养老——一种养老新思路的提出》,《浙江社会科学》2004年第1期。
④ 参见谢天长、于春敏《居家养老与反向抵押贷款制度之构建》,《东南学术》2011年第3期。
⑤ 参见王者洁《住房反向抵押的权利证成》,《法学论坛》2020年第5期。
⑥ 参见蔡永为《建立住房反向抵押制度所涉客体问题的法律思考》,《现代财经》2009年第6期。

明对反向抵押客体范围的确定持较为宽和的态度,一方面,针对非完全产权房屋,其是否能成为反向抵押客体的判断标准为产权人是否具有处分权,若有,则非完全产权房屋可以作为抵押标的物;另一方面,针对共有房屋,鲁晓明将其分为自然人之间共有的房屋和非自然人之间的共有产权住房,前者原则上不适用反向抵押,但以夫妻共同共有为例外,后者可以通过缴纳土地出让金或者购买国家所持份额两种方式获得完全产权,变共有为单独所有。①

最后,是对住房反向抵押贷款的发展问题与解决途径研究。许芳和范国华为解决住房反向抵押贷款的合法性问题,认为我国立法应当引入让与担保,以构建住房反向抵押贷款的基础法律关系。② 刘肖原认为房产的物权问题是制约我国住房反向抵押贷款制度发展的主要原因,主要表现于房产权和地产权时间不一致和权属不一致两方面,并提出引入土地年租制、明确农村集体建设用地可以流转和建立农村房屋产权登记法律制度的解决方式。③ 范卫红、倪水锋和张仕廉、刘亚丽等经研究发现传统观念的束缚、二手房市场发展的滞后和中介机构的不规范也是我国住房反向抵押贷款所面临的困境,并且提出了针对性的解决方案,包括改变传统养老观念、大力培育二手房市场及建立独立的中介咨询机构等。④

综合国内外研究现状,不难得出以下结论:

首先,国内和国外对于住房反向抵押贷款的研究方法与研究内容存在差异。国外对住房反向抵押贷款的研究具有三个特征:一是国外学者更偏向于运用定量研究方法,以分析各个群体对住房反向抵押贷款产品的喜好,从而进一步设计并改进更符合消费者需求的产品;二是国外学者的研究重点是产品设计和定价、风险识别和防范;三是关于如何规制住房反向抵押贷款,国外学者更关注消费者保护和信息披露规则的完善。相较于国外学者,我国学者大多采用定性研究方法,研究内容主要集中于我国引入

---

① 参见鲁晓明《论反向抵押权制度在民法典〈物权〉编之建构》,《清华法学》2018 年第 5 期。

② 参见许芳、范国华《我国"以房养老"模式的法律分析》,《行政与法》2006 年第 12 期。

③ 参见刘肖原《住房反向抵押贷款中物权问题的解决方式探讨》,《现代财经》2009 年第 10 期。

④ 参见范卫红、倪水锋《我国以房养老的法律障碍及对策分析》,《重庆理工大学学报》(社会科学版)2019 年第 5 期;张仕廉、刘亚丽:《我国试行住房反向抵押贷款的障碍与对策》,《经济纵横》2007 年第 3 期。

住房反向抵押贷款时所面临的问题及解决方案，而较少研究住房反向抵押贷款产品本身。

其次，国内更注重研究住房反向抵押贷款与我国法律制度对接存在的问题，而缺少对于住房反向抵押贷款自身所存在的局限性的分析。住房反向抵押贷款对参与主体有特殊要求，仅面向于老年人群体，并且住房反向贷款是补充养老的手段，具有社会保障功能。但是同时住房反向抵押贷款也是一项新型金融产品，需要以追求盈利的金融机构运行，结构和内容也较为复杂。因此，住房反向抵押贷款本身就存在一定冲突，而且由于养老是社会意义重大的事项，所以这些冲突更不容忽视，应当对各参与方的利益进行有序协调。

最后，国内对于住房反向抵押贷款制度建设的建议未能很好地与现有法律体系融合。虽然国内学者已经关注到住房反向抵押贷款与我国物权制度互不适应的问题，但提出的解决建议大多建立在直接继承国外住房反向抵押贷款制度的基础上，认为住房反向抵押属于让与担保，所以我国应先承认让与担保的合法性。这种观点忽视了住房反向抵押贷款在现有法律体系下的生存空间，而且让与担保本身合法性和解释路径问题就一直具有争议，若用以构建住房反向抵押贷款的理论基础仍尚存疑问，加之住房反向抵押贷款目前在我国的接受度不高，那么其在实际运行过程中受到的阻力只会更大。

围绕住房反向抵押贷款法律规制的目标，本章将对住房反向抵押贷款的法律概念与特征、法律关系、发展现状和问题、理论基础、域外经验及立法论和解释论等方面进行系统论证。首先，住房反向抵押贷款是涉及借贷和抵押的金融产品，具有复杂性，应在分析住房反向抵押贷款的基础法律关系后明确其定义和法律特征，认识其所存在的主要风险及规制必要性。其次，简要梳理住房反向抵押贷款相关政策与试点工作情况，一方面，明晰住房反向抵押贷款补充养老的作用，而不具有普遍适用性；另一方面，分析住房反向抵押贷款与我国法律制度衔接的主要阻碍。然后，引入"金融法三足定理"作为理论基础，以金融安全、金融效率和金融公平三个价值目标引领住房反向抵押贷款法律制度的完善。再次，分析并评价美国关于住房反向抵押贷款法律规制的实践，为我国构建住房反向抵押贷款规制制度提供思路与经验。最后，探讨我国对住房反向抵押贷款的法律规制路径，选择政府担保下商业银行与保险公司合作的实施模式，并建立住宅建设用地使用权出让金承担规则，明确住房反向抵押贷款在现有法律体系下的生存空间，以消除住房反向抵押贷款运行障碍。

第一节　住房反向抵押贷款的基本范畴

一　住房反向抵押贷款的概念

住房反向抵押贷款是一项舶来的制度，最早源于荷兰，发展成型于20世纪60—80年代的美国，然后在加拿大和法国等发达国家流行。由于社会环境和经济环境各不相同，各国的住房反向抵押贷款在制度涉及方面存在一定的差异。以美国为例，根据《美国法典》（*United State Code*）标题十二"银行与银行业"下属第十三章第1715z-20节的规定，住房反向抵押贷款是指拥有可容纳1—4人住宅，并且年满62周岁的老年人或其配偶以其住房作为抵押物向金融机构申请的贷款，借款人可以终身居住该房屋，至借款人死亡或者不再居住时，贷款人将通过出售或者拍卖房屋收回本金和利息。

在我国引入住房反向抵押贷款之初，学界和实务界对其概念和属性存在一定争议，主要包括以下几种观点：一是期货产品说，是指老年人将所拥有的住房作为期货，预售给金融机构，金融机构则按月向老年人支付现金，老年人在世时对住房享有居住权，老年人去世后，住房自然归属于金融机构；[1] 二是寿险产品说，认为住房反向抵押贷款是抵押房产以领取年金的寿险服务，是指投保人将房屋产权抵押给保险公司，保险公司按月向投保人支付资金，直至投保人死亡，保险公司才将房屋收回，进行销售、出租或者拍卖；[2] 三是特殊担保方式说，该观点认为住房反向抵押是特殊的新型抵押，是指为担保债务人老年生活债务的履行，而在老年债务人自有住房上设定的担保物权，抵押权人在抵押人死亡后，享有直接获得抵押物，或以变卖抵押物之价值优先受偿的权利。[3]

目前，我国对住房反向抵押贷款尚未进行专门立法，因此住房反向抵

---

[1] 参见杜娟、陈茗《老年住宅"期货化"的市场前景分析》，《中国房地产金融》2004年第3期。
[2] 参见孟晓苏《论建立"反向抵押贷款"的寿险服务》，《保险研究》2002年第12期。
[3] 参见鲁晓明《论反向抵押权制度在民法典〈物权〉编之建构》，《清华法学》2018年第5期。

押贷款没有统一的、官方的法律定义。但根据试点工作所依据的规范性文件，原保监会于2014年颁布的《中国保监会关于开展老年人住房反向抵押养老保险试点的指导意见》（以下简称《指导意见》）指出，住房反向抵押贷款是兼顾房产抵押和终身养老金保险双重属性的创新型保险产品，即符合条件的老年人将其完全产权房屋抵押给保险公司，一方面老年人可以继续占有、使用房屋，并享有收益和经抵押权人同意的处分权；另一方面，老年人可以按照约定定期从保险公司处领取养老金，直至去世。如果老年人中途未还清贷款赎回房屋，保险公司将在其去世后取得房屋的处置权，处置所得用于偿还养老保险的相关费用。

无论是期货产品说，还是寿险产品说和特殊担保方式说，抑或是《指导意见》中的定义，住房反向抵押贷款都紧紧围绕着金融机构和老年人之间的借贷关系和抵押关系展开。其中最核心的法律关系是双方当事人之间的借贷关系，与一般借贷关系不同的是，住房反向抵押贷款中的借贷关系是一种数额不确定且还款期限不明确的借贷法律关系，一方面贷款数额会随着合同存续时间的延长而增加，且只能在合同终止时才能确定；另一方面，借款人可以随时通过行使回赎权偿还贷款本息，或者直到借款人去世，贷款机构以处置房屋所得获偿。住房反向抵押贷款中另一重要的法律关系是不动产抵押关系，借款人将自有房屋抵押给金融机构，以担保债务履行，借款人去世后，金融机构可以就抵押住房受偿，作为借贷关系的从法律关系，不动产抵押关系是借贷关系顺利进行的保障。除此之外，住房反向抵押贷款还涉及一些次要法律关系，比如借款人和咨询机构、贷款机构和资产评估机构之间的委托代理关系。

从主体方面来说，在完整的住房反向抵押贷款法律关系中，主体包括借款人、贷款机构和第三方：（1）借款人是指符合年龄门槛并对其住房享有完全产权的老年人。（2）贷款机构是指具备开办资格的金融机构，住房反向抵押贷款关系成立后，贷款机构应按期向老年借款人支付养老资金，并在老年人去世后取得房屋处分权。（3）第三方是指资产评估机构，主要负责对住房进行估价，住房反向抵押贷款额度的确定需要以抵押房屋的评估价值为依据，由于持有住房的借款人与贷款机构之间存在信息不对称，所以更有必要聘请中立的资产评估机构对抵押房屋进行客观估价。

从权利义务方面来说，关于住房反向抵押贷款中权利与义务的内容，应分别从不同主体进行解读。(1) 借款人的权利义务。首先，借款人权利包括：对贷款风险、支付方式和额度等内容的知情权；定期、终身获得养老资金；对抵押住房的占有、使用和收益的权利；通过清偿债务本息赎回住房所有权；无须就超出房屋价值的债务进行清偿。其次，借款人的义务包括：诚实告知健康状况和财务情况；维护抵押房屋。(2) 贷款机构的权利义务。首先，贷款机构的权利包括：要求借款人如实告知年龄、身体健康情况、房屋状况等相关信息；抵押权；监督借款人合理使用房屋。其次，贷款机构的义务包括：按时支付养老金；准确、完整地向借款人披露合同相关信息。(3) 中介机构的权利义务。首先，中介机构的权利包括报酬权。其次，中介机构的义务包括：确保评估信息的公正性和及时性；勤勉尽责工作。

综上所述，对住房反向抵押贷款定义的表达各种各样，实际上只是从不同视角阐述住房反向抵押贷款的共同内涵，不同的定义都以住房反向抵押贷款的基本法律关系为基础。对此，可以将住房反向抵押贷款的定义归结为：住房反向抵押贷款是指老年人将自有房屋作为抵押物，从贷款机构获得一定期限的定期现金支付，贷款机构需根据合同约定定期向借款人支付款项，而借款人在合同期间享有继续占有和使用房屋的权利，借款人去世后，贷款机构将取得房屋的处分权，以处分所得偿还贷款本息。

二 住房反向抵押贷款的制度价值

(一) 缓解养老压力

根据第七次全国人口普查的数据显示，我国老年人的数量和占总人口比例都呈现持续上升的态势，60 岁及以上人口为 26402 万人，占总人口的 18.70%，其中，65 岁及以上人口为 19064 万人，占总人口的 13.50%。按照国际划分标准，65 岁及以上人口占比达到 7%—14% 为轻度老龄化社会、14%—21% 为中度老龄化社会、21% 以上为重度老龄化社会，[1] 这表明我国人口老龄化程度进一步加深，并即将进入中度老龄化社会。同时，在老龄化社会格局已经形成的情况下，无论是从老年人口的数量，还是从老年人口占比和年增长率方面来看，我国人口老龄化进程还显示出加速增

---

[1] Harihar Sahoo, "Population Decline and Ageing in Japan—The Social Consequences", *Asian Journal of Social Science*, Vol. 39, No. 2, 2011, p. 264.

长的鲜明特征。据预测，未来30年内60岁及以上和65岁及以上老年人口将成倍增长，至2048年60岁及以上人口将超过5亿人，至2050年65岁及以上人口将超过4亿人，甚至到21世纪末，中国人口中将有接近一半是60岁及以上的老年人。① 这意味着未来很长一段时期内我国都将持续面临人口老龄化所带来的压力，因此如何应对人口老龄化将成为国家和全社会一项长期战略任务。②

其中最为突出的问题就是养老，养老不仅关乎老年人自身的生活，还涉及整个家庭和社会的稳定，而日趋严峻的社会老龄化问题却使我国的社会保障体系面临巨大的挑战。一方面，人口老龄化会导致退休人员增加，随着劳动力的减少，缴纳养老保险的人数会降低；另一方面，养老金的支付年限会随着人口预期寿命的延长而延长，收入与支出的长期失衡必然导致养老金缺口的扩大。③ 根据中国保险行业协会发布的《中国养老金第三支柱研究报告》显示，预计到2030年我国的养老金缺口将达到8万—10万亿。除此之外，我国现行养老金制度体系存在结构性矛盾，基本养老金负担过多功能，职业养老金和个人养老金发挥的作用较小，④ 同时公共养老还存在承载力不够、能力不强的问题，导致单纯依赖公共养老已经无法满足城乡居民的养老需求。因此，住房反向抵押贷款的推出将成为我国养老保障体系的有效补充，有利于减轻国家和社会在养老保障方面的压力。养老金融的发展意味着更多的金融因素和资本因素进入我国的养老产业，灵活的商业养老模式能够弥补公共养老存在的不足，为社会公众提供更丰富的养老选择。住房反向抵押贷款是老年人进行自我保障的方式，实现了住房价值的提前流动和住房资源的最优化配置，能够使老年人在晚年通过自己的力量解决养老问题，在不售卖房产的前提下，拥有一笔固定的收入维持和改善老年生活。⑤ 住房反向抵押贷款是在充分发挥银行业和保险业优势的基础上设计出来的养老产品，兼具投资和保障功能，收益稳定的特

---

① 参见陈卫《中国人口负增长与老龄化趋势预测》，《社会科学辑刊》2022年第5期。
② 参见陆杰华、刘芹《中国老龄社会新形态的特征、影响及其应对策略——基于"七普"数据的解读》，《人口与经济》2021年第5期。
③ 参见董克用《我国养老金体系的发展历程、现状与改革路径》，《人民论坛·学术前沿》2018年第22期。
④ 参见董克用、施文凯《加快建设中国特色第三支柱个人养老金制度：理论探讨与政策选择》，《社会保障研究》2020年第2期。
⑤ 参见柴效武《反向抵押贷款的功用》，浙江大学出版社2008年版，第95页。

点将激发人们的购买热情,当越来越多的人参与住房反向抵押贷款时,公共养老的压力将减轻,不仅能够缓解公共养老的资金矛盾,还有助于健全我国的养老保障体系。

(二) 促进房地产业发展

住房反向抵押贷款的运行涉及养老保障部门、金融业和房地产业三个行业,是将金融业作为桥梁,促使养老保障和房地产业进行更深层次的互动交融。在过去的认知中,养老保障和房地产是两个相互独立的体系,对于老年人而言,拥有一套住房更多意味着老有所居,住房无法成为负担老年生活的资金来源,但金融产品的创新开发打破了只有货币资产才能用于养老的固有观念,住房资产通过价值形态转换同样可以达到养老的目的,拥有住房不仅可以做到老有所居,更能做到老有所用。住房反向抵押贷款仿佛是住房资产和货币资产之间的转换器,基于居住需求,货币资产通过购买、建造等方式可以转换为住房资产;而基于养老需求,在住房反向抵押贷款的作用下,已经形成的住房资产可以重新转换为货币资产,为老年人的晚年生活筹措资金。同时,这种由住房资产向货币资产的转换并不影响老年人正常居住,既发挥了住房基本的居住效用,又将死后遗留的房产价值提前变现。

住房反向抵押贷款实现了对住房功能的多元化扩张,住房不仅是人们的基本生活资料,更可以成为投资品和养老保障的工具,这在一定程度上能够提高住房对人们的吸引力,激发人们的购房需求。实际上,大部分老年人都抱有能在舒心的居住环境下安度晚年的期盼,并且相较于年轻人而言,中老年人经过长期工作积累而持有更多的储蓄存款,因此对于住房,他们是有购买能力的潜在需求者。但是购买房屋意味着大量的资金将积淀于住房之上,考虑到晚年的物质需求,大部分人更愿意预备货币资产而放弃购房。不过在住房反向抵押贷款中,老年人不仅保有居住权,可以继续生活在房屋中,还能定期获得生活津贴,这将打消有购房意愿老年人的顾虑,刺激这部分老年人对于住房的消费。住房反向抵押贷款促使养老保障和买卖房屋紧密结合,在保障养老的基础上为这部分社会资金开辟了一条稳健的投资渠道,大规模的储蓄存款将得以释放并投入房地产市场中。除此之外,在贷款机构取得房屋的处置权后,大量的住房又会重新进入房地产交易市场中,增加住房供给。这一良性循环能够使得住房反向抵押贷款在供需两端同时刺激房地产市场的交易量,促进房地产市场活跃,对国民经济的增长形成长期、重大的推动力。

(三) 帮助个体和家庭实现财富合理配置

根据莫迪利亚尼的生命周期理论,在一生消费总现值不超过其收入总现值的总条件下,为了获得终身消费最大效用,个人会将自己一生所有的收入在现期消费和延期消费之间做出合理分配,并且会尽可能使自己的消费情况处于较为平稳的状态,使自己所拥有的全部资源在配置结构上较为合理,带来的收益和可发挥的功用能够满足自己一生的全部需要,最终实现整个生命周期内收入和消费支出之间的平衡。通常,消费者的财富累积情况和年龄有着密切联系,一个人在青少年和晚年养老时期几乎没有任何收入,年轻和年老的时候收入水平也相对比较低,而收入水平最高的时候则是中年时期。所以,在晚年时期没有收入来源的情况下,这一时期的消费必须依靠工作时的储蓄积累来实现。生命周期理论的核心是个人应该将在工作时期中所取得的收入和财富合理地分配到整个生命周期之中,包括晚年养老时期,以个人的理性行为和自我控制为退休后的消费做好准备。

作为价值高但流动性较差的不动产,住房往往占据了家庭财富中最重要的部分,所以在个人合理配置一生收入的同时,也应对收入的转化形式如住房进行合理配置。而住房反向抵押贷款的提出正是对生命周期理论的运用。一般情况下,个人在年轻时会通过支付首付款加贷款的方式购买住房,等到晚年时住房贷款基本还清,可以获得住房的完全产权,但此时老年人基本没有收入,并且还要负担养老、医疗和日常生活等消费。一方面,变现困难的住房上沉积了价值巨大的个人财富;另一方面,资金保障是老年人安度晚年的基础。此时,如果老年人通过住房反向抵押贷款将住房抵押给贷款机构进行变现,定期获得养老费用,那么就能够避免住房潜在价值的浪费,实现住房在个人生命周期内的有效配置,达到削峰填谷的目的。

除此之外,住房反向抵押贷款鼓励老年人通过提前变现住房价值寻求自我养老,提倡个体自主,减少了对其他家庭成员的依赖和约束。子女不再必然可以继承父母的房产,同时也不需要对父母在物质方面给予特别关照。住房反向抵押贷款的落实将对父母子女间的赡养与继承产生根本性调整,这将有助于减轻年轻一代的养老负担,加强其独立自主意识的形成,进而建立更轻松健康和权责分明的新型家庭代际关系。

三 住房反向抵押贷款的法律特征

(一) 主体的特殊性

住房反向抵押贷款对适格主体做出了特殊规定。首先是针对老年人，各国对参与此项业务老年人的年龄有不同的要求，以美国为例，申请住房反向抵押贷款的老年人需要年满 62 周岁，[①] 如果是共有房屋，则共有人均须在 62 周岁以上。根据《指导意见》，我国住房反向抵押养老保险要求投保人的年龄应在 60 周岁及以上。具体实践中，分别由幸福人寿保险股份有限公司和中国人民人寿保险股份有限公司推出的幸福房来宝和安居乐两项保险产品，都要求投保人的年龄在 60—85 周岁。之所以对老年人的年龄作出限制是因为一方面住房反向抵押贷款具有很强的社会保障属性，该产品的设计初衷是为了照顾老年人群体，解决他们的养老问题；另一方面，由于贷款机构只能在老年人去世之后才能收回资金，所以出于对贷款机构风险控制的考虑，限制年龄能够整体缩短贷款期限，有效降低贷款机构在开办该业务的过程中所面临的长时间资金流出而无资金流入的风险。其次是针对贷款机构，以我国为例，所有能够开办住房反向抵押养老保险业务的保险公司都应经过银行保险业监管部门审核批准，根据《指导意见》，符合申请条件的保险公司不但要经营 5 年以上，而且要拥有至少 20 亿元人民币的注册资本，除此之外，还需要在偿付能力、保险精算、法律水平及风险管理和控制等方面达到一定标准。

(二) 标的物具有完全独立产权

在一般的房地产抵押中，抵押人只需要对住房享有所有权或者使用经营权，[②] 但住房反向抵押贷款的标的物是具有完全独立产权属性的自有房屋。从独立性角度来说，因为共有房屋涉及财产分割问题，无论是按份共有还是共同共有，共有人都不具有单独处分财产的权利，如果贸然地允许在共有房屋上设立反向抵押，将很容易损害其他共有人的权利，[③] 所以共有房屋不能成为反向抵押的标的物，但应将夫妻共同共有当作例外，因为老年夫妇可以将获得的资金作为夫妻共同财产用于二人的养老。从完整性

[①] 参见范子文《以房养老——住房反向抵押贷款国际经验与我国的现实选择》，中国金融出版社 2006 年版，第 27 页。

[②] 参见郝志刚《抵押权》，中国法制出版社 2007 年版，第 88 页。

[③] 参见王者洁《住房反向抵押的权利证成》，《法学论坛》2020 年第 5 期。

角度来说，房屋产权应保持完整，不能附着其他权利，但由于我国实行土地公有制，房产权和土地产权分离，导致我国房屋的权利状况错综复杂，很多房屋的产权并不完整。目前，基本可以将我国的住房分为大产权房、小产权房、有限产权房和农村私有住房。① 产权不完整意味着房屋售出之后将面临权益主体不清晰的问题，必然影响房屋的变现，给住房反向抵押贷款的运行带来阻碍。因此，住房反向抵押贷款的标的物仅限于大产权房，小产权房、有限产权房和农村私有住房被排除在外，换言之，可以用于反向抵押的房屋范围只包括具有完全产权属性的城市商品房。

（三）所担保债权的数额和抵押期限不确定

在抵押期限方面，根据《民法典》第 400 条和第 668 条的规定，抵押合同和借款合同的内容通常必须包括被担保债权的数额和借款期限，这就意味着在一般的房地产抵押中，当抵押成立时，所担保债权的数额和贷款期限是确定的。但是住房反向抵押贷款的期限由老年人的寿命决定，抵押权人要在老年人去世之后才能实现抵押权，而老年人的寿命无法预计，因此，设立住房反向抵押时，金融机构只能综合考量老年人的年龄和身体情况、房屋的评估价值及房地产市场价格的走向等多方面因素，预估所担保债权的额度和期限。从还款期限方面来说，住房反向抵押贷款的还款期限由老年人的寿命决定，但寿命长短无法预估，加之借款人享有随时还款并赎回抵押房屋的权利，因此，住房反向抵押贷款没有明确的还款期限。从贷款数额方面来说，住房反向抵押类似于是对未来发生债务的担保，住房所担保的债务数额须在债务人死亡时才能确定。

（四）最终须偿还的贷款本息金额以住房价值为限

在一般抵押贷款中，如果行使抵押权并已经就抵押物的价值优先受偿，但所获价款仍不足以偿还主债务时，针对不足额的部分贷款人依然可以向借款人追偿。因为抵押权的实现并不意味着主债权债务关系结束，抵押权仅意味着未经清偿的主债权可以就折价、拍卖和变卖抵押财产所得价款优先受偿，对于未受抵押权清偿的债权部分，债权人仍然可以请求债务人偿还。但是在住房反向抵押贷款中，借款人身故后需要偿还的贷款本息总额以最终处置住房所得为限。具体而言，是指当借款人身故或永久搬离

---

① 参见刘肖原《住房反向抵押贷款中物权问题的解决方式探讨》，《现代财经》2009 年第 10 期。

抵押房屋时，贷款机构处分抵押房屋后所得的价款将在扣除相关的交易费用后用于偿还贷款，如果贷款本息总额超过了处置房屋所得价款扣除交易费用后的金额，贷款机构不得就超额部分向借款人的其他遗产追偿，也不得向借款人的继承人追偿，这意味着借款人所需承担的债务永远不会超过抵押房屋的价值。不过该规定仅针对贷款机构，对于借款人而言，若处分房屋所得价款减去交易费用和归还全部贷款本息后仍有余款，贷款机构应当将余款退还借款人或者继承人。该项规定是住房反向抵押贷款中最具吸引力的特色条款，能够大大减少老年人办理这项业务时的顾虑。目前我国尚处于构建住房反向抵押贷款制度的初期，许多人仍处于观望的阶段，该条款的设定能够免除老年人的一部分后顾之忧，吸引更多的人参与进来，增加业务的办理数量。

四 住房反向抵押贷款与相关制度辨析

（一）住房反向抵押贷款与房屋抵押贷款

房屋抵押贷款，是指借款人将自有或者第三人所有的房屋抵押给银行以获取贷款的方式。其具体程序为：银行接到借款人的贷款申请，将依据报送的资料对抵押房屋的实际情况进行调查，经审批和评估作价后，银行将确定贷款金额，并于抵押登记办理完成后向借款人发放贷款。虽然住房反向抵押贷款和房屋抵押贷款都是以房屋作为担保的融资手段，但二者在内容上存在较大的差别。

第一，贷款目的不同。大部分人申请房屋抵押贷款的目的是筹集资金，满足暂时性的资金需要，同时贷款用途也多种多样，包括个人购车、装修住房、购买家庭大宗消费品、旅游、教育等。而老年人申请办理住房反向抵押贷款的目的是满足其晚年生活的资金需求，避免由于晚年没有劳动收入而导致生活困难，所得贷款基本用于养老。

第二，主体资格要求不同。我国银行对房屋抵押贷款的借款人在年龄方面没有过多的限制性条件，却要求借款人必须具备足够的偿贷能力，所以会严格审查借款人的财务情况。但住房反向抵押贷款是面向老年人开展的业务，无论在我国还是其他国家，都对贷款申请人的年龄有特殊要求。例如美国的房产价值可转换抵押贷款仅适用于62周岁及以上的老年人，如果申请人为已婚夫妻，则其中一方年满62周岁即可；我国住房反向抵押养老保险申请人的年龄必须达到60周岁。

第三，贷款发放和归还方式不同。在房屋抵押贷款的具体操作中，银行一般会将贷款合同所约定的款项一次性发放给借款人，然后在贷款期限内要求借款人分期分批还本付息。但我国住房反向抵押贷款的借款人基本是根据约定的期间定期取得款项，并且当住房反向抵押贷款到期后，贷款机构将取得抵押房屋的处分权，并以房屋价值一次性收回贷款本息，这意味着借款人在世时无须偿还贷款。

（二）住房反向抵押贷款与我国的按揭制度

目前我国的按揭制度是由房地产开发商、银行和购房人三方参与的融资购房行为，具体指无法或者不愿一次性支付房款的购房人在与房地产开发商签订商品房买卖合同并支付不低于一定比例的首付款后，以所购的商品房为抵押，向银行申请剩余款项的贷款；银行在留存购房人的权利证书和文本后，会以购房人的名义将余款一次性支付给房地产开发商；若购房人到期不能偿还贷款本息，银行将以变价后的抵押财产优先受偿，或者由房地产开发商回购用于抵押的商品房，并用回购款向银行偿本付息。[①]

通过对比按揭制度和住房反向抵押贷款的内容可以发现，从资金流向上看，按揭制度中的资金是由借款人流向银行，而住房反向抵押贷款同样是以房屋作为抵押物向贷款机构融资的手段，但在贷款期间内，其资金流向是从贷款机构到借款人。正是由于资金流向恰好相反，所以这项业务被称为"住房反向抵押贷款"。需要注意的是，由于"按揭"一词在我国多被"抵押"所替代，所以"住房反向抵押贷款"中的"抵押"是指按揭制度，而不是《物权法》中所规定的抵押制度。除此之外，二者在其他内容上也不相同。

第一，目的不同。按揭贷款是解决购买房屋时资金不足问题的途径，在我国，一般只有在购房人资金短缺的情况下才会申请按揭贷款，其最终的目的是获得房屋的所有权。而住房反向抵押贷款是满足老年人养老资金需求的途径，当老年人想获得一笔稳定资金收入以供自己晚年生活时，可以申请住房反向抵押贷款，因此，住房反向抵押贷款的目的在于养老保障。

第二，主体和主要的法律关系不同。我国按揭贷款中的主体为三方，

[①] 参见唐烈英《个人住宅商品房买卖贷款按揭法律问题研究》，博士学位论文，西南政法大学，2005年。

包括按揭人（购房人）、按揭权人（贷款银行）和第三人（房地产开发商），如果银行要求第三人提供贷款担保，第三人也为担保人。① 其中，商品房买卖关系为基础性法律关系，贷款关系为主法律关系，担保关系和保证关系为从法律关系。② 相比于我国按揭制度中更为复杂的法律关系，住房反向抵押贷款主要涉及借款人和贷款机构两方主体，其中借款人和贷款机构之间的借贷关系是核心法律关系，另一重要的法律关系是双方间的担保关系，即借款人将自有房屋的所有权转移给贷款机构，以担保债权的实现。

第三，债务数额变化不同。按揭贷款的特点是一次性放贷，分期偿还。购房人在整个贷款期限内需要分期偿还银行发放的贷款，随着时间的推移，债务数额会因定期还款而减少，自有资产则会增加。但住房反向抵押贷款刚好相反，其特点是分期放贷，一次性偿还。借款人在贷款期间内将定期获得由贷款机构发放的养老资金，合同期限越长，债务数额越多，自有资产则不断减少。

（三）住房反向抵押贷款主要风险及其规制必要性

住房反向抵押贷款具有复杂性，存在运营周期长、动用资金多和经营风险大的特点，同时业务运营还涉及许多不确定因素，包括借款人的寿命与道德、房屋实际价值的变化和贷款机构的经营状况等。这些特点与因素共同导致住房反向抵押贷款在具体的运行实践中将面临诸多困难，对业务参与各方的利益构成一定威胁，特别是这项业务关系到养老保障这一社会意义和影响都十分重大的事项。因此，探讨分析住房反向抵押贷款在运营中可能会遭受的各种风险是建设风险规避机制的基础，也是住房反向抵押贷款是否能成功推行的关键。

1. 长寿风险

寿命延长象征着人类社会的进步，是经济发展和医疗卫生条件提高的必然结果，但是在老龄化社会背景下，无论是对个体，还是对政府、保险公司和企业而言，人口未来的平均实际寿命高于预期寿命将导致所积累财富短缺的风险。目前对长寿风险的概念存在几种界定：一是指因个人或总

---

① 参见吴传华《商品房预售中的按揭及其法律思考》，载马原主编《房地产案件新问题与判解研究》，人民法院出版社1997年版，第40页。

② 参见陈耀东《商品房买卖法律问题专论》，法律出版社2003年版，第179—180页。

体人群未来的平均实际寿命高于预期寿命产生的风险;[1] 二是强调长寿风险与死亡风险类似,都来源于不确定性风险,主要体现为无法精准估测群体未来死亡率趋势变化状况;[2] 三是基于经济学视角,将其定义为个人或群体寿命延长,但没有为生活提供经济保障而产生的风险。

保险公司所面临的长寿风险主要来源于各种定价需基于死亡率合理估计的商业养老金保险。商业养老金保险产品的定价主要以死亡率假设、死亡率趋势假设和预定利率假设这三个关键因素为基础,并依赖给定的生命表进行精算平衡,而同时商业养老金保险产品大多为一定期间内定期给付,如果死亡率下降、预期寿命延长,那么保险公司需要支付款项的时间将更长、金额将更高。[3] 当死亡率趋势假设出现严重偏差,死亡率假定过高时,这类产品的成本将额外增加,保险公司的损失程度取决于产品参与者的实际生存年限与预估值之间的偏差幅度。[4] 这意味着长寿将对这类产品的发展产生一定压力,进而有可能损害业务开办机构的经济利益。

住房反向抵押贷款是典型的终身给付产品,贷款机构以借款人生存为条件,定期向借款人支付养老金,直至借款人死亡,但是自然人的死亡时间无法准确确定,正是这种不确定因素使得贷款机构面临长寿风险。按照合同规定,贷款机构必须定期向老年人支付一笔数额固定的养老金直至其去世,贷款期限的长短取决于老年人的寿命,而贷款本息数额会随着生命的延续不断累积,并且借款人最终需要偿还的本金利息累计总额以住房价值为限。这意味着如果借款人的实际寿命短于预期寿命,住房最终价值可能会高于本金利息总额,这种情况下,贷款机构需要将高出部分作为遗产归还给借款人的继承人。但是,如果借款人的实际寿命长于预期寿命,很可能导致住房最终价值低于本金利息总额,因为对于这部分差额,贷款机构不能向借款人及其继承人请求偿还,所以只能由自身承担经济损失。总的来说,借款人寿命越长,贷款期限就越长,贷款本金利息总额累计速度就越快,其超过住房最终价值的可能性也将越大,贷款机构需要承担经济

---

[1] Eric Stallard, "Demographic Issues in Longevity Risk Analysis", *The Journal of Risk and Insurance*, Vol. 73, No. 4, 2006, p. 575.

[2] 参见黄顺林、王晓军《基于VAR方法的长寿风险自然对冲模型》,《统计与信息论坛》2011年第2期。

[3] 参见郭金龙、周小燕、陆明涛《长寿风险及其管理的理论和实证分析》,经济管理出版社2017年版,第118页。

[4] 参见郭金龙、周小燕《长寿风险及管理研究综述》,《金融评论》2013年第2期。

亏损的风险随之增加。

在分析长寿风险的影响因素时，需要运用系统性风险和非系统性风险这组概念。[①] 系统性风险又被称为整体性风险，是由政治、经济和社会等整体环境因素带来的影响。比如，社会状况属于影响长寿风险的重要因素，医疗技术发展迅速，社会生活水平显著提高，都将对老年人整体的平均寿命产生积极影响，这是无法分散的风险，其带来的后果具有普遍性。非系统性风险又称个别性风险，是指某特定区域或个体产生的影响，一般由某些特殊因素引起，与整体不存在系统联系。比如，某地区的人均寿命由于经济状况或自然原因而与其他地区的人均寿命出现较大的差异，又或者某群体的人均寿命状况明显好于其他群体和个体的状况，再或者贷款机构因为不了解借款人的实际情况而导致死亡率的预计出现误差。这些由于个体、群体或区域状况的差异，以及信息不对称所产生的长寿风险，都属于非系统性风险。

在住房反向抵押贷款的实践中，如何准确合理地预估借款人的预期寿命是该项业务产品定价的关键，也是贷款机构转移或分散风险的重点。一般情况下，相比于借款人本人，贷款机构无法完全清楚地了解借款人的健康状况和与之相关的生活习性，加之借款人的死亡年龄是随机的独立事件，所以贷款机构既无法对单个具体借款人的寿命进行准确预测，也无法对借款人的剩余寿命予以精准把握。但是，当参与这项业务的人足够多时，整体的寿命分布一般会符合大数定律，即借款人整体的死亡年龄将趋向于一个常数。因此，基于大数定律，贷款机构可以通过一定时期一定人群的生命表预估出总体人群的平均寿命，并且根据精算结果为产品定价。同时，部分长寿者由于贷款期限太长对贷款机构产生的亏损能够和实际寿命很短的人给贷款机构所带来的剩余对冲，贷款机构通过这种方式可以将长寿风险分散到每个借款人，以降低非系统性风险。

然而，只有参与住房反向抵押贷款的借款人达到足够数量，贷款机构才能够分散具体借款人寿命不确定的非系统性风险，因为在大数定律的作用下，借款人数量越多，死亡率分布才越贴近于一般统计规律，所以当参与人数较少，无法汇集形成大数池时，个体实际寿命的差异将较大。除此之外，个体老年人的预期寿命与身体情况、居住环境、生活方式存在紧密

[①] Richard MacMinn, Patrick Brockett, David Blake, "Long Risk And Capital Markets", *Journal of Risk and Insurance*, Vol. 73, No. 4, 2006, pp. 551-552.

联系，当除身体情况外，其他条件都相同的老年人一起参与反向抵押贷款时，根据平均预期寿命，二者会获得相同数额的资金。在这种情况下，身体情况差、预期寿命不会太长的借款人将有很大概率不会选择这项业务，与之相反的是预期自身寿命将长于平均寿命的借款人才会参加此项业务。逆向选择问题的产生同样给贷款机构造成较大的经济损失。

总的来说，长寿风险是贷款机构面临的主要风险之一。如果长寿风险不能得到有效降低和转移，贷款机构将处于相对劣势地位，造成长期的经济损失，从而导致其丧失参与的积极性，这将严重阻碍住房反向抵押贷款的推行和发展。

2. 道德风险

道德风险主要由借款人和贷款机构之间信息不完全和信息不对称而造成，一种信息是住房反向抵押贷款合同签订前借款人的身体情况，例如健康状况、既往病史、用药史和医疗保健史等；另一种信息是住房反向抵押贷款合同签订后借款人的行为信息，例如住房的保护和维修情况。这两种信息都较为私密，一般贷款机构难以发现和察觉，或者发现和察觉的成本过高。

在住房反向抵押贷款合同订立前，贷款机构有必要对借款人情况进行充分了解，但是贷款机构和借款人在占有相关信息的地位上并不对等。借款人对自己的身体情况和预期寿命最为清楚，而贷款机构却很难知晓，甚至需要花费较高的费用成本才能获取。除了向借款人本人了解获得这些信息，为了确保信息的真实性和准确性，贷款机构可能还需要对这些事项进行测定和调查，比如实地访问借款人周围的亲人或好友、要求权威医疗机构综合考察老年人的身体状况等。贷款机构对于借款人的身体情况、过往病史、就医史和预期寿命等信息的了解与掌握程度，直接决定贷款机构应在借款人整个生命周期中为其提供多少养老资金。如果无法完整掌握这些信息，贷款机构很可能对借款人余存生命期限的预估出现较大偏差，从而对产品的定价和贷款本息的足额收回产生不利影响。

在住房反向抵押贷款中，抵押房屋是贷款机构收回贷款本金和利息的唯一保证，同时住房出售或出租时的价值与房屋质量、新旧程度和维护情况存在很大关系。而住房反向抵押贷款保留了借款人对住房的使用权和居住权，所以此时贷款机构将面临由于借款人对住房保护不力造成住房非正常损耗的道德风险。合同成立后，借款人与贷款机构构成类似于委托代理关系，贷款机构委托借款人对抵押住房进行保护，使房屋处于良好状态，避免房屋因疏于管理或怠于维护而造成损坏。虽然借款人仍旧居住在抵押房屋内，但是住房的所有权将在生命结束后被转移给贷款机构，并且未来住房出售或出租时价格降低的风险是由贷款机构承担，因此借款人将缺乏足够的动力对住房进行维护和修缮，从而导致房屋贬值。虽然借款人维护房屋的义务被明确规定在住房反向抵押贷款合同中，但是贷款机构很难真正监督借款人的使用行为，一方面，借款人数量庞大，抵押房屋也分布在不同的地方，贷款机构很难对每个借款人的行为进行跟踪监控；另一方面，派专人定期检查房屋情况会造成贷款成本大幅增加。

经济学中有一个假设，即进行经济活动的个体是理性的，会以利益最大化为目标进行决策，所以当贷款机构和借款人在利益上存在对立时，在没有有效的监督和约束机制的情况下，出于对自身利益最大化的考虑，借贷双方很可能会利用在信息不对称中的优势地位，不告知对方相关重要信息。当道德风险产生时，对住房反向抵押贷款的监管和执行成本将提高，造成社会资源的消耗，不利于业务的开展。

3. 流动性风险

对贷款机构而言，开办住房反向抵押贷款业务的风险远远高于普通住房抵押贷款，尤其反映在因资金流转方向相反而带来的三方面资金风险，包括支付风险、变现风险和流动性风险。住房反向抵押贷款的资金循环和周转具有以下几个特点：

第一，资金循环周转时期很长。从签订合同到定期发放贷款资金，再到借款人死亡后贷款机构收回住房所有权，最后到通过拍卖、出租等方式收回贷款本息，整个资金循环周期可能长达10—20年。

第二，资金流动方向特殊。普通住房抵押贷款是一次性发放贷款，借款人分期偿还，开始时占用贷款机构的资金多，随着款项逐渐被偿还，贷款机构的运营风险逐渐减弱；但是，在住房反向抵押贷款中，贷款资金数额随着贷款期限的延长而逐步增长，加之长期累积的利息增长幅度加快，贷款本息总额很快接近甚至超过住房价值，贷款机构的运营风险不断增强。

第三，贷款偿还方式特殊。借款人去世后，贷款机构取得住房的支配权，贷款资金的偿还完全取决于住房的最终价值，无论是选择出售、出租或以其他方式运营，住房的价值都会因多年居住而打折扣。

由于这些特点，贷款机构首先就将面临支付风险。对于住房反向抵押贷款业务，贷款机构在开始只需要投入少量的资金，并不会占压过多资金，但在之后的长达十数年甚至数十年的时间里，则需要持续地向借款人支付贷款资金。特别是随着业务规模的扩大，资金将源源不断地贷放出去，且在十几年甚至几十年的时间内，该业务只有大额资金流出而没有资金流入，这将给贷款机构带来较大的支付风险。因此，贷款机构运营该项产品时，需要具有足够的资金和充足的支付能力。一旦现金支付出现枯竭，所涉及的款项可能高达数百亿，可能给贷款机构带来毁灭性的打击。

贷款机构能否持续不断地支付贷款款项，不仅要看贷款机构是否具备充足且来源稳定的资金，还要看收回的抵押房屋是否能够顺利变现，以重新收回之前已经付出的贷款，实现资金长久循环和周转。住房变现的方式主要包括出租和出售。就出租而言，住房的价值难以迅速变现，贷款机构不能较快收回资金。就出售而言，目前我国的二手房拍卖市场不够发达，交易手续复杂烦琐，加之部分地区房屋限购政策的影响，导致贷款机构出售二手住房的难度增加。贷款机构采取何种方式将这些不动产变现，变现过程中如何减少损失，是保障住房反向抵押贷款资金链周转顺畅的重要环节。

同时，在支付和变现双重风险的影响下，贷款机构的资产流动性同样面临相当的挑战。根据《商业银行流动性风险管理办法（试行）》第3条规定，流动性风险是指商业银行无法以合理成本及时获得充足资金，用于清偿到期债务、履行其他支付义务和满足正常业务开展的其他资金需求的风险。换句话而言，流动性风险指的是经营产生的现金流入和经营需要及其债务产生的现金流出之间的不确定性。[①] 在住房反向抵押贷款中，贷款机构需要在大跨度时间内储备并投入大量资金，贷款行为直到借款人死亡、搬迁或者出售房屋后才终止，而终止时间并不确定。并且用于抵押的住房价值大，但位置固定且变现能力弱，变现需要较长的过程。贷款机构的资金周转很容易因此陷入困境，其所持有的住房反向抵押贷款债权可能会由于住房资产无法及时变现而遭受损失。

---

① 参见张凯《我国中小银行流动性风险监管法律制度研究》，博士学位论文，辽宁大学，2021年。

第二节 我国住房反向抵押贷款发展现状及存在的问题

一 我国住房反向抵押贷款发展现状

(一) 我国住房反向抵押贷款相关政策

2013年，基于我国养老服务事业还存在供给不足、市场发育不健全和城乡区域发展不平衡等问题的现状，国务院下发《国务院关于加快发展养老服务业的若干意见》，文中首次提出开展老年人住房反向抵押养老保险试点，鼓励和支持保险资金投资养老服务领域。自此，国务院各部委、地方各级人民政府和行业机构纷纷予以响应。2014年，为了贯彻落实国务院的相关要求，探索完善养老保障体系，丰富养老保障方式的新途径，原保监会决定开展老年人住房反向抵押养老保险试点。《指导意见》对住房反向抵押养老保险予以正式定义，并明确规定开展试点的重要意义、基本原则、资格申请和审核、产品管理及其他要求。北京、上海、广州和武汉作为首批试点城市，于同年7月1日开展为期两年的试点工作，标志着住房反向抵押养老保险首次以系统化、规范化的方式面世。不久之后，国务院颁布《关于加快发展现代保险服务业的若干意见》，确定努力由保险大国向保险强国转变的发展目标，到2020年基本建成与我国经济社会发展需求相适应的现代保险服务业。其中提到要创新养老保险产品服务，开展住房反向抵押养老保险试点，并强调应推进保险业深化改革，加强保险业基础设施建设，为推动现代保险服务业发展提供支持政策。这些措施为住房反向抵押养老保险营造出良好的发展环境。

为了促进住房反向抵押养老保险业务进一步发展，深化商业养老保险供给侧改革，原保监会于2016年决定将住房反向抵押养老保险试点期限延长两年，并将试点范围扩大至各直辖市、省会城市和计划单列市，以及江苏、浙江、山东和广东四省的部分地级市。2017年，国务院办公厅就加快发展商业养老保险发文，对创新商业养老保险产品和服务、促进养老服务业健康发展、推进商业养老保险资金安全稳健运营、提升管理水平及完善支持政策几方面进行部署。随后在2018年，银行保险业监管部门将住房反向抵押养老保险扩大至全国范围内开展，并要求各地方机构做好沟通协调和监管工作，以支持住房反向抵押养老保险业务开展，同时保险机构要做好金融市场和房地产市场的综合研判，加强业务风险防范和管控。2020年，国家发展改革委、教育部和民政部等十三个部门联合发文，对推进社会服务领域商业保险发展提出建议，尤其提及要对住房反向抵押养老保险的支持政策进行优化改进，具体包括给予住房反向抵押养老保险合同强制执行效力、建立健全公证遗产管理人与抵押财产的差异化处置制度，以及简化不动产抵押登记办理流程和要求。

整体来看，我国住房反向抵押养老保险试点工作遵循从局部到整体、从原则到规则、从谨慎探索到鼓励壮大的发展路径，反映了我国推进住房反向抵押贷款这一养老事业发展的积极性，显示了想要借助住房反向抵押贷款制度来助力解决养老难题的坚定意愿。住房反向抵押业务的开展对促进养老保障体系多层次、多样化发展具有重要意义，因此，在未来相当一段时间，地方政府应当响应中央号召，继续积极稳妥地开展住房反向抵押养老保险的试点工作，制定相关政策为试点工作提供制度与政策上的支持。

（二）我国住房反向抵押贷款试点运行情况及分析

目前，我国仅有两家保险机构的住房反向抵押养老保险产品仍在运营，一是幸福人寿保险股份有限公司的"幸福房来宝"老年人住房反向抵押养老保险（以下简称"房来宝"），二是中国人寿保险股份有限公司的安居乐老年人住房反向抵押养老保险（以下简称"安居乐"）。截至2019年，住房反向抵押保险有效保单共129份，共有129户家庭191位老年人参保，参保老年人平均年龄71岁，户均月领养老金7000余元，最高一户月领养老金超过3万元。

从产品运行情况来看，我国住房反向抵押养老保险市场规模比较狭小，参与人数稀少，部分学者、媒体和业内人士多用"遇冷"一词描述住房反向抵押养老保险的试点工作，并且对今后的发展前景抱有怀疑态度。然而，根据时任幸福人寿保险股份有限公司董事长孟晓苏之言，这是因为外界对试点期间参保人数的预估值过高，实际上，考虑到住房反向抵押养老保险本就是一款受众面不广的小众产品，所以当时公司确定的试点规模是200户，且没有做主动推销工作。① 除此之外，我国住房反向抵押

---

① 参见马树娟《以房养老保险：遇冷还是成功》，《宁波经济（财经视点）》2018年第11期。

养老实践表现平平的原因还在于一方面，对于样本稀少且程序复杂的新型金融产品，多数老年人仍持犹豫观望态度，加之受制于养儿防老和遗产继承观念，老年人更不愿意将住房抵押；另一方面，住房反向抵押属于创新型业务，缺少基础数据，风险因素难以把握，保险机构对此既缺乏足够动力运营，又存在能力和准备不足的问题。

总而言之，在分析和认识住房反向抵押制度时，必须明确两点：一是居家养老始终是最主流的养老方式，以房养老是小众业务，面向的是有条件、有需求和有意识的老年人群，更多体现为给老年人增加养老方式的选择，所以不能一味地像大众市场一样追求规模；二是我国住房反向抵押制度的建设尚处于起步阶段，不宜过早唱衰，而是应当在评估和总结实践经验的基础上疏通发展堵点，完善相关配套政策。

二 我国住房反向抵押贷款发展面临的问题

（一）运营主体选择难题

住房反向抵押贷款业务是否成功，选择合适的业务开办机构至关重要。虽然试点工作将住房反向抵押定位于养老保险产品，由保险公司运营，但是就运营主体的选择一直存在争议。住房反向抵押贷款因周期长、风险大且不确定因素多的特点，对参与运营的主体也有特殊要求。基于住房反向抵押贷款的特点，其经营机构应当具备以下两方面能力：

一方面，大规模集约经营能力。小型金融机构的开办模式极有可能出现管理成本高、风险大、不易监管和规模效应差的弊端，而大型金融机构具有严格规范的金融产品运行流程，筹措调度资金更容易，抗风险能力较强。住房反向抵押贷款业务涉及事项复杂，需要投入数额巨大的资金，所以必须依托于特定大型金融机构的大规模集约经营，以减弱个体运营风险。

另一方面，资金雄厚，持续经营能力。住房反向抵押贷款业务要求经营机构在每个经营周期都要有相当数额的资金流入，以保证大规模业务几十年持续运营的需要。住房反向抵押贷款资金回收期长，导致资产流动性大大减弱，特别是在初期业务开展后相当一段时间内，只有资金持续流出，却无相应资金流入。这要求经营机构其他的业务能够带来资金持续稳定输入，以免出现资金链断裂的后果。

根据要求，我国的商业银行和保险公司都有可能成为住房反向抵押贷款的供给方。支持商业银行运营方认为：一方面，我国房地产贷款业务一直由商业银行操作，所以商业银行在开发与房地产相关的金融产品、房地产估价和资产转让等方面具有丰富经验；另一方面，商业银行融资渠道众多，通过吸收存款拥有大量资金，能够为住房反向抵押贷款的启动提供充足资金来源。反对商业银行运营方则认为：基于住房反向抵押贷款中不确定性因素太多，现金流模式独特，银行资产质量将降低。商业银行经营业务追求稳妥和保险，但在住房反向抵押贷款中，风险会随着贷款到期临近而增加，一旦遭遇房产贬值或毁损，将给银行造成大量坏账，对金融运营冲击巨大。并且商业银行的资金多用于确定性业务，而住房反向抵押贷款中存在较多不确定因素，包括贷款期限和数额不确定，也包括抵押房屋未来变现价值难以准确预估，这些不确定因素关系到银行能否收回贷款资金，导致住房反向抵押贷款不符合商业银行经营所追求的安全性、收益性和流动性目标。

支持保险公司运营方认为，首先，保险公司开办的业务大多是5年乃至30年长期限的，且具有高度风险和不确定性，这与住房反向抵押贷款业务的特点吻合；其次，保险公司是养老事业领域的主力，寿险产品是保险公司的传统业务，其拥有专业的精算队伍，具有成熟的寿险精算模型，在测算预期寿命和产品定价方面具有相当优势；再次，保险公司推出的产品差异性不大，开发住房反向抵押贷款业务可以为产品创新提供途径，使保险产品多元化发展；最后，囿于《保险法》第106条对资金运用形式的划定，保险公司一直面临保险资金投资渠道过于狭窄的难题，所以保险公司迫切需要拓宽投资渠道，以提高资金投资收益和分散利率风险。反对保险公司运营方认为，一方面，我国保险公司几乎没有涉足过房地产市场，在房地产投资和运作方面缺乏实践经验，所以难以对住房资产做出合理估价，缺乏开发房地产金融产品的能力；另一方面，我国保险公司运营住房反向抵押贷款面临法律障碍，住房反向抵押贷款业务在运行过程中无法避免会涉及发放贷款，但是根据原保监会制定的《保险资金运用管理办法》第6条和第18条的规定，除了个人保单质押贷款之外，我国严禁保险公司将保险资金运用形成的投资资产用于向他人提供担保或者发放贷款。

无论是选择商业银行还是保险公司为经营主体，抑或是由二者联合运营，都存在各种难题，当务之急是确定住房反向抵押贷款业务由哪一主体开办，以及如何化解所面临的困难。

（二）土地使用权出让金承担规则不明确

国外的住房反向抵押贷款制度根植于土地和住房私有化的发展土壤，而该制度被引入我国后将无法避免涉及土地使用权问题。在土地所有权方面，我国实行包括国家所有和集体所有两种形式的社会主义土地公有制。根据《民法典》和《土地管理法》的规定，其中城市地区的土地归国家所有，农村和城市郊区的土地，以及除由法律规定属于国家所有的以外，为农民集体所有。虽然土地所有权禁止转让，但是可以依法对土地使用权进行转让，除依法划拨国有土地使用权外，我国实行国有土地有偿使用制度，只有向国家支付土地使用权出让金，才能获得土地使用权。就土地用途，我国实施土地用途管制制度，将土地分为农用地、建设用地和未利用地。其中，建设用地使用权指的是就国家所有的土地享有的建造并保有建筑物、构筑物及其附属设施的用益物权，其又分为住宅建设用地使用权和非住宅建设用地使用权。住房反向抵押贷款的客体是具备完全产权的商品房，借款人对此既享有房屋所有权，也享有住宅建设用地使用权。对于房屋所有权和住宅建设用地使用权之间的关系，《民法典》第356、357和397条确立了房地一体原则，该原则意味着当房屋所有权发生转让时，该房屋占有范围内的土地使用权也将随之转让。该原则使土地使用权与土地之上建筑物的所有权存在密不可分的关系。

但是，根据《城镇国有土地使用权出让和转让暂行条例》第12条、第40条和第41条的规定，居住用地的土地使用权出让最高年限为70年，土地使用权期满时，要么由国家无偿取得土地使用权及其地上建筑物、其他附着物所有权；要么由土地使用者申请续期，并支付土地使用权出让金，以继续享有土地使用权。同时，《城市房地产管理法》第22条规定，土地使用权年限届满时，土地使用者需要继续使用土地的，应当至迟于届满前一年申请续期，准予续期的，应当重新签订土地使用权出让合同，并按照规定支付土地使用权出让金。这些规定意味着当住宅建设用地使用权的出让期限满70年之后，住房所有人需要申请续期，重新签订土地使用权出让合同，并缴纳相应的土地使用权出让金。《城镇国有土地使用权出让和转让暂行条例》和《城市房地产管理法》没有对土地使用权作出区分，而是一律规定土地使用权到期后需要履行续期手续和缴纳土地使用权出让金。但是，《民法典》第359条却根据用途的不同区别建设用地使用权，而且明确规定住宅建设用地使用权期限届满的，自动续期，"自动续期"代表房屋所有人无须额外提交续期申请。不过,对于住宅建设用地使用权自动续期,《民法典》虽已明确规定,但并未进一步详细规定是否需要缴纳土地使用权出让金,以及如何缴纳土地使用权出让金。

除了土地使用权出让金整体的缴纳规则不明确之外,目前就住房反向抵押贷款中土地使用权出让金缴纳责任如何分配,同样没有予以规定。从幸福人寿保险股份有限公司和中国人寿保险股份有限公司在原保监会备案的两份住房反向抵押养老保险合同范本来看,两份合同都没有对贷款机构和借款人及其继承人如何承担土地使用权出让金予以明确。这意味着在住房反向抵押贷款中可能出现两种情况:一是土地使用权期限届满发生在老年人去世之前,此时该由哪一方承担土地使用权出让金没有依据;二是土地使用权期限届满发生在老年人去世之后,由于住房反向抵押贷款中不发生所有权转移,所以借款人去世后抵押房屋将作为遗产继承,但同时贷款机构也将取得抵押房屋的处分权,此时关键在于借款人的继承人是否要求偿还贷款本息以赎回抵押房屋,而贷款机构与借款人的继承人就土地使用权出让金如何承担,目前也没有予以规定。这将导致在开办住房反向抵押贷款过程中,可能就土地使用权出让金缴纳问题产生争议。因为根据房地一体原则,土地使用权出让金和住房价值无法相互独立存在,在土地使用权期限届满之后,若未支付土地使用权出让金,可能造成贷款机构处分权无法实现的后果。

(三)与《民法典》物权制度不适应

首先,关于构建住房反向抵押贷款制度是否需要引入让与担保这一问题存在争议。该问题源起于我国目前的担保物权体系中没有"反向抵押"这一担保方式,而根据物权法定原则,反向抵押必须依法创设,否则欠缺合法性基础。对此,部分观点认为,因为住房反向抵押贷款的后果是当老年人去世后,债权人将直接取得抵押房屋所有权,这一制度安排属于大陆法系中的让与担保,但让与担保的内容尚未纳入我国担保物权制度,所以为了使住房反向抵押贷款具备合法性,应当引入让与担保。[①] 除此之外,还有部分观点从风险与效率角度论证引入让与担保对构建住房反向抵押贷款制度的必要性,具体如下:一方面,让与担保可以更有效地防范借款人

---

① 参见许芳、范国华《我国"以房养老"模式的法律分析》,《行政与法》2006年第12期。

的信用风险。我国担保物权法律制度允许债务人设定抵押后在同一抵押物上再次设定抵押,并且抵押物所有人仍可以将抵押物转让给他人。但是如果允许住房反向抵押贷款中的借款人可以不征得贷款机构同意,就在抵押房屋之上再次设定抵押,甚至转让抵押房屋,那么贷款机构的利益将受到严重损害,进而给整个交易安全带来不利影响。对此,应当以让与担保作为住房反向抵押贷款的理论基础,即在住房反向抵押贷款中,抵押房屋的所有权需要转移至贷款机构。另一方面,让与担保能够以更加高效和便捷的方式实现债权。① 在住房反向抵押贷款法律关系中,双方当事人的真实意思表示是以抵押房屋的价值作为偿还贷款的资金来源,该意思表示内容决定转移房屋所有权是实现贷款机构债权最直接的途径。我国《民法典》规定拍卖、变卖和折价是抵押权的实现方式,但是拍卖的费用和程序较多,将增加实现债权的经济成本和时间成本,而虽然变卖和折价的操作成本低,可由于贷款到期日通常和借款人去世时间相同,所以当事人难以就折价和变卖达成一致协议。② 与之不同的是,让与担保的实现方式灵活多变,既可以变价清偿,也可以归属清偿,其所具有的高效性和低成本性能够满足金融产品追求利益、效率和安全的要求。综上所述,引入让与担保作为住房反向抵押贷款制度的理论基础具有一定合理性,但是上述理由是否足够充分仍然存疑。其中最关键的是从目前所有官方文件对住房反向抵押贷款的定义来看,并没有反映出住房反向抵押贷款以转移所有权作为担保的特征,所以当然地将住房反向抵押贷款归属于让与担保,缺乏足够的事实理由。总而言之,是否需要引入让与担保,引入的理由是否充分,若无须引入,住房反向抵押贷款在担保物权体系中又如何定位,这些问题还应当进一步深入思考。

其次,住房反向抵押贷款与物权法定原则相矛盾。《民法典》第116条规定,物权的种类和内容都由法律规定,即物权的种类和内容如果没有法律明确规定,当事人无权创设和实施。③ 物权法定是我国物权法律制度的基本原则,而住房反向抵押贷款主要法律关系之一就是担保法律关系,

---

① 参见闫海、矫燕娜《我国倒按揭业务立法问题探讨——应对老龄化的法律创新》,《金融理论与实践》2011年第10期。

② 参见钱宁波《让与担保制度对我国发展住房反向抵押的保障意义》,《金融发展评论》2014年第1期。

③ 参见王泽鉴《民法物权(第1册):通则·所有权》,中国政法大学出版社2001年版,第46页。

自然受到物权法定原则制约。从字面上看，物权法定，其关键点分别指向"定什么"和"什么法"。在"定什么"方面，其含义有二：一是不得创设民法或其他法律所未规定或习惯法所未形成的物权，称为类型强制；二是不得创设与物权法定内容相异的内容，称为类型固定。[①] 而住房反向抵押与《民法典》物权编所规定的一般抵押和特殊抵押都存在差异，例如相较于一般抵押，住房反向抵押的抵押期限和所担保的债权数额都不确定，且对于超出抵押物价值而未受清偿的债权部分，债权人无权请求债务人偿还。相较于最高额抵押，虽然二者所担保的债权数额都不确定，但是在最高额抵押中，债权不能超过预先设定的总额范围，而在住房反向抵押中，债权数额随借款人寿命的延长不断积累，没有限制额度。在"什么法"方面，《民法典》从立法角度仍采用严格法定主义，认为物权法定中的"法"指全国人大及其常务委员会制定的法律，除法律明确规定外，一般不包括行政法规与地方性法规，[②] 而主张宽松的物权法定已是学界主流，认为对物权法定中的"法"应当从宽解释，纳入行政法规和司法解释，[③] 在适当条件下还可以给予习惯法适当地位。[④] 但是，目前我国缺乏对住房反向抵押贷款制度的法律规定，尽管原保监会为顺利开展试点工作出台了《指导意见》，可《指导意见》只是部门规范性文件，不属于物权法定中"法"的范围，并且住房反向抵押贷款甚至尚未形成习惯，既没有在司法实践中对其合法性和裁判规则形成一致意见，也没有在大众内心获得普遍确信，更没有在发展过程中固定化和类型化。综合来看，不仅住房反向抵押在种类和内容上不属于《民法典》物权编所规定的抵押类型，而且也没有相关法律法规对其进行规定，因此，在实践中依照物权性质运行住房反向抵押违反了物权法定原则。

最后，住房反向抵押贷款有违反禁止流押之嫌。根据《民法典》第401条，流押是在债务履行期限届满之前，抵押权人就与抵押人约定，债务人不履行到期债务或发生当事人约定的实现抵押权情形时，抵押物直接

---

① 参见王泽鉴《民法物权》，北京大学出版社2010年版，第37页。
② 参见全国人大常委会法制工作委员会民法室《中华人民共和国民法典总则编解读》，中国法制出版社2020年版，第368—369页。
③ 参见张志坡《物权法定缓和的可能性及其边界》，《比较法研究》2017年第1期。
④ 参见申卫星《物权法定与意思自治——解读我国〈物权法〉的两把钥匙》，《法制与社会发展》2013年第5期；杨立新《民法分则物权编应当规定物权法定缓和原则》，《清华法学》2017年第2期。

归抵押权人所有。而住房反向抵押贷款制度规定，在借款人去世后，贷款机构将取得抵押房屋的处置权。从表现形式上看，处置权与抵押物所有权直接归属于贷款机构高度相似，所以部分观点认为住房反向抵押贷款在一定程度上构成流押。对于流押契约的效力，从《担保法》到《物权法》都予以禁止，其之所以被禁止，主要是为了防止抵押人及抵押人其他债权人的利益受损，避免抵押权人借债务人窘困之境，违背自愿和公平原则与债务人订立流押契约。[1] 虽然《民法典》不再以"不得约定"的表述方式直接禁止流押，而是规定流押契约的法律效果，对流押契约是否无效做了模糊处理，给学界和司法实务留下了发展和解释的空间，但是这并不意味着流押解禁，因为无论是通过文义解释，还是历史和体系解释，都难以得出流押契约有效的结论，只能解释为流押契约的效力未获承认，但不影响抵押权的效力。[2] 在此情况下，由于住房反向抵押贷款的变现形式与流押条款相似，所以住房反向抵押贷款的正当性也受到质疑，其能否获得法律支持堪忧。

三　我国住房反向抵押贷款实施效果与制度预期存在落差的成因

由于认知不够清晰和法律供给上存在不足，住房反向抵押贷款制度的实施效果不尽人意。实施效果与制度预期之间的落差，根本成因在于该制度本身所具有的局限性，而其局限性具体体现于老年人理解能力弱化与住房反向抵押贷款复杂性之间的冲突、住房反向抵押贷款社会保障功能与商业金融之间的冲突。在这两组冲突关系的影响下，政府监管部门更难以妥善调和贷款机构与借款人利益，政府参与不足导致住房反向抵押贷款制度在实施过程中没有实现二者利益的有序协调。

（一）老年人理解能力与住房反向抵押贷款产品设计的复杂性的冲突

老年人理解能力弱化与住房反向抵押贷款复杂性之间的冲突，是老年人参与意愿较低的根本原因。住房反向抵押贷款结构复杂且内容专业，与老年人认识能力、理解能力和决策能力弱化明显互不适应，特别是老年人

---

[1] 参见杨善长《流押条款法律效力辨——兼及法律父爱主义立法思想之取舍》，《河北法学》2017年第3期。

[2] 参见黄家镇《论〈民法典〉流押规定的解释适用》，《甘肃政法大学学报》2021年第2期。

普遍缺乏金融知识，使其更难以清楚理解住房反向抵押贷款中涉及专业知识的内容。除此之外，老年人认知能力下降与金融产品复杂性之间的冲突还表现为老年人参与住房反向抵押贷款后，因为贷款机构容易利用信息优势地位和住房反向抵押贷款的复杂性对老年借款人实施诱导销售和欺诈等利益侵害行为，所以老年人可能面临利益受损的风险。虽然老年人对金融产品的认知和金融产品的特点存在冲突，但是现实中老年人的养老需求日益增长，所以从需求层面来说，老年人对住房反向抵押贷款这一金融产品并不排斥和抵触，关键在于老年人对该产品的兴趣和购买意愿很大程度上取决于其对产品的了解程度，以及其对该产品能够改善晚年生活的感知程度。

（二）住房反向抵押贷款社会保障功能与当下产品商业金融属性的冲突

住房反向抵押贷款社会保障功能与商业金融之间的冲突，是金融机构不愿参与的根本原因。对于金融机构来说，住房反向抵押贷款市场中对产品的需求匮乏会导致该产品难以实现规模化运行，并且产品风险得不到有效分散，最终使其难以取得合理利润。在住房反向抵押贷款的经营过程中，金融机构通常将面临长寿风险、道德风险和资金风险。具体而言，住房反向抵押贷款采取终身支付的方式，所以对于金融机构而言，借款人的寿命越长，所占用的资金就越多，甚至可能会超过住房本身价值。并且在这个贷款期间内，对于借款人的身体情况和抵押房屋的使用情况，金融机构都处于信息劣势地位，面临着借款人的道德风险。从根本上来讲，金融消费者保护与商业金融难以协调。折射在住房反向抵押贷款中，金融消费者保护以老年人利益为宗旨，而金融机构在交易过程中以实现盈利目的为价值导向。如果强调老年借款人利益保护将增加金融机构的运营成本，进而抑制其利益实现；反之，如果侧重于金融机构盈利，老年金融消费者的合法权益则难以得到充分保护。

（三）贷款机构和借款人利益保护及平衡机制不足

正因为金融机构和借款人之间存在利益分配的冲突，导致政府参与住房反向抵押贷款陷入两难境地，一方面要回应老年人养老保障的需求；另一方面又要对金融机构期待获益提供支持，以鼓励其积极推出住房反向抵押贷款产品。目前，我国没有设计出贷款机构和借款人利益保护机制，更没有在住房反向抵押制度实施过程中实现这两种利益的有序协调，不仅缺少对借款人利益保护的措施,特别是对老年借款人认知能力弱化问题缺少回应,而且没有切实满足金融机构合理的盈利诉求,以及对其所面临的各种风险提供担保。

第三节 住房反向抵押贷款法律规制的理论基础

住房反向抵押贷款是融合养老、房地产和信贷的金融创新产品。住房反向抵押贷款作为一系列金融产品的集成创新,应当肯定金融公平、效率和安全理念是规制住房反向抵押贷款的基本理念。具体而言,这三大理念所指向的"三足"分别对应住房反向抵押贷款中的三大利益主体:政府的核心利益是金融安全,贷款机构的核心利益是金融效率,借款人的核心利益是金融公平。三大主体核心利益的实现等同于"金融法三足定理"的实现。

一 金融法"三足定理"在住房反向抵押贷款中的表现

其一,金融安全。安全能够帮助人们享受生命、财产与自由等其他价值的状况持续稳定化。运行周期长、资金量大和结构复杂是住房反向抵押贷款的特征,这些特征导致该业务可能会遭遇较高的经营风险。为了尽量降低经营风险,金融机构一般会采取风险防范和风险分担两种方式。在金融机构所面临的风险中,道德风险并非由市场的不确定性造成,而是由人为因素引起。当合同终止时,贷款机构最终达到盈利预期的前提是抵押房屋的变现价值超过贷款本息总额,但是在住房反向抵押贷款中,抵押房屋的所有权不发生转移,且房屋价值不足以清偿贷款本息时,借款人不受追偿,这使得房屋变现价值较低的风险大部分将由贷款机构承担。对此,老年借款人更缺少足够的动力维护抵押房屋,导致抵押房屋价值减损风险增加。相较于市场风险,道德风险一般可经由当事人权利义务安排得到有效预防。具体而言,明确赋予贷款机构定期对抵押房屋进行检查的权利,同时贷款机构可以在对抵押房屋维护程度进行估价的基础上调整贷款额度。这意味着在借款人维护抵押房屋程度和其所获得的贷款资金额度之间存在一个正相关关系,通过该正相关关系激励借款人积极维护房屋,以保障房屋价值。在风险分担方面,住房反向抵押贷款面临多重风险,难以完全规避,仅仅依靠风险防范不能有效保护贷款机构和借款人的权益,还要形成风险分担机制，应当充分借助保险公司的力量为产品提供担保。

其二，金融效率。效率一直是审视法律制度和法律活动的一项基本原则。为提高住房反向抵押贷款的效率，推动住房反向抵押贷款市场的发展，有必要针对住房反向抵押贷款制定法律规则。通过完善和健全法律法规，对住房反向抵押贷款的法律定位、主体范围、客体范围、当事人权利和义务等内容进行界定。从法律意义上赋予住房反向抵押贷款以合法地位，消除对住房反向抵押贷款的身份束缚。合法权利的初始界定会对经济制度运行的效率产生影响，权力（权利）调整会比其他安排产生更多的价值。① 合理配置贷款机构和借款人的权利义务，能够使住房反向抵押贷款有法可依、有理可据。除此之外，尊重贷款机构和借款人的意思自由也很重要，只要与法律法规没有明显冲突，应予以合理包容。

其三，金融公平。法律制度所追求的公平价值要求对同样的事物予以同等对待，对不同的事物予以区别对待。② 在金融消费者和金融机构的交易过程中，常出现信息不完全或信息不对称的状况，相比于作为信息优势方的专业金融机构，消费者难以完全了解金融产品或业务的全部特征，往往在此信息掌握不完全的情形下就做出了消费决策。然而，金融消费者和金融机构彼此都很难通过自身力量矫正这种信息失衡现象，因此法律制度应当作出回应，必须对其予以在适当范围内的倾斜性保护，以展现实质性公平。除此之外，住房反向抵押贷款法律规制中的公平包括交易的公平，住房反向抵押贷款的运行离不开第三方中介机构，客观公正地评估房屋价值是保障贷款机构和借款人两方权益的基础。在签订住房反向抵押贷款合同之前，需要资产评估机构对抵押房屋进行客观公正的估价，以便贷款机构能够对养老金额度做出相对准确的计算；住房反向抵押贷款合同终止后也需要资产评估机构的参与，以保证清算价格公平合理。对于如何选择中介机构，应当尊重借款人和贷款机构的意志自由，不应加以干涉。

二 作为金融法理念的"三足"在住房反向抵押贷款中的动态平衡

其一，住房反向抵押贷款实施模式的选择应兼顾金融安全和金融效

---

① 参见［美］波斯纳《法律的经济分析》，蒋兆康译，中国大百科全书出版社1997年版，第71页。

② 参见［美］E.博登海默《法理学——法律哲学与法律方法》，邓正来译，中国政法大学出版社2004年版，第291页。

率。商业银行和保险公司都无法各自单独运营住房反向抵押贷款，而商业银行和保险公司合作是融合两者优势而成的运作模式。比较典型的形式是老年人向商业银行抵押自有房屋，并按照住房反向抵押贷款合同的约定，按时按额度取得养老资金，直至老年人去世，同时商业银行向保险公司购买人寿保险和财产保险，用以防范经济损失。合作模式不仅代表金融机构共谋发展的方向，也能弥补商业银行和保险公司各自单独运营的缺陷。在我国金融业分业经营的壁垒没有根本打破之前，商业银行和保险公司的合作既能够将银行在金融信贷方面的优势充分发挥，也体现出保险公司在风险管控与风险分散方面的功能。我国对银行与保险业务予以统筹监管，所以商业银行和保险公司合作具有内部化和便宜化的优势。但是仅依靠商业银行和保险公司合作仍无法避免住房反向抵押贷款运营过程中的经营风险，对此，应当发挥政府参与的积极作用。在业务开展初期，担保制度不完善的情况下，政府对市场的规范和支持显得尤为重要。对此，我国政府应当设立专门的保险基金，并要求每个参与业务的老年人缴纳一定数额的费用，同时政府给予一定的财政支持，以基于这两笔资金成立的保险基金为贷款机构和借款人提供兜底性担保，提高借贷双方对风险的抵御能力。

其二，消除信息不对称，强化金融公平。信息在消费决策中至关重要，其是做出正确消费决策的前提和基础，没有信息，就无法做出决策。[1] 但信息不对称现象在现代市场交易中无处不在，使劣势方获取信息成本过高，且获取的信息量少、真实性较低，最终造成交易不公平。住房反向抵押贷款中同样如此，借款人和贷款机构彼此都面临信息不对称现象，对此，既要强化贷款机构的信息披露义务，也应要求借款人履行如实告知义务。一方面，贷款机构的披露义务应遵循全面性、真实性和准确性三个要求。全面性是对披露内容量的要求，贷款机构所披露的信息必须能够较为完整地反映出住房反向抵押贷款的运作流程，并且对于与借款人存在重要利益相关的信息，应当通过字体加粗、单独成页或当面解释等方式重点强调和提醒。真实性与准确性是对披露内容的质的要求，真实性要求贷款机构不得披露虚假信息，准确性要求贷款机构所说明的内容应避免误导性陈述。另一方面，借款人也应履行如实告知义务。需要说明的是，

---

[1] 参见应飞虎《信息、权利与交易安全——消费者保护研究》，北京大学出版社 2008 年版，第 6 页。

"三足"与三大利益主体的对应关系并不绝对，只是从相对意义上进行理解，所以在住房反向抵押贷款中，贷款机构也有金融公平的诉求。由于住房反向抵押贷款的期限长达十几年甚至几十年，借贷双方对于借款人健康情况、抵押物情况和财产情况也存在信息不对称现象。为了保障贷款机构合法权益，降低道德侵害发生的可能性，也应增加借款人的告知义务，即关于借款人自身情况及房屋情况的实时变化，借款人应及时且真实履行告知义务。

第四节　美国住房反向抵押贷款法律规制实践及对我国的启示

养老问题始终是人类社会发展进程中无法回避的社会难题，为了解决这一难题，各国除了织牢社会保障这张安全网之外，都在探索各种补充养老的手段，其中住房反向抵押贷款所蕴含的以房养老理念得到重视并被予以各种形式的实践。纵观各个国家和地区住房反向抵押贷款的发展情况，美国住房反向抵押贷款发展得最成熟，所形成的市场规模也最为庞大。美国住房反向抵押贷款市场的发展始于1961年，根据市场发展情况，基本可以将其发展演变历程分为三个主要阶段，分别为萌芽阶段、发展阶段和调整稳定阶段。美国住房反向抵押贷款市场从混乱步入正轨，再从正轨迈向成熟的过程，离不开政府的参与和支持，既包括法律规制，也包括市场监管，还包括相关配套措施扶持。在此基础上探究美国住房反向抵押贷款市场发展壮大背后的法律与政策支持体系，对于推动我国住房反向抵押贷款市场发展具有重要意义。

一　美国住房反向抵押贷款市场发展历程

（一）萌芽阶段：1961—1981年

美国第一份真正意义上的住房反向抵押贷款可以追溯到20世纪60年代初。1961年，Deering Saving & Loan公司的Nelson Haynes为他的中学足球教练的遗孀设计并发放了一份特殊的融资贷款，[1]这被认为是美国住房

---

[1] 参见柴效武、胡平《美国反向抵押贷款发展历程及对我国的启迪》，《经济与管理研究》2010年第4期。

反向抵押贷款产生的标志。自此至 20 世纪 70 年代，这一新型金融产品引发市场不断尝试与实践。1977 年，俄亥俄州的一家储蓄贷款公司开始运营第一款住房反向抵押贷款产品，借款人获得的最大贷款数额可以达到住房价值的八成左右。1978 年威斯康星州地方政府面向全州推出延期支付贷款项目，该项目允许借款人直至死亡或彻底搬离住房时才偿还本金和利息。1979 年，旧金山发展基金创立年金式反向抵押贷款试点项目。在 20 世纪 60—70 年代，虽然住房反向抵押贷款市场开始进行实践上的初步探索，但是开办情况并不理想，实质性金融产品的参与度较低，住房反向抵押贷款没有得到大规模推广。

（二）发展阶段：1982—2007 年

直到 20 世纪 80 年代，养老问题给美国财政带来严重压力，美国联邦政府开始介入住房反向抵押贷款市场并大力扶持其发展。1981 年，联邦政府就资助成立了国家住房资产价值转换中心（National Center for Home Equity Conversion，NCHEC），这个非营利组织负责提供住房反向抵押贷款的产品宣传和理财教育服务，并对符合规定标准的咨询机构进行认证。[①] 1987 年，联邦政府正式颁布了《国家住房法案》（*National Housing Act*），该法案第二章第 255 节明确规定了关于住房反向抵押贷款的政策，同时根据该法案，国会授权美国住房与城市发展部（the Department of Housing and Urban Development，HUD）设计和管理房产价值可转换抵押贷款（Home Equity Conversion Mortgage，HECM）项目，由联邦住房管理局（Federal Housing Administration，FHA）负责审核批准贷款机构开办该项业务的资质，并且为经其批准的贷款机构发放的贷款提供担保。1989 年，FHA 正式推出 HECM。自此，美国住房反向抵押贷款市场迈向由政府进行培育和构建的新阶段。

在联邦政府的推动下，反向抵押贷款市场逐步迈入正轨。自 1989 年 HECM 正式发行后，1990—1999 年，HECM 的市场规模增长速度得到大幅度增长。具体来看，HECM 的年均新增业务发行量由 1990 年的 157 份增长到 1999 年的 7923 份，最大贷款金额总额（Total Maximum Claim Amount，TMCA）由 1990 年的 0.13 亿美元增长到 1999 年的 9.3 亿美元，

[①] 本节主要的美国住房反向抵押贷款市场发展数据可参见陈功、郑秉文《美国住房反向抵押贷款：历程、经验和挑战》，《国际经济评论》2013 年第 3 期。

初始本金限额总额（Total Initial Principal Limit，TIPL）由 1990 年的 0.06 亿美元增长到 1999 年的 6.4 亿美元，同时，初始本金限额总额占据同年最大贷款金额总额的比例由 1990 年 46.3% 上升至 1999 年的 69.3%。虽然这一时期以年均新增发行量、最大贷款金额总额和初始本金限额总额三个指标为代表的市场规模增长幅度大幅提高，但由于联邦政府在发展初期相对谨慎，所以业务量仍大大低于市场潜在规模，总体呈现小幅度发展的特征。

到 21 世纪初，为了促进各方力量参与市场发展，联邦政府和相关组织陆续出台新政策和配套措施。2001 年，HUD 开始着手培训咨询顾问，并尝试建立完整规范的贷款前咨询程序。2007 年，HUD 下属的美国政府国民抵押协会（Government National Mortgage Association，Ginnie Mae），也被称为吉利美，开始发行反向抵押贷款证券，正标志着住房反向抵押贷款二级市场形成，不仅提升了反向抵押贷款产品的流动性，还可以对 FHA 的风险担保予以补充。从 HECM 的市场规模来看，2000 年 HECM 的年均新增发行量为 6637 份，而这一数值在 2007 年正式突破 10 万份大关，达到 107368 份，是 2000 年年均新增发行量的 16.2 倍。除此之外，TMCA 和 TIPL 两个指标在绝对数上的增长幅度同样十分明显，其中 TMCA 由 2000 年的 8.3 亿美元增长到 2007 年的 246.5 亿美元，TIPL 由 2000 年的 5.2 亿美元增长到 2007 年的 167.3 亿美元，同期 TIPL 占 TMCA 的比例在 2000—2007 年始终保持在 63.1%—79.1% 的高水平区间。此时美国住房反向抵押贷款市场呈现出在政府主导下快速发展的特征。

（三）调整稳定阶段：2008 年至今

2008 年次贷危机爆发，房地产市场暴跌，美国住房反向抵押贷款市场因此受到强烈冲击，各参与主体的积极性明显下降。为此，国会、联邦政府和相关机构相继出台政策予以应对。2009 年，HUD 推出购买住房贷款项目，该项目允许想要改善住房条件的借款人用借款购买新房，借款人在支付了购房首付款后，无须每个月再偿还贷款，旨在助力下行的房地产市场发展。同年，HECM 的最高贷款限额由 2008 年的 417000 美元增加至 625500 美元，以此帮助借款人走出金融危机带来的困境。2010 年，HUD 又推出住房净值抵押贷款救助计划，该计划被视为 HECM 的缩减成本版，因为其提供给借款人的贷款金额减少，不过同时借款人需要负担的贷款保险费和结算成本也相应降低。2008—2010 年，联邦政府致力于刺激住房反向抵押贷款市场需求,此时市场规模还呈现出增长态势。2010年后市场发展开始进入相对稳定状态,并一直保持平稳。

二 美国住房反向抵押贷款法律规制实践

(一)关于住房反向抵押贷款的重要立法

20世纪60年代初至80年代初的萌芽阶段,美国住房反向抵押贷款市场的发展主要表现为市场自发进行实验探索,没有得到统一的管理和规制。20世纪80年代初期,在社会养老体系压力逐步增加的背景下,当美国联邦政府敏锐地发现住房反向抵押贷款内在的经济与社会价值时,就已经开始着手制定关于住房反向抵押贷款的法律。1982年,里根政府颁布《加恩—圣杰曼存款机构法》(Garn-St. Germain Depository Institutions Act),该法案确立了住房反向抵押贷款的管理程序,这是美国住房反向抵押贷款获得合法市场地位的标志,同时也确定在全国范围内推广住房反向抵押贷款。[1] 之后,1987年通过的《国家住房法案》授权HUD设立HECM,并从立法上明确其发展目标,一是允许老年人为满足自身生活需求和增加收入而将房屋净值转换为流动性资产;二是确定住房反向抵押贷款市场的需求规模和产品种类;三是鼓励更多的金融机构参与市场,改进产品设计,更好地服务老年人的需求。[2]

在市场准入条件方面,虽然美国政府为了提高住房反向抵押贷款在供给方面的竞争,而对金融机构开办住房反向抵押贷款业务持有支持态度,但并非一切金融机构都可以随意开办,联邦政府对住房反向抵押贷款市场准入设置了较为严格的条件。对于反向抵押贷款业务开办机构的选择须参照《联邦银行法》第6-h款、《联邦不动产法》第280款和第280-a款,并由政府在FHA下专门设立的HECM项目管理部门予以管理。[3] 只有经FHA授权的合法贷款机构,才能获得开办住房反向抵押贷款业务的排他性权力。这些合法贷款机构包括银行、信托公司、国家银行联盟、储蓄银

---

[1] 参见陈杰、李影《反向按揭贷款:美国经验及对我国的启示》,《中国房地产》2015年第3期。
[2] 参见陈功、郑秉文《美国住房反向抵押贷款:历程、经验和挑战》,《国际经济评论》2013年第3期。
[3] 参见孟晓苏、柴效武《反向抵押贷款制度》,浙江大学出版社2008年版,第96页。

行、储蓄和贷款协会、联邦储备银行。① 如果其他的经济实体想要参与这项业务，必须获取 FHA 的特别授权，并满足以下条件：（1）必须从联邦或州级管理部门取得备用信用证书，且账面上长期保有满足未来 12 个月贷款需求的余额，最低限额为 300 万美元，第一期信用证书期限至少为两年；（2）发放信用函证的金融部门不能隶属于贷款机构；（3）贷款机构必须有 1000 万美元以上资本，或者贷款机构的母公司拥有 1 亿美元以上的资本，并向主管部门书面保证向贷款机构投入不低于 1000 万美金的资本金。同时，若经济实体想要开展业务，必须先以书面形式向抵押银行主管机构进行申请。② 因为住房反向抵押贷款存在较多风险因素，所以若贷款机构不能有效地防范和化解风险，不仅会对贷款机构自身的存续造成威胁，甚至可能给整个市场带来动荡。因此，严格的市场准入条件既是保护借款人和贷款人资金安全的措施，也是保障住房反向抵押贷款市场健康持续发展的要素之一。

在 HECM 运行规则方面，其主要遵循《美国法典》第 1715z-20 节和《美国联邦法规实施细则》第 206 条的规定，而其他非 HECM 的反向抵押贷款规则主要分布在《美国法典》第 1648 条和《美国联邦法规施行细则》第 226.33 条。《美国法典》就 HECM 的规定共分为 17 个小节，分别为：（1）发行贷款的目的；（2）确定 HECM、不动产和老年人房主的定义；（3）保险业监督；（4）适格的保险机构；（5）贷款机构的披露义务；（6）为借款人提供的咨询服务和信息；（7）对保险机构的限制；（8）行政管理机构应注意的事项；（9）对贷款机构和房主的保护；（10）防止房主失去住所的措施；（11）关于再融资的规定；（12）咨询费用；（13）用于购房抵押贷款的规定；（14）对贷款机构的要求；（15）禁止要求购买额外产品；（16）消费者保护；（17）对发起费用的限制。

在贷款担保方面，1987 年通过的《国家住房法》不仅授权 HUD 设计和管理 HECM 项目，还从立法层面确立政府双向担保机制。对于借款人，政府部门主要提供三重保证：一是任何情况下老年人都不会被迫出售房屋以偿还债务；二是无论老年人的寿命多长，借款人的债务都以房屋总价值为上限；三是若贷款机构无法继续支付住房年金，政府担保机构将继续负

---

① 参见贾宏斌《美国 HECM 模式对我国推行住房反向抵押贷款的法律借鉴》，《社会科学辑刊》2014 年第 5 期。
② 参见孟晓苏、柴效武《反向抵押贷款制度》，浙江大学出版社 2008 年版，第 96 页。

责支付。① 其中最具特色的是第三项保证，这是由 FHA 为借款人提供的保证，具体运作方式是 FHA 通过向借款人收取保险费用建立保险基金，通常借款人需要交付的保险费用包括 2.5% 的事前保险费和 1.25% 的保险年费，以保险费用为基础的保险基金将用于弥补住房反向抵押贷款在运行过程中所出现的损失，当基金金额不足以进行赔付时，联邦政府财政将负担超出的赔付额。② 对于贷款人，当贷款额超过房屋价值时，HUD 将保障贷款人免遭损失。根据规定，HUD 为此贷款提供保险，第一期保费为最高贷款额的 2%，随后的每年年费为贷款额的 50 个基点。当房屋抵押价值等于或超过允许的最大赔偿额的 98% 时，贷款人可以把贷款转让给 HUD，支付剩余住房年金的义务会随着贷款的转让而转让。当处理房屋所得收益不足以偿还贷款，而贷款人又未将此笔贷款转让给 HUD 时，贷款人可以得到保险赔偿直至最大赔偿额。政府双向担保的设计很大程度上消除了借贷双方的市场参与风险，有效应对了市场的疲软状态。

(二) 对于住房反向抵押贷款市场的监管

虽然住房反向抵押贷款能够为参与各方带来正向的经济社会效用，特别是能够满足老年人养老资金和居家养老的需求，但是由于认知能力与意思能力下降，且缺乏一定的金融知识和相关经验，对于老年人而言，住房反向抵押贷款作为一项较为复杂的金融产品，很可能导致其在信息不对称的情况下做出错误的决策。在早期的美国住房反向抵押贷款市场，私人机构占据着市场主导地位，并且当时这一业务作为新生事物缺少政府监管，造成市场秩序较为混乱，出现不少诸如虚假宣传和诱导购买搭售产品等损害消费者利益的违规行为。直至后来，关于住房反向抵押贷款系统性的监管体系逐渐建立，对贷款机构和中介机构等市场参与主体的监管不断加强，才使消费者的合法权益得到了保护。由于消费者保护和金融监管密不可分，因此以消费者保护视角为出发点，分析美国住房反向抵押贷款市场的监管内容。

住房反向抵押贷款虽然与一般抵押贷款存在不同点，但是其本质上仍是一款贷款产品，所以对于二者的管理与规范具有一定相似性，部分适用

---

① 参见孟晓苏、柴效武《反向抵押贷款制度》，浙江大学出版社 2008 年版，第 49 页。
② Ben Jakubowicz, "What the HECM is a Reverse Mortgage: The Importance of the Home Equity Conversion Mortgage in an Aging America", *University of Louisville Law Review*, Vol. 56, 2016, pp. 183-208.

于一般抵押贷款的法律法规同样适用于住房反向抵押贷款。其中有五部联邦层面的法律与消费者保护相关，内容涵盖信息披露、禁止歧视、债务催收和隐私保护等方面。一是《诚信借贷法》(Truth in Lending Act, TILA)，该法案针对住房反向抵押贷款设置了特殊披露条款，即贷款机构在与老年人签订住房反向抵押贷款合同前，必须向其披露总贷款成本、准备金和年度总费用等信息，以防出现误导消费者的情况；二是《房地产结算程序法》(Real Estate Settlement Procedures Act, RESPA)，该部法律要求贷款机构和房地产机构在住房反向抵押贷款合同终止后，抵押房屋估值结算过程中披露相关费用，目的是规范和控制贷款的结算成本，避免通过诱导消费者而获得回扣；三是《平等信用机会法》(Equal Credit Opportunity Act, ECOA)，该法案旨在禁止歧视，在贷款交易进行过程中，贷款机构不得根据消费者的肤色、种族、性别、宗教和年龄等特征实施任何歧视行为；四是《公平债务催收实践法》(Fair Debt Collection Practices Act, FDCPA)，该法案主要用于监管债务催收机构，符合该法定义的债务催收机构若作为住房反向抵押贷款服务商，其债务催收行为同样受到该法案的监管；五是《格雷姆—里奇—比利雷法》(Gramm-Leach-Bliley Act, GLBA)，又被称为《1999金融现代化法案》，这是一部规定金融机构处理个人私密信息方式的法案，主要包括金融秘密规则、安全维护规则和借口防备规定三个部分，要求金融机构必须提供一份书面保密协议，向消费者说明其信息共享机制。

除了有关消费者保护的一般法律之外，美国政府也针对住房反向抵押贷款制定了特别的监管政策。1997年颁布的《老年人住房权益保护法案》，不仅对贷款机构的行为进行了规范，以保障老年人充分了解自己的权利义务，还禁止咨询人员的欺诈行为。[①] 一些州政府也对此做了特别规定，例如加利福尼亚州民法典第1923节规定如果贷款机构没有按照条款指定的方式支付贷款，或者没有在提醒后对事实上的拖欠行为进行补救，那么贷款机构要支付给借款人错扣数量加上利息的3倍罚款。[②] 2008年国际金融危机后，国会通过《住房和经济复苏法》(Housing and Economic Recovery Act, HERA)，进一步对消费者保护措施做出完善，比如限制发

---

① 参见陈杰、李影《反向按揭贷款：美国经验及对我国的启示》，《中国房地产》2015年第3期。

② 参见孟晓苏、柴效武《反向抵押贷款制度》，浙江大学出版社2008年版，第157页。

行费用；严禁贷款机构要求借款人额外购买其他金融产品；强调咨询顾问独立于借贷双方；要求制定新的咨询顾问资格标准和咨询协议等。2012年，为了加强金融市场监管和更好地保护消费者权益，根据2010年制定的《多德—弗兰克法》（*Dodd-Frank Act*），HUD对于HECM的监管权被转移至消费者金融保护局（Consumer Financial Protection Bureau，CFPB）。

（三）配套专业咨询制度

对于消费者权益保护问题，不仅要从供给侧考虑，对产品提供者的行为予以规制，也应当提高消费者的自我保护能力，辅之以配套的专业咨询制度，帮助借款人在签订住房反向抵押贷款合同前更全面地了解这项业务，以做出正确的选择。住房反向抵押贷款的金融产品具有结构复杂、所涉经济社会层面广和风险多样的特点，但其受众基本都为老年人，而老年人群体的金融知识储备相对欠缺，对新事物的理解力和接受度有限，且抗风险能力较弱，所以住房反向抵押贷款在美国的发展初期阶段，面临由于宣传和普及不够造成公众误解的问题。这种对产品的认识不足甚至误解在客观上是阻碍市场开拓发展的因素之一，反之，如果能够通过宣传教育和咨询制度使公众熟悉并认可住房反向抵押贷款产品，那么不仅能够提高产品的认可度和接受度，还能进一步夯实市场发展的基础环境。关于房主对住房反向抵押贷款的认知程度和接受意愿之间的关系问题，Davidoff开展了一项面向58岁及以上美国房主的调查实验。实验首先评估了房主对住房反向抵押贷款的认知程度，根据研究数据显示，97%的受访者表示听说过住房反向抵押贷款，但其中大部分人都仅限于知道而并不了解住房反向抵押贷款。根据最终实验结论，老年房主对住房反向抵押贷款的认知程度和接受意愿之间存在正相关关系，对产品的认知程度越高，就越愿意接受该产品，所以建议通过提高房主对产品内容的了解或改变产品的设计使其更容易理解，提高对反向抵押贷款的接受率。[1]

在美国住房反向抵押贷款市场中，HECM有贷前强制咨询的要求。该强制信息咨询制度的目的在于帮助借款人能准确获得产品功能、收益、风险及附属义务等重要信息，了解产品运行，进而做出明智决定。具体要求是签约前借款人须在符合条件的咨询机构进行知识培训并取得认证证书，

---

[1] Thomas Davidoff, Patrick Gerhard, Thomas Post, "Reverse Mortgages: What Homeowners Don't Know and How it Matters", https://www.nrmlaonline.org/wp-content/uploads/2015/05/Tom-Davidoff-What-homeowners-dont-know-and-how-it-matters.pdf, 2023-09-06.

若咨询顾问认为借款人没有完全理解产品运行方式和相关合同义务,可以保留证书并重新安排咨询,直至借款人最终了解咨询内容为止。在整个专业咨询机制中,咨询机构占据着重要地位,咨询服务的质量在很大程度上将决定借款人能否做出正确选择。因此,不仅要对咨询机构的服务水平有所要求,还应该确保咨询机构必须始终处于独立地位,不依赖贷款机构,向借款人提供中立、权威、无偏见的咨询服务。在服务水平方面,自 20 世纪 80 年代起,联邦政府及相关机构就开始加强与非营利性组织的合作,致力于完善 HECM 的咨询培训体系,以提高咨询服务水平。例如 AARP 开展的 HECM 培训套餐课程,该课程包括录像视频、练习册和 HECM 咨询手册等;由 NCHEC 和 AARP 联合为 FHA 举办的为期 2 天的 HECM 辅导员培训课程。2000 年,美国举办了第一次全国性的住房反向抵押贷款咨询员资格考试,在全美 43 个州举行,共计 425 人参考。同年,AARP 在全国范围内选出 30 名 HECM 咨询顾问参与了由 HUD 举办的远程咨询试点项目。在独立性方面,2008 年美国国会修改了《国家住房法案》,从立法角度明确要求 HECM 的咨询机构必须是独立的第三方,不得与有关利益机构存在直接或间接的联系。为了进一步确保咨询机构不受到贷款机构等外界因素的影响,根据规定,在借款人选择时,HUD 要提供 9 家咨询机构名单,名单的先后顺序由电脑随机确定。2010 年 7 月,HUD 公布了新版 HECM 咨询协议,要求咨询顾问必须按照协议规定的固定步骤向潜在借款人提供服务,在服务过程中咨询顾问不能直接询问是否办理住房反向抵押贷款,或者给出结论性意见,而只能根据借款人的具体情况予以建议,并大概计算出借款人能够获得多少贷款额。①

三 评价与启示

总的来看,美国住房反向抵押贷款市场在初始阶段经历了先抑后扬的演变过程。在 1989 年正式推出 HECM 之前,住房反向抵押贷款市场仍广泛存在产品设计不完善、法律规制缺失、消费者合法利益受损等诸多现实问题,正是这些问题的存在导致住房反向抵押贷款产品未得到普遍接受,市场发展呈现参与主体少和规模有限的惨淡状况。但是之后美国政府开始介入住房反向抵押贷款市场发展,以联邦政府为主的政府力量根据现实情

---

① 参见张世春、刘艺《美国住房反向抵押贷款养老模式的经验与借鉴》,《西南金融》2015 年第 11 期。

况，在住房反向抵押贷款市场发展的各个阶段对其进行合理引导，提供法律、担保和监管等政策支持，主导并配置出健康合理的市场发展环境，由此，美国住房反向抵押贷款市场逐步迈向正轨和成熟。

目前，我国对于住房反向抵押贷款制度的建设仍停留于初始阶段。自2014年颁布《指导意见》并经过四年的试点后，保监会于2018年正式发文将老年人住房反向抵押养老保险的开展范围扩大到全国。但是，该决定在金融市场没有激起水花，政府部门和金融机构后续都没有采取积极的行动对此做出回应。以致直至现在我国住房反向抵押贷款的发展情况仍然不理想，甚至几乎处于停滞状态。该种状况和美国住房反向抵押贷款市场萌芽期的发展情况相类似。美国住房反向抵押贷款法律规制实践能够为我国带来以下启示。

首先，加强法律层面支持，积极引导扶持市场发展。法律手段具有强制性和稳定性作用，从对美国实践经验的分析可以看出，美国住房反向抵押贷款的成功得益于健全的法律法规制度。住房反向抵押贷款是金融创新产品，是否能够获得认可并得到进一步推广需要法律制度加以约束，特别是在我国金融市场发育不成熟的情况下，相关法律制度的建设更为重要。虽然我国颁布了关于住房反向抵押贷款的指导意见和通知，但缺乏具体且系统的操作规范，贷款机构和借款人的权益都难以得到保障。同时，我国部分政策和法律法规成为贷款机构参与住房反向抵押贷款的障碍，例如没有规定住宅建设用地使用权到期后的缴费规则。因此，要顺利推行住房反向抵押贷款，必须先完善相关法律法规以提供保障。

其次，强化消费者保护，构建监管体系。随着住房反向抵押贷款市场的发展，美国政府及相关机构不断加强对市场的监管，对保护消费者合法权益和促进市场健康持续发展具有重要意义。住房反向抵押贷款产品结构复杂，所涉风险因素众多，如果得不到有效监管，在市场利润原则的驱动下，部分机构很可能利用法律空白牟取不正当利益，例如打着住房反向抵押贷款的幌子实施诈骗，不仅将严重侵害老年人的权益，还将给产品的形象带来极大的负面影响。对此，我国应当进一步完善对住房反向抵押贷款的监管政策，加大对贷款机构和第三方机构等市场主体的监管和引导力度，切实保护借款人权益，推动我国住房反向抵押贷款规范化和有序化发展。

最后，强化贷款机构披露义务，帮助消费者准确了解产品。早期美国住房反向抵押贷款市场在产品信息咨询方面存在严重不足,导致社会公众对于该产品的认识有限,甚至产生误解。尤其老年人欠缺金融知识,对于新事物的理解和接受程度都较弱,使得对产品的误解和质疑越发严重,客观上阻碍了市场的开拓。但自从联邦政府与相关非营利组织开始共同构建咨询机制,强制咨询制度随之落地后,这一机制在帮助消费者了解产品信息和发展扩张市场方面起到重要作用。目前,住房反向抵押贷款对于我国社会大众而言仍是新生事物,并且已经出现不少负面评论和侵害消费者利益事件。因此,我国应当重视保护消费者的知情权和自主选择权,但目前我国住房反向抵押贷款市场发展仍不成熟,尚不具备发展非营利组织咨询制度的土壤,但我国可以通过强化贷款机构的信息说明与披露义务,切实帮助消费者准确把握产品信息,提高大众对住房反向抵押贷款的接受度,激发市场中的潜在需求。

第五节 完善我国住房反向抵押贷款法律制度的建议

一 采取政府担保下银保合作的实施模式

根据前文分别对商业银行和保险公司开展住房反向抵押贷款业务的利弊分析,可知目前我国无论是商业银行还是保险公司,都没有足够的能力独立进行住房反向抵押贷款所有业务环节,但同时二者又都分别具有一定优势。因此,最佳的解决思路是商业银行和保险公司建立合作关系,以商业银行作为住房反向抵押贷款的开办机构,并向保险公司购买分别以老年房主和抵押房屋为对象的人身保险和财产保险,以减少未来不确定性风险可能带来的损失。具体采取这种以商业银行为主、保险公司为辅的合作形式主要包括以下两方面原因。

第一,住房反向抵押贷款本质上是一项不动产抵押贷款业务,更符合商业银行的经营范围。从民法视角进行分析,住房反向抵押贷款主要的法律关系包括借贷关系和抵押关系,反向抵押权是指以借款人的自有房屋为抵押物,保证债权实现的担保性权利。按照能否独立存在的分类标准,其中借贷关系是主民事法律关系,抵押关系是从民事法律关系,抵押关系在成立、效力和消灭上具有从属性,所以借贷关系的建立是核心。然而,我国的贷款业务属于金融监管部门的行政许可事项,只有取得金融许可证牌照的特定机构才能开展。如果没有放贷资质而从事贷款业务,可能被认定为涉嫌从事非法金融业务活动,导致合同无效。目前可以发放贷款的金融机构主要是银行业金融机构,商业银行是贷款业务的主力军,贷款规模大部分集中于商业银行。而保险公司不具有发放贷款的资格,并且实践中,金融监管机构对保险机构违规运用资金问题采取严查态度,监管整治的方向之一就是是否存在将保险资金直接用于放贷的现象。所以,对于保险公司来说,直接经营住房反向抵押贷款产品并不合适,而更适合以辅助的身份参与,为住房反向抵押贷款提供保险,以此实现为借款人增信、为商业银行降低风险。

第二,商业银行面临的风险问题可以通过建立风险分散机制解决,而如果要解决保险公司面临的资格问题,不仅需要获得行政许可,还需要对立法进行修改,导致成本过高。对于商业银行来说,其最大的风险就是资金的流动性风险,因此,构建风险分担机制是银行开展业务的先决条件。产品运营过程中可能遇到的主要风险包括抵押物的毁损或灭失,以及借款人实际寿命长于预期寿命,对此,可以向保险公司投保,通过保险公司的理赔弥补损失。对于保险公司来说,开展住房反向抵押贷款业务最大的障碍是我国保险公司没有相关资格,不能将保险资金用于发放贷款。消除该障碍的前提是修改《保险资金运用管理办法》,或者由金融监管机构做出特殊规定。两相比较之下,基于对制度成本和效率的考量,应当由商业银行担任开办主体的角色。

虽然由商业银行和保险公司合作运营的模式一定程度上可以形成流程化的运营机制,但同时也不能忽视政府参与的积极作用。事实上,《指导意见》第五条对业务宣传、销售人员和销售过程管理、信息披露、财务管理、服务创新、投诉处理及市场监管做出了明确要求,可是这些要求仅体现于文本之中,实质性措施却没有落地。而政府确实有必要介入住房反向抵押贷款发展,作为一项新型金融产品,住房反向抵押贷款面临接受度和各方主体参与积极性不高的困境,所以,政府部门需要为其提供信用担保,并对住房反向抵押贷款所拥有的风险展开合适的兜底,从而打消各参与主体的顾虑。

总的来说,我国开展住房反向抵押贷款应采取政府担保下的银保合作模式。

（一）商业银行负责运营，保险公司提供担保

第一，住房反向抵押贷款产品由商业银行提供，有意愿参与住房反向抵押贷款的老年人要和商业银行订立住房反向抵押贷款合同。当合同终止时，商业银行可以通过二手房交易市场处分抵押住房，清偿贷款本息。除此之外，资产评估机构也必须参与进来，原因是住房反向抵押贷款具体贷款金额的确立需要以抵押房屋的评估价值为依据，且对于房屋质量、使用状况等信息，借款人相较于商业银行占据信息优势地位，所以客观准确的估价十分重要。在签订住房反向抵押贷款合同之前，应当聘请专业的资产评估机构对房屋进行公正客观的估价。具体流程如下。

①老年房主将拥有完全产权的自有房屋抵押给商业银行，向其申请住房反向抵押贷款，申请人的年龄应限制在60周岁以上。

②商业银行受到老年房主的申请后，和老年房主一起选择具有专业资格的资产评估机构，并委托机构对用作抵押的住房进行详细审查，出具资产评估报告。

③资产评估费用应由商业银行和老年房主各自按照50%的比例承担，老年房主应承担的评估费可以从贷款金额中扣除。

④商业银行应根据资产评估报告和所获得的其他资料，对房屋价值、房屋折损程度、房屋增值潜能及老年人的预期寿命等进行分析评估之后，决定老年房主是否能够获得住房反向抵押贷款，以及贷款金额为多少。

⑤住房反向抵押贷款合同成立并生效后，商业银行应按照合同约定定期向老年人支付养老资金。

⑥当住房反向抵押贷款合同终止时，商业银行将取得住房的处分权，可以通过二手房交易市场对其进行拍卖、变卖，以收回贷款本息。

⑦商业银行向保险公司投保，包括以抵押房屋为对象的财产保险和以借款人为对象的人身保险。

⑧银行保险监管部门对商业银行履行信息披露义务的情况展开监管。

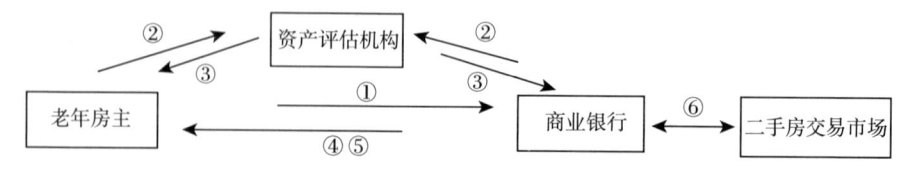

图 4-1　住房反向抵押贷款业务运作流程

第二，由于住房反向抵押贷款风险性较高，而保险作为转移风险的手段具有分散风险和分摊损失的经济功能，所以需要由保险公司提供担保。一方面，商业银行获得清偿完全依赖抵押房屋，且能够收回的贷款本息总额不得超过住房最终价值，如果房屋遭受地震、火灾等自然灾害，或者因不可抗力而毁损，银行将面临巨大经济损失。所以为了提高资产的安全性，分散抵押物灭失或毁损的风险，商业银行可以向保险公司购买以抵押房屋为对象的财产保险；另一方面，长寿风险也是商业银行面临的重大风险之一，借款人实际寿命越长，住房反向抵押贷款合同存续期间越长，给银行带来的风险就越大，对此，贷款机构可以向保险公司购买生存保险，该生存保险以借款人为对象。生存保险属于人寿保险的一种，以被保险人生存为给付保险金条件，意味着当保险期届满或达到保险合同约定的年龄时，如果被保险人仍然生存，保险公司则负责给付保险金。在住房反向抵押贷款中的生存保险，银行是保险受益人，投保金额是由于超出预计寿命而可能导致的抵押房屋价值折损的预期数额，至于保险费用应由借款人负担，但可以在处分抵押房屋所得中予以扣除。

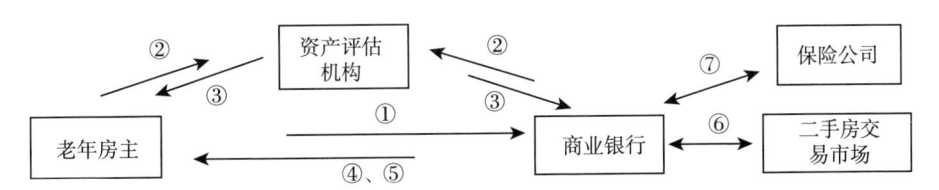

图 4-2　保险公司提供担保后的住房反向抵押贷款业务运作流程

第三，对于风险防范意识和自我保护意识相对较弱的老年人而言，住房反向抵押贷款极易带来诱导和欺诈风险，所以除贷款机构需履行格式条款、交易风险等重要信息说明义务外，也应加强银行保险监管部门对住房反向抵押贷款的监管。住房反向抵押贷款的法律关系与交易流程十分复杂，并且涉及长期的资金流动，签订合同时，借款人和贷款机构之间存在明显的信息不对称，侵害借款人知情权和自主选择权的风险较高。为确保老年人能够充分了解产品信息和交易风险之后再做出合理选择，贷款机构应当严格履行信息披露义务。同时为强化金融消费者权益保护，应由银行保险监管部门积极履行监管职责，通过定期对贷款机构履行信息披露义务的情况开展执法检查，督促贷款机构真实、全面地向借款人说明交易流程与风险、免责条款等信息。

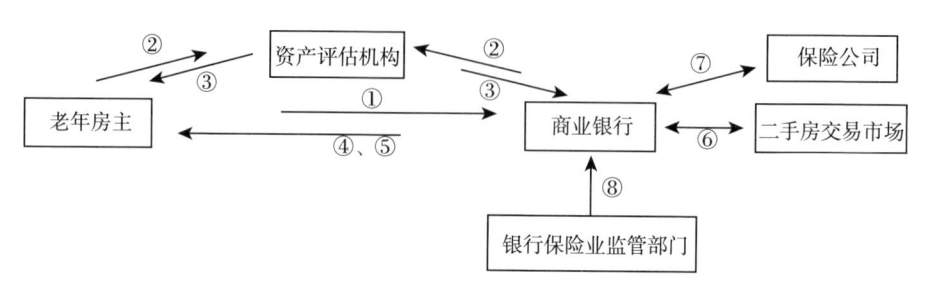

图 4-3　银行保险监管部门展开监管后的住房反向抵押贷款业务运作流程

(二) 政府部门提供保险基金

为有效分散贷款机构和借款人在契约期间和契约结束后无法获得预期收益的风险，美国政府在住房反向抵押贷款中建立保险基金，该保险基金由借款人所缴纳的保费形成。在贷款机构由于破产或者其他原因违反合同约定的时候，FHA 将根据住房反向抵押贷款合同所约定的支付方式和金额继续向借款人给付贷款资金。在抵押房屋变现所得款项无法覆盖贷款本息总额的时候，就贷款本息总额超出抵押房屋价值的部分，FHA 将向贷款机构提供补偿。如果保险基金无法补足借款人和贷款机构的损失，政府将通过公共财政进行补充，保证当事人的损失能够得到偿付。虽然该保险基金由借款人所缴纳的保费组成，但是在性质上其是获得政府支持的保证保险。这是美国住房反向抵押贷款中最具特色的制度，不仅能够通过政府公共信用向市场释放出积极的信号，还能够为市场参与主体提供良好预期。

为使住房反向抵押贷款取得更好的成效，可以学习借鉴美国住房反向抵押贷款的成功经验，在我国也建立由政府支持的保险基金。其一，管理保险基金的机构。因为住房反向抵押贷款的保险基金涉及金额较大，所以在选择保险基金的管理机构时应考虑三方面因素：一是资本规模；二是管理风险的能力；三是处置风险的能力。基于此，建议由中国保险保障基金有限责任公司（以下简称"保险保障基金公司"）负责管理和运作保险基金。根据《保险保障基金管理办法》，保险保障基金公司是国有独资公司，其业务范围包括：依法筹集、管理并使用保险保障基金；监测保险业风险；向持有保单的个人或受让保单的公司提供救助；参与处置保险业风险等。保险保障基金公司所具有的监测与处置风险的能力、管理与运作保险保障基金的能力，都与住房反向抵押贷款对保险基金管理机构的要求较为契合。由保险保障基金公司管理住房反向抵押贷款保险基金，有助于提高管理效率与质量。其二，补偿损失的方式。当贷款机构由于破产等原因导致无法继续向借款人支付贷款资金时，保险保障基金公司应当接替贷款机构代为履行支付义务，保证借款人获得养老资金。当贷款机构处置抵押房屋所得无法清偿贷款本息时，保险保障基金公司应以保险基金补偿贷款机构。其三，保险基金的组成。一方面，因为贷款机构在整个住房反向抵押贷款过程中一直处于资金持续流出的状态，所以如果还将保险基金的缴纳义务分配给贷款机构，那么贷款机构所面临的资金压力过大，将进一步降低其开办住房反向抵押贷款业务的积极性；另一方面，借款人既是保险基金的受益者，同时也享有不受贷款机构追偿的权利，综合考虑下，我国应由借款人承担保险基金缴纳义务，并且如果保险基金发生亏损或者短缺，应由政府公共财政予以补充，以保障贷款机构和借款人。

二 明确住宅建设用地使用权出让金承担规则

虽然目前法律和行政法规没有对土地使用权期限届满以后的申请续期程序和出让金承担规则进行具体规定，但是基于《民法典》第 359 条，对于住宅建设用地使用权期限届满后的续期程序存在一定共识，即住宅建设用地使用权期满的自动续期，"自动续期"意味着住宅建设用地使用权人不需要额外申请续期。由于住房反向抵押贷款的客体仅限于具有完全产权的商品房，属于《民法典》第 359 条的适用范围，所以住房反向抵押贷款中的土地使用权问题只在于出让金缴纳问题，包括：是否需要缴纳土地使用权出让金、如何缴纳土地使用权出让金，以及如何分配贷款人和借款人及其继承人之间土地使用权出让金承担责任三个方面。其中，前两个问题关系到住宅建设用地使用权出让金整体的缴纳规则，最后一个问题仅涉及住房反向抵押贷款具体实践中土地出让金缴纳的特殊规则，所以需要区别对待、分别考虑，应当先针对整体规则进行完善后，再针对单个问题进行立法。

（一）完善《民法典》住宅建设用地使用权出让金缴纳规则

一方面，在住房反向抵押贷款的运行过程中，住宅建设用地使用权的续期问题关系到土地使用权的归属，会对反向抵押贷款客体的处分造成影响，若没有确定的住宅建设用地使用权出让金缴纳规则，贷款机构的运行风险将增加，使其没有足够的信心开展业务，从而阻碍住房反向抵押贷款的开展；另一方面，住宅是人类生存和发展的必要物质条件，住宅建设用地使用权之上的住房应当得到合理保护，住宅建设用地使用权作为用益物权，除了具有收益权能之外，还承担着居住功能，因此，妥善处理住宅建设用地使用权期满之后的土地出让金缴纳问题关乎民生与社会稳定，对实现公民基本权利、保障社会长治久安意义重大。

在了解住宅建设用地使用权出让金缴纳规则重要性的基础之上，可以考虑通过出台关于《民法典》住宅建设用地使用权出让金缴纳规则的司法解释，完善住宅建设用地使用权续期规范的不足。尽管这种司法解释可能存在权力僭越的嫌疑，[①] 但是，一方面，考虑到我国司法解释在性质上是对有关立法活动的扩展与延续，所以对《民法典》中存在漏洞的规则制定司法解释具有一定正当性；[②] 另一方面，从实用主义角度出发，将司法解释作为之后修改或制定法律的过渡之举并非全无道理。

其一，确立有偿续期原则。关于续期费用问题，学术界存在无偿续期论与有偿续期论的争论。在支持无偿续期论的一方中，有的学者从"国家统一所有、人民均享地利"的社会主义土地法律思想出发，认为应当将土地所有权的权益普及全体人民，而不是一味追求对价；[③] 有的学者基于"有恒产者有恒心"的个人私有财产理论，认为住宅建设用地使用权在首次取得后就应供使用权人永久享有。[④] 在支持有偿续期论的一方中，学者们分别从无偿续期与《宪法》第10条规定的城市土地属于国家所有存在冲突、[⑤] 加剧房地产市场非理性发展[⑥]和严重影响土地利用效率[⑦]等方面论证了无偿续期的缺陷，认为续期应当缴纳一定费用。两相比较下，有偿续期更具合理性，原因在于：首先，根据文义解释，"自动"不包含无偿或有偿之意，所以不能当然推导出无偿续期；其次，从法理来说，建设

[①] 参见黄金兰《我国司法解释的合法性困境及其应对建议》，《法商研究》2020年第3期。
[②] 参见黄忠《论民法典后司法解释之命运》，《中国法学》2020年第6期。
[③] 参见孙宪忠《为什么住宅土地期满应无条件续期》，《经济参考报》2016年4月25日第8版。
[④] 参见杨立新《住宅建设用地使用权期满自动续期的核心价值》，《山东大学学报》（哲学社会科学版）2016年第4期。
[⑤] 参见孙良国《住宅建设用地使用权自动续期的前提问题》，《法学》2016年第10期。
[⑥] 参见刘锐《住宅国有土地使用权自动续期的实现路径》，《理论与改革》2016年第6期。
[⑦] 参见袁志锋《城市住宅建设用地使用权期满自动续期初探》，《中国地质大学学报》（社会科学版）2013年第S1期。

用地使用权作为用益物权,相较于所有权的完全性、整体性和恒久性,其是一种定限物权,具有定限性和有期性,而无偿续期相当于个人对土地占有的永久化;最后,允许无偿续期本质上是土地私有化,违背了《宪法》所规定的城市土地属于国家所有。因此,解决住宅建设用地使用权续期问题,应坚持以有偿续期为原则。

其二,引入土地年租制。我国大陆地区的土地出让制度很大程度上借鉴了我国香港地区的土地批租制度,即政府一次性出让若干年限的土地使用权,却遗漏了土地使用权到期后的续期问题。对此,我国大陆地区可以参照我国香港地区土地批租制和土地年租制相结合的方式,土地使用者不用补交地价,但需要在续约期内缴纳实际年租金,土地年租制按年收租且每年调租。一方面,对于新批准的建设用地实行土地年租制,由原来的一次性收取土地使用权出让金的方式变为在土地出让期内分年收取,明确土地使用权出让金的地租性质;另一方面,对于以往批准的建设用地,采取土地批租制和土地年租制相结合的方式,当土地使用权到期后,转变为土地年租制以确定续期费用。

(二) 确立住房反向抵押贷款中土地出让金缴纳责任分配规则

关于如何确立贷款机构和借款人及其继承人的土地出让金缴纳责任,应分为两种情况讨论:一是住宅建设用地使用权期满发生在老年人去世前;二是住宅建设用地使用权期满发生在老年人去世后。

针对前者,缴纳住宅建设用地使用权出让金的责任由借款人承担。由于在住房反向抵押贷款合同期间内,借款人始终是抵押房屋的所有权人,而且借款人是抵押房屋的实际占有人和使用人,对房屋负有维护义务,所以在住宅建设用地使用权期满发生在老年人去世前的情况下,住宅建设用地使用权出让金应由借款人缴纳。如果借款人恶意不承担土地出让金缴纳责任,贷款机构可以要求借款人增加担保,若借款人既不承担缴纳责任,也不另外提供担保,贷款机构可以要求借款人提前清偿贷款本息及相关费用。

针对后者,应分情况讨论由哪一方负责缴纳住宅建设用地使用权出让金。根据《民法典》继承编相关规定,当借款人去世后,住房的所有权将发生转移,但由于借款人已经将住房抵押给贷款机构,所以第一种情况是借款人没有继承人,此时抵押房屋会因无法继承而变为产权待定状态,但贷款机构仍然可以就抵押房屋受偿,相应地,贷款机构也应缴纳住宅建设用地使用权出让金；第二种情况是借款人有继承人，同时继承人要求获得房屋的所有权，在偿还贷款本息和相关费用后，继承人可以赎回对抵押房屋的权益，也应当缴纳住宅建设用地使用权出让金；第三种情况是借款人有继承人，但继承人放弃赎回对抵押房屋的权益，那么贷款机构可以拍卖、变卖抵押房屋，以获得清偿，此时无论处分所得超出还是少于贷款本息，贷款机构都应缴纳住宅建设用地使用权出让金，只是如果处分所得超过贷款本息，贷款机构应先将超出部分返回给继承人，然后再缴纳住宅建设用地使用权出让金。

三 明确住房反向抵押贷款基础物权制度的法教义学解释进路

（一）解释进路一：以抵押权为理论基础

首先，住房反向抵押贷款的官方定义没有反映出以转移所有权担保债务的让与担保之特征。部分观点当然地将住房反向抵押认定为让与担保的原因在于作为一项舶来的制度，国外住房反向抵押以英美法系按揭制度为理论基础，而从现代大陆法的观念来看，让与担保和英美法系按揭制度并无二致，所以在此基础上对住房反向抵押的理论基础进行直接迁移，导致与我国尚未承认让与担保合法性的现实情况脱节。事实上，实践中我国引入住房反向抵押贷款制度没有全盘接受国外对于住房反向抵押的定义，原保监会颁布的《指导意见》将住房反向抵押贷款定性为一种将住房抵押和终身养老年金保险相结合的创新型商业养老保险业务。根据《指导意见》，我国的住房反向抵押贷款并没有要求借款人将房屋所有权转移给贷款机构以供担保，而是以传统的住房抵押作为担保方式，这与让与担保要求财产权（通常为所有权）的预先转移之特征不相符，所以，基于定义而主张引入让与担保的观点是对我国住房反向抵押贷款的错误认识，不具备立足之处。

其次，出于对风险和效率的考量而主张以让与担保理论构建住房反向抵押贷款制度的观点没有充足理由。一方面，防范借款人信用风险不需要引入让与担保。在不动产物权变动必须进行强制公示的制度下，房屋所有人的处分权已经受到限制，除此之外，还可以在设计关于住房反向抵押贷款制度时，规定在已经办理住房反向抵押的房屋之上不允许进行转让，也不允许再设定新的担保物权，以此限制借款人的处分行为；另一方面，

《民法典》所规定的抵押权的实现方式足以满足住房反向抵押贷款的要求。除拍卖以外，折价和变卖的操作成本都较低，折价是指抵押权人和抵押人就抵押财产估价后约定由抵押权人取得抵押财产抵偿债务的行为，本质上属于以物抵债的表现形式，① 变卖是指以一般买卖而非公开竞价的形式出卖抵押财产，并以所得价款实现债权的方式。② 住房反向抵押贷款合同成立时，贷款机构和借款人就可以协议约定以折价或变卖抵押房屋所得清偿债务，虽然有观点可能认为债务履行期限届满前订立的折价协议构成流押，但是最高人民法院曾在"山西羽硕房地产开发有限公司与山西智海房地产开发有限公司买卖合同纠纷再审案"中，基于担保物折抵价款具有合理性，而将债务履行期限届满前的以物抵债协议排除在流押契约之外，认定该协议合法有效，这也诚如部分学者的观点，即并不是当事人在主合同签订时约定折价的方式都构成流押，对此还需要考虑是否估价、是否在债务履行期限届满时以物抵债等情形。③ 因此，在住房反向抵押贷款中，只要贷款机构在借款人去世后选择并委托第三方资产评估机构对抵押房屋进行估价，并参照市场价格，以公平、合理的价格处置抵押房屋，那么就不违反禁止流押、维护公平的这一立法目的，应当认定该事先折价协议合法有效。综合来看，对于防范借款人信用风险和节约贷款机构实现担保物权成本的问题，均不需要引入让与担保解决，《民法典》物权编关于抵押的规定足以使用。

最后，以抵押权为基础构建住房反向抵押贷款制度。用以构建该制度的物权法律基础须满足以下几个条件：一是保留借款人对抵押房屋占有、使用和收益的权利；二是保留借款人及其继承人可以通过偿还贷款本息赎回抵押房屋权益的权利；三是保障贷款机构可以快捷安全地实现担保物权。基于这三方面条件，在现有抵押权体系下构建住房反向抵押贷款制度是可行的，原因在于：其一，因为抵押是不转移抵押物占有的担保方式，所以抵押能够满足借款人在合同期间占有抵押房屋的要求；其二，因为抵押权具有从属性，其成立、处分和消灭均随着主债权关系的变化而变化，所以抵押人可以通过清偿主债务消灭抵押权，这能够满

---

① 参见魏沁怡《论担保物权的实现：实体法与程序法的体系衔接》，《东方法学》2019年第5期。
② 参见武亦文《〈民法典〉第410条（抵押权的实现）评注》，《法学家》2022年第3期。
③ 参见程啸《担保物权研究》，中国人民大学出版社2017年版，第115页。

足借款人及其继承人赎回抵押房屋的需求，使得在构建住房反向抵押贷款制度时无须额外再规定"赎回权"；其三，《民法典》规定的折价和变卖方式能够帮助贷款机构高效地实现担保物权；其四，我国的按揭制度可以为住房反向抵押贷款制度提供借鉴。事实上，早在《物权法》立法之时就已经有观点认为，为了依法调整我国的按揭制度，应当引入让与担保。① 因为基于在我国的商品房按揭中，按揭人须将房地产权益转让给按揭权人，且须将房屋买卖合同和房产证交予银行保管，部分学者认为我国的按揭制度在性质上属于让与担保。② 但是，其实按揭完全可以归于抵押和保证的联立，属于较为特殊的担保形式，已有规则对于按揭足敷使用，没必要引进让与担保这一具有体系异质性的制度。③ 而现实也证明了这一观点，同样作为舶来品的按揭制度，在抵押权基础上经过改造后一直运行得很顺利，因此，住房反向抵押贷款制度可以借鉴我国已经比较成熟的按揭制度。

（二）解释进路二：住房反向抵押贷款不违反禁止流押

流押是抵押权人和抵押人事先约定，在债务履行期限届满而未被清偿的时候，抵押物所有权归抵押权人。④ 主要构成要件包括：一是约定期满后债务人未能清偿时，抵押权人取得抵押物所有权；二是无须进行清算；三是该约定发生在债务履行期限届满之前。尽管近年来流押解禁的呼声越来越高，但是在立法上我国对于流押仍采取禁止主义。从立法目的来看，主要是因为：一方面，防止抵押人利益受损，在抵押物价值超出被担保债权额的时候，承认流押有效会造成抵押人和抵押权人之间利益出现严重失衡；另一方面，防止抵押人的其他债权人利益受损，流押条款大多发生于抵押物价值过分高于所担保债权额的场合，承认流押有效会不当减少抵押人的财产利益，导致用于满足债务人其他债权人利益的财产减少。⑤

---

① 参见梁慧星《中国民法典草案建议稿附理由·物权编》，法律出版社 2004 年版，第 416 页。
② 参见王闯《让与担保法律制度研究》，法律出版社 2000 年版，第 131 页。
③ 参见高圣平、张尧《中国担保物权制度的发展与非典型担保的命运》，《中国人民大学学报》2010 年第 5 期。
④ 参见王利明《物权研究》，中国人民大学出版社 2005 年版，第 590 页。
⑤ 参见杨善长《流押条款法律效力辨——兼及法律父爱主义立法思想之取舍》，《河北法学》2017 年第 3 期。

《指导意见》试图用"处置权"这样的用语回避禁止流押原则，但从表现形式上看，贷款机构获得处置权与贷款机构取得抵押房屋所有权似乎有共通之处。然而，从本质上分析，住房反向抵押贷款并不构成流押，具体而言有以下原因。

其一，住房反向抵押贷款不满足流押的构成要件。虽然住房反向抵押贷款中就抵押权实现方式的约定发生在债务履行期限届满之前，但是，一方面，住房反向抵押贷款不以事先转移所有权作为担保，合同中约定的处置权仅意味着抵押权人可以通过拍卖、变卖和折价的实现方式将住房变现受偿，并不意味着取得抵押物所有权；另一方面，贷款机构就抵押房屋变现价值获偿前，应当委托第三方机构对抵押房屋进行客观估值，并以适当的价格处分抵押房屋，该清算估价的要求与流押契约中不经清算直接取得所有权存在根本差别。

其二，住房反向抵押贷款没有违背禁止流押的立法目的。一方面，在住房反向抵押贷款中，抵押人的利益不会受损，住房反向抵押贷款合同具有保障性，意在帮助老年人通过抵押房屋获得养老资金保障，不存在抵押权人利用抵押人窘困之境逼迫其订立合同的情形；另一方面，住房反向抵押贷款不会对抵押人的其他债权人造成损害，在住房反向抵押贷款中，如果抵押房屋价值超过贷款本息，贷款机构应将超出部分返还给借款人及其继承人，或者借款人及其继承人可以选择偿还贷款本息，保留抵押房屋所有权，因此，不存在抵押人财产利益不当减少的情形。

四 完善住房反向抵押贷款立法

（一）制定《住房反向抵押贷款实施条例》的必要性与可行性

我国的抵押权制度分为一般抵押权和特殊抵押权两个部分，其中特殊抵押权包括最高额抵押权和浮动抵押权。既然构建住房反向抵押贷款制度不需要引入让与担保，而以抵押权理论为基础，那么首先应判断反向抵押同现行的一般抵押是否相同，若相同，则可以纳入《民法典》关于一般抵押权的规定；若不同，则应进一步判断其是否可以被特殊抵押所涵盖，若仍不能涵盖，基于物权法定原则的要求，就有必要将住房反向抵押中对一般抵押修改的部分在法律法规中予以明确规定。

由于住房反向抵押与一般抵押在主体资格要求、标的物范围及所担保债权的数额与抵押期限方面存在明显差异，并且与最高额抵押在债权是否有最高额限度方面亦有不同，因此，在《民法典》出台之前，有观点认为住房反向抵押是一种特殊的新型抵押，应将反向抵押权载入物权编。① 但就目前《民法典》在短时期内不可能修改的情况下，可以考虑通过制定行政法规，即《住房反向抵押贷款实施条例》，对住房反向抵押贷款进行规制，解决住房反向抵押贷款所面临的不确定性与合法性争议。

一方面，制定《住房反向抵押贷款实施条例》符合国家对养老保障的价值理念。为贯彻落实党的十九大精神，把第三支柱养老保险作为多层次养老保险体系的重要组成，相关部门近年来推出了一系列政策举措。例如，2020年党的十九届五中全会审议通过了"十四五"规划，提出要发展多层次、多支柱养老保险体系；2021年，中共中央、国务院颁发《关于加强新时代老龄工作的意见》，提出促进和规范发展第三支柱养老保险。住房反向抵押贷款是在我国社会养老不足背景下进行养老方式创新的成果，因此，对住房反向抵押贷款制度进行特别立法是支持养老创新的题中应有之义。

另一方面，《住房反向抵押贷款实施条例》属于行政法规，可以成为物权法定原则之"法"源。虽然从立法机关对于条文的解释来看，《民法典》采取严格物权法定主义，但是法定的物权类型只能反映出特定历史时期典型的社会关系，而随着经济和社会的发展，原来非典型的社会关系可能将在日常生活中居于重要地位，因此新兴的物权性权利应当可以通过立法或司法进入物权体系。这意味着在物权法定原则已经确定的情况下，采取缓和的物权法定具有必要性。《住房反向抵押贷款实施条例》作为行政法规具备成为物权法定中"法"的条件，不仅立法机关有限承认行政法规可以作为"法"，并且按照《立法法》第12条的规定，未排除全国人民代表大会及其常务委员会可以授权国务院根据实际需要制定有关民事制度的行政法规，这一授权条款肯定了行政法规作为物权法定中"法"源的属性。通过行政法规对住房反向抵押贷款予以规定，可以避免住房反向抵押贷款产品在落地过程中所面临的合法性争议，使住房反向抵押贷款有法可依，符合物权法定原则。

---

① 参见鲁晓明《论反向抵押权制度在民法典〈物权〉编之建构》，《清华法学》2018年第5期。

(二)《住房反向抵押贷款实施条例》的核心法律制度

1. 主体

(1) 在贷款机构方面

贷款机构是符合经营条件的金融机构，对于我国住房反向抵押贷款运营主体的选择，商业银行比保险公司更具有优势，保险公司虽然不直接参与产品发行，但可以发挥自身优势为住房反向抵押贷款提供担保。商业银行负责经营住房反向抵押贷款，不但是借贷关系中的贷款人，也是住房反向抵押关系中的抵押权人。就商业银行的资质而言，由于住房反向抵押贷款是承担补充养老功能的融资方式，所蕴含的社会意义远超一般的抵押贷款，因此对经营主体的准入条件应当严格限定。具体可以参照《指导意见》中对试点保险公司资格条件的要求，包括但不限于已开业满五年；注册资本不少于二十亿元；拥有法律人员，可以妥善处理相关法律问题；委托精算咨询机构，有能力对住房反向抵押贷款进行科学合理定价；委托物业管理机构，可以日常维护和依法处分抵押房屋等。

(2) 在借款人方面

住房反向抵押贷款作为一种补充养老的手段，对借款人有年龄、资产和民事行为能力三方面的资格限制。

首先，就年龄而言，住房反向抵押贷款的适用人群范围和贷款期限的长短都取决于借款人的年龄，年龄起点越高，贷款期限相应会缩短，但年龄起点过高将缩小适用范围。对此，可以参考联合国对老龄社会制定的标准，同时辅之以我国法定退休年龄标准，将借款人年龄限制在60周岁及以上，对于夫妻共同参与住房反向抵押贷款的，基于夫妻之间相互扶养义务，只要丈夫和妻子任意一方满足年龄要求，即可双方参与。对贷款机构来说，贷款期限相对较短，风险也在可控范围内；对借款人来说，该阶段意味着没有收入来源，正需要通过住房反向抵押贷款获取养老资金。

其次，就资产而言，住房反向抵押贷款仅针对拥有自有房屋的老年人，其旨在帮助拥有房屋但缺少现金的老年人安度晚年，并不具有普遍性。

最后，就借款人民事行为能力而言，住房反向抵押贷款仅适用于具有完全民事行为能力的老年人，限制民事行为能力的老年人及其法定代理人、无民事行为能力的老年人及其监护人都不宜作为住房反向抵押贷款中的借款人。一方面，设定住房反向抵押不属于与限制民事行为能力人智力、精神健康状况相适应的民事法律行为，并且无民事行为能力的老年人更不具备独立实施有效法律行为的能力，故二者都不能决定设定住房反向抵押；另一方面，住房反向抵押贷款内容十分复杂，不同于简单的买卖行为，为了保护限制行为能力的老年人的权益，住房反向抵押贷款也不适宜经限制行为能力人的法定代理人同意或追认后实施，同时根据《民法典》第35条的规定，监护人除为被监护人利益外，不得处分被监护人财产，且监护人代为设定住房反向抵押可能有损其他继承人利益，因此无民事行为能力的老年人的监护人也不能代其设定住房反向抵押。

2. 客体

在所有权归属方面，与可以在第三人财产上设定的一般抵押不同，住房反向抵押的客体只能是抵押人提供的自有住房。在房屋产权方面，我国房屋产权状况错综复杂，既包括农村房屋、小产权房，也包括有限产权房等，但住房反向抵押的客体应限定为拥有完全独立产权的房屋。下面分别对具体房屋类型进行分析。

其一，农村房屋和小产权房不能作为住房反向抵押客体。首先，农村房屋是指农村集体经济组织成员在农民集体所有的宅基地之上建造的建筑物；"小产权房"并不是一个法律概念，"小产权"是相对于在城镇开发、权属清晰、能办理权属登记并能颁发产权证书的房屋而言的，[①] 具体是指占用农村集体土地违法或违规建造的，没有获得县级及以上国土和房屋产权管理部门发放的具备法律效力的国有土地使用权证和房屋所有权证的房屋。[②] 其次，对于农村房屋，虽然农民对农村宅基地上的房屋享有所有权，但如果以该类房屋进行抵押，基于房地一体原则，宅基地使用权也应随之一并抵押，而《民法典》第399条第2项规定禁止宅基地抵押，因此，农村房屋不能成为反向抵押贷款的客体。最后，对于小产权房，早在2013年住房和城乡建设部及原国土资源部就颁发通知严禁建设、销售和购买小产权房，由于小产权房的产权不仅不完整，更不受法律保护，所以也无法将此类房屋用于反向抵押贷款。

其二，期房不能作为住房反向抵押客体。期房一般指未完成建设且无

---

① 参见陈耀东、吴彬《"小产权"房及其买卖的法律困境与解决》，《法学论坛》2010年第1期。

② 参见刘灿、韩文龙《小产权房的出路何在——基于产权经济学的分析视角》，《当代财经》2013年第2期。

法交付使用的房屋,由于期房尚不能取得所有权,并且在期房至交付现房这段过程中,存在可能因工程质量或其他违约问题导致交付不能的风险,如果允许在期房上设定反向抵押将给抵押权人造成不利影响,所以期房不能成为住房反向抵押客体。

其三,以经济适用房为典型代表的有限产权房不能作为住房反向抵押客体。有限产权房是指享受政府或企业补贴而建造或购买,房屋产权人仅享有产权部分权能且受到法定限制的房屋。其中较为典型的是经济适用房,购房人与政府对于经济适用房的所有权以较为模糊的形式共同享有。除经济适用房,房改房、军产房和集资房等也属于有限产权房。这些有限产权房的统一特点是构造复杂、产权模糊且不完整、交易困难甚至不能交易,在这类房屋上设定反向抵押将严重影响抵押权人对于房屋的处分权,损害抵押权人的利益,因此,这类房屋应排除在抵押物范围之外。

其四,已经存在如抵押权等在先权利的房屋不能作为住房反向抵押客体。抵押财产的变现价值是贷款人收回资金的唯一途径,且对于超出变现价值的部分贷款人无权继续向借款人求偿,如果房屋存在在先权利,那么在先权利的实现将严重危及贷款人债权,所以为保障债权的安全性和避免商业风险,对已经存在在先权利的房屋不能再办理反向抵押。

其五,关于共有房屋是否能作为住房反向抵押客体,应区别对待。为防止损害其他共有人合法权益和避免合同终止时处置抵押房屋因触及其他共有人产权而遇到困难,共有房屋原则上不能作为反向抵押客体,但是由于夫妻互负扶养义务、共同养老,所以应将夫妻共有房屋作为唯一的例外,允许在夫妻共有房屋之上设定反向抵押。

3. 当事人权利义务

其一,借款人的主要权利包括:(1)知情权。借款人有权要求贷款人如实、详细和准确告知住房反向抵押贷款全部信息,包括贷款人自身资质、信用额度、贷款发放方式、责任免除、抵押贷款相关费用等,如有疑问,借款人享有向贷款人咨询的权利。知情权是保护消费者权益的起点,具有一定风险和高专业性的金融产品更容易产生信息不对称现象,相对于具备专业知识的金融机构,借款人处于劣势地位,特别是住房反向抵押贷款中的借款人都是老年人,所以此时对于借款人知情权的强调与保护更为重要。(2)获得贷款的权利。在签订住房反向抵押贷款合同并完成抵押登记后,借款人有权按照约定的额度、支付方式和时间从贷款人处获得贷款资金，如果贷款人没有履行或者没有充分履行发放贷款的义务，贷款人应当承担违约责任；如果贷款人经催告后仍未在合理期限内履行，导致合同目的不能实现的，借款人有权解除合同，并要求贷款人赔偿损失。（3）对抵押房屋权利。在住房反向抵押期间，虽然借款人对抵押房屋享有占有、使用和收益的权利直至去世或永久搬离房屋，但是借款人的处分权受到严格限制，具体包括以下几方面限制，首先，借款人不得转让抵押房屋，由于除借款人及其继承人主动偿还贷款本息以赎回抵押房屋外，贷款人获偿的唯一途径是将抵押房屋变现，所以借款人擅自转让房屋很可能导致贷款人无法收回贷款本息，并且允许借款人经贷款人同意转让房屋也与住房反向抵押贷款所蕴含的以房养老宗旨相悖，老年人可以直接选择卖房养老。其次，借款人不得就房屋另设担保物权，对于贷款人而言，住房反向抵押贷款本身就具有较高的风险性，如果允许在其客体上设立多重担保物权，将在原有基础上又额外增加风险因素，不利于保障贷款人债权的顺利实现。最后，借款人可以就房屋设定租赁但应受到严格限制，一方面，反向抵押权属于物权中的担保物权，而租赁权只是一种债权，二者可以并存于抵押房屋之上，且不会发生权利属性上的冲突，同时还可以增加借款人收入用于改善生活；另一方面，也要注意租赁将改变抵押房屋的实际占有，将对房屋的保有状态产生风险，因此应当对借款人施加通知和征得贷款人同意的义务，并赋予贷款人减少贷款和解除合同的权利，在贷款人风险控制和借款人所有权自由之间寻找平衡。（4）不受追偿的权利。合同终止后，贷款人以房屋变现价值为限获得清偿，如果处分房屋所得不足以清偿贷款本息，就未清偿部分，借款人及其继承人享有不受贷款人追偿的权利。

其二，借款人的主要义务包括：（1）如实告知的义务。借款人的告知义务分为合同签订前的告知义务和合同履行中的告知义务，一方面，关于合同签订前的告知义务，借款人应从人、房屋和财产情况三方面告知，包括借款人自身的年龄、健康状况和医疗病史等，抵押房屋的权属状况、建筑质量和使用年限等，借款人的财产收入、负债情况和诉讼纠纷等；另一方面，关于合同履行中的告知义务，如果合同签订前需告知的内容在合同履行期间发生重大变化，借款人应当及时告知，同时如果发生其他可能影响贷款人反向抵押权实现的情况，借款人也应当及时通知贷款人。（2）合理使用并维护抵押房屋的义务。借款人应当尽到善良管理人的责任,不得改变房屋用途或结构,同时按时缴纳房屋日常维修和管理费用,保持房屋处于良好状态。(3)办理房屋抵押登记的义务。由于我国不动产物权经依法登记才发生效力,所以贷款人要取得反向抵押权应先办理抵押登记,对此,借款人应协助贷款人办理登记手续,以保证合同终止时,贷款人能够顺利实现对抵押房屋的处分权。

其三,贷款人的主要权利包括:(1)反向抵押权。反向抵押权是保障贷款人实现盈利目的的前提,是指借款人为担保债务履行而将自有房屋抵押给贷款人,当合同终止或发生其他约定实现反向抵押权的情形时,贷款人可以就该抵押房屋优先受偿的权利,但该权利受到借款人所享有的不受追偿权利的制约,贷款人最终获偿金额不会超过住房变现价值;反之,如果住房价值超过贷款本息,贷款人在受偿后应将剩余部分返还给借款人及其继承人。(2)监督权。由于在合同履行期间贷款人对于房屋使用情况处于信息劣势地位,并且借款人存在隐藏真实信息和怠于维护修缮房屋的动机,所以出于保护贷款人的合法权益,贷款人可以对借款人在合同期间使用房屋的情况进行监督和检查,但也应注意限度,尽量减少对老年借款人日常生活的干扰。(3)知情权。贷款人的知情权是与借款人如实告知义务相对应的权利,指在合同签订前和合同履行期间,贷款人有权就相关事项询问借款人,对此借款人应当诚实回答,并且贷款人对可能影响反向抵押权实现的事项享有及时从借款人处获得真实、完整和准确信息的权利。

其四,贷款人的主要义务包括:(1)信息披露的义务。该义务是与借款人知情权相对应的义务,在住房反向抵押贷款业务开展进程中的不同阶段有不同的披露重点,在合同签订前,贷款人应主要对住房反向抵押贷款的运作流程、运作风险和免责条款等重点内容准确说明和诚实告知;在合同履行期间,贷款人应定期向借款人告知贷款资金领取情况和房屋评估价值变动情况等,贷款人的信息披露义务既要求贷款人所披露的信息应完整、全面、真实和准确,又要求贷款人以方便老年人理解接受的方式进行披露。(2)按约定发放贷款资金的义务。这是贷款人最基本的义务,关系到借款人养老,因此贷款人应严格按照合同约定的方式、日期和金额,定时定额向借款人发放贷款资金,保障借款人获得稳定的现金流。(3)不得就超出住房价值的部分债权向借款人追偿的义务。住房反向抵押贷款对贷款人和借款人都有一定风险性,但其根本目的还是在于保障老年借款人的晚年生活，并且贷款人作为金融机构，风险承受能力强于借款人，所以贷款期限届满时，如果处置房屋所得不足以覆盖全部贷款本息，贷款人不得向借款人及其继承人追偿差额部分。

综上，首先，我国应确定住房反向抵押贷款的实施模式。对于运营主体的选择，商业银行和保险公司各具优势，却都无法各自独立完成住房反向抵押贷款全部业务环节，所以应当各取长处，建立商业银行和保险公司合作运营关系。一方面，利用商业银行为住房反向抵押贷款业务提供雄厚的资金来源；另一方面，通过保险公司分散贷款发放、运营及回收中的种种风险，充分发挥商业银行和保险公司各自的优势，实现住房反向抵押贷款有效发展。除此之外，在住房反向抵押贷款过去的发展进程中，政府的支持性角色明显缺位，加之如果政府能够提供信用担保，不仅能提高住房反向抵押贷款的安全性和稳健性，还将很大程度上消除各方参与主体的顾虑。因此，我国应引入政府支持的保险基金，以进一步优化住房反向抵押贷款的适用效果。

其次，分别从整体和特殊两方面明确住宅建设用地使用权出让金的承担规则。一方面，对于住宅建设用地使用权出让金整体的缴纳规则，可以通过出台相关司法解释进行弥补，不仅要确立有偿续期的原则，还可以考虑引入土地年租制，即在土地出让期间内，分年收取土地使用权出让金。另一方面，对于住房反向抵押贷款中贷款机构和借款人及其继承人的土地出让金缴纳责任分配规则，应分情况考虑。若住宅建设用地使用权期满发生在老年人去世前，则由借款人负责缴纳。若住宅建设用地使用权期满发生在老年人去世后，借款人没有继承人的，由贷款机构缴纳；借款人有继承人且继承人主张获得房屋所有权的，由继承人缴纳；借款人有继承人但继承人放弃获得房屋所有权的，由贷款机构缴纳。

最后，通过解释论和立法论两种路径对住房反向抵押贷款进行物权法律规制。一是澄清我国住房反向抵押贷款属于让与担保的误解，论证出于风险和效率考量而主张引入让与担保构建住房反向抵押贷款制度的观点不具备充足理由，并论证住房反向抵押贷款在现行担保物权体系下的可行性，提出应以抵押权理论构建住房反向抵押贷款制度。二是分别从构成要件和立法目的两方面解释住房反向抵押贷款不构成流押，不违反我国禁止流押的规则。三是论证我国对住房反向抵押贷款立法的必要性和可行性，提出在《民法典》短时间内无法修订的背景下，应制定《住房反向抵押贷款实施条例》对其予以规制，并从主体、客体和当事人权利义务三个方面阐述对住房反向抵押贷款的核心法律制度安排。

通过上述三个层面对住房反向抵押贷款进行法律规制，能够解决住房反向抵押贷款现阶段所面临的问题，具体包括如何最大化发挥商业银行和保险公司各自优势运营住房反向抵押贷款，消除因土地使用权出让金承担规则不明确而导致的贷款机构最终可能无法处分抵押房屋的风险，以及实现住房反向抵押贷款与我国物权制度顺利衔接，并对住房反向抵押贷款的基本制度作出安排。通过分析住房反向抵押贷款自身局限性对实施困境所产生的影响，以及在"金融法三足定理"视角下对住房反向抵押贷款的法律制度进行分析，能够一定程度上弥补现阶段关于住房反向抵押贷款法学研究的不足。总而言之，尽管住房反向抵押贷款有其特定的对象，并不能解决所有老年人的养老问题，但这是一种新型的养老模式，可以促使我们从更广阔的角度去思考养老问题。在此基础上探讨并发展住房反向抵押贷款，无疑具有深远的意义。

第五章

金融需求侧改革的法律治理
——以金融应急管理为中心

第一节 重大突发事件中金融应急管理权的法治化

一 问题的提出

我们正生活在一个风险与意外并存的现代社会。当今世界的每一个人都坐在重大突发事件的火山口。重大突发事件的爆发必定会打破常态法治下的权义结构平衡，进而对常态法治带来重大挑战。这在尤为强调国家公权力干预的金融领域体现得淋漓尽致。面对重大自然灾害、重大事故、重大公共卫生事件、重大社会安全事件等重大突发事件对全球金融体系造成的巨震，世界各国纷纷采取紧急状态下的金融应急管理行为，美欧等发达金融市场国家紧急宣布实施无限量宽松计划、无限制发债计划、禁止股票卖空交易、零存款准备金率、紧急降息等救市行动。金融应急管理的主要目标是破解"需求抑制"。所谓"需求抑制"，并不代表需求的全然消失，待疫情得以有效控制便具有恢复的能力。相反，以无限量宽松计划等为代表的金融应急管理措施可能引发的通货膨胀并不会自动消失，且将成为新的常态经济金融治理的重大难题。与此同时，只要坚持法治，即使在紧急状态时，也"需要对具体的个人抱着必要的戒心"[①]。国际清算银行的经济学家指出，在应急管理零下限非常规货币政策情况下，中央银行资产负

[①] 参见谢晖《论紧急状态中的国家治理》，《法律科学》2020年第5期。

债表的外生增长通常导致经济活动和消费者价格暂时上升,① 这无疑对金融应急管理过程中消费者权益的保护提出了更高的法治层面的挑战。

"一种社会秩序的典型情形,表现为权力与法律的某种相互渗透。"② 透过系统论的视角,追求"治理"与"法治"双重目标的紧急权,必然面临"决策悖论"问题。③ 重大突发事件通常具有突发性和极大的破坏性,必须及时实施应急管理才能降低损失,④ 并且常态下的权力制约机制与紧急权规制并不能完全适配,⑤ 所以大多数的国家都选择了"调适模式"作为紧急权规制的理想模式。⑥ 紧急权力行使的法治内涵是在正义框架下作出维护和修复基本善的应急处理并促进法性环境和正义环境的互动。⑦ 为此,以凯恩斯主义经济学为基础的金融应急管理权必须纳入法治的框架。目前我国相关立法并未结合金融应急管理的基本特征,针对金融应急管理权这一特定对象对其实施权力运行全过程的规范治理。有鉴于此,本节试图通过对其进行权力谱系的解构,实现金融应急管理基本原则、权力主体和行为治理的法治化,确保金融应急管理因势利导、化"危"为"机",激发新的需求增量,并在依法治权的基础上实现金融应急治理体系和治理能力的现代化。

二 重大突发事件中金融应急管理的权力谱系

重大突发事件中的金融应急管理包括"重大突发事件""重大金融突发事件"和"金融应急管理权"三个重要的基本范畴。我国《突发事件应对法》《中国人民银行法》《银行业监督管理法》《证券法》《金融机构撤销条例》《国家突发公共事件总体应急预案》(其中包括《国家金融突发事件应急预案》)虽然规定了"一行两会"享有应急管理职权,但对

---

① Gambacorta L., Hofmann B., Peersman G., The Effectiveness of Unconventional Monetary Policy at the Zero Lower Bound: A Cross-Country Analysis., https://editorialexpress.com/cgi-bin/conference/download.cgi?db_name=SED2012&paper_id=400, 2023-09-06.

② [美] E. 博登海默:《法理学:法律哲学与法律方法》,邓正来译,中国政法大学出版社2017年版,第374页。

③ 参见宾凯《系统论观察下的紧急权:例行化与决断》,《法学家》2021年第4期。

④ See Oren Gross and Fionnuala NíAoláin, Law in Times of Crisis: Emergency Powers in Theory and Practice, Cambridge University Press, 2006, pp. 5-6.

⑤ 参见江必新、黄明慧《论紧急行政权的限度》,《行政法学研究》2022年第4期。

⑥ 参见孟涛《紧急权力法及其理论的演变》,《法学研究》2012年第1期。

⑦ 参见郑玉双《紧急状态下的法治与社会正义》,《中国法学》2021年第2期。

重大突发事件中金融应急管理的具体主体、权力内容与结构配置、权力行使的方式及法律责任等语焉不详。中国人民银行 2005 年颁布的《金融机构突发事件应急预案（试行）》对"金融机构突发事件"的定义是：因突发自然灾害、事故灾难、公共卫生事件、社会安全事件等公共安全事件或者因金融机构市场退出而导致的金融机构存款挤提、客户交易结算资金挤提、集体退保或者其他债务挤兑等金融突发事件。该定义阐明了重大突发事件中金融应急管理三大范畴之间的基本逻辑关系，即由"重大突发事件"所引发的"重大金融突发事件"是"金融应急管理权"运用的主要对象和管理内容。治"急"需依法，应急法治是化解危机，守住社会建设成果的有效办法。[①] 对金融应急管理权进行体系化解构，是实现金融应急管理行为法治化的基本前提。

我国学界对金融应急管理权的法律属性众说纷纭，其中最有代表性的是行政紧急权说和综合权力束说。前者认为，金融应急管理权属于一种行政法上的行政紧急权，[②] 是政府在特殊时期的行政权，具有行政性和单方性，[③] 应当遵循特殊的程序，采取非常规的应急救助措施；后者将金融应急管理权视为一种综合性的权利束，其不仅包括行政法上的行政权力（行政紧急权），还包括经济法上的宏观调控权等权力。[④] 市场是被创造出来的。[⑤] 从国际金融应急管理实践来看，金融应急管理通常采用前瞻性指引和紧急窗口指导、紧急金融宏观调控、紧急金融市场规制、紧急金融救助等措施。从法学的角度来看，金融应急管理权本身就是应对紧急状态、创设市场需求的特别权力。[⑥] 它是一个包括紧急金融宏观调控权、紧急金融市场规制权、紧急行政指导权、紧急行政计划权、紧急行政征收权、紧急行政契约订立权等在内的综合性权力体系。它既包括行政法上的权力，也包括经济法上的权力，体现了现代法治为应对金融应急管理的综合治权需求在治理模式上呈现出的由碎片化转向整体化的总体趋势。

---

① 参见吴叶乾《后疫情时代应急法治的难题及其突破——以法的价值关系架构为中心》，《南海法学》2022 年第 1 期。

② 参见肖金明、张宇飞《另一类法制：紧急状态法制》，《山东大学学报》（哲学社会科学版）2004 年第 3 期。

③ 参见张立先《金融应急管理的法律规制研究》，博士学位论文，山东大学，2012 年。

④ 参见朱小川《美国〈紧急经济稳定法案〉评析及其借鉴》，《东方法学》2009 年第 3 期。

⑤ 参见 [美] 斯蒂文·K. 沃格尔《市场治理术》，毛海栋译，北京大学出版社 2020 年版，第 9 页。

⑥ 参见江必新《紧急状态与行政法治》，《法学研究》2004 年第 2 期。

宏观调控权是指国家为确保社会总需求与社会总供给之间的平衡，实现国民经济持续、稳定、协调增长的目标，而运用经济、法律和行政的手段对社会经济运行进行调节与控制而授予宏观调控主体的法定职权。[1] 紧急金融宏观调控权是国家为了解决由于重大突发事件带来的金融市场失灵，通过紧急决策而实施金融宏观调控的权力。在新冠疫情中，美国率先推出的量化宽松（QE）计划，就是一种典型的实施紧急金融宏观调控权的行为。市场规制权[2]是公共机关依据法律的明确规定，直接限制市场主体权利或增加其义务的权力，[3] 它的规范对象是经济行为，调整目的是维护社会公共利益，调整的手段既包括禁止限禁性规定，也包括鼓励促进性规定。[4] 紧急金融市场规制权主要针对重大突发事件中的金融市场主体或者金融交易的相对人，以调节市场需求为导向，直接对其市场准入、市场交易、经营管理权及财产权利等实施法律规制。受新冠疫情影响，法国、意大利、西班牙、比利时等立即禁止本国股票市场卖空交易，即为行使紧急金融市场规制权的行为。

行政指导是指行政机关为了达成行政目的，采用建议、指导的非权力手段鼓励、诱导特定主体作出其所希望的行为的总称。[5] 紧急行政指导权是金融应急管理部门为了应对重大突发事件对金融市场的破坏性影响，而采取的对相关市场主体和特定个人的基于特定应急目的的指导和劝诱行为的总称。投资者信心通常能够解释金融稳定性，[6] 面对金融市场失灵，金融应急管理部门通常采用窗口指导、融资斡旋等应急管理行为就是一种紧急行政指导权。行政计划是指为谋求行政计划化，规定应达到的目标及其实现的顺序及为实现目标所需要的手段的总称。[7] 中央银行在金融应急管理中发布短期货币政策目标的行为，就是一种紧急行政计划权。紧急行政

---

[1] 参见张守文《经济法学》，北京大学出版社 2018 年版，第 101 页。

[2] 经济法和行政法都研究市场规制权。由于两法之下的市场规制权具有法治方式的趋同性，本节不纠结于这种区分，统一使用市场规制权的概念指称经济法和行政法下所有的市场规制权力，包括经济法中的市场规制权以及行政法中的行政执法权、行政处罚权、行政许可权等行政权力。

[3] 参见盛学军、陈开琦《论市场规制权》，《现代法学》2007 年第 4 期。

[4] 参见张钦昱《中国市场经济立法的系统论范式》，《深圳社会科学》2022 年第 2 期。

[5] 参见［日］原田尚彦《行政法要论》，学阳书房 1984 年版，第 163 页。

[6] See Chiara Guerello, "The Effect of Investors' Confidence on Monetary Policy Transmission Mechanism", *North American Journal of Economics & Finance*, Vol. 37, 2016, pp. 248-266.

[7] 参见［日］室井力《日本现代行政法》，杨建顺、周作彩译，中国人民大学出版社 1995 年版，第 53 页。

征收权主要是为了维护金融稳定，对金融机构等实施收归国有的行为。比如在 2008 年国际金融危机中，英国政府就曾将北岩银行收归国有。紧急行政契约订立权，是金融应急管理部门通过行政契约的形式实施应急救助的权力。中央银行对金融机构实施紧急金融稳定再贷款的行为即为紧急行政契约订立权。当然，这种权力的实现需要中央银行与金融机构达成一致。

作为正义的制度，其制度目标和实现这些目标的手段必须用足够准确的术语表达出来，从而使得执行者们知道他们应该做什么。[①] 金融应急管理权作为金融应急管理部门紧急应对金融市场失灵的一种集合性权力束，必须首先明确这种应急管理行为应该遵循的基本原则，然后在权力主体法定和明确权力运行的规范构造的基础上实现依法治权。

三 重大突发事件中金融应急管理权法治化的基本原则

法律原则作为法的基本要素之一，具有立法上的稳定价值、协调价值、优化价值，以及执法上的行为准则价值和司法上的适用价值。[②] 金融应急管理法治的基本原则是指引金融应急管理立法和法律实践的根本准则。长期以来，我国学界存在四原则说与六原则说：前者认为金融应急管理应当遵循保护债权人利益、维护银行体系稳定、减少社会政治震荡、相机抉择四项原则；[③] 后者则提出，金融应急管理应当坚持市场优先、保护投资者权益、安定金融秩序、信息公开、金融服务持续、损失与社会成本最低六项原则。[④] 这些学说在学者提出时的金融环境下具有一定的合理性，但就目前我国金融应急管理需求来说也存在一定的局限。笔者认为，合法性原则、合理性原则、从实际金融结构出发加强消费者权益保护原则、一致行动并保持透明度原则应当成为我国重大突发事件中金融应急管理法治化的基本原则。

（一）合法性原则

习近平总书记在主持召开中央全面依法治国委员会第三次会议时强

---

① 参见［瑞典］博·罗思坦《正义的制度：全民福利国家的道德和政治逻辑》，靳继东、丁浩译，中国人民大学出版社 2017 年版，第 75 页。
② 参见周佑勇《行政法总则中基本原则体系的立法构建》，《行政法学研究》2021 年第 1 期。
③ 参见韩冰《救助问题银行的成本收益分析》，《金融研究》2006 年第 5 期。
④ 参见刘宪权、吴允锋《金融突发事件的法律应对研究》，《河南金融管理干部学院学报》2006 年第 2 期。

调，疫情防控越是到最吃劲的时候，越要坚持依法防控。[1] 加拿大著名法学家大卫·戴岑豪斯也认为，应急管理必须遵守合法性原则，因为该原则可以确保政府部门忠诚于宪法的基本原则，进而保护公民免受政府的专横行为。[2] 应急法治的理想状态之一就是通过预先制定具体的、体系化的"应急性"法律规则或者制度装置，在法治的框架里处理紧急状态下公权力的转移、公民权利的克减等问题。[3] 合法性原则也叫应急法治原则，是指行政主体为保障重大公共利益和行政相对人根本利益、维护经济与社会秩序、保障社会稳定协调发展，在面临突发事件导致公共管理危机等危急情形，特别是进入紧急状态下，可实施行政应急措施和非常措施的原则。[4] 就金融应急管理来说，该原则尤其关注金融应急管理行为是否越权、是否有形式违法等现象存在。

合法性原则有两项基本要求：法律优位和法律保留。法律优位是指在金融应急管理中，正式的法律渊源优于从属的法律渊源。这意味着金融应急管理法律的地位要高于"一行两会"等金融监管部门的规章及地方政府的金融应急管理立法。法律保留原则是指，只有在金融应急管理法律有明确授权的情况下，金融应急管理部门才能实施金融应急管理行为。比如政府部门无权创制应急征用规则，[5] 因为根据《立法法》，对于非国有财产的征收规则只能由狭义的法律来规定。在金融应急管理中，如果需要对非国有金融机构进行国有化征收，该权力只能规定于《金融应急管理法》等狭义的法律之中。总之，合法性原则要求金融应急管理必须做到权力内容法定、管理主体法定、管理行为法定。

与常态金融治理的合法性原则相比，金融应急管理合法性原则具有以下特殊性。

其一，特别强调金融应急管理专门立法权的行使，即通过制定专门的金融应急立法，提升金融应急管理权的行使效能和规范效能。由于重大突

---

[1] 参见新华社《习近平主持召开中央全面依法治国委员会第三次会议强调 全面提高依法防控依法治理能力 为疫情防控提供有力法治保障》，《时事报告》2020年第2期。

[2] See David Dyzenhaus, *The Constitution of Law: Legality in a Time of Emergency*, Cambridge University Press, 2006, p. 53.

[3] 参见李学尧《应急法治的理想类型及其超越》，《中国法律评论》2021年第2期。

[4] 参见莫于川《行政应急法治理念分析与制度创新——以新冠肺炎疫情防控中的行政应急行为争议为例》，《四川大学学报》（哲学社会科学版）2020年第4期。

[5] 叶必丰：《行政行为原理》，商务印书馆2019年版，第141—143页。

发事件引发的金融市场失灵具有特殊性,每次突发事件引致的金融市场失灵的基本原理和传播路径迥异,并且在不同的金融市场发展阶段金融体系的业态和结构也不相同,必须通过立法量身定制专门的金融应急管理方案。制定专门的金融应急立法是金融应急管理部门行使紧急金融宏观调控权的具体体现。比如2008年国际金融危机的爆发促使美国紧急出台了《紧急经济稳定法》(Emergency Economic Stabilization Act)。其二,金融应急管理立法更加强调权力的法定化与灵活性之间的关系。对于金融应急管理权力本身而言,需要确立紧急状态的限权原则,从而科学指导金融应急管理的权力运行实践。① 但是,危机应对立法也应保持应急管理权依法行使的灵活性。通过概括授权或自主裁量权以"必需之法则"对紧急权进行调控是国际金融立法的一大趋势。② 比如美国《紧急经济稳定法》中对于"金融机构""重要的经营""问题资产"等重要法律概念的界定,作为金融应急救助重要主体的财政部具有极大的认定权限,在金融应急管理的具体执行程序方面,财政部和美联储均具有较大的细化权限。

(二) 合理性原则

"任何一种紧急权的成立,均以先行存在某种客观的事实情状为前提,这便是紧急权的前提要件,它决定着紧急权规范的适用空间。"③ 重大突发事件中的应急管理既要保证国家公权力的应急管理实效,又要防止权力滥用带来的负面影响,并在二者之间实现平衡。④ 这就要求必须坚持合理性原则。合理性原则是指,金融应急管理主体在行使金融应急管理权的过程中,必须做到公平公正、平等对待、正当裁量并且合乎比例。受制于立法理性,再精明的立法者也不可能概览无余地对金融市场的运行和发展作出精准的预判和规范,因而必须授予执法主体以必要的自由裁量权来对这种缺陷进行弥补。并且个案正义本身就是一种比通过精准规则导出的

---

① 参见张帆《论紧急状态下限权原则的建构思路与价值基础——以我国〈突发事件应对法〉为分析对象》,《政治与法律》2020年第1期。
② 参见戚建刚、杨小敏《行政紧急权力的制约机制研究》,华中科技大学出版社2010年版,第155—169页。
③ 陈璇:《紧急权:体系建构、竞合适用与层级划分》,《中外法学》2021年第1期。
④ See David B Resnik, "Proportionality in Public Health Regulation: The Case of Dietary Supplements", Food Ethics, Vol. 1, No. 1, 2018, pp. 1–16.

结果更好的实现正义的方式。① 但与此同时，金融应急管理主体的权力运用行为必须接受合理性原则的检验，也就是通过事后司法审查和其他问责方式，对所有类型的自由裁量权（所有类型的紧急权力使用）进行实质性审查。②

重大突发事件中金融应急管理合理性原则与常态金融治理相比还具有如下特殊性。

其一，重大突发事件中金融应急管理的合理性原则十分重视对金融应急管理的时机把握和控制。金融应急管理具有迫切性、短期性、应对性的特征。③ 当重大突发事件爆发后，金融应急管理主体到底应当何时介入，又应当何时退出金融应急管理程序，必须受到合理性原则的限制，分级分类实施应急管理行动。金融应急管理与常态金融市场治理最大的不同是，金融应急管理的核心任务是做好需求侧的金融市场管理，一旦金融市场的需求弹性得以恢复，根据合理性原则就必须立即退出应急管理程序而回归常态的金融市场治理模式。其二，重大突发事件中金融应急管理权的自由裁量范围比常态金融治理时具有更大的空间。金融应急管理具有突发性和不可预见性的特征，法律对于金融应急管理的自由裁量权往往给予更大的自主性和能动性，并且"手段所造成的侵害后果与所追求的公益目的没有明显的不成比例即可"④。其中，以紧急金融宏观调控权的自由度最为突出。合理性原则要求无论是市场救助计划的规模，还是流动性救助的节奏和时机把控，都必须与金融市场失灵的程度尽可能匹配，选择负面效应最小的救助方案。比如 2020 年 5 月 5 日，德国联邦宪法法院判决欧盟针对新冠疫情的量化宽松政策（QE）部分违宪，认为虽然欧洲央行出台的为数 7500 亿欧元抗击疫情计划（PEPP）合法，但其公共债券购买计划（PSPP）涉嫌违反《欧盟运行条约》中的"禁止货币融资条款"，对德国可能带来通货膨胀。⑤ 尽管通过司法手段对宏观调控权进行审查这一做法并不受到学者的一致认同，但无疑这一司法判决就是金融应急管理合理性

---

① See Cf. Kenneth Culp Davis, *Discretionary Justice: A Preliminary Inquiry*, Greenwood Press, 1980, p. 15.
② 参见蒋红珍《比例原则适用的规范基础及其路径：行政法视角的观察》，《法学评论》2021 年第 1 期。
③ 参见漆多俊《经济法基础理论》，法律出版社 2017 年版，第 327 页。
④ 参见江必新、黄明慧《论紧急行政权的限度》，《行政法学研究》2022 年第 4 期。
⑤ See BVerfG-2 BvR 859/15 et al. (5 May 2020).

原则的体现。

(三) 从实际金融结构出发加强消费者权益保护原则

对特殊法律制度的客观证成，人们应该从经济的角度做出判断。① 投资银行与商业银行等不同金融结构对金融监管措施的反应和影响是完全不同的。② 在发展金融学上，金融市场中的金融结构具有多重维度。其中，最为重要的金融结构当属直接金融与间接金融的金融结构、直接金融内部（如股票与债券）的金融结构、间接金融内部（如不同规模和产权类型的银行）的金融结构等。金融结构并不仅仅是经济发展自然形成的一种"结果"，更是经济良性发展和金融优化治理的一种"原因"。③ 尽管金融法上的结构金融法理论认为，金融法可以通过金融商法、金融市场规制法与金融宏观调控法三大核心法律支柱以"二维三元实现机制"引导实际金融结构向最优金融结构理性回归，④ 但实际金融结构永远是金融法律调制的逻辑起点和现实基础。提升金融应急管理权的行使效能，关键还取决于该权力的运行遵循了特定经济体的实际金融结构。

金融消费者是金融市场发展深度的决定性变量，也是金融市场立法和治理的核心向度。金融应急管理权的运用要达到保护金融消费者的效果，其基本前提是尊重和符合金融体系中的实际金融结构。因为不同的金融结构决定了金融应急管理的行为内容、管理方式及持续期间等重要指标。比如对于直接金融占比更高的美国，金融应急管理必须更加重视对证券市场、金融衍生品市场及结构化融资领域的流动性救助；而以间接金融为主的中国，存款保险基金作用的充分发挥，尤其是提高存款保险赔付的上限将起到至关重要的投资者保护效果。加强消费者权益保护原则要求金融应急管理部门在进行危机救助的过程中，必须认真考虑我国金融结构的现实国情，在针对不同实体部门配备不同的政策工具时，适度增加对金融消费者部门（含家庭和企业部门）的政策工具类型，加大对金融消费者直接支持的流动性投入。2020 年 3 月 18 日，美国众议院金融服务委员会主

---

① 参见［德］施塔姆勒《现代法学之根本趋势》，姚远译，商务印书馆 2018 年版，第 43 页。
② See Alexander Schäfer, Isabel Schnabel, Beatrice Weder di Mauro, "Financial Sector Reform after the Crisis: Has Anything Happened?" https://ssrn.com/abstract=2278079，2023-09-06.
③ 参见刘辉《论地方金融监管权的法治化重构》，《宁夏社会科学》2021 年第 3 期。
④ 参见刘辉《金融供给侧结构性改革的法治逻辑》，《厦门大学学报》（哲学社会科学版）2022 年第 2 期。

席、国会女议员 Maxine Waters 对美联储在本次疫情中针对金融机构的应急救助计划就曾提出怀疑,认为政府的应急救助"没有抓住重点","应把美国的消费者、小型企业和弱势群体放在首位"。① 随后,从 2020 年 3 月末起,美国逐步加大对家庭和企业部门的货币政策工具的实施力度,相关货币政策工具及救助规模见表 5-1。

表 5-1 美国联邦储备委员会针对家庭和小企业的货币政策工具

(单位:亿美元)

货币政策工具的名称	最高救助规模
商业票据融资便利(CPFF)	1000
定期资产支持证券贷款工具(TALF)	1000
一级市场公司信贷工具(PMCCF)	7500
二级市场公司信贷工具(SMCCF)	
薪资保护计划便利工具(PPPLF)	3500
大众借贷计划(MSLP)	6000

(四) 一致行动并保持透明度原则

金融应急管理本身就是一种协调一致的艺术。宏观调控综合协调制度的基本原理要求宏观经济调控法在调整国家经济的运行时,不仅要运用计划、价格、税收、财政、金融等多种手段,而且要把这几种调控手段相互渗透、相互配合、相互作用。② 增强宏观调控的协同性已经成为实现经济高质量发展的重要前提。③ 金融应急管理也必须建立综合协调制度,并在法律的层面明确金融应急管理的一致行动原则。同时,信息公开与共享是应急管理的基本要求,④ 应急管理的透明度决定了公众的应急信息搜寻成本和效率,进而影响消费者权益。⑤ 因此,必须使金融应急管理受体及社

---

① See Louis Casiano, "Maxine Waters Says During Coronavirus Outbreak Adults Should Get $2G per month, Children $1G per month", https://www.foxnews.com/politics/maxine-waters-coronavirus-outbreak-monthly-income, 2023-09-06.
② 参见李昌麒《经济法学》,中国政法大学出版社 2007 年版,第 382 页。
③ 参见何自力《努力形成中国特色宏观调控体制》,《红旗文稿》2020 年第 2 期。
④ 参见邱佛梅、郑鸿铭《重大突发事件应急管理效能提升的法治路径》,《中国行政管理》2021 年第 6 期。
⑤ 参见赵雪芹、杨一凡《金融突发事件下公众应急信息搜寻行为分析及服务策略研究》,《农业图书情报学报》2022 年第 1 期。

会公众对金融应急管理权的运行保持基本的了解并行使法律监督的权利。这就要求在金融应急管理过程中，信息公开应当以需求为导向，以回应和引导社会关切为目标，并且体现效率优先的原则。① 比如以通货膨胀目标制（Inflation Targeting）为表现形式的紧急货币政策就必须予以充分及时地公开而不能秘密进行。②

一致行动包含国内和国际两大层面的基本内涵：就国内层面而言，金融应急管理权涉及不同的主体、不同的救助部门，这些权力主体和权力行为之间必须协调一致。比如金融应急管理往往针对金融机构、家庭和企业、地方政府（特别是涉及地方债务违约的处置）等不同部门。在此背景下，财政政策只有与货币政策同时发力、精准调控，才能对危机中的受害主体和受害部门实施有效的救助。就国际层面而言，金融应急管理通常会涉及与海外央行的特殊流动性安排。比如新冠疫情中，芬兰央行行长奥利·雷恩（Olli Rehn）提出，各国央行之间基于货币互换协议的合作至关重要。③ 美联储就与多国签署了货币互换协议，并设立了临时回购协议安排（FIMA）。金融稳定理事会（FSB）则将"行动上的协调"（Coordination in Action）始终作为新冠疫情背景下金融市场救助的重中之重。④ 在金融应急管理和金融法制建设方面，我国应一如既往加强与国外政府和国际金融监管组织的合作。⑤

四 重大突发事件中金融应急管理权主体的法治化

金融应急管理水平的改进不仅表现在体制层面，而且还在于机构层面。⑥ 在重大突发事件中，作为应急管理主体的国家机构往往与常态法治下的国家机构具有很大的不同，因为该主体的具体组成与结构对危机时期

---

① 参见代海军《突发事件的治理逻辑及法治路径——以新冠肺炎疫情防控为视角》，《行政法学研究》2021年第2期。
② 参见［英］约翰·辛格顿《20世纪的中央银行》，张慧莲等译，中国金融出版社2015年版，第204页。
③ See Olli Rehn, "Economic Effects of the Corona Crisis and Measures by the Central Banks", https://www.bis.org/review/r200324a.htm, 2023-09-06.
④ See Randal K. Quarles, "To G20 Finance Ministers and Central Bank Governors", https://www.fsb.org/wp-content/uploads/P250221.pdf, 2023-09-06.
⑤ 朱小川：《美国〈紧急经济稳定法案〉评析及其借鉴》，《东方法学》2009年第3期。
⑥ See Dumitrescu-Peculea Adelina, Tatiana-Camelia D., "The Challenges of the Administrative Process in a Financial Crisis and their Effectiveness", *Procedia Economics & Finance*, Vol.39, 2016, pp.827-832.

的决策具有重大影响。① 应急管理权力的过度强制性使得其更应当由立法明确规定其权力主体。② 金融应急管理主体法治化是重大突发事件中金融应急管理法治化的基本前提。重大突发事件中金融应急管理主体模式的选择直接关乎金融应急救助的成本和效率，而金融应急管理主体的协作机制则与金融应急管理受体基本权利的保障休戚相关。目前，没有一个国家采用单一的金融应急管理机构开展金融应急管理，设置综合—协调型的应急主体是发达国家的通行做法。③ 从国外金融应急管理实践来看，主要有三种典型的主体模式：机构型多主体模式、业务型多主体模式、双峰模式。机构型多主体模式，是指由基于金融机构的行业领域和法律属性对应的金融监管机构来实施金融应急管理、各应急管理部门相互协作的主体结构模式；业务型多主体模式，是指根据重大突发事件所指向的金融产品的性质，确定具体的金融应急管理部门、各主体协同配合的主体结构模式；双峰模式与传统的双峰金融监管模式相呼应，是由审慎监管机构和行为监管机构两者共同实施金融应急管理的主体模式。

美国在 2008 年国际金融危机之前受到"多个监管部门优于一个监管部门"的金融监管分权思潮的影响，④ 坚持机构型多主体应急管理模式。但在危机中金融应急管理实践显现出该模式应对跨市场金融突发事件的无能为力，并且不同金融机构之间的监管套利、宏观审慎监管能力的不足，以及对"影子银行"等非传统金融机构监管的失败均对该模式的应急管理能力提出了严峻的挑战。美国《2010 年华尔街改革和消费者保护法》对该模式进行了一定程度的修改，特别强化了美联储的宏观审慎职能，成立金融消费者保护局，明确提出了金融稳定、宏观审慎、金融消费者权益保护三大金融应急管理目标，在"基于原则的规制已成为一种重要的国际趋势"⑤ 的背景下，试图以统一的金融应急管理目标（原则）来弥补多主体应急管理存在的不足。尽管如此，在应急管理实践中，美联储也一度

---

① See Rooney B., "Emergency powers in democratic states: Introducing the Democratic Emergency Powers dataset", *Research and Politics*, Vol. 6, 2019, pp. 1-7.
② 参见杨金华《教育应急管理权的法律规制：问题与完善——基于新冠肺炎疫情下的考察》，《政治与法律》2022 年第 3 期。
③ 参见戚建刚《我国应急行政主体制度之反思与重构》，《法商研究》2007 年第 3 期。
④ See Alan Greenspan, *The Age of Turbulence: Adventures in a New World*, Penguin Press, 2008, p. 176.
⑤ [英] 罗伯特·鲍德温、[英] 马丁·凯夫、[英] 马丁·洛奇：《牛津规制手册》，宋华琳、李鸻、安永康、卢超译，上海三联书店 2017 年版，第 503 页。

缺少有效的紧急救助措施，比如为紧急救援因持有大量房贷证券而出现流动性危机的投资银行 Bear Stearns，其只能通过联储会员摩根大通银行间接为 Bear Stearns 提供紧急救助。①

日本是业务型多主体模式的代表，日本银行、大藏省、金融厅、财务省、存款保险公司针对所有的金融业务，按其功能进行分类应急管理。然而，随着大数据、区块链、人工智能等金融科技的快速发展，现代金融业务日益呈现出高度的复杂化和高度交叉融合的特性，金融体系的系统性风险也从"太大而不能倒"演变为"太关联而不能倒""太系统而不能倒""太快而不能倒"②，在此背景下，与机构型多主体模式类似，按照金融产品的性质来确定金融应急管理部门也存在分类困难的问题，从而难以避免金融应急管理实务中的监管套利和风险规避行为。

英国和澳大利亚是双峰金融监管模式的代表，其金融应急管理也采用双峰模式。具体而言，两国的金融应急管理实践也存在一定的区别：澳大利亚由审慎监管局、证券和投资委员会等分别基于审慎管理和消费者保护的视角实施金融应急管理；英国的中央银行是集货币政策、宏观审慎、微观审慎于一身的"超级央行"，其内设的审慎监管局则与行为监管局分别负责微观审慎与行为监管的"双峰"，而中央银行本身既直接承担"双峰"中的微观审慎，又以宏观审慎来统筹"双峰"。显然，双峰模式由于对金融监管部门的职能进行了协同整合，其在应对重大突发事件带来的金融市场失灵方面具有一定的优势，但如何确保该模式下"双峰"之间的有效沟通，确实是一件颇具挑战的法治难题。

不难看出，不同的金融应急管理模式都存在各自的优点与不足，世界上并不存在绝对的最优金融应急管理模式。从中国金融监管体制方面的国情来看，在中央金融监管层面，中国人民银行已经拥有法定的金融稳定职能，2020 年 10 月 23 日公布的《中国人民银行法（修订草案征求意见稿）》（以下简称《人民银行法最新意见稿》）③ 第 1 条明确赋予了中国人民银行制定和执行"宏观审慎政策"的职能，第 5 条授予了中国人民

---

① 参见常健《金融稳定视阈下中央银行法律制度研究》，法律出版社 2019 年版，第 143 页。
② 参见许多奇《互联网金融风险的社会特性与监管创新》，《法学研究》2018 年第 5 期。
③ 参见《中国人民银行关于〈中华人民共和国中国人民银行法（修订草案征求意见稿）〉公开征求意见的通知》，http：//www.gov.cn/zhengce/zhengceku/2020－10/24/content_5553847. htm，2023 年 9 月 6 日。

银行"牵头负责系统性金融风险防范和处置"及"牵头国家金融安全工作协调机制"的职能。与此同时，2017年7月，全国金融工作会议宣布设立国务院金融稳定发展委员会（以下简称"金融委"），其办公室设于中国人民银行，并承担"协调金融监管政策和其他相关金融政策""制定规章制度填补监管空白"等职能。2023年，《党和国家机构改革方案》组建了中央金融委员会和中央金融工作委员会，不再保留国务院金融稳定发展委员会及其办事机构。

基于我国国情，建议设立具有中国特色的金融应急管理委员会模式。具体而言，可以考虑在中央层面由中央金融委员会直接加挂"国家金融应急管理委员会"（以下简称"金融应急委"）的牌子，金融委和金融应急委一套机制、两块牌子同时运作。这样的好处是中央金融委员会具有"协调金融监管政策和其他相关金融政策"方面的法定职能和实践经验，由中央金融委员会（金融应急委）承担金融应急管理的直接主体，能够更加自如地实施重大突发事件中的金融应急管理活动。由于中国人民银行具有天然的维护金融稳定和宏观审慎职能，可将金融应急委办公室直接设于中国人民银行。中国人民银行作为金融应急管理中的宏观审慎主体，负责金融应急委的日常事务。国家金融监督管理总局和证监会属于金融应急委下设的行业金融应急管理主体，在国家金融应急委的领导下，负责银行、信托、证券、保险等相应行业的金融应急管理行为。

在横向的金融应急管理协调机制方面，由于金融应急管理行为不仅涉及金融政策，还涉及财政政策、税收政策甚至产业政策等其他政策手段和工具的运用，在国家金融应急委之下，除以上行业金融应急管理部门外，财政部、国家税务总局、国家发展改革委及国务院法制办等部门都是其重要的组成部门。国家应急委可以根据金融应急管理的需要，指定和设立专门的金融应急管理机构和协调机制，从而方便贯彻实施其金融应急管理权。在纵向的金融应急管理协调机制方面，首先要明确金融应急管理权在中央和地方之间的分配结构。根据重大突发事件给金融市场带来的实质性破坏特征，决定中央和地方政府在金融应急管理权上的合理配置。同时，要增强央地金融应急管理部门在金融应急管理行动方面的一致性，充分利用我国已经建立的金融委办公室地方协调机制，加强中央和地方在金融应急管理方面的优化协作。在重大突发事件造成企业债务违约而进行风险处置等场合，要充分发挥好中央与地方财税政策和金融应急管理处置行为的协调配合，通过财税与金融的合作联动，实现较好的应急管理效果。此外，国家应急委可利用中国人民银行在国际金融合作方面的优势，通过签订国际货币互换协议等多种形式，增强金融应急管理的国际合作。

五　重大突发事件中金融应急管理行为的法治化

金融业危机管理具有不同于其他领域危机管理的特点，具有附属性、跨国性、常规性、长期性等特点，其法治化也面临诸多挑战。[1] 紧急状态的本质就是增加政府的紧急权力、依法克减公民权利，因而权利克减乃是紧急状态的制度核心，其基本作用在于回应对紧急权力的意义期待。[2] 从人民主权学说和法治的基本原理来看，所有的国家公权力的型塑均得益于人民对其权利的让渡。在正常情况下，国家的公权力和公民的私权利往往呈现出一种相对恒定和总体均衡的态势，这种均衡状态一旦被打破，可能就会导致整体法权配置失衡和公民权利受损。在重大突发事件中，常态下的权力与权利的结构均衡受到社会治理现实需求的巨大挑战，政府的紧急权力急剧扩张，公民的私权利则相应克减。这种紧急权力作用的结果可以改变国家基础权力结构，并扩张性地进入集体性权力、个人权利领域以达到对当前社会生活的全部控制，具有典型的"威权"特质。[3] 为此，金融应急管理权必须接受行政法上的规制和经济法上的治理，进而既确保公民和金融机构等市场主体的基本权利，又保障金融应急管理的实效。从金融应急管理的具体行为类型来考察，可作如下解构：

（一）前瞻性指引和紧急窗口指导行为的法治化

为实现金融体系稳定、金融机构稳健、金融消费者权益得到保护的监管目标，监管机构必须在潜在风险引发偿债能力恶化和流动性比例降低之前，对其根源进行追踪和应对，[4] 以大数据作为基础工具支撑，实现应急管理权的法治化、现代化、数据化转型。[5] 应急管理主体和应急管理受体

---

[1] 参见尹振涛、陈冠华《新冠肺炎疫情背景下金融业危机管理法治化问题研究》，《武汉大学学报》（哲学社会科学版）2020年第7期。
[2] 参见刘小冰《紧急状态下公民权利克减的逻辑证成》，《法学》2021年第7期。
[3] 参见李晓安《"国家紧急权力"规范约束的法治逻辑》，《法学》2020年第9期。
[4] 参见［荷］乔安妮·凯勒曼、雅各布·德汗、费姆克·德弗里斯《21世纪金融监管》，张晓朴译，中信出版集团2016年版，第5页。
[5] 参见肖季寿《大数据时代行政紧急权力模式之变革与形塑》，《湖北大学学报》（哲学社会科学版）2019年第5期。

之间的信息交流对于应急管理的成败具有决定性作用。就金融应急管理来说，如何促进金融应急管理目标、手段、数量、计划等信息在管理主体和管理受体之间的流动，消除金融应急管理过程中的信息不对称现象，并据此做好金融市场预期的引导和管理，是金融应急管理的逻辑起点和持续追踪的目标。现代法治的核心功能之一是"稳定预期"①，金融应急管理法治必须做好紧急窗口指导和金融市场"预期"管理行为的法律治理。

  前瞻性指引是中央银行实现金融市场"预期"管理的主要手段。它是指中央银行向公众发布关于未来货币政策取向的信息，包括中央银行对政策利率调整的预测或承诺，从而对公众预期进行引导。② 前瞻性指引分为模糊的前瞻性指引（Implicit Guidance）和明确的前瞻性指引（Explicit Guidance），③ 两者都表达未来中央银行的货币政策走向，其中模糊的前瞻性指引并不对未来利率政策、存款准备金率等给出明确的量化目标。依据中央银行对未来货币政策操作是否作出明确的政策承诺，还可将前瞻性指引划分为德尔斐指引（Delphic Guidance）和奥德修斯指引（Odyssean Guidance）。奥德修斯指引是指中央银行不仅对外公开未来政策利率预测，同时还对政策路径给予承诺，并通过该承诺向市场释放"强信号"，从而改变私人部门的"预期"。④ 譬如，北京时间 2021 年 7 月 29 日，美联储发布 2021 年 7 月议息会议，宣布继续维持联邦基金目标利率 0—0.25% 区间不变，超额准备金利率（IOER）保持在 0.15%，贴现利率仍为 0.25%，继续维持当前 1200 亿美元购债规模。⑤ 这就是典型的奥德修斯指引和明确的前瞻性指引。在新冠疫情暴发期间，中国人民银行持续通过按季发布《货币政策报告》，就金融市场应急管理的目标、手段、强度等与市场进行信息沟通，也是重要的前瞻性指引方式之一。中央银行还可以实施紧急窗口指导，比如对金融机构的信贷节奏提出建议，以满足疫情冲击下实体经济中的私人部门和企业的融资需求。中国人民银行也通过中央银

---

 ① 韩大元：《后疫情时代：重塑社会正义》，《中国法律评论》2020 年第 5 期。
 ② 参见尹继志《中央银行前瞻性指引：国际实践与作用机制》，《南方金融》2015 年第 6 期。
 ③ See Woodford M., "Methods of Policy Accommodation at the Interest-Rate Lower Bound", https://doc.wendoc.com/b8c9ede51874342237fec229f.html, 2023-09-06.
 ④ See Campbell, Jeffrey R., Evans, et al., "Macroeconomic Effects of Federal Reserve Forward Guidance", https://www.researchgate.net/publication/260099478, 2023-09-06.
 ⑤ See Federal Reserve Press Release, https://www.federalreserve.gov/monetarypolicy/files/monetary20210728a1.pdf, 2023-09-06.

行信贷政策管理的方式对金融机构的信贷政策提出直接建议，以优先满足受到疫情影响最深的部门和受疫情影响较为严重区域的个人金融需求。此外，融资斡旋也是国外央行经常采用的紧急窗口指导行为。[1]

如果说前瞻性指引是中央银行行使紧急行政计划权的一种紧急行政计划行为，那么紧急窗口指导就是一种紧急行政指导行为，这种紧急行政指导权通常是重大突发事件发生后，中央银行在法定货币政策工具之外，对金融机构和金融市场进行方向性引导的重要法律手段。从设立的初衷来看，前瞻性指引和紧急窗口指导行为并不直接在中央银行与金融机构之间产生、变更和消灭行政法律关系。是故，其并不属于行政法律行为。这种"劝导式"的行为是一种柔性的管理方式，并不具有公定力、确定力、拘束力、执行力，中央银行也不能强制金融机构予以遵守。从法律效果来说，金融机构如果因为前瞻性指引和紧急窗口指导行为受到损害，其并不能申请行政复议或者提起行政诉讼予以救济。然而，尽管这些金融应急管理行为没有法律强制性，但是一旦其针对相对具体的应急管理受体时，金融应急管理的主体与受体之间，完全可能存在紧急行政计划与紧急行政指导之外的其他"特定依赖关系"。在法律上，我们可以将其认定为一种"事实强制性"[2]。比如中国人民银行对商业银行不遵守其紧急窗口指导的行为，往往采取综合行政执法等方式，对其法定监管职权范围内的金融机构的所有业务实施全面检查，金融机构由于忌惮因其他业务行为违法违规受罚而不得不遵从中央银行的紧急窗口指导行为。

对于前瞻性指引和紧急窗口指导行为的法律治理来说，首先，必须在中央银行法的层面强化货币政策的权威性。前瞻性指引是对货币政策未来走向的前瞻，其保证实施的基础还是货币政策本身的权威性。增强中央银行货币政策权威性的前提就是提高货币政策的科学性和独立性。在《人民银行法最新意见稿》中，有关中国人民银行货币政策实施的法律保障有所增强，但对于货币政策的科学性和独立性方面的法律规定却有待进一步完善。其次，要强化前瞻性指引和紧急窗口指导行为实施的透明度。只有提高行为的透明度，才能提高金融应急管理受体和社会公众对于前瞻性

---

[1] 比如在1998年美国LTCM基金突发事件中，如果投资者要求紧急撤资，LCTM基金将被迫全部清盘，从而引发金融市场恐慌性抛售。为此，美联储出面说服了14家大型证券公司向LTCM提供再融资安排。参见范小云《金融结构变革中的系统性风险分析》，《经济学动态》2002年第12期。

[2] 参见闫海《中央银行窗口指导的法律类型与法制发展》，《武汉金融》2017年第10期。

指引和紧急窗口指导行为的监督。同时，作为一种金融应急管理的计划和引导行为，只有保证其操作的透明度才能增强社会公众对于金融应急管理行为及其未来走向的认知和预期，确保良好的金融应急管理实效。再次，可以前瞻性指引和紧急窗口指导行为的法律效果为导向，对其实行分类治理：对于纯信息指引类的前瞻性指引和窗口指导行为，可不纳入强制性管理的法律范畴，但对于具有"事实强制性"的行为，特别是行政指导行为，可纳入法律的治理框架。《中华人民共和国人民银行法（修订草案征求意见稿）》第33条特别新增了中国人民银行对金融机构执行信贷政策的情况实施监督管理的权力，这其实对于实现涉及信贷政策的紧急窗口指导行为的法治化具有重要的法律意义。最后，可在下一步修订《人民银行法》《商业银行法》等法律时，增强金融机构社会责任的法律规定，提高金融机构在重大突发事件中遵守前瞻性指引和紧急窗口指导的法律意识。

（二）紧急金融宏观调控行为的法治化

传统法学研究一般将宏观调控视为与市场规制相对应的一个经济法律行为范畴，市场规制是国家干预经济的一种微观市场行为，而宏观调控恰恰是一种国家干预经济的宏观引导行为。宏观调控往往通过两大步骤实现国家干预经济的预期目标：一是国家宏观调控行为的实施，即国家实施并不针对特定市场主体的宏观干预行为。比如在重大突发事件中，国家实行量化宽松计划、紧急降息计划、零存款准备金率计划等，这些行为并不针对任何特定的金融机构实施，甚至如紧急公开市场操作等宏观调控行为，金融机构并没有必须参与的义务，其可以选择参加，也可以依法不参加。二是金融机构与金融消费者或者实体经济中的市场主体开展相应的市场交易行为。正所谓"国家调控市场、市场引导企业"，如果金融机构并不开展市场交易，紧急金融宏观调控的法律效果就无法真正实现，金融消费者和企业也无法享受到紧急金融宏观调控带来的调控利益。随着我国经济法学者对宏观调控权认知的深化，学者更多倾向于把宏观调控权界定为一种"决策权"，将宏观调控行为视为一种决策行为，而不包括与宏观调控决策相关的执行行为和监督行为。因为如果宏观调控行为包括执行行为和监督行为，那么所有从中央到地方与宏观调控相关的行政机关都可被称为宏观调控机关，这与宏观调控主体的有限性及宏观调控行为的经济法职能可能产生严重的理论冲突。新冠疫情中，美国众议院紧急通过《冠状病毒援助、救济和经济安全法案》（CARES Act）的行为实际上就是一种紧急金融宏观调控（决策）行为。

对紧急金融宏观调控行为的法律治理，最大的理论和实践争议在于其是否应当纳入司法审查的范畴？以及如果不纳入司法审查，如何将其纳入法治框架予以治理？我国部分学者在宏观调控法研究的早期，曾提出通过必要的制度设计将宏观调控行为纳入司法权的监控范围并有效克服其"异化"。[1] 然而，这种观点并没有取得广泛共识，甚至遭到严厉的批评。如前所述，宏观调控行为区别于市场规制行为和具体行政行为最显著的特征就是宏观调控行为调控的是"市场"，而不是特定的市场主体。在重大突发事件中，中央银行实施紧急货币政策操作的对象是不特定的金融机构，这种不特定性决定了宏观调控行为不可能有遭受特定损害的适格原告。即使在现代法上被大量采用的公益诉讼制度也并不能救济不特定的损害，因为不特定的损害属于"不可分化的抽象损害"，"任何人不能因此取得起诉资格"。[2] 在重大突发事件中，金融机构即使在宏观调控的实施过程中遭受权利的损害，也应当属于宏观调控执行行为所导致的损害。上文已经明确，宏观调控行为应当属于一种决策行为，具体的执行行为并不属于宏观调控行为，因宏观调控执行行为所遭受的损害通常是具体行政行为致害，可依据行政复议、行政诉讼、国家赔偿等途径予以救济。国外学者也认为，对于宏观调控等高度涉足公共秩序问题的行为，法院的司法审查能力本身就是遭到严重质疑的。[3]

对于紧急金融宏观调控权不当的责任追究，可以从法内治理和法外治理两个角度予以展开。在法内治理方面，就是要科学设计紧急金融宏观调控不当的法律责任。宏观调控行为不能通过诉讼予以救济，但可以通过宏观调控复议制度予以救济。[4] 从我国金融应急管理的现实需求来说，可将复议机关设定为国家最高权力机关的专门机构，比如全国人大的法律委员会与财经委员会等。同时，对于紧急金融宏观调控导致金融机构和社会公

---

[1] 参见胡光志《论宏观调控行为的可诉性》，《现代法学》2008 年第 2 期。
[2] 参见王名扬《美国行政法》，中国法制出版社 1995 年版，第 631 页。
[3] See Jeffrey Jowell, *Judicial Deference and Human Right: A Question of Competence*, in *Law and Administration in Europe: Essays in Honour of Carol Hawlow*, edited by Paul Craig and Richard Rawlings, Oxford University Press, 2003, p. 81.
[4] 参见邢会强《宏观调控行为的不可诉性探析》，《法商研究》2002 年第 5 期。

众利益的损害，也可以通过"经济法上的国家赔偿"予以救济。① 从法律性质来看，经济法国家赔偿区别于行政法国家赔偿，其主要是一种实际履行性的赔偿行为，对于紧急金融宏观调控权导致的损害，可由原主体重新作出其他的宏观调控决策行为，来弥补前行为带来的损失。在法外治理方面，由于紧急金融宏观调控行为具有极强的政治性，可以追究金融应急管理主体相关责任人员的政治责任。在宏观调控法中引入政治责任，是经济法追责模式的新发展。②

（三）紧急金融市场规制行为的法治化

规制就是政府"有意使用权力，根据既定的标准，运用信息搜索和行为修正等工具，来影响其他当事人的行为"③。紧急金融市场规制主要针对金融机构、金融消费者等市场主体为之，对相关主体的权利义务产生直接影响，表现为一种微观层面的公权力干预行为，因而学者通常称其为微观市场规制。紧急金融市场规制行为不仅包括常规金融监管中通常采用的行政处罚、行政许可等行为类型，而且还包括金融应急管理中被广泛运用的紧急行政强制和紧急行政检查等行为。在法律上，行政处罚权、行政许可权等权力的行使由于直接作用于金融应急管理受体，当相关主体的权益因为错误的行政处罚、行政许可而遭受侵害时，其可以通过行政复议或者行政诉讼的途径予以救济，从行为法治的视角来说，并不存在太大的困难。本节重点关注金融应急管理中采用较多的紧急行政强制和紧急行政检查行为的法治化问题。

重大突发事件中的紧急行政强制一般是指金融应急管理主体在金融应急管理活动中，为了阻止违法行为的发生和危害结果的扩大，以及避免金融风险的进一步扩散，对金融应急管理受体和金融消费者等市场主体实施的暂时性财产权利限制和临时性的交易行为控制的权力。重大突发事件中的紧急行政强制权不仅可以针对金融机构实施，也可直接作用于金融消费者的特定金融交易和特定金融资产。对金融机构的紧急行政强制主要包括：对特定金融机构的经营管理权实施直接限制，甚至暂停特定金融机构的经营管理活动；对金融机构高级管理人员的任职进行调整；对金融机构

---

① 参见张守文《经济法责任理论之拓补》，《中国法学》2003年第4期。
② 参见邢会强《走向规则的经济法原理》，法律出版社2015年版，第306页。
③ See Julia B., "Decentring Regulation: Understanding the Role of Regulation and Self-regulation in a 'Post-Regulatory' World", *Current Legal Problems*, Vol.1, 2001, p.1.

的接管或者托管作出特定安排；责令问题金融机构直接退出金融市场等。对金融消费者的紧急行政强制主要包括：限制股票卖空和部分金融衍生品交易；实行股票交易熔断机制以争取进行应急管理的缓冲时间；限制储户提取金融存款；临时冻结金融消费者的账户资金；对倒闭金融机构的贷款实行优先保全和强制清收；限制外汇自由兑换和强制结汇等。

对于重大突发事件中紧急行政强制权的法律治理，可以从强制主体、强制目的、强制程序和强制审查的法治化等方面着手。重大突发事件中的紧急行政强制权与常态金融监管中的行政强制权相比具有一定的特殊性，这需要从立法层面对其实施规制。在强制主体方面，金融应急管理的强制主体并不局限于传统金融监管主体，实践中可能由金融应急管理的主体予以实施，而金融应急管理主体并不完全限定于金融监管主体。比如上文建议设立的我国金融应急管理委员会就可以在重大突发事件中行使紧急行政强制权。在强制目的方面，重大突发事件中的紧急行政强制通常是为了紧急实施金融应急处置方案，从而有效应对重大突发事件对金融市场带来的破坏性影响，尽快恢复正常的金融秩序。在强制程序方面，由于重大突发事件中金融应急管理主体与常态金融监管中的主体存在差异，重大突发事件中紧急行政强制的程序一般需要由立法作出专门规定。在强制审查方面，紧急行政强制属于具体行政行为，因紧急行政强制受到权利损害的相对人可以通过行政复议、行政诉讼、国家赔偿等方式予以救济。由于重大突发事件中的紧急行政强制主体更加广泛、权力更为丰富，因此，法律必须更加注重保证相对人在权利受到损害的情况下获得充分的法律救济。

重大突发事件中的紧急行政检查是指金融应急管理主体根据金融应急管理的实际需求，对受到重大突发事件影响的金融机构进行现场检查和非现场检查，并对其金融风险承受能力进行客观评估，以确定是否实施进一步应急管理措施的紧急金融市场规制行为。根据中国人民银行2020年9月29日公开发布的《中国人民银行执法检查程序规定（修订征求意见稿）》，非现场检查是指中国人民银行充分运用互联网、大数据等技术手段，依托在线监管系统，建立完善监管信息系统，加强监管信息归集共享和关联整合，分析、评价被检查人的风险状况，及时发现被检查人的违法违规行为的执法检查。现场检查则是根据现场检查计划、日常监督管理中发现的问题、非现场检查情况、上级部门的要求及其他履行职责的需要，组织实施的亲临现场的执法检查。无论是现场检查还是非现场检查，重大突发事件中的紧急行政检查的根本目的都是对金融机构的运营情况、风险承受能力等作出精准的判断,从而更好地保证金融应急管理的实效。

重大突发事件中的紧急行政检查与行政处罚不同,它并不直接影响金融机构的实际权利义务,因此,一般不能通过行政复议和行政诉讼予以救济。对重大突发事件中的紧急行政检查权的法律治理,重点是通过立法明确检查主体、检查程序、证据规定、检查结果在金融应急管理中的运用及检查人员的法律责任等问题。重大突发事件中的紧急行政检查在主体方面主要是金融应急管理主体。在程序方面,要区分非现场检查程序和现场检查程序进行差异化规定,对于非现场检查要特别突出金融机构的材料提交义务,对于现场检查要重点强调金融应急管理主体的检查实施程序。在金融应急管理中,简易现场检查程序的运用极为重要,法律需要明确其特别批准、实施等程序。在证据规定方面,重点是做到证据收集、查封和保全等程序的法定化。在检查结果运用方面,金融应急管理紧急行政检查是对金融机构采取下一步应急管理方案的重要依据,立法需制定详细的差异化检查结果运用措施。此外,对于检查人员违法实施紧急行政检查的,应当规定相应的法律责任。

(四) 紧急金融救助行为的法治化

在重大突发事件中,尽管金融应急管理主体可以足够勤勉尽职,但这些金融应急管理行为通常仍然无法完全确保所有的金融机构走出危机的阴影。金融应急管理主体如何在法治的框架下对特定金融机构或者市场流动性实施救助是金融应急管理的重要内容之一。美国《多德—弗兰克法案》一个重要的职能就是对当局向陷入困境的金融机构注入公共资金的职权进行规范。[①]

我们可以把金融应急管理主体实施这些救助行为的权力集统称为金融应急救助权,包括紧急行政救助权、紧急行政契约管理权、紧急行政征收权、紧急行政征用权等多种子权力。紧急行政救助权是指,金融应急管理主体对在穷尽其最大努力而仍然无法走出突发事件冲击或者遭受致命性破坏的金融机构或者投资者给予救助的授益性权力。紧急行政救助权包括金融机构经营性救助权和金融机构清偿性救助权。金融机构经营性救助包括

---

① See Cordella, T., Dell'Ariccia, G., Marquez, R., "Government Guarantees, Transparency, and Bank Risk Taking", *IMF Economic Review*, Vol. 66, 2018, pp. 116-143.

对普通金融机构的经营性救助和对系统重要性金融机构的经营性救助。普通金融机构的经营性救助包括金融保障基金的救助、中央银行的救助和财政部的救助。金融保障基金救助一般必须以其他有救助意愿的健全金融机构对问题金融机构进行市场化救助为前置条件，这些健全金融机构的救助措施包括同业拆借、参股、重组、整体收购等。只有这种市场化的救助无能为力时，金融保障基金才对问题金融机构实施单独救助，比如提供经营性资金资助（经营性贷款）等，金融保障基金也可以会同中央银行和财政部共同对其实施救助。① 中央银行对问题金融机构的救助措施主要包括贷款、购买问题金融机构的不良资产、以注资换取股份和提供债务担保等。中央财政救助是问题金融机构救助的最后手段，通常采取"建设性模糊"（Constructive Ambiguity）的标准，对问题金融机构进行经营性资金补足。普通金融机构经营性救助法治的核心是实现救助的主体、救助的标准、救助的方式、救助的条件等重要救助权力要素的法治化。

在金融法上，对系统重要性金融机构的经营性救助难度和救助意义显然高于普通金融机构。重要性金融机构"关键功能"和"关键共享服务"的终止能够直接影响金融稳定，或对一定关联国家的实体经济造成危害。② 根据金融稳定理事会（FSB）的定义，系统重要性金融机构的认定主要围绕其规模、可替代性和系统相关度而展开。随着近年来科技金融的迅速崛起，对系统重要性金融机构的法律界定还呈现出由"太大而不能倒"向"太关联而不能倒"的演变趋势。③ 结合2011年7月FSB出台的《系统重要性金融机构有效处置政策建议和时间表（征求意见稿）》，我国对系统重要性金融机构（含系统重要性金融科技公司）的法律救助权可设计为必须满足以下要求：（1）金融应急管理主体应当具有处置和救助包含复杂结构的系统重要性金融机构的法律权限；（2）金融应急管理主体应当有权使用多种复合型的处置方案对其进行处置和救助；（3）金融应急管理主体可以针对系统重要性金融机构不同的业务类型而实施不同的处置措施；（4）金融应急管理主体对金融集团的单个组成部分进行处置和救助时，应当考虑到对集团整体及相关经济体金融稳定的影响，并尽

---

① 参见巫文勇《新金融法律制度学》，复旦大学出版社2021年版，第434—436页。
② 参见郭金良《系统重要性金融机构危机市场化处置法律制度研究》，法律出版社2016年版，第28页。
③ 参见许多奇《互联网金融风险的社会特性与监管创新》，《法学研究》2018年第5期。

量避免可能引发该集团其他部分不稳定的行动。

紧急行政契约管理权也是金融应急管理主体的重要救助权力之一。其典型救助行为是发放金融稳定再贷款，在金融稳定再贷款的场合，中央银行对金融机构发放贷款的同时也对其贷款的运用实行严格的监管，这种强力的行政权介入决定了金融稳定再贷款合同的法律性质为行政合同而非民事合同。中央银行据此对金融机构的贷款业务行为实施干预，以达到金融稳定的效果。此外，紧急行政征收权、紧急行政征用权也是金融应急管理主体必备的重要权力。在 2008 年国际金融危机中，出于金融应急管理和金融稳定的考虑，英国就实现了对北岩银行和莱斯银行等金融机构的国有化。对紧急行政征收权、紧急行政征用权的法律治理可以按照行政法上征收和征用的相关规则进行，这方面的法律规定已相对完善。

六　结语

面对重大突发事件，美联储、英格兰银行、德意志银行等中央银行先后推出量化宽松计划（QE）组合拳、新冠感染应对基金、禁止股票卖空交易等措施，通过金融应急管理积极实施救市行动。在金融全球化背景下，任何经济体的金融市场事实上都无法独善其身。为了更好地克服金融应急管理中的过度救助而带来的通货膨胀，保障金融消费者的合法权益，并确保金融应急管理实效，必须将金融应急管理行为纳入法治的框架，实现金融应急管理权的法治化。为此，有必要在立法层面确认"紧急状态的常规法治"，出台《紧急状态法》，[①] 并在廓清金融应急管理的权力谱系的基础上明确金融应急管理权法治化的基本原则，从权力主体与权力分类治理的角度构建体系化的金融应急管理权法治框架。

第二节　金融应急管理程序法治论

一　问题的提出

我们正生活在一个风险与突发事件并存的时代。当今世界的每一个人都坐在重大突发事件的火山口上。地震、海啸、突发疫情等重大突发事件的发生往往给现代国家与社会治理带来极大的挑战，当重大突发事件对一

[①] 参见谢晖《论紧急状态中的国家治理》，《法律科学》2020 年第 5 期。

国金融体系造成重创而可能引发系统性金融风险时，国家的常态金融法治不得不进行相应的调适，转而进入金融应急管理法治状态。金融应急管理法治主要有两个维度：一是实体权力的维度，着重从静态的视角对金融应急管理权涉及的各项子权力进行族谱化的解构、分析与法律规制；二是权力运行的维度，重点从动态的视角对金融应急管理权的启动、运行、退出等各大环节进行运行论的分析，以程序思维规范金融应急管理权的行使。金融应急管理权是一项综合性的权力束，它不仅包括行政法上的紧急行政权，还包括经济法上的紧急金融宏观调控权和市场规制权。权力构造的复杂性凸显了金融应急管理程序法治建设的艰巨性。

从我国金融应急管理程序法治实践来看，《中国人民银行法》明确了中国人民银行对系统性金融风险的管理职能和维护金融稳定的职能，并由此决定了其具有金融应急管理权；根据《银行业监督管理法》《商业银行法》《证券法》《保险法》等法律，国家金融监督管理总局、中国证监会等金融监管部门在紧急状态下也应当享有金融应急管理权。然而，我国并没有在法律层面明确构建起各部门有机配合的包含金融应急管理的启动、运行和退出等全流程的金融应急管理程序。2005 年出台的《中国人民银行突发事件应急预案管理办法》，也只是针对金融系统内的突发事件要求金融机构制定应急预案，对其他重大突发事件关注不足。

目前，学者对于金融应急管理的研究主要侧重于从管理学和金融学的视角，对国家金融应急管理体系的构建提出相应的建议。俞勇、郑鸿提出国家金融应急管理体系是国家应急管理体系的重要组成部分，应在厘清金融应急管理体系多主体协同的边界和关系的基础上，健全完善国家金融应急管理机制和应急预案演练机制。① 何德旭、许振慧、张晓燕从金融机构和金融产品供给的视角提出了金融支持疫情防控应急体系建设的方案。② 原中国银保监会主席郭树清主张将保险纳入国家灾害救助和应急管理体系。③ 从法学的角度对金融应急管理法治展开研究的著述相对较少。张立先在其 2012 年的博士学位论文中对金融应急管理的理论基础与金融

---

① 俞勇、郑鸿：《国家金融应急管理体系的构建》，《中国金融》2020 年第 8 期。
② 何德旭、许振慧、张晓燕：《金融支持疫情防控应急体系建设》，《中国金融》2020 年第 4 期。
③ 郑源源、郭树清：《将保险纳入国家灾害救助和应急管理体系》，《农村金融时报》2021 年 10 月 25 日第 A03 版。

应急管理权的法律治理展开了论证。① 尹振涛、陈冠华总结了我国金融应急管理立法实践与面临的挑战，提出适时出台《金融业危机管理办法》，明确专门的金融应急管理机构。②

总体来看，既有的金融应急管理法治化方面的研究成果要么过于陈旧，与我国当下《中华人民共和国金融稳定法（草案征求意见稿）》（以下简称《金融稳定法草案征求意见稿》）《中华人民共和国中国人民银行法（修订草案征求意见稿）》出台的法治环境大相径庭，要么过于笼统，没有从金融应急管理实体权力与程序法治的角度进行分类研究。法治的治理方式可以通过建构合理的程序来实现。③ 习近平总书记高度重视国家公权力运行中的规则意识和程序意识，他指出"守法律、重程序，这是法治的第一位要求"④。对于依法行政而言，完善行政程序法治乃是其最重要最基本的保障；对于法治政府建设而言，完善行政程序法治则是其必由之路。⑤ 金融应急管理程序法治构建的必要性到底为何？应当遵循哪些基本原则？应当从哪些具体内容着手构建？本节拟聚焦我国金融应急管理程序法治构建的基本范畴、基本原则及其主要内容，以期对相关法治实践的完善提供助益。

二 金融应急管理程序法治建构的必要性

金融应急管理程序是国家金融应急管理权这种公权力在权力运行方面的一系列方法和步骤的总称，具体包括应急管理行为的行为方式、步骤、形式及实现顺序等要素。面对"非典"、新冠疫情等重大公共卫生事件，以及地震、海啸等突发事件对金融体系和金融服务带来的破坏，金融应急管理权本身具有应急性、扩张性、优先性、主体的多元性、权力的综合性等重要特征，这些特征都决定了在法治的视野下，其必须接受法定程序的规范和约束，并在法治的轨道上实施金融应急管理行为。

首先，金融应急管理权的应急性是金融应急管理程序法治构建的逻辑

---

① 张立先：《金融应急管理的法律规制研究》，博士学位论文，山东大学，2012年。
② 尹振涛、陈冠华：《新冠肺炎疫情背景下金融业危机管理法治化问题研究》，《武汉大学学报》（哲学社会科学版）2020年第4期。
③ 陈爱飞：《习近平法治思想中的程序法治要义》，《江汉学术》2023年第1期。
④ 习近平：《论坚持全面依法治国》，中央文献出版社2020年版，第141页。
⑤ 姜明安：《完善行政程序法治是建设法治政府的必由之路》，《行政法学研究》2023年第1期。

起点。所谓应急性是指由于金融应急管理相较于常态金融治理的非比寻常性，而对国家金融治理体系和治理能力提出的高效率性和紧迫性要求。重大突发事件的发生给社会治理带来极大的挑战，政府为了确保更优的应急管理绩效，通常需要法律对其进行紧急状态下的特殊授权。比如一旦最高国家权力机关正式宣布该国进入紧急状态，那么为了做好紧急状态下的社会治理，国家机关就可以在更为丰富的政策工具箱和执法手段中进行选择，通过国家紧急权力实施应急管理。金融应急管理权也正是这些国家紧急权力中的一种，其根本宗旨就是实现紧急状态下的金融应急管理目标。从法律的视角来说，金融应急程序法治就是通过构建一套程序化的权力运行范式，以对金融应急管理权起到规范和治理的目的，进而激发金融需求增量，规范金融应急权力并保障金融消费者的合法权益。

其次，金融应急管理主体的多元性决定了金融应急管理行为必须纳入程序法治的轨道。世界各国都探索建立适合本国国情的金融应急管理主体模式，目前，国外主要的金融应急管理模式有三种：第一种是机构型多主体模式，即依据金融机构的行业属性所对应的金融监管部门来实施金融应急管理，同时由各金融应急管理部门实现部门间的合作与协调；第二种是业务型多主体模式，即依据金融产品的性质由对应的金融监管部门来实施应急管理，同时由各金融应急管理部门实现部门间的合作与协调；第三种是"双峰"模式，即由金融宏观审慎管理部门和行为监管部门共同实施金融应急管理的主体模式。无论采用何种模式，一国几乎不可能由一个部门来实施全领域、全过程的金融应急管理。金融应急管理不仅涉及行业金融监管部门之间的应急管理合作，还涉及金融监管部门与负责宏观审慎职能的中央银行（比如中国人民银行）之间的信息交流与分工协作，同时，金融应急管理部门与财政部、国家发展改革委、国家税务总局等之间也必然涉及应急管理事务的互动合作与信息交流。因此，设计科学的金融应急管理程序法治，同时具有科学性指示和程序性控制的双重意义。所谓科学性指示，是指通过法制的形式明确金融应急管理的科学规律并指示金融应急管理部门依法管理，确保正确实施管理行为；所谓程序性控制，主要是对金融应急管理部门行使应急管理权的步骤、方法、顺序等程序要求进行规范，防止由于程序性失误而引发金融应急管理失当，保证金融应急管理的实效。

最后，防止权利滥用是金融应急管理程序法治建立的根本宗旨和核心要义。金融应急管理权是一个综合性的权力束，它不仅包括行政法性质的权力，还包括经济法性质的权力，总体而言，它依然是一种公权力。① 作为公权力，金融应急管理权必须接受法律的治理。不仅需要从实体法层面对其进行规范，更需要从程序法的视角对其运行的基本原则和法定程序予以明确，通过程序法治的完善，保障其依法运行。并且相较于常态法治，重大突发事件中的金融应急管理权由于其应急管理目标和任务的紧迫性，为了达成预期的应急管理效果，金融应急管理主体更有权力扩张的冲动。金融应急管理权与金融消费者的合法权益始终处于一种此消彼长的动态博弈之中，前者的扩张往往给后者带来一定程度的限缩。因此，防止权利滥用并保护金融消费者的合法权益，是金融应急管理程序法治建立的根本宗旨和核心要义。

三 金融应急管理程序法治构建的基本原则

金融应急管理程序法治的基本原则是金融应急管理程序法治构建的理论基础，是在金融应急管理程序法治建设过程中必须遵循的根本原理和基本准则。结合我国金融应急管理程序法治建设的实际，我们认为，我国金融应急管理程序法治必须坚持合法性原则、协同应急原则、保护金融消费者合法权益原则和保持透明度原则。

（一）合法性原则

金融应急管理不同于常态下的金融监管，当被认定为金融应急状态时，需要转入金融应急管理的法治状态。此时，应急管理措施必须纳入法治的框架中进行。换言之，从程序法治的角度来说，金融应急管理程序是一种不同于金融常态管理的独特程序，但尽管如此，金融应急管理也必须符合法治的精神，将金融应急管理权纳入法治的框架。应急程序的一个重要特征是在紧急状态下某些程序可以简化，但简化应法定化、明确化，不能任意简化。② 正如习近平总书记对疫情防控工作所强调的那样，越是最吃劲的时候，越要坚持依法防控。我国早在《国家金融突发事件应急预案》制定之时，国家即明确了依法实施金融应急管理的要求，明确"依法处置，稳妥缜密，努力维护国家金融稳定的大局"。《北京市金融突发

---

① 刘辉：《重大突发事件中金融应急管理权的法治化》，《法商研究》2023年第2期。
② 吕成：《应急程序论纲》，《江苏广播电视大学学报》2009年第4期。

事件应急预案》也提出，要坚持"依法有序处置、积极稳妥缜密的原则"。于法有据、依法开展金融应急管理，是金融应急管理程序法治建构的基本原则。

（二）协同应急原则

金融应急管理的基本属性是应急性，它必须满足对金融市场应急管理与救助的基本需求。从世界各国的金融应急管理实践来看，为了应对重大突发事件对金融体系带来的剧烈冲击，美联储、英格兰银行、德意志银行等中央银行先后推出过量化宽松计划（QE）组合拳、零存款准备金率、禁止股票卖空交易等措施。这些紧急救市行动的出台无疑需要极其高效的金融应急协同管理能力。重大突发事件的突发性对金融应急管理提出了高效率性的基本要求，如前所述，世界各国普遍采用多主体的金融应急管理模式，那么从程序法治的角度来说，我们必须确保法制化的金融应急管理程序本身是高效的，是能最大限度提升各金融应急管理部门的参与效率，能够有效进行应急管理的。因此，协同应急原则是金融应急管理程序法治建构的重要原则。

（三）保护金融消费者合法权益原则

任何金融市场的广度和深度的最终决定变量都是金融消费者。以习近平同志为核心的党中央始终强调和坚持以人民为中心的发展思想，这在金融应急管理领域的集中体现就是要以广大的金融消费者的合法权益保护为中心。金融应急管理权作为一种非常态下的特殊紧急权力，其设置和运行必须坚持公法上一贯遵守的比例原则。"比例原则对目的手段理性的实现提供了针对性的方法和路径。"[1] 具言之，在金融应急管理行动中，金融应急管理权的行使，除必须坚持合法性原则之外，金融应急管理主体还必须选择对相对人侵害最小的方式和措施来进行。比例原则包含适当性原则、必要性原则和狭义的比例原则三个子原则，其本身可以作为对金融应急管理权的一种合理的约束和限制，以此对金融应急管理的相对人和金融消费者进行保护。此外，以金融消费者权益的保护为基本原则，还要求金融应急管理的程序设计必须体现金融消费者的直接参与性，以及在应急程序的内容方面给予金融消费者最大限度的保护。

---

[1] 史欣媛：《论比例原则在经济法中的适用》，《现代法学》2022 年第 2 期。

（四）保持透明度原则

金融应急管理的程序必须向相对人和社会公众保持透明。这主要有三方面的法治蕴含：其一，透明的金融应急管理程序是保证各金融应急管理部门实现协同应急的法治基础。金融应急管理涉及中央银行、各金融监管部门及央地各级政府的协作，如果金融应急管理的信息、进展和措施不透明，相关部门很难做好有效的协调工作。其二，"阳光是最好的防腐剂"，要使金融应急管理权依法规范运行，除了立法控制、司法审查、行政复议、国家监察等传统的法律监督机制外，还需要社会公众及社会舆论的广泛监督，因此，除被确定为国家秘密或者涉及个人隐私的信息外，应尽最大可能向公众实现金融应急管理信息的透明化。其三，保持透明度原则，才能使金融应急管理部门与金融机构、金融市场及金融消费者实现良好的沟通与互动，才能实现金融应急管理部门有效的"预期管理"。"危机化解需要个体公民的集体应对"[1]，金融的基础是信用，金融应急管理一个重要的内容就是向社会传达一种良性的"预期"。当金融体系遭受重大突发事件的重创时，对金融消费者和金融市场来说，最迫切需要的是良好的"信心"。以中央银行为代表的金融应急管理主体，在金融应急管理活动中，必须将自己的金融应急管理措施、货币政策未来的可能调整方向适时向公众传达和沟通，只有金融应急管理的主体和受体有效互动，才能实现最佳的金融应急管理绩效。

四 金融应急管理程序法治构建的主要内容

金融应急管理程序法治贯穿于金融应急管理的全过程，确保金融应急管理权在各个阶段均在法治的轨道上进行。从内容的角度来说，主要包括金融应急管理启动程序的法治化、金融应急管理运行程序的法治化和金融应急管理退出程序的法治化三个方面。

（一）金融应急管理启动程序的法治化

受到法律调整、规范和评价的一项紧急状态，至少应包括三个构成要件：客观紧急情势的存在、审慎的主观决断和形式上的决定并宣告。[2] 金

---

[1] 吴增礼、李亚芹：《意义·导向·路径：适应突发公共危机治理的社会公德教育》，《湖南大学学报》（社会科学版）2022年第4期。

[2] 李卫海：《紧急状态下的人权克减研究》，中国法制出版社2007年版，第50—61页。

融应急管理的启动程序是金融应急管理程序正式开始的标志，也是实施金融应急管理措施的基本前提。从法律的角度来说，对这一阶段的立法主要有两个方面的内容：一是金融应急管理程序启动的基本要件，即到底达到何种条件才能正式启动金融应急管理程序。二是金融应急管理程序启动的具体流程，也就是在法律的层面如何对金融风险的监测、预警，金融应急状态的确认和宣布等一系列流程作出具体明确的规定。

在金融应急管理程序启动的基本要件方面，各国主要是通过制定有效的金融机构评级监管体系，对处于重大突发事件中的金融机构的风险状况进行综合评判，以确定是否启动金融应急管理程序。比如美国制定的闻名全球的"骆驼监管体系"（CAMELS Rating System，CAMELS）从六大方面对金融机构进行监管评价，分别是资本充足率（Capital Adequacy）、资产质量（Asset Quality）、管理质量（Management Quality）、盈利（Earnings）、流动资金（Liquidity）、对市场风险的敏感度（Sensitivity to Market Risk）。CAMELS将金融机构分为五级，从五级到一级，评价逐渐递增，其中被评为五级的金融机构可能面临"行将倒闭"的风险。金融应急管理部门可以根据评级状况，结合监管情况适时启动金融应急管理程序。金融机构的投资者也普遍将该评级视为金融机构投资价值的重要衡量标准。

英国中央银行藉英格兰银行推出了针对系统重要性金融机构的"系统性机构风险评估模型"（Risk Assessment Model of Systemic Institutions，RAMSI）。该模型主要用打分的方式评价银行业流动性风险及其偿付能力。[①] RAMSI重点设计和评价金融机构两大层面的风险维度。一是宏观经济金融形势的变化对金融机构的未来收益率（资本充足率）可能产生的影响；二是鉴于系统重要性金融机构在当下"太关联而不能倒"的现实，重点评价金融机构之间的风险暴露所带来的风险扩大效应。综合来看，RAMSI可以对金融应急管理提供重要的启动条件和标准，它既考虑了重大突发事件给金融宏观形势带来的挑战，又对金融机构间的风险传递作出客观评价，有利于金融应急管理部门及时启动应急管理程序。

实际上，我国金融监管部门在对金融机构的全面风险评价方面一直进行着努力的探索。原中国银监会曾先后发布了《商业银行监管评级内部指引》《股份制商业银行风险评价体系（暂行）》《外资银行风险评价手

[①] Kapadia S., Drehmann M., Elliott J., et al., "Liquidity Risk, Cash-flow Constraints and Systemic Feedbacks", Bank of England Working Papers, 2012, pp. 29-61.

册》等规范性文件，2021年9月22日，中国银保监会正式颁布《商业银行监管评级办法》，将之前的风险监管与评级办法进行了全面升级。《商业银行监管评级办法》充分吸收借鉴了美国的CAMELS，并且广泛适用于所有银行业金融机构。《商业银行监管评级办法》还进一步增强了对金融机构公司治理状况的评价，并从九大维度构建了定量和定性相结合的评级监管指标。

尽管如此，我国在金融应急管理程序启动要件方面的立法仍有待完善。首先，在法律渊源上，有必要提升现行的《商业银行监管评级办法》的立法层级。目前的《商业银行监管评级办法》只是一个规范性文件，由于对商业银行的监管评级本身事关商业银行的核心监管要素，应当在《商业银行法》中对其予以规定。与此同时，我国目前已经出台了《金融稳定法（草案征求意见稿）》，对于商业银行监管评级结果运用与国家金融稳定监管和金融应急管理措施的启动密切相关的内容，有必要在未来的《金融稳定法》中作出衔接性的规定。其次，《商业银行监管评级办法》虽然也强调对于宏观经济金融形势之于商业银行风险的影响的评估，但这主要是一种年度的常规性的评价，未来在立法中可借鉴英国RAMSI的相关经验，加强重大突发事件对金融机构风险的影响的评估。再次，从监管评级结果的运用来看，《商业银行监管评级办法》第21条明确，"将监管评级结果作为制定监管规划、合理配置监管资源，采取监管措施和行动、开展市场准入的重要依据"，那么监管评级如何与金融应急管理直接衔接起来，可能是立法需要进一步廓清的内容。实际上，早在2002年，澳大利亚审慎监管局就推出了风险评估和监管应对工具，设置了可能性及影响评级系统（Probability and Impact Rating System，PAIRS）和监管监督及应对系统（Supervisory Oversight and Response System，SOARS）。当重大突发事件的发生可能对金融机构和金融体系造成严重破坏时，金融应急管理部门可以针对其对金融机构监督和评价结果，适时建议启动金融应急管理措施。最后，《商业银行监管评级办法》第24条明确规定："商业银行监管评级结果原则上仅供监管机构内部使用。"从金融应急管理的实际需求来说，根据金融应急管理程序法治的保持透明度原则，金融监管部门与国家金融应急管理的牵头部门（比如中央银行）及各级政府之间，应当保持对监管结果的数据共享和一定程度的透明。立法应当明确作出数据共享的基本安排。

在金融应急管理程序启动的具体流程方面，我国立法应当确认金融突发事件监测与预警、金融应急状态的批准和宣布、金融突发事件应急预案的正式启动等流程。金融突发事件的监测与预警一般由各国的中央银行或者金融监管部门进行，比如《多德—弗兰克法案》就授权美联储对美国的系统性金融风险进行监测和预警，英国早在《2009年银行法》就授权金融服务局（FSA）对系统性风险进行识别、监测和预警。由于《中国人民银行法》授予中国人民银行维护金融稳定的基本职能，而对系统性金融风险的监测和预警又是维护金融稳定的基本前提，建议我国在立法中明确中国人民银行具有金融突发事件监测与预警的法定职能。金融应急状态的批准和宣布是指有权机关对中央银行或者金融监管部门及金融机构等主体提出的进入金融应急状态的申请进行实质审查，并最终宣布的过程。金融应急状态的宣告涉及金融机构和广大金融消费者的权益，一般来说都是由权威机关来进行。比如最高国家权力机关或者政府首脑，当然也有授权财政部部长决策的立法例，比如《多德—弗兰克法案》授权财政部部长对金融应急状态的审查确认和宣布权。从我国的实际情况来看，立法可以尊重金融应急管理主体的决定权，即由金融应急管理主体正式决定和宣布金融应急管理紧急状态。一旦被正式宣布，金融突发事件应急预案即正式启动，此时，金融机构的经营和金融消费者的权利将受到相较于常态法治下更多的约束和限制，国家为了公共利益开始对相应的金融行业和领域实施应急管理措施。

（二）金融应急管理运行程序的法治化

金融应急管理的运行程序是金融应急管理的正式实施程序。如前所述，金融应急管理权是一项综合性的权力束，其既包括经济法上的权力，也包括行政法上的权力。因其不同的权力类型，相应的运行程序法治的侧重点和规范构造亦呈现出巨大的差异。当金融应急管理权的内容表现为一种经济法上的宏观调控权的时候，其程序法治的核心体现为对金融宏观调控决策的一种法律约束；当金融应急管理权的内容表现为经济法或者行政法上的市场规制权、行政强制权、行政计划权等权力时，其程序法治的核心体现为对金融应急管理执行权的一种法律约束。为此，本节从金融应急管理决策程序和执行程序的法治化两个方面对我国金融应急管理运行程序法治予以探讨。

金融应急管理决策程序法治的重点是决策机制和决策流程的法定化。关于宏观调控权的法律性质及其法治化，我国经济法学界曾经展开过相当长时间的激烈争论。有学者认为，宏观调控权可以纳入司法程序予以治理。① 更多的学者意识到了这种观点的片面性。宏观调控权与市场规制权一个重要的不同在于，前者遵循"国家调控市场，市场引导企业"的基本原理，也就是说，宏观调控权运行的对象主要是国家宏观经济领域，而不是针对具体的对象。就金融领域而言，金融宏观调控的对象是金融市场和金融秩序，而不是具体的金融机构，对于金融宏观调控的大量具体货币政策的实施来说，金融机构可以选择参加，也可以选择不参加，如中央银行的公开市场操作等。那么，这也就意味着宏观调控的受体并不存在因为宏观调控行为而遭受损失的事实，如果因为宏观调控的具体执行行为而遭受权益的损害，大多属于行政执行权的程序法治问题，已经不属于宏观调控权的法治化范畴，因为宏观调控权仅仅包括决策权，而不包含执行权。②

宏观调控权程序法治的重心是要通过科学的程序确保决策的合理性。相对于常态法治下的决策，处于重大突发事件中的金融应急决策面临更强的紧迫性、信息的偏在性及信息获取的艰难性。因此，我们可以对我国的金融应急管理主体结构和决策程序在未来的《金融应急管理法》中作出明确规定。比如，鉴于 2023 年 3 月中共中央、国务院印发的《党和国家机构改革方案》组建了中央金融委员会，可以在立法中规定在中央层面由中央金融委员会直接加挂中央金融应急管理委员会的牌子，中央金融委员会和中央金融应急管理委员会一套机制、两块牌子同时运作。中央金融应急管理委员会办公室可设于中国人民银行。同时借鉴中国人民银行货币政策委员会的运行机理，设置中央金融应急管理委员会的决策咨议机构，让银行、保险、证券等不同金融行业的监管部门的专家意见，以及财政部、国家税务总局、国家发展改革委及国务院法制办等部门的专家意见都融入中央金融应急管理委员会的具体决策过程中。此外，还可以在立法中明确应急管理决策过程模型，并引入区别于常态法治的民主程序机制，对在紧急状态下的决策过程予以规范和约束。

严密的执法程序是规范执法行为的重要前提，它要求执法活动必须遵循法定的步骤、方法、时限、执法手段和措施。③ 对于行使金融市场规制

---

① 胡光志：《论宏观调控行为的可诉性》，《现代法学》2008 年第 2 期。
② 邢会强：《走向规则的经济法原理》，法律出版社 2015 年版，第 174 页。
③ 胡晓霞：《习近平法治思想中的程序法治理论研究》，《广西社会科学》2021 年第 12 期。

权和紧急行政权的金融应急管理执行行为来说，其程序法治的重点是确保金融应急执行行为的合法性，防止应急管理权的滥用。金融应急管理执行程序法治化的内容涉及执法程序规范制度、特殊时限制度、执法信息公开制度等。执法程序规范制度是指在金融应急管理执法过程中，执法人员必须依法表明其执法身份，并对其执法理由予以阐明的制度。表明身份有两方面的法治蕴含：其一，执法人员所在的部门属于国家金融应急管理主体，如前所述，我国可以在立法上确认金融应急委员会为金融应急管理的主体，那么执法人员在执法时必须表明其属于中国人民银行等金融应急管理成员部门的工作人员。其二，执法人员必须出示执法证件，以证明其具有相关领域的行政执法权限。金融应急管理可能同时涉及多个金融行业领域，执法人员表明身份制度可以防止执法人员滥用金融应急管理权而越权执法等情形。

金融应急管理执行程序法治化的另一个重要内容是特殊时限制度。金融应急管理比普通金融监管具有更为突出的紧迫性，金融应急管理权在立法上的设置也必须突出其更短的时限性和更高的效率性。此外，保持透明度原则是金融应急程序法治的重要原则之一，执法信息公开制度也是金融应急管理执行程序法治化的重要内容。执法信息公开尤其强调信息的真实性、及时性和全面性。但需要特别注意的是，执法信息公开制度并不能绝对化，也就是说，并不是一切执法信息都必须对外公开，比如根据美国《多德—弗兰克法案》的规定，紧急金融救助行动中，美联储对于接受援助的金融机构的身份信息、救助规模及相关担保品的信息，只提供给国会的相关部门，并不对社会直接公开。我国未来的《金融应急管理法》也需要系统梳理和规定金融应急执法信息公开的豁免制度或者除外制度。

(三) 金融应急管理退出程序的法治化

紧急状态制度如同一剂猛药，治烈疾犹可，治一般疾病，频频用之，可立见其弊。[①] 金融应急管理权作为一种紧急权力，它仅仅应当存在于金融应急的紧急状态之下。一旦重大突发事件消除而回归正常的经济金融秩序，金融应急管理行动必须及时退出。一般而言，金融应急管理部门在经过应急管理处置之后会出现两种结果：一种是应急处置成功，待重大突发事件消除后，恢复常态金融治理，那么在对金融应急管理的效果进行客观

---

① 陈新民：《德国公法学基础理论》(下)，山东大学出版社2001年版，第665页。

评价之后，金融应急管理行为即告退出；另一种情况是应急处置失败，金融应急管理行为经过审慎评估之后宣告退出，并由此转入危机治理。从金融应急管理退出的程序法治角度来说，立法需要应对两个主要的问题：一个是金融应急管理退出流程的法制化，另一个是对金融应急管理行为的效果评估和事后问责的法制化。

金融应急管理退出流程的法制化主要应当包括以下内容和环节：（1）金融应急管理主体通过行政立法权明确规定金融应急管理的退出预案。重点是对金融应急管理退出的条件、退出形式、退出的节奏安排等问题予以规范，与此同时，需要充分发挥金融软法的职能，引导金融行业协会和金融机构制定针对特定领域和机构的应急管理退出方案。（2）金融应急管理部门对应急管理行为退出的相机抉择权。正如金融应急管理的启动程序一样，金融应急管理主体对于金融应急管理的退出程序也应该具有相应的相机抉择权。在我国，应当赋予作为金融应急管理主体的金融应急委员会充分的决定权，尤其是其常设机构——中国人民银行，应该具有综合宏观经济金融形势，确定是否需要退出金融应急管理程序的法定权力。特别是对于零利率货币政策、限制股票卖空交易、金融应急救助等应急管理行为，中国人民银行应当能够审时度势决定相应货币政策和应急管理行为的退出节奏和规模。（3）金融应急管理的退出和后续常态金融治理的前瞻。决定退出金融应急管理行为的，金融应急管理部门应当以正式的文件和公告向社会予以宣布，同时对后续的货币政策调整予以展望，并以类似美联储货币政策议息会议等形式对社会公众的预期形成良性引导，确保国家金融治理的有机衔接和平稳过渡。

金融应急管理行为的效果评估包括内部评估和外部评估两个方面。所谓内部评估，主要是指金融应急管理主体对其自身及其管理受体所进行的金融应急管理行为开展的评估。重点是对金融应急管理行为的有效性、对金融市场的影响、对金融消费者权益的保护进行内部评价，以期系统反思金融应急管理行为取得的成效和存在的不足，并在未来的应急管理活动中予以改进。所谓外部评估，主要是指金融应急管理主体根据法律的规定聘请外部中介机构对金融应急管理活动情况进行的评估，例如聘请会计师事务所、审计师事务所对金融应急救助资金的运用情况进行评估。金融应急管理行为的效果评估立法既包括内部评估又包括外部评估。金融应急管理的事后问责因金融应急管理权力类型的不同而存在差异，总体来说有两种问责的形式：一种是政治问责。如前所述，对于金融应急管理中的宏观调控行为，由于宏观调控本身很难纳入司法审查的范畴，所以必须通过其他的问责形式予以监督。比如，按照《中国人民银行法》第 6 条的规定，中国人民银行对于货币政策的情况和金融业的运行情况应向全国人大常委会报告。那么，作为金融应急委员会的常设机构，中国人民银行就金融应急管理中的货币政策情况和金融业的运行情况，也必须接受全国人大常委会的问责。另一种是行政问责。这主要是履行金融应急管理职能的组织向其上级行政机构履行的问责义务。比如根据《中国人民银行法》第 40 条的规定，中国人民银行对于金融应急管理中履行最后贷款人角色的情况，需要向国家审计部门和财政部门履行问责义务。

五 结语

霍贝尔曾言："法律是一个动态的过程，在这之中，没有哪一种解决问题的方法可以永世长存，因此法律的功能之一就是关系的重新规定和期望的重新定向。"① 治理非常态的社会关系，应当运用非常态法制。当重大突发事件对我国金融体系造成冲击，通过金融应急管理法制对我国金融体系实施应急管理，是现代应急管理法治建设的必然要求。金融应急管理程序法治具有其独到的价值取向，既强调效率、安全，也凸显金融消费者权益保护。为了确保这些目标的实现，必须坚持合法性原则、协同应急原则、保护金融消费者合法权益原则、保持透明度原则，并围绕金融应急管理的启动、运行和退出程序展开具体的法律制度设计。金融应急管理法治现代化是国家应急管理法治现代化的重要组成部分，只有实现了金融应急管理程序法治化，提升金融应急管理的能力和水平，才能真正实现国家治理体系和治理能力的现代化。

---

① ［美］霍贝尔：《原始人的法》，严存生译，贵州人民出版社 1992 年版，第 249 页。

主要参考文献

(按作者姓氏音序排列)

一 中文著作

巴曙松、郭云钊等:《离岸金融市场发展研究》,北京大学出版社2008年版。

柴效武:《反向抵押贷款的功用》,浙江大学出版社2008年版。

常健:《金融稳定视阈下中央银行法律制度研究》,法律出版社2019年版。

陈斌彬、原凯:《后危机时代我国影子银行监管法的反思和重构》,法律出版社2019年版。

陈斌彬、张晓凌:《股指期货和股票现货跨市场交易监管研究》,厦门大学出版社2015年版。

陈醇:《金融法违约预防与违约处置制度研究》,法律出版社2019年版。

陈经纬:《金融法治与金融规制——转型时期逻辑与经济金融分析》,社会科学文献出版社2016年版。

陈婉玲:《独立监管组织法律研究——以金融业分业监管为视角》,上海人民出版社2011年版。

程啸:《担保物权研究》,中国人民大学出版社2017年版。

陈耀东:《商品房买卖法律问题专论》,法律出版社2003年版。

陈雨露、马勇:《大金融论纲》,中国人民大学出版社2013年版。

陈云贤:《美国金融危机处置与监管变革——耶鲁大学学习考察报告》,中国金融出版社2013年版。

陈云贤、顾文静：《中观经济学——对经济学理论体系的创新与发展》，北京大学出版社 2015 年版。

陈新民：《德国公法学基础理论》（下），山东大学出版社 2001 年版。

何勤华：《法律移植论》，北京大学出版社 2008 年版。

范子文：《以房养老——住房反向抵押贷款国际经验与我国的现实选择》，中国金融出版社 2006 年版。

冯果等：《债券市场风险防范的法治逻辑》，法律出版社 2016 年版。

冯果、李安安：《收入分配改革的金融法进路》，法律出版社 2016 年版。

冯果、袁康：《社会变迁视野下的金融法理论与实践》，北京大学出版社 2013 年版。

龚柏华：《国际金融法新论》，上海人民出版社 2002 年版。

管斌：《金融法的风险逻辑》，法律出版社 2015 年版。

管清友、高伟刚：《互联网金融：概念、要素与生态》，浙江大学出版社 2015 年版。

郭明瑞：《21 世纪民商法发展趋势研究》，科学出版社 2009 年版。

郭金良：《系统重要性金融机构危机市场化处置法律制度研究》，法律出版社 2016 年版。

韩龙、彭秀坤、包勇恩：《金融风险防范的法律制度研究——以我国金融业对外开放为重心》，中国政法大学出版社 2012 年版。

郝志刚：《抵押权》，中国法制出版社 2007 年版。

贺麟：《黑格尔哲学讲演集》，上海人民出版社 1986 年版。

何松琦、周天林、石峰：《互联网金融中国实践的法律透视》，上海远东出版社 2015 年版。

胡滨、郑联盛等：《监管沙盒：理论框架与国际经验》，中国金融出版社 2020 年版。

胡光志：《中国预防与遏制金融危机对策研究》，重庆大学出版社 2012 年版。

胡晓治、梁偲：《民间金融市场治理法律制度研究》，浙江大学出版社 2016 年版。

李昌麒：《寻求经济法真谛之路》，法律出版社 2003 年版。

李昌麒、卢代富：《经济法学》，厦门大学出版社 2016 年版。

李卫海：《紧急状态下的人权克减研究》，中国法制出版社 2007 年版。

李耀东、李钧：《互联网金融框架与实践》，电子工业出版社 2014 年版。

连平：《离岸金融研究》，中国金融出版社 2002 年版。

梁慧星：《中国民法典草案建议稿附理由·物权编》，法律出版社 2004 年版。

梁家全：《商业银行监管套利的法律规制》，法律出版社 2016 年版。

梁上上：《利益衡量论》，法律出版社 2016 年版。

林毅夫：《解读中国经济》，北京大学出版社 2018 年版。

林毅夫：《新结构经济学》（典藏版），北京大学出版社 2019 年版。

刘大洪：《法经济学视野中的经济法研究》，中国法制出版社 2008 年版。

刘定华：《金融法教程》，中国金融出版社 2010 年版。

刘飞宇：《互联网金融法律风险防范与监管》，中国人民大学出版社 2016 年版。

刘鹤主编：《两次全球大危机的比较研究》，中国经济出版社 2013 年版。

刘辉：《我国上市公司股份回购法律规制研究》，法律出版社 2020 年版。

刘庆飞：《多重背景下金融监管立法的反思与改革》，上海世纪出版集团 2015 年版。

刘润葵：《结构经济学》，四川科学技术出版社 1994 年版。

刘少军：《金融法》，知识产权出版社 2006 年版。

刘志云等：《福建自贸区重大法律问题研究》，厦门大学出版社 2016 年版。

楼建波：《金融商法的逻辑：现代金融交易对商法的冲击与改造》，中国法制出版社 2017 年版。

孟晓苏、柴效武：《反向抵押贷款制度》，浙江大学出版社 2008 年版。

彭欢、邱冬阳：《新结构经济学框架下金融结构与经济增长关系研究》，经济科学出版社 2014 年版。

漆多俊：《经济法基础理论》（第五版），法律出版社2017年版。

强力：《金融法学》，高等教育出版社2003年版。

戚建刚、杨小敏：《行政紧急权力的制约机制研究》，华中科技大学出版社2010年版。

全国人大常委会法制工作委员会民法室：《中国人民共和国民法典总则编解读》，中国法制出版社2020年版。

沈朝晖：《证券法的权力分配》，北京大学出版社2016年版。

帅青红、李忠俊、彭岚、陈彩霞：《互联网金融》，东北财经大学出版社2016年版。

苏力：《法治及其本土资源》，中国政法大学出版社1996年版。

孙国峰：《金融科技时代的地方金融监管》，中国金融出版社2019年版。

谭波：《中央与地方金融监管的权力配置与运行》，社会科学文献出版社2019年版。

巫文勇：《新金融法律制度学》，复旦大学出版社2021年版。

王闯：《让与担保法律制度研究》，法律出版社2000年版。

汪丽丽：《非正式金融法律规制研究》，法律出版社2013年版。

王利明：《物权法研究》，中国人民大学出版社2005年版。

王名扬：《美国行政法》，中国法制出版社1995年版。

汪全胜：《制度设计与立法公正》，山东人民出版社2005年版。

王铭利：《货币政策与金融结构的协调：基于社会融资规模视角的研究》，社会科学文献出版社2016年版。

王勇：《离岸金融中心的演进及其经济效应研究》，经济科学出版社2014年版。

王泽鉴：《民法物权》，北京大学出版社2010年版。

王泽鉴：《民法物权（第1册）：通则·所有权》，中国政法大学出版社2001年版。

吴敬琏：《构建市场经济的基础结构》，中国经济出版社1997年版。

吴志攀：《金融法的"四色定理"》，法律出版社2003年版。

项俊波：《结构经济学——从结构视角看中国经济》，中国人民大学出版社2009年版。

邢会强：《走向规则的经济法原理》，法律出版社2015年版。

邢琳：《基于金融发展权的视角看农村合作金融法律制度》，东北师范大学出版社 2017 年版。

徐孟洲：《金融监管法研究》，中国法制出版社 2008 年版。

许玉镇：《比例原则的法理研究》，中国社会科学出版社 2009 年版。

杨松：《银行法律制度改革与完善研究》，北京大学出版社 2011 年版。

叶必丰：《行政行为原理》，商务印书馆 2019 年版。

叶文庆：《金融业宏观审慎监管法律问题研究》，法律出版社 2015 年版。

尹雷：《最优金融结构：理论与实证研究》，中国金融出版社 2016 年版。

应飞虎：《信息、权利与交易安全——消费者保护研究》，北京大学出版社 2008 年版。

应松年：《行政法与行政诉讼法学》，法律出版社 2005 年版。

原毅军、卢林：《离岸金融中心的建设与发展》，大连理工大学出版社 2010 年版。

张杰：《中国金融制度的结构与变迁》，中国人民大学出版社 2011 年版。

张莉莉：《经济法自由理念研究》，中国检察出版社 2007 年版。

张守文：《分配危机与经济法规制》，北京大学出版社 2015 年版。

张守文：《经济法学》（第七版），北京大学出版社 2018 年版。

张文显：《法哲学通论》，辽宁人民出版社 2009 年版。

朱崇实主编：《金融法教程》，法律出版社 2011 年版。

朱国华：《从金融危机读解经济法总论》，同济大学出版社 2013 年版。

《中共中央关于全面推进依法治国若干重大问题的决定》，人民出版社 2014 年版。

中国人民银行金融稳定分析小组：《中国金融稳定报告（2019）》，中国金融出版社 2019 年版。

二 中文译著

［德］迪特玛尔·冯·德尔·普佛尔滕：《法哲学导论》，雷磊译，中

国政法大学出版社 2017 年版。

［德］马蒂亚斯·耶施泰特：《法理论有什么用》，雷磊译，中国政法大学出版社 2017 年版。

［德］N. 霍恩：《法律科学与法哲学导论》，罗莉译，法律出版社 2005 年版。

［德］施塔姆勒：《现代法学之根本趋势》，姚远译，商务印书馆 2018 年版。

［德］乌茨·施利斯基：《经济公法》（2003 年第 2 版），喻文光译，法律出版社 2006 年版。

［法］韦罗妮克·马尼耶主编：《金融危机背景下的上市公司治理——旨在更好地保护公司利益》，姜影译，法律出版社 2014 年版。

［荷］乔安妮·凯勒曼、雅各布·德汗、费姆克·德弗里斯编著：《21 世纪金融监管》，张晓朴译，中信出版社 2016 年版。

［美］艾伦·加特：《管制、放松与重新管制》，陈雨露、王智洁、蔡玲译，经济科学出版社 1999 年版。

［美］本·伯南克：《金融的本质：伯南克四讲美联储》，巴曙松、陈剑译，中信出版社 2017 年版。

［美］丹尼尔·F. 史普博：《管制与市场》，余晖、何帆、钱家骏、周维富译，格致出版社、上海三联书店、上海人民出版社 2017 年版。

［美］道格拉斯·C. 诺思：《制度、制度变迁与经济绩效》，杭行译，格致出版社、上海三联书店、上海人民出版社 2014 年版。

［美］E. 博登海默：《法理学：法律哲学与法律方法》，邓正来译，中国政法大学出版社 2004 年版。

［美］弗兰克·J. 法博齐、弗朗哥·莫迪利亚尼：《资本市场：机构与工具》，汪涛、郭宁译，中国人民大学出版社 2015 年版。

［美］杰瑞·马克汉姆：《美国金融史（第 4 卷）》，韩姝译，中国金融出版社 2018 年版。

［美］雷蒙德·W. 戈德史密斯：《金融结构与金融发展》，周朔译，上海人民出版社 1994 年版。

［美］罗伯特·席勒：《金融与好的社会》，束宇译，中信出版社 2012 年版。

［美］罗纳德·德沃金：《至上的美德》，冯克利译，江苏人民出版社

2003年版。

[美] 美国金融危机调查委员会：《美国金融危机调查报告》，俞利军、丁志杰、刘宝成译，中信出版社2012年版。

[美] 默顿·米勒：《金融创新与市场的波动性》，王中华、杨林译，首都经济贸易出版社2002年版。

[美] 斯蒂格利茨：《经济学》（上册），梁小民、黄险峰译，中国人民大学出版社2000年版。

[美] 斯蒂文·K. 沃格尔：《市场治理术》，毛海栋译，北京大学出版社2020年版。

[日] 室井力：《日本现代行政法》，杨建顺、周作彩译，中国人民大学出版社1995年版。

[瑞典] 博·罗思坦：《正义的制度：全民福利国家的道德和政治逻辑》，靳继东、丁浩译，中国人民大学出版社2017年版。

[印] 阿马蒂亚·森：《以自由看待发展》，任赜、于真译，中国人民大学出版社2013年版。

[英] 安东尼·奥格斯：《规制：法律形式与经济学理论》，骆梅英译，中国人民大学出版社2008年版。

[英] 哈耶克：《法律、立法与自由》（第1卷），邓正来等译，中国大百科全书出版社2000年版。

[英] 罗伯特·鲍德温、[英] 马丁·凯夫、[英] 马丁·洛奇：《牛津规制手册》，宋华琳、李鹖、安永康、卢超译，上海三联书店2017年版。

[英] 约翰·辛格顿《20世纪的中央银行》，张慧莲等译，中国金融出版社2015年版。

三　中文期刊论文

宾凯：《系统论观察下的紧急权：例行化与决断》，《法学家》2021年第4期。

蔡永为：《建立住房反向抵押制度所涉客体问题的法律思考》，《现代财经》2009年第6期。

柴瑞娟：《监管沙箱的域外经验及其启示》，《法学》2017年第8期。

柴瑞娟：《民营银行：发展障碍及其法律对策——以民营银行开闸为

时代背景》,《法学评论》2014 年第 3 期。

柴效武、胡平:《美国反向抵押贷款发展历程及对我国的启迪》,《经济与管理研究》2010 年第 4 期。

柴效武、蒋徐娇:《售房养老——一种养老新思路的提出》,《浙江社会科学》2004 年第 1 期。

常健:《论金融稳定与货币稳定的法律关系——兼评〈中国人民银行法〉相关规定》,《法学评论》2015 年第 4 期。

陈爱飞:《习近平法治思想中的程序法治要义》,《江汉学术》2023 年第 1 期。

陈斌彬:《论中央与地方金融监管权配置之优化——以地方性影子银行的监管为视角》,《现代法学》2020 年第 1 期。

陈醇:《论金融法中的违约预防制度》,《环球法律评论》2019 年第 2 期。

陈功、郑秉文:《美国住房反向抵押贷款:历程、经验和挑战》,《国际经济评论》2013 年第 3 期。

陈杰、李影:《反向按揭贷款:美国经验及对我国的启示》,《中国房地产》2015 年第 3 期。

陈平:《宏观审慎视角下的中央银行独立性研究》,《宏观经济研究》2014 年第 1 期。

陈甦:《改革开放 40 年来我国经济体制与经济法制的互动发展》,《中州学刊》2018 年第 11 期。

陈甦:《商法机制中政府与市场的功能定位》,《中国法学》2014 年第 5 期。

陈尾虹、唐振鹏、周熙雯:《基于不同市场状态机制的金融机构风险溢出效应研究》,《当代财经》2018 年第 5 期。

陈璇:《紧急权:体系建构、竞合适用与层级划分》,《中外法学》2021 年第 1 期。

陈耀东、吴彬:《"小产权"房及其买卖的法律困境与解决》,《法学论坛》2010 年第 1 期。

陈雨露、马勇:《金融体系结构、金融效率与金融稳定》,《金融监管研究》2013 年第 5 期。

崔晓波:《金融稳定与货币稳定关系论》,《企业技术开发》2014 年第 6 期。

代海军：《突发事件的治理逻辑及法治路径——以新冠肺炎疫情防控为视角》，《行政法学研究》2021 年第 2 期。

丁任重、李标：《供给侧结构性改革的马克思主义政治经济学分析》，《中国经济问题》2017 年第 1 期。

丁文丽、刘学红：《中国货币政策中介目标选择的理论研究与实证分析》，《经济科学》2002 年第 6 期。

段志国：《金融监管权的纵向配置：理论逻辑、现实基础与制度建构》，《苏州大学学报》（哲学社会科学版）2015 年第 4 期。

段志国：《我国金融监管权的纵向配置：现状、问题与重构》，《金融理论与教学》2015 年第 3 期。

范如国：《"全球风险社会"治理：复杂性范式与中国参与》，《中国社会科学》2017 年第 2 期。

冯果、袁康：《走向金融深化与金融包容：全面深化改革背景下金融法的使命自觉与制度回应》，《法学评论》2014 年第 2 期。

冯辉：《普惠金融视野下企业公平融资权的法律构造研究》，《现代法学》2015 年第 1 期。

冯岚、方升栋：《地方金融监管思考》，《中国金融》2019 年第 21 期。

伏军：《中央银行货币政策独立性及其法律制度研究》，《上海财经大学学报》2006 年第 5 期。

高晋康：《民间金融法制化的界限与路径选择》，《中国法学》2008 年第 4 期。

高圣平、张尧：《中国担保物权制度的发展与非典型担保的命运》，《中国人民大学学报》2010 年第 5 期。

葛奇：《金融稳定与央行货币政策目标——对"杰克逊霍尔共识"的再认识》，《国际金融研究》2016 年第 6 期。

郭金龙、周小燕：《长寿风险及管理研究综述》，《金融评论》2013 年第 2 期。

郭金龙、周小燕、陆明涛：《长寿风险及其管理的理论和实证分析》，经济管理出版社 2017 年版。

韩大元：《后疫情时代：重塑社会正义》，《中国法律评论》2020 年第 5 期。

韩冰:《救助问题银行的成本收益分析》,《金融研究》2006 年第 5 期。

韩龙:《论离岸金融法律问题的特殊性》,《河北法学》2010 年第 3 期。

郝铁川:《宏观调控的不确定性与法律、政策调整》,《东方法学》2009 年第 2 期。

何德旭、许振慧、张晓燕:《金融支持疫情防控应急体系建设》,《中国金融》2020 年第 4 期。

洪艳蓉:《公司债券制度的实然与应然——兼谈〈证券法〉的修改》,《证券法苑》2019 年第 3 期。

胡光志:《论宏观调控行为的可诉性》,《现代法学》2008 年第 2 期。

胡晓霞:《习近平法治思想中的程序法治理论研究》,《广西社会科学》2021 年第 12 期。

黄家镇:《论〈民法典〉流押规定的解释适用》,《甘肃政法大学学报》2021 年第 2 期。

黄金兰:《我国司法解释的合法性困境及其应对建议》,《法商研究》2020 年第 3 期。

黄忠:《论民法典后司法解释之命运》,《中国法学》2020 年第 6 期。

季奎明:《论金融理财产品法律规范的统一适用》,《环球法律评论》2016 年第 6 期。

季奎明:《商主体资格形成机制的革新》,《中国法学》2019 年第 3 期。

贾宏斌:《美国 HECM 模式对我国推行住房反向抵押贷款的法律借鉴》,《社会科学辑刊》2014 年第 5 期。

江必新:《紧急状态与行政法治》,《法学研究》2004 年第 2 期。

江必新、黄明慧:《论紧急行政权的限度》,《行政法学研究》2022 年第 4 期。

江必新、王红霞:《法治社会建设论纲》,《中国社会科学》2014 年第 1 期。

蒋红珍:《比例原则适用的规范基础及其路径:行政法视角的观察》,《法学评论》2021 年第 1 期。

姜明安：《完善行政程序法治是建设法治政府的必由之路》，《行政法学研究》2023年第1期。

金碚：《市场经济中程阶段的市场经济再学习》，《江淮论坛》2014年第1期。

靳文辉：《互联网金融监管组织设计的原理及框架》，《法学》2017年第4期。

胡颖廉：《剩余监管权的逻辑和困境——基于食品安全监管体制的分析》，《江海学刊》2018年第2期。

贾春新：《金融深化：理论与中国的经验》，《中国社会科学》2000年第3期。

李安安：《逻辑与进路：金融法如何实现收入分配正义》，《法商研究》2019年第4期。

李安安：《收入分配改革中的金融政策工具及其法律配置》，《现代法学》2015年第1期。

李昌麒：《经济法学》，中国政法大学出版社2011年版。

李昌麒、胡光志：《宏观调控法若干基本范畴的法理分析》，《中国法学》2002年第2期。

李东方：《证券监管机构及其监管权的独立性研究——兼论中国证券监管机构的法律变革》，《政法论坛》2017年第1期。

李江红：《"十一五"期间我国信贷政策制定、实施和监督现状及完善建议》，《时代金融》2011年第6期。

李双元、将新苗、蒋茂凝：《中国法律理念的现代化》，《法学研究》1996年第3期。

李学尧：《应急法治的理想类型及其超越》，《中国法律评论》2021年第2期。

黎四奇：《后危机时代"太大而不能倒"金融机构监管法律问题研究》，《中国法学》2012年第5期。

李万金：《香港离岸金融市场的风险控制》，《经济研究导刊》2015年第7期。

李喜莲、邢会强：《金融危机与金融监管》，《法学杂志》2009年第5期。

李晓安：《"国家紧急权力"规范约束的法治逻辑》，《法学》2020年第 9 期。

廖凡：《论金融科技的包容审慎监管》，《中外法学》2019 年第 3 期。

林明裕、胡日东：《央行沟通能否有效防范企业过度金融化》，《当代财经》2020 年第 4 期。

林毅夫：《金融创新如何推动高质量发展：新结构经济学的视角》，《新金融评论》2019 年第 4 期。

林毅夫、付才辉、任晓猛：《金融创新如何推动高质量发展：新结构经济学的视角》，《金融论坛》2019 年第 11 期。

刘灿、韩文龙：《小产权房的出路何在——基于产权经济学的分析视角》，《当代财经》2013 年第 2 期。

刘大洪：《论经济法上的市场优先原则：内涵与适用》，《法商研究》2017 年第 2 期。

刘大洪：《谦抑性视野中的经济法理论体系的重构》，《法商研究》2014 年第 6 期。

刘大洪：《市场主体规则平等的理论阐释与法律制度构建》，《中国法学》2019 年第 6 期。

刘大洪、段宏磊：《谦抑性视野中经济法理论体系的重构》，《法商研究》2014 年第 6 期。

刘大洪：《政府权力市场化的经济法规制》，《现代法学》2013 年第 2 期。

刘光溪：《试论推进金融供给侧结构性改革面临的瓶颈及其突破口》，《世界经济研究》2016 年第 9 期。

刘凤元：《现货市场与衍生品市场跨市监管研究》，《证券市场导报》2007 年第 9 期。

刘立新、李鹏涛：《金融供给侧结构性改革与系统性金融风险的防范》，《改革》2019 年第 6 期。

刘辉：《股指期货与股票现货跨市场交易宏观审慎监管论——以国务院金融稳定发展委员会的设立为背景》，《江西财经大学学报》2020 年第 1 期。

刘辉：《金融禀赋结构理论下金融法基本理念和基本原则的革新》，《法律科学》（西北政法大学学报）2018 年第 5 期。

刘辉：《金融供给侧结构性改革的法治逻辑》，《厦门大学学报》（哲学社会科学版）2022 年第 2 期。

刘辉：《论地方金融监管权的法治化重构》，《宁夏社会科学》2021年第 3 期。

刘辉：《论互联网金融政府规制的两难困境及其破解进路》，《法商研究》2018 年第 5 期。

刘辉：《论金融法的结构理性——基于金融禀赋结构理论视角》，《西安交通大学学报》（社会科学版）2019 年第 3 期。

刘辉：《完善我国体育产业信贷支持体系的经济法逻辑——法理分析与路径选择》，《武汉体育学院学报》2016 年第 4 期。

刘辉：《我国自贸区准入前国民待遇与负面清单管理制度研究》，载陈云良主编《经济法论丛》（2018 年第 1 期），社会科学文献出版社 2018年版。

刘辉：《完善我国体育产业信贷支持体系的经济法逻辑——法理分析与路径选择》，《武汉体育学院学报》2016 年第 4 期。

刘辉：《重大突发事件中金融应急管理权的法治化》，《法商研究》2023 年第 2 期。

刘辉：《中央银行宏观调控与金融稳定职能的法治保障——以马来西亚和泰国央行法为样本》，《东南亚研究》2017 年第 6 期。

刘庆富、黄波、方磊：《中国股指期货和股票现货跨市监管研究》，《财经问题研究》2012 年第 6 期。

刘锐：《住宅国有土地使用权自动续期的实现路径》，《理论与改革》2016 年第 6 期。

刘文华：《中国经济法"干预论"之批判》，《首都师范大学学报》（社会科学版）2017 年第 6 期。

刘锡良、文书洋：《中国存在过度金融化吗》，《社会科学研究》2018年第 3 期。

刘宪权：《互联网金融股权众筹行为刑法规制论》，《法商研究》2015年第 6 期。

刘宪权：《论互联网金融刑法规制的"两面性"》，《法学家》2014年第 5 期。

刘宪权、吴允锋：《金融突发事件的法律应对研究》，《河南金融管理干部学院学报》2006 年第 2 期。

刘小冰：《紧急状态下公民权利克减的逻辑证成》，《法学》2021年第7期。

刘肖原：《住房反向抵押贷款中物权问题的解决方式探讨》，《现代财经》2009年第10期。

刘迎霜：《论我国中央银行金融监管职能的法制化——以宏观审慎监管为视角》，《当代法学》2014年第3期。

刘志伟：《地方金融监管权的法治化配置》，《中南大学学报》（社会科学版）2019年第1期。

刘志伟：《地方金融监管权的理性归位》，《法律科学》（西北政法大学学报）2016年第5期。

刘志伟：《金融法中混业"但书"规定之反思》，《法学研究》2019年第6期。

刘志伟：《中国式地方金融：本质、兴起、乱象与治理创新》，《当代财经》2020年第2期。

龙俊：《民法典物权编中让与担保制度的进路》，《法学》2019年第1期。

卢代富：《经济法中的国家干预解读》，《现代法学》2019年第4期。

卢克贞：《人民银行与我国的金融稳定——对〈中国人民银行法〉第二条的思考》，《金融理论与实践》2006年第4期。

鲁篱、凌潇：《论法院的非司法化社会治理》，《现代法学》2014年第1期。

鲁篱、熊伟：《后危机时代下国际金融监管法律规制比较研究——兼及对我国之启示》，《现代法学》2010年第4期。

鲁晓明：《论反向抵押权制度在民法典〈物权〉编之建构》，《清华法学》2018年第5期。

罗国强：《论中国离岸金融风险监管法制的构建与完善——从次贷危机的风险失控谈起》，《学海》2009年第4期。

马光：《关于我国中央银行独立性与宏观经济表现的实证分析》，《经济科学》2003年第4期。

马勇：《"双支柱"调控框架的理论与经验基础》，《金融研究》2019年第12期。

冒佩华、王朝科：《"使市场在资源配置中起决定性作用和更好发挥政府作用"的内在逻辑》,《毛泽东邓小平理论研究》2014年第2期。

孟涛:《紧急权力法及其理论的演变》,《法学研究》2012年第1期。

孟晓苏:《论建立"反向抵押贷款"的寿险服务》,《保险研究》2002年第12期。

缪因知:《证券交易场外配资清理整顿活动之反思》,《法学》2016年第1期。

莫于川:《行政应急法治理念分析与制度创新——以新冠肺炎疫情防控中的行政应急行为争议为例》,《四川大学学报》(哲学社会科学版)2020年第4期。

裴炜:《比例原则视阈下电子侦察取证程序性规则建构》,《环球法律评论》2017年第1期。

彭岳:《互联网金融监管理论争议的方法论考察》,《中外法学》2016年第6期。

戚建刚:《我国应急行政主体制度之反思与重构》,《法商研究》2007年第3期。

钱宁波:《让与担保制度对我国发展住房反向抵押的保障意义》,《金融发展评论》2014年第1期。

邱佛梅、郑鸿铭:《重大突发事件应急管理效能提升的法治路径》,《中国行政管理》2021年第6期。

沈伟:《中国的影子银行风险及规制工具选择》,《中国法学》2014年第4期。

沈伟、李术平:《迈向统一监管的资管新规:逻辑、工具和边界》,《财经法学》2019年第5期。

沈伟、余涛:《互联网金融监管规则的内生逻辑及外部进路:以互联网金融仲裁为切入点》,《当代法学》2017年第1期。

申卫星:《物权法定与意思自治——解读我国〈物权法〉的两把钥匙》,《法制与社会发展》2013年第5期。

盛学军、陈开琦:《论市场规制权》,《现代法学》2007年第4期。

石晓波、周奋:《股指期现市场跨市监管的国际经验及制度重构——基于"光大8·16乌龙指事件"的思考》,《上海金融》2014年第3期。

史欣媛:《论比例原则在经济法中的适用》,《现代法学》2022年第2期。

宋晓燕：《论金融风险控制的司法路径》，《中国应用法学》2019 年第 5 期。

宋晓燕：《论有效金融监管制度之构建》，《东方法学》2020 年第 2 期。

宋怡欣、吴弘：《P2P 金融监管模式研究：以利率市场化为视角》，《法律科学》（西北政法大学学报）2016 年第 6 期。

苏力：《面对中国的法学》，《法制与社会发展》2004 年第 3 期。

宿营：《论上海自贸区金融宏观审慎监管政策》，《政法论丛》2014 年第 4 期。

苏治、方彤、尹力博：《中国虚拟经济与实体经济的关联性——基于规模和周期视角的实证研究》，《中国社会科学》2017 年第 8 期。

孙凯、秦宛顺：《关于我国中央银行独立性问题的探讨》，《金融研究》2005 年第 1 期。

孙良国：《住宅建设用地使用权自动续期的前提问题》，《法学》2016 年第 10 期。

孙笑侠：《论司法多元功能的逻辑关系》，《清华法学》2016 年第 6 期。

唐天伟、曹军新：《地方金融稳定发展组织模式的选择及其操作系统的构建——基于规则系统理论的扩展分析框架》，《中国行政管理》2020 年第 3 期。

唐鑫：《我国离岸金融市场风险分析》，《武汉金融》2015 年第 11 期。

田春雷：《金融资源公平配置的法学分析——兼论中国金融法的新价值》，《法学评论》2013 年第 3 期。

万光彩、张霆：《基于 FSCI 将金融稳定目标纳入货币政策框架的研究》，《苏州大学学报》（哲学社会科学版）2016 年第 1 期。

王博、张少东：《中国的金融结构演进与监管周期》，《南开学报》（哲学社会科学版）2019 年第 4 期。

王春峰、卢涛、房振明：《股票、股指期货跨市场信息监管的国际比较及借鉴》，《国际金融研究》2008 年第 3 期。

王兰：《民间金融的规制悖谬及其化解——一种软硬法规制路径的选择》，《现代法学》2017 年第 3 期。

王利明：《负面清单管理模式与私法自治》，《中国法学》2014 年第 5 期。

王利明：《论互联网立法的重点问题》，《法律科学》（西北政法大学学报）2016 年第 5 期。

王若磊：《信用、法治与现代经济增长的制度基础》，《中国法学》2019 年第 2 期。

王晓：《资产证券化、金融稳定与银行低风险承担的"三元悖论"》，《现代经济探讨》2016 年第 11 期。

王者洁：《住房反向抵押的权利证成》，《法学论坛》2020 年第 5 期。

魏沁怡：《论担保物权的实现：实体法与程序法的体系衔接》，《东方法学》2019 年第 5 期。

伍坚：《我国 P2P 网贷平台监管的制度构建》，《法学》2015 年第 4 期。

巫文勇、余雪扬：《注册制下股票发行标准重建研究——基于注册发行与相关上市规则的冲突分析》，《江西财经大学学报》2019 年第 4 期。

吴烨：《金融科技监管范式：一个合作主义新视角》，《社会科学》2019 年第 11 期。

吴叶乾：《后疫情时代应急法治的难题及其突破——以法的价值关系架构为中心》，《南海法学》2022 年第 1 期。

武亦文：《〈民法典〉第 410 条（抵押权的实现）评注》，《法学家》2022 年第 3 期。

吴越：《宏观调控：宜政策化抑或制度化》，《中国法学》2008 年第 1 期。

吴增礼、李亚芹：《意义·导向·路径：适应突发公共危机治理的社会公德教育》，《湖南大学学报》（社会科学版）2022 年第 4 期。

夏斌、廖强：《货币供应量已不宜作为当前我国货币政策的中介目标》，《经济研究》2001 年第 8 期。

肖季业：《大数据时代行政紧急权力模式之变革与形塑》，《湖北大学学报》（哲学社会科学版）2019 年第 5 期。

肖金明、张宇飞：《另一类法制：紧急状态法制》，《山东大学学报》（哲学社会科学版）2004 年第 3 期。

谢晖：《论紧急状态中的国家治理》，《法律科学》2020 年第 5 期。

谢天长、于春敏：《居家养老与反向抵押贷款制度之构建》，《东南学术》2011 年第 3 期。

邢会强：《宏观调控行为的不可诉性探析》，《法商研究》2002 年第 5 期。

邢会强：《金融法的二元结构》，《法商研究》2011 年第 3 期。

邢会强：《金融危机治乱循环与金融法的改进路径——金融法中"三足定理"的提出》，《法学评论》2010 年第 5 期。

邢会强：《证券期货市场高频交易的法律监管框架研究》，《中国法学》2016 年第 5 期。

许多奇：《互联网金融风险的社会特性与监管创新》，《法学研究》2018 年第 5 期。

许芳、范国华：《我国"以房养老"模式的法律分析》，《行政与法》2006 年第 12 期。

薛毅：《马来西亚的金融改革及其成效》，《南洋问题研究》2005 年第 3 期。

闫海：《中央银行窗口指导的法律类型与法制发展》，《武汉金融》2017 年第 10 期。

闫海、矫燕娜：《我国倒按揭业务立法问题探讨——应对老龄化的法律创新》，《金融理论与实践》2011 年第 10 期。

杨东：《论互联网金融背景下金融权的生成》，《中国人民大学学报》2015 年第 4 期。

杨东：《互联网金融的法律规制——基于信息工具的视角》，《中国社会科学》2015 年第 4 期。

杨东：《监管科技：金融科技的监管挑战与维度建构》，《中国社会科学》2018 年第 5 期。

杨海静、刘畅：《地方金融监管立法之比较研究——以六省市的地方金融监管条例为例》，《金融发展研究》2020 年第 10 期。

阳建勋：《论自贸区金融创新与金融监管的互动及其法治保障——以福建自贸区为例》，《经济体制改革》2017 年第 1 期。

杨金华：《教育应急管理权的法律规制：问题与完善——基于新冠肺炎疫情下的考察》，《政治与法律》2022 年第 3 期。

杨靖阳、张艳慧：《熔断机制对我国 A 股市场影响的实证分析》，《统计与决策》2017 年第 13 期。

杨立新：《民法分则物权编应当规定物权法定缓和原则》，《清华法学》2017 年第 2 期。

杨立新：《住宅建设用地使用权期满自动续期的核心价值》，《山东大学学报》（哲学社会科学版）2016 年第 4 期。

杨善长：《流押条款法律效力辨——兼及法律父爱主义立法思想之取舍》，《河北法学》2017 年第 3 期。

杨松、闫海：《中国人民银行独立性：条文分析与规范重构》，《时代法学》2008 年第 3 期。

杨同宇：《金融权力配置的法治化——以我国中央和地方金融监管权配置为中心的考察》，《财政监督》2015 年第 13 期。

杨伟民：《如何使市场在资源配置中起决定性作用》，《宏观经济管理》2014 年第 1 期。

杨维新：《上海自由贸易区离岸金融发展：国际比较与路径设计》，《亚太经济》2014 年第 4 期。

杨子晖、周颖刚：《全球系统性金融风险溢出与外部冲击》，《中国社会科学》2018 年第 12 期。

殷宪龙：《互联网金融之刑法探析》，《法学杂志》2015 年第 12 期。

尹继志：《中央银行前瞻性指引：国际实践与作用机制》，《南方金融》2015 年第 6 期。

尹振涛、陈冠华：《新冠肺炎疫情背景下金融业危机管理法治化问题研究》，《武汉大学学报》（哲学社会科学版）2020 年第 7 期。

俞勇、郑鸿：《国家金融应急管理体系的构建》，《中国金融》2020 年第 8 期。

曾威：《互联网金融竞争监管制度的构建》，《法商研究》2016 年第 2 期。

张成思、刘贯春：《最优金融结构的存在性、动态特征及经济增长效应》，《管理世界》2016 年第 1 期。

张翠：《合法之法与民主法治理想——哈贝马斯的法治观及其现实启示》，《理论导刊》2015 年第 6 期。

张帆：《论紧急状态下限权原则的建构思路与价值基础——以我国〈突发事件应对法〉为分析对象》，《政治与法律》2020 年第 1 期。

张红：《证券监管措施：挑战与应对》，《政法论坛》2015年第4期。

张红：《走向"精明"的证券监管》，《中国法学》2017年第6期。

张慧颖：《天津自贸区离岸金融市场研究》，《对外贸易》2015年第5期。

张钦昱：《中国市场经济立法的系统论范式》，《深圳社会科学》2022年第2期。

张世春、刘艺：《美国住房反向抵押贷款养老模式的经验与借鉴》，《西南金融》2015年第11期。

张守文：《宏观调控权的法律解析》，《北京大学学报》（哲学社会科学版）2001年第3期。

张守文：《经济法责任理论之拓补》，《中国法学》2003年第4期。

张守文：《政府与市场关系的法律调整》，《中国法学》2014年第5期。

张筱峰、高凡：《我国股指期货市场与股票市场跨市场监管研究》，《湖南社会科学》2017年第5期。

张雪兰、何德旭：《次贷危机之后全球金融监管改革的趋势与挑战》，《国外社会科学》2016年第1期。

张一林、林毅夫、龚强：《企业规模、银行规模与最优银行业结构——基于新结构经济学的视角》，《管理世界》2019年第3期。

张艳萍：《改革开放以来社会主义市场经济体制改革历程与启示——基于对社会主义经济核算论战的思考》，《理论月刊》2019年第2期。

张志铭、于浩：《共和国法治认识的逻辑展开》，《法学研究》2013年第3期。

张志坡：《物权法定缓和的可能性及其边界》，《比较法研究》2017年第1期。

赵洪：《政府金融干预与经济发展：泰国、马来西亚案例研究》，《南洋问题研究》2002年第2期。

赵树坤、张晗：《法律规则逻辑结构理论的变迁及反思》，《法制与社会发展》2020年第1期。

赵雪芹、杨一凡：《金融突发事件下公众应急信息搜寻行为分析及服务策略研究》，《农业图书情报学报》2022年第1期。

赵渊、罗培新：《论互联网金融监管》，《法学》2014年第6期。

郑玉双:《紧急状态下的法治与社会正义》,《中国法学》2021 年第 2 期。

周晓强、郑薇、李宏伟:《货币信贷政策要关注区域经济差别》,《中国金融》2006 年第 19 期。

周佑勇:《行政法总则中基本原则体系的立法构建》,《行政法学研究》2021 年第 1 期。

周仲飞、弓宇峰:《法律在国际金融中心形成与发展中的作用》,《法学》2016 年第 4 期。

周仲飞、李敬伟:《金融科技背景下金融监管范式的转变》,《法学研究》2018 年第 5 期。

朱小川:《美国〈紧急经济稳定法案〉评析及其借鉴》,《东方法学》2009 年第 3 期。

朱新力、余军:《行政法视域下权力清单制度的重构》,《中国社会科学》2018 年第 4 期。

卓轶群:《地方立法权扩容的困局与优化》,《江西社会科学》2020 年第 9 期。

四 报刊文献

习近平:《深化金融供给侧结构性改革 增强金融服务实体经济能力》,《人民日报》2019 年 2 月 24 日。

葛志强:《构建中央和地方两元金融监管体制》,《金融时报》2016 年 5 月 23 日。

胡颖廉:《剩余监管权的逻辑探究》,《中国工商报》2017 年 12 月 12 日。

孙宪忠:《为什么住宅土地期满应无条件续期》,《经济参考报》2016 年 4 月 25 日。

王利明:《发挥民法典在国家治理现代化进程中的保障作用》,《光明日报》2020 年 1 月 15 日。

吴敬琏:《供给侧结构性改革政府如何"有所为"》,《北京日报》2016 年 5 月 9 日。

吴敬琏:《坚持政府和市场关系的准确定位》,《北京日报》2013 年 11 月 25 日。

易会满：《提高直接融资比重》，《经济日报》2020年12月21日。

赵萌：《永续债扩容提速》，《金融时报》2020年4月17日。

郑源源、郭树清：《将保险纳入国家灾害救助和应急管理体系》，《农村金融时报》2021年10月25日。

五　学位论文

唐烈英：《个人住宅商品房买卖贷款按揭法律问题研究》，博士学位论文，西南政法大学，2005年。

张凯：《我国中小银行流动性风险监管法律制度研究》，博士学位论文，辽宁大学，2021年。

张立先：《金融应急管理的法律规制研究》，博士学位论文，山东大学，2012年。

六　网络资料

巴曙松：《离岸金融市场的风险与监管》，http://bashusong.baijia.baidu.com/article/14438。

辜胜阻：《走出互联网金融"一放就乱一管就死"怪圈》，http://finance.huanqiu.com/roll/2015-11/7992526.html。

管清友：《互联网金融监管全梳理》，http://business.sohu.com/20170309/n482835551.shtml。

李克强：《对新业态、新模式　政府不要一上来就"管死"》，http://news.ifeng.com/a/20170418/50961814_0.shtml。

齐俊杰：《互联网坑完股市坑楼市》，http://qijunjie.baijia.baidu.com/article/338104。

沙斐、卢祥勇：《互金风险需高度警惕　马太效应下收益持续走低》，https://www.wdzj.com/news/hydongtai/76160.html。

宋薇萍：《上海若没有离岸金融业务成不了国际金融中心》，http://www.cs.com.cn/xwzx/jr/201509/t20150913_4796911.html。

王兆星：《破解监管"一管就死、一放就乱"》，http://www.haokoo.com/fund/777272.html。

易纲：《任何金融都要持牌经营　监管会实现全覆盖》，http://news.sohu.com/a/193977479_120078003。

岳品瑜：《最严监管落地　地产互金平台面临整改》，http：//www. asiafinance.cn/jrzx/97880.jhtml。

《中国人民银行关于〈中华人民共和国中国人民银行法（修订草案征求意见稿）〉公开征求意见的通知》，http：//www.gov.cn/zhengce/zhengceku/2020-10/24/content_5553847.htm。

七　外文文献

Alan Greenspan, *The Age of Turbulence：Adventures in a New World*, Penguin Press, New York：2008.

Alastair Clark, Andrew Large, "Macro-prudential Policy：Addressing the Things We Don't Know", The Group of Thirty Occasional Paper No. 83, 2011.

Alexander Schäfer, Isabel Schnabel, BeatriceWeder di Mauro, *Financial Sector Reform after the Crisis：Has Anything Happened?* https：//ssrn.com/abstract=2278079, 2023-09-06.

Allen F., Gale D., *Comparing Financial Systems*, Boston：MIT press, 2000.

Asli Demirgüc-Kunt and Ross Levine, "Bank-Based and Market-Based Financial Systems：Cross-Country Comparisons", https：//papers.ssrn.com/sol3/papers.cfm? Abstract id=569255, 2020-04-09.

BenJakubowicz, "What the HECM is a Reverse Mortgage：The Importance of the Home Equity Conversion Mortgage in an Aging America", *University of Louisville Law Review*, Vol. 56, 2016.

Boodman M., "The myth of harmonization of laws", *The American Journal of Comparative Law*, Vol. 39, No. 4, 1991.

Borio C., "Implementing the Macroprudential Approach to Financial Regulation and Supervision", *Financial Stability Review*, Vol. 13, No. 13, 2011.

Brodsky W. J., "The Globalization of Stock Index Futures：A Summary of the Market and Regulatory Developments in Stock Index Futures and the Regulatory Hurdles Which Exist for Foreign Stock Index Futures in the United States", *Northwestern Journal of International Law and Business*, Vol. 15, No. 2, 1994.

Campbell, Jeffrey R., Evans, et al., "Macroeconomic Effects of Federal Reserve Forward Guidance", https：//www.researchgate.net/publication/260099478, 2023-09-06.

Cf. Kenneth Culp Davis, *Discretionary Justice: A Preliminary Inquiry*, Greenwood Press, 1980.

Chiara Guerello, "The Effect of Investors' Confidence on Monetary Policy Transmission Mechanism", *North American Journal of Economics & Finance*, Vol. 37, 2016.

Chou P. H., Lin M. C., Yu M. T., "The Effectiveness of Coordinating Price Limits Across Futures and Spot Markets", *The Journal of Futures Markets*, Vol. 23, No. 6, 2003.

Claudio Borio, "Towards a Macroprudential Framework for Financial Supervision and Regulation", https://academic.oup.com/cesifo/article/49/2/181/533780, 2023-09-06.

Cordella, T., Ariccia, G., Marquez, R., "Government Guarantees, Transparency, and Bank Risk Taking", *IMF Economic Review*, Vol. 66, 2018.

Crockett A. "Marrying the Micro-and Macro-prudential Dimensions of Financial Stability", https://www.mendeley.com/catalogue/marrying-micro-macroprudential/, 2023-09-06.

Davalene Cooper, "Reverse Mortgages: Mandatory Counseling and Other Protections for the Elderly Homeowner", *Clearinghouse Review*, Vol. 27, No. 6, 1993.

David Dyzenhaus, *The Constitution of Law: Legality in a Time of Emergency*, Cambridge University Press, 2006.

David B. Resnik, "Proportionality in Public Health Regulation: The Case of Dietary Supplements", *Food Ethics*, Vol. 1, No. 1, 2018.

D. E. Kelly, "Edge Act Corporations After the International Banking Act and New Regulation K: Implications for Foreign and Regional or Smaller Banks", *Virginia Journal of International Law*, Vol. 20, 1979.

Drehmann M., "Evaluating early warning indicators of banking crises: Satisfying policy requirements", *International Journal of Forecasting*, Vol. 30, No. 3, 2014.

Dumitrescu-Peculea Adelina, Tatiana-Camelia D., "The Challenges of the Administrative Process in a Financial Crisis and their Effectiveness", *Procedia Economics & Finance*, Vol. 39, 2016.

Edward J. Szymanoski, "Risk and the Home Equity Conversion Mortgage", *Real Estate Economics*, Vol. 22, No. 2, 2010.

Eric Stallard, "Demographic Issues in Longevity Risk Analysis", *The Journal of Risk and Insurance*, Vol. 73, No. 4, 2006.

Erlend Walter Nier, "Financial Stability Frameworks and the Role of Central Banks: Lessons from the Crisis", IMF Working Paper WP/09/70, 2009.

FinnKydland, Edward Prescott, "Rules Rather than Discretion: The Inconsistency of Optimal Plans", *Journal of Political Economy*, Vol. 85, No. 3, 1977.

Francis A. Lees, *International banking and finance*, Springer, 1974.

Gambacorta L., Hofmann B., Peersman G., "The Effectiveness of Unconventional Monetary Policy at the Zero Lower Bound: A Cross-Country Analysis", https://editorialexpress.com/cgi-bin/conference/download.cgi?db_name=SED2012&paper_id=400, 2023-09-06.

Goldsmith, Raymond William, *Financial Structure and Development*, New Haven: Yale University Press, 1969.

Harihar Sahoo, "Population Decline and Ageing in Japan—The Social Consequences", *Asian Journal of Social Science*, Vol. 39, No. 2, 2011.

Héctor Simón-Moreno, "The Regulation of Reverse Mortgages As a Source of income in Retirement: Policy Options and Legal Drivers", *Journal of Housing and the Built Environment*, Vol. 34, No. 4, 2019.

Hui Shan, "Reversing the Trend: The Recent Expansion of the Reverse Mortgage Market", *Real Estate Economics*, Vol. 39, No. 4, 2011.

Investor Bulletin: New Stock-by-Stock Circuit Breakers, https://www.sec.gov/oiea/investor-alerts-bulletins/investor-alerts-circuitbreakershtm.html, 2023-09-06.

Jaime Caruana, "The Challenge of Taking Macroprudential Decisions Who Will Press Which Button (s)?" http://www.bis.org/speeches/sp100928.pdf, 2023-09-06.

Jeffrey Jowell, *Judicial Deference and Human Right: A Question of Competence, in Law and Administration in Europe: Essays in Honour of Carol Hawlow*, edited by Paul Craig and Richard Rawlings, Oxford University Press, 2003.

JoséViñals, "The Do's and Don'ts of Macroprudential Policy", http：// www. imf. org/external/np/speeches/2011/050211. htm, 2023-09-06.

Julia B, "Decentring Regulation: Understanding the Role of Regulation and Self-Regulation in a 'Post-Regulatory' World", *Current Legal Problems*, Vol. 1, 2001.

Kapadia S., Drehmann M., Elliott J., et al., "Liquidity risk, cash-flow constraints and systemic feedbacks", Bank of England working papers, 2012.

Kenneth Rogoff, "The Optimal Degree of Commitment to an Intermediate Monetary Target", *Quarterly Journal of Economics*, Vol. 100, No. 4, 1985.

Kent, Margaret, and RobertFeinschreiber, "Offshore Banking Centers and US Banks Lead to Trapped Offshore Profits Scams", *Corporate Business Taxation Monthly*, Vol. 15, 2013.

Kremers J. J. M., Schoenmaker D., Wierts P. J., "Cross-Sector Supervision: Which Model?" *Brookings – Wharton Papers on Financial Services*, Vol. 2003, No. 1, 2003.

Kwaw, E. M., *The Law & Practice of Offshore Banking & Finance*, Greenwood Publishing Group, 1996.

Louis Casiano, "Maxine Waters Says During Coronavirus Outbreak Adults Should Get ＄2G per month, Children ＄1G per month", https：//www. foxnews. com/politics/maxine-waters-coronavirus-outbreak-monthly-income, 2023-09-06.

Market Surveillance, https：//www. investopedia. com/terms/m/market-surveillence. asp, 2023-09-06.

Masciandaro D., "Politicians and Financial Supervision Unification Outside the Central Bank: Why Do They Do It?" *Journal of Financial Stability*, Vol.5, No.2, 2009.

McKinnon R.I., *Money and Capital in Economic Development*, Washington D. C: Brookings Institution Press, 1973.

Olivia S. Mitchell, John Piggott, "Unlocking Housing Equity in Japan", *Journal of The Japanese and International Economies*, Vol. 18, No. 4, 2004.

Olli Rehn, "Economic Effects of the Corona Crisis and Measures by the Central Banks", https：//www. bis. org/review/r200324a. htm, 2023-09-06.

Oren Gross and Fionnuala NíAoláin, *Law in Times of Crisis: Emergency Powers in Theory and Practice*, Cambridge University Press, 2006.

Paul Brockman, Dennis Y. Chung, "Investor Protection and Firm Liquidity", *Journal of Finance*, Vol. 58, No. 2, 2003.

Patrick, H. T., "Financial Development and Economic Growth in Underdeveloped Countries", *Economic Development and Cultural Change*, Vol. 14, 1996.

PeterChinloy, Isaac F. Megbolugbe, "Reverse Mortgages: Contracting and Crossover Risk", *Real Estate Economics*, Vol. 22, No. 2, 1994.

Philip McBride Johnson, Thomas Lee Hazen, *Derivatives Regulation: Successor Edition to Commodities Regulation*, New York: Aspen Publishers, 2004.

Picciotto S., Haines J., "Regulating Global Financial Markets", *Journal of Law and Society*, Vol. 26, No. 3, 1999.

Raghuram G., Rajan and Luigi Zingales, "Banks and Markets: The Changing Character of European Finance", https://papers.ssrn.com/sol3/papers.cfm?abstract id=389100, 2020-06-09.

Randal K. Quarles, "To G20 Finance Ministers and Central Bank Governors", https://www.fsb.org/wp-content/uploads/P250221.pdf, 2023-09-06.

RichardMacMinn, Patrick Brockett, David Blake, "Long Risk And Capital Markets", *Journal of Risk and Insurance*, Vol. 73, No. 4, 2006.

Robert J. Shiller, Allan N. Weiss, "Moral Hazard in Home Equity Conversion", *Social Science Electronic Publishing*, Vol. 28, 2010.

Rooney B., "Emergency powers in democratic states: Introducing the Democratic Emergency Powers dataset", *Research and Politics*, Vol. 6, 2019.

Ross Levine, "Finance and Growth: Theory and Evidence", https://www.researchgate.net/publication/5185432_Finance_and_Growth_Theory_and_Evidence, 2020-06-27.

Securities and Exchange Commission (Release No. 34-67091; File No. 4-631), https://www.sec.gov/rules/sro/nms/2012/34-67091.pdf, 2023-09-06.

Settanni, Giuseppe, "Equity release, Reverse Mortgage and Home Equity Conversion: Perspectives in Different Law Systems and Questions for Harmonization at EU Level", *European Business Law Review*, Vol. 28, No. 5, 2017.

Schwarcz S. L., "Controlling Financial Chaos: The Power and Limits of Law", *Wisconsin Law Review*, Vol. 2012, 2012.

Sharfman B. S., "Using the Law to Reduce Systemic Risk", *The Journal of Corporation Law*, Vol. 36, 2011.

Shaw E. S., *Financial Deepening in Economic Development*, New York: Oxford University Press, 1973.

Simon James, *The Law of Derivatives*, London: LLP Reference Publishing, 1999.

Sinn H. W., "The Selection Principle and Market Failure in Systems Competition", *Journal of Public Economics*, Vol. 66, No. 2, 1997.

Steven L., Schwarcz, "Systemic Risk", *Georgetown Law Journal*, Vol. 97, No. 1, 2008.

Stigler G. J., "The Theory of Economic Regulation", *The Bell Journal of Economics and Management Science*, Vol. 2, 1971.

Stulz R., "Does Financial Structure Matter for Economic Growth: A Corporate Finance Perspective" in Asli Demirgüc-Kunt, Ross Levine (eds.), *Financial Structure and Economic Growth: A Cross-country Comparison of Banks, Markets, and Development*, Boston: MIT Press, 2001.

The Group of Thirty, Enhancing Financial Stability and Resilience: Macroprudential Policy, Tools, and Systems for the Future, http://www.centralbank.org.bb/Portals/0/Files/Book _ Reviews/Book% 20Review% 20 -% 20Enhancing% 20Financial% 20Stability% 20and% 20Resilience% 20 (March% 202011). pdf, 2023-09-06.

Thomas Davidoff, GerdWelke, "Selection and Moral Hazard in the Reverse Mortgage Market", *SSRN Electronic Journal*, Vol. 2004, 2004.

Thomas Davidoff, Patrick Gerhard, Thomas Post, "Reverse Mortgages: What Homeowners Don't know and How it Matters", https://www.nrmlaonline.org/wp-content/uploads/2015/05/Tom-Davidoff-What-homeowners-dont-know-and-how-it-matters.pdf, 2023-09-06.

Thorsten Beck, Asli Demirgüc-Kunt, Ross Levine and Vojislav Maksimovic, "Financial Structure and Economic Development: Firm, Industry, and Country Evidence", https://ssrn.com/abstract=632494, 2020-05-05.

Tom Steinert, Threlkeld, "SEC Approves Market-Wide & Single-Stock Circuit Breakers", http://www.securitiestechnologymonitor.com/news/market-wide-single-stock-circuit-breaker-pilots-approved-by-sec-30675-1.html, 2023-09-06.

Thomas Davidoff, Gerd Welke, "Selection and Moral Hazard in the Reverse Mortgage Market", https://citeseerx.ist.psu.edu/viewdoc/download;jsessionid=0977F5D1B23C4A7ABC549493617201D0?doi=10.1.1.320.143&rep=rep1&type=pdf, 2023-09-06.

White W. R., "Past Financial Crises, the Current Financial Turmoil, and the Need for A NewMacrofinancial Stability Framework", *Journal of Financial Stability*, Vol. 4, No. 4, 2008.

Wilson J. Q., Kelling G. L., "Broken Windows", *Atlantic Monthly*, Vol. 249, 1982.

Wong K. S. Y., "Offshore Financial Centres and Offshore Business Structures", *Australian Journal of Taxation Policy, Law and Reform*, Vol. 28, No. 4, 2013.

Woodford, "Inflation Targeting and Financial Stability", *Sveriges Riksbank Economic Review*, Vol. 1, 2012.

Woodford M., "Methods of Policy Accommodation at the Interest-Rate Lower Bound", https://doc.wendoc.com/b8c9ede51874342237fec229f.html, 2023-09-06.

Zhang Z., "Law and Finance: The Case of Stock Market Development in China", *Boston College International & Comparative Law Review*, Vol. 39, 2016.